百年营地

看得见的露营文化

［美］马丁·霍格 著

崔凤娟 谢 琳 刘仙丽 译

中国科学技术出版社
·北 京·

目 录

引 言 6

水 26
篝 火 46
露营地 90
地 图 138
野餐桌 178
帐 篷 206
睡 袋 244
垃 圾 284

后 记 302

致　谢 **312**　　　参考文献与拓展阅读 **324**

注　释 **316**　　　　　　　索　引 **328**　　　图片来源 **337**

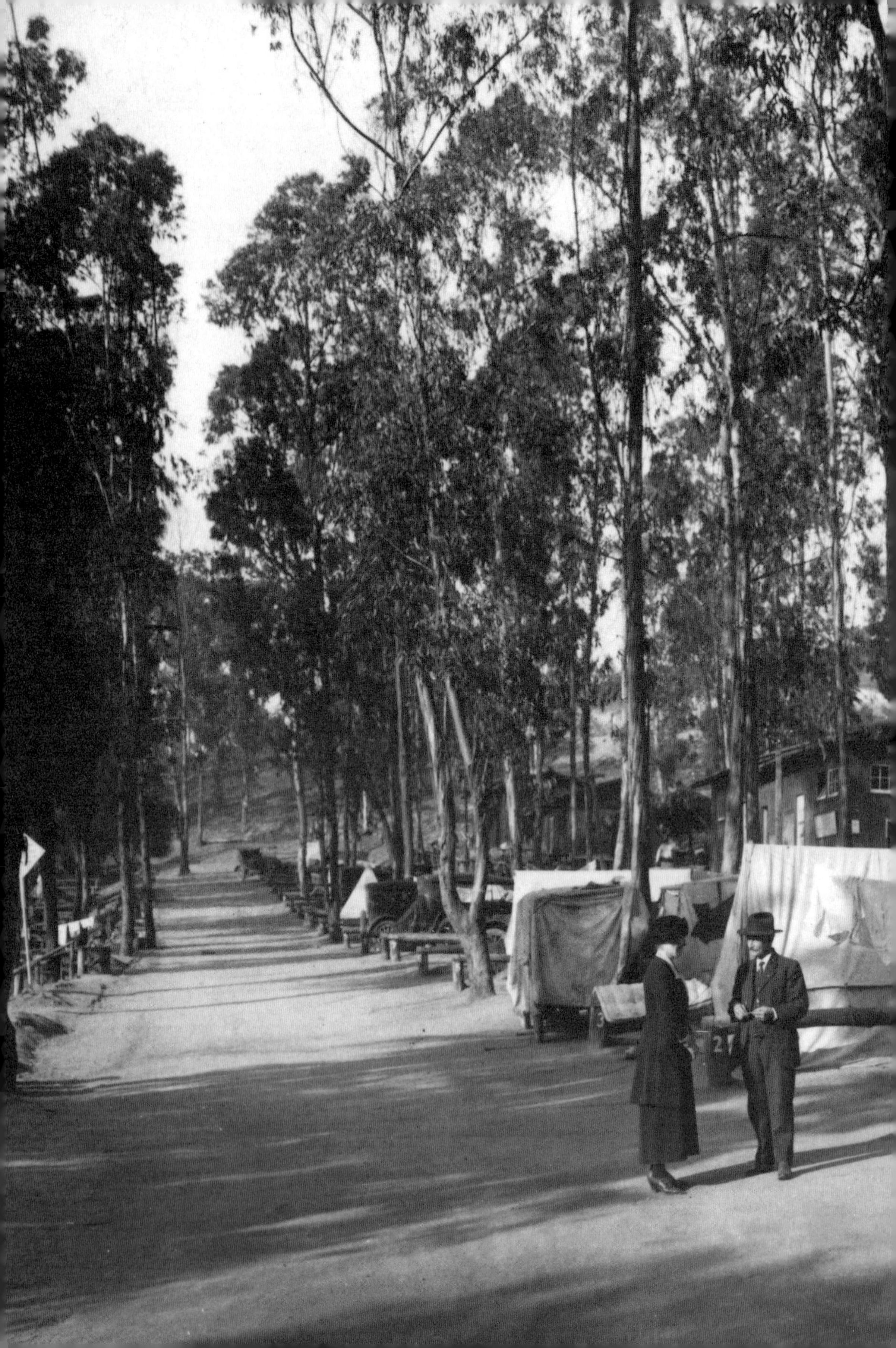

狗必须拴绳

引　言

> 传说，上帝创造世界花了六天时间。但令人遗憾的是，像野餐桌、户外壁炉、人行桥等许多人类在自然界中生活所需的东西，都无意间被完全忽略了。[1]
> ——艾伯特·H. 古德（Albert H. Good）

一想到要建一个露营地，亲自清理场地、搭建帐篷、劈柴、生火、做饭，并在里面过夜，就让人有一种深深的满足感。毫无疑问，野外露营者的冒险生活与露营地点、露营地周围的风景有着密切关系。每年夏天，都有约四千万美国人踏上户外的征途，到大自然中去寻找令人震撼的体验。[2] 他们前往全国各地，如州立公园、国家公园等地，在美国露营地连锁机构（Kampground of America，简称 KOA）等商业露营地或爱彼迎[①]和

约 1930
洛杉矶极乐公园（Elysian Park）的汽车营地，摄影师不详。20 世纪 20 年代，全美的大型露营地进行了一项重要的管理创新，即对露营位进行单独编号。注意图片中间一男一女之间可见的 2 号营位标记。

约 1900
华莱士·埃默森（Wallace Emerson）和鲁本·凯里（Reuben Carey）在纽约北部的布兰德雷斯保护区露营，摄影师不详。

1925
《在巨杉底下露营》，摘自《汽车露营者与游客》（*Motor Camper & Tourist*），摄于 1925 年 5 月，摄影师不详。

[①] 一家联系旅游人士和家有空房出租的房主的服务型网站，为用户提供多样的住宿信息。

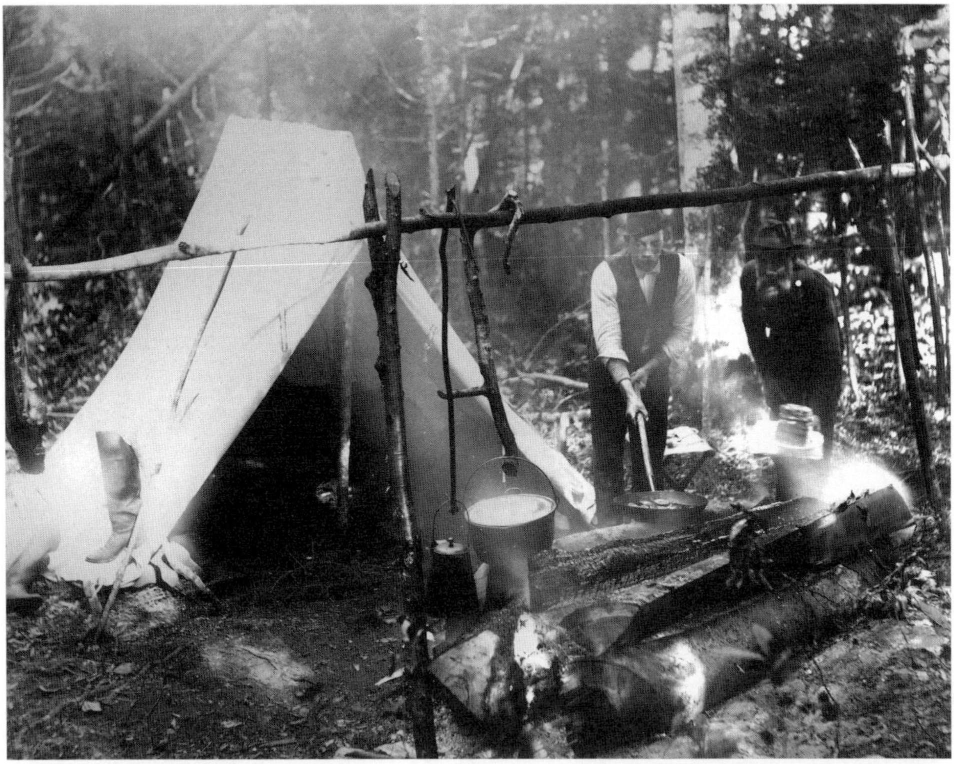

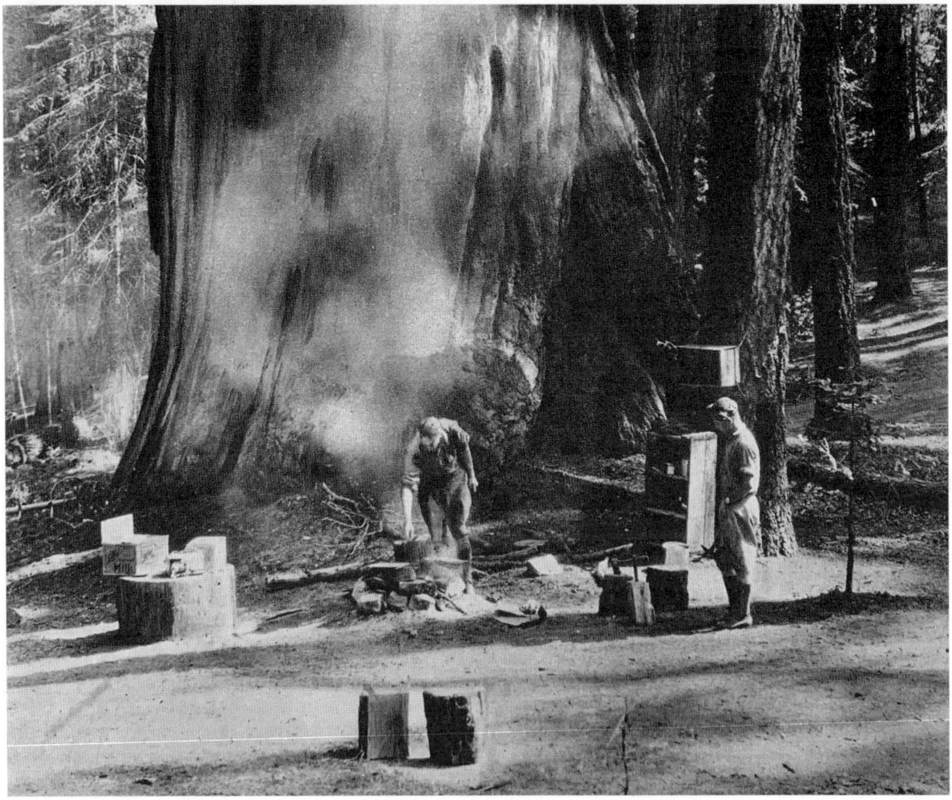

Tentrr① 宣传的私人豪华露营地避暑。不那么挑剔的露营者甚至会把房车停在沃尔玛停车场过夜。热门露营地的数百个露营位,都难以满足人们的露营需求,露营者必须在露营前几个月就预订。由于需要预订,使得去此地露营那近乎神话般的突发奇想和冒险性大打折扣。

美国内战之后,休闲露营作为人们逃离喧嚣城市生活的一种方式,在美国兴起。1869年,牧师威廉·亨利·哈里森·默里(William Henry Harrison Murray, 1840—1904)出版了《荒野历险记:阿迪朗达克山脉的露营生活》(Adventures in the Wilderness; or, Camp-Life in the Adirondacks)一书。在此书的推动下,大量游客纷纷涌入阿迪朗达克山脉,寻求身心放松。历史地理学家特伦斯·杨(Terence Young)将此称为露营活动的诞生。

从一开始,露营就对环境带来了破坏性影响。早在1896年,掌管美国约塞米蒂(Yosemite)国家公园的陆军指挥官塞缪尔·鲍德温·马克斯·杨(Samuel Baldwin Marks Young)上校就曾指出:

> 装果脯、汤、蔬菜、沙丁鱼等食物的空罐头盒,以及做饭留下的动物内脏和其他更令人讨厌的废物,构成的景象在任何地方都是令人讨厌的。在绿草如茵、野花环绕的美丽山涧中,这种景象更是令人深恶痛绝。3

70年后,美国摄影师龙达尔·帕特里奇(Rondal Partridge, 1917—2015)于1965年拍摄的照片也引起了人们的关注,这张照片呈现了约

---

① 一款免费的 iPhone 应用程序,用户可以在 Tentrr 上搜索和租用心仪的露营地点。

↑ 约 1965
《铺上绿色油漆,约塞米蒂国家公园》,龙达尔·帕特里奇(Rondal Partridge)大约于1965年摄。

→ 1915
《斯通曼(Stoneman)草地的露营者人满为患》,摄于约塞米蒂国家公园,摄影师不详。半圆顶的美景令人叹为观止,这张图片的拍摄视角与50年后龙达尔·帕特里奇摄影作品的视角相似。

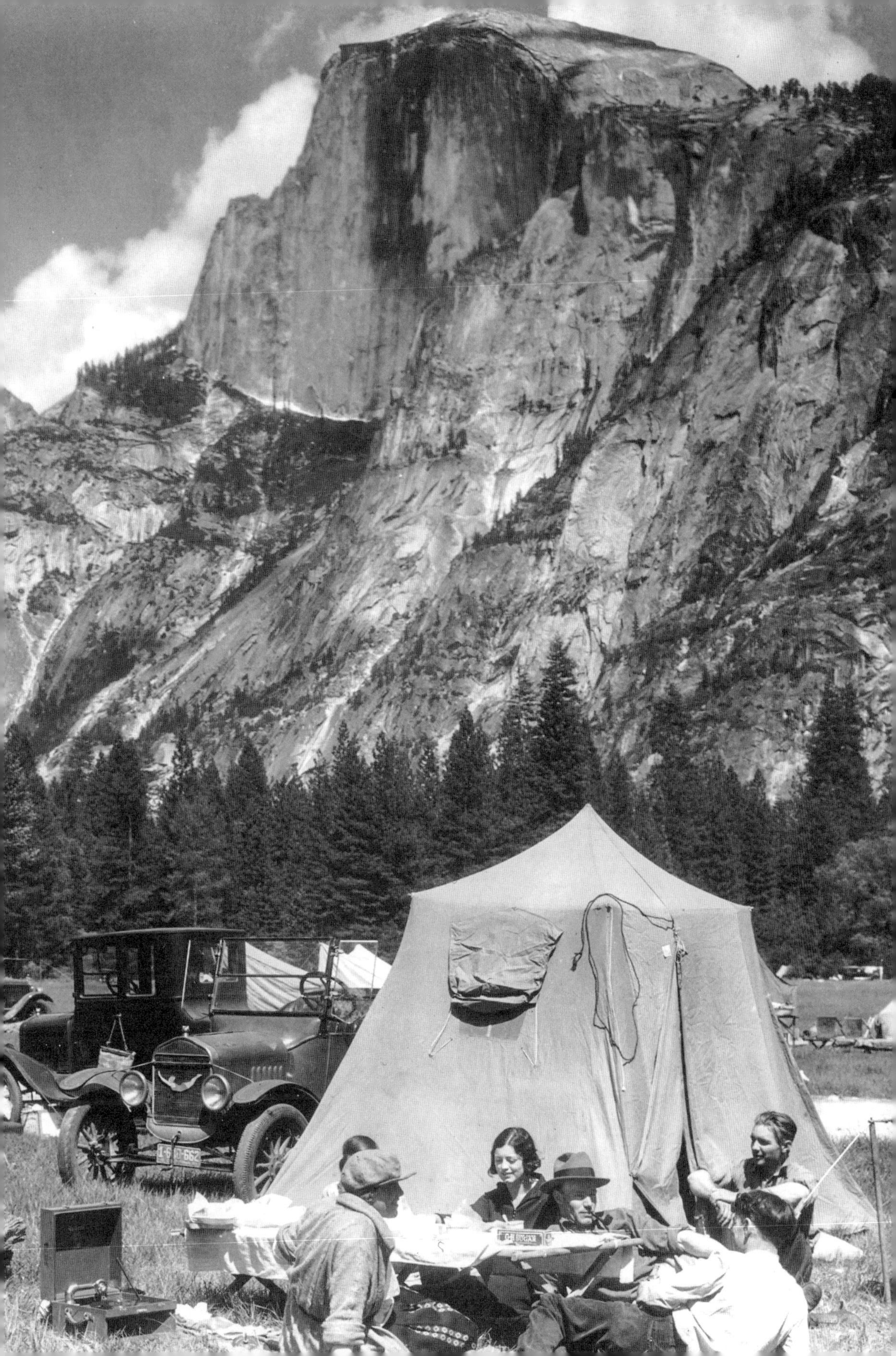

塞米蒂半圆顶（Half Dome）景区内停车场拥挤不堪的场景。最近，露营爱好者兼作家丹·怀特（Dan White）真实记录了他在加利福尼亚州徒步登顶美国本土最高峰惠特尼山途中，设法收集沿途的数百个对废弃物进行降解和凝胶化处理的袋子（WAG）的情形。[4]这些四处散落的亮蓝色袋子，只会让这条静谧庄严的小径上出现更多的人类排泄物（无论怎样进行除臭处理）。毕竟，这些排泄物从未被扔进垃圾桶。

作为20世纪二三十年代的一种新型空间景观，汽车露营地有助于减轻露营带来的一些破坏性影响。汽车露营地不是将日益增多的游客拒之门外，而是将露营者及其汽车集中在指定的区域中，避免对更多脆弱和生态敏感的自然区域造成破坏。汽车露营地为游客提供了一种环境，能够延续在大自然中露营的神话，只不过是在密集且高度结构化的空间环境中。露营地中用数字指示牌对专用空地进行了标识，人们可以在那里停放汽车和搭建帐篷。专用空地上的石头火灶是生火的地方，野餐桌则是用来准备饭菜、放松和阅读的理想之地。卫生间等较大建筑采用了乡村建筑风格，用刷成深棕色的石头和木材建成，以便与自然环境融为一体。

2000年6月，我第一次在美国巴德兰兹劣地边缘的KOA露营地搭起朋友借给我的帐篷，那时，我经历了一些令人震惊的神奇之事。我着手写这本书以重拾这些经历。当时，我以为自己可以在露营地随意寻找避暑之地，但事实并非如此。我发现露营地是一个高度结构化的空间，热闹的房车一排排停放在里面，草坪椅等也整齐摆放着。我怎么才能把我们许多人心目中的露营场景与我后来经历的真实露营场景联系起来呢？它们之间有联系吗？要说明的是，本书关注的并不是旧时

◯ **1959**
美国国家公园管理局的"典型露营地"示意图，摘自《露营地研究：露营政策和标准研究委员会报告——第四区》。这幅典型露营地插图以"帐篷""火炉""桌子"等标注，展示了本书描述的许多露营装备。

典型露营地

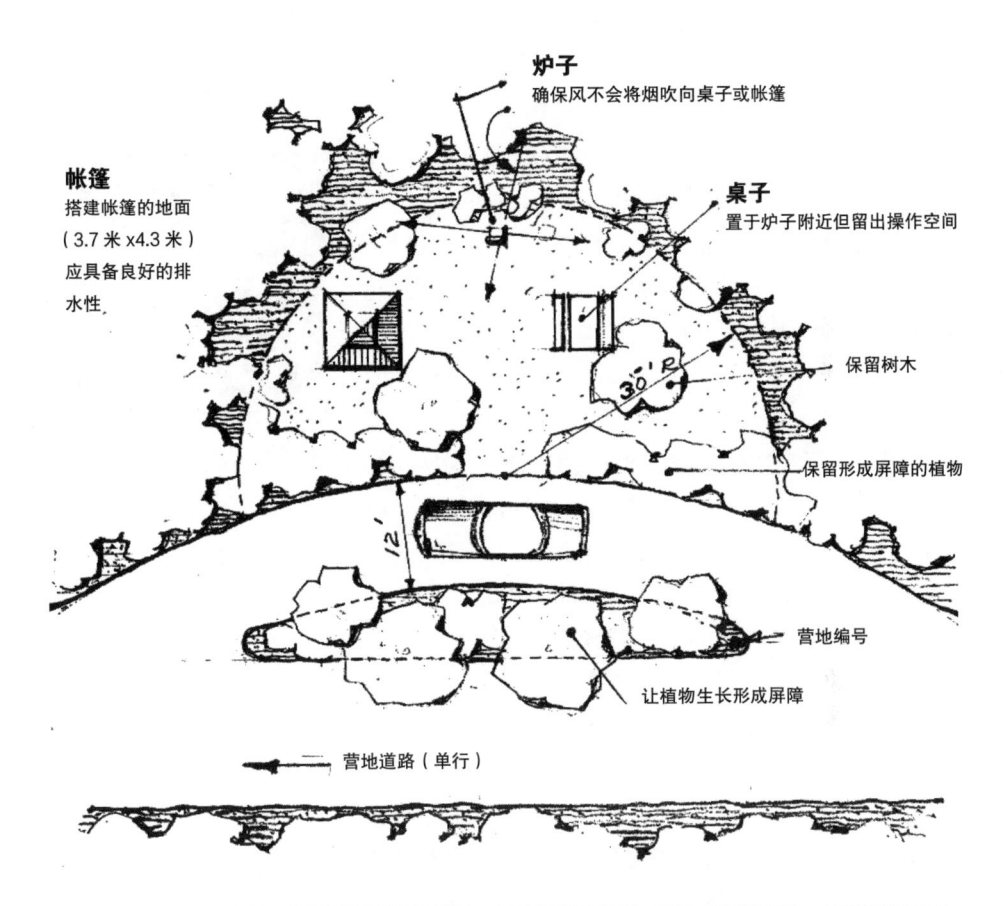

炉子
确保风不会将烟吹向桌子或帐篷

桌子
置于炉子附近但留出操作空间

帐篷
搭建帐篷的地面（3.7米×4.3米）应具备良好的排水性。

保留树木

保留形成屏障的植物

营地编号

让植物生长形成屏障

营地道路（单行）

开辟营地时，应尽可能保留该地的自然特征。在林地开辟营地时，应不定期清理灌木，但避免将灌木全部铲除。
营地距水的最远距离：30米。
营地距垃圾处理点的最远距离：30米。
每个公共厕所有 20~35 个厕位。

露营的原始场景。对旧时露营有兴趣的读者可以阅读戴维·韦斯科特（David Wescott）于2009年所著的《旧式露营》（Camping in the Old Style），韦斯科特是露营领域的权威之一。对美国露营史感兴趣的读者可以查阅沃伦·詹姆斯·贝拉斯科（Warren James Belasco）于1979年著的《美国人在路上：从汽车营地到汽车旅馆，1910—1945年》（Americans on the Road: From Autocamp to Motel, 1910—1945）；查利·黑利（Charlie Hailey）于2008年著的《露营地：持续时间和空间的建筑》（Campsite: Architectures of Duration and Space）；特伦斯·杨于2017年著的《出发——美国露营史》（Heading Out—A History of American Camping）；菲比·杨（Phoebe Young）于2021年著的《露营地：从内战到占领运动，美国生活的公共性质》（Camping Grounds: Public Nature in American Life from the Civil War to the Occupy Movement）。这些都是露营领域的杰作。本书研究的是19世纪末休闲露营与现代露营之间的巨大差异。

　　本书名为《看得见的露营文化》，指的是露营者在露营时"做出"的一些东西，如一顶帐篷、一堆火、一顿饭，通过劳动，露营者得到了在露营地上生活的必需品。每项劳动都需要露营者不同程度的投入，如搭建帐篷时，虽然并不需要从按图剪裁尼龙布进行缝合开始，但是安装帐篷、组装帐杆、撑起尼龙布篷，这一系列活动是露营者每次到达新露营地时都会进行的劳动。露营者离开时，这些劳动的顺序就会颠倒过来。妥善收起帐篷并装进收纳袋，放进汽车后备厢，等待下一次在另一个地方使用，可能是第二天、下一周，也可能是下一年。本书所说的"做出"的东西还包括露营地本来已经准备好的东西，如清理了树木、做好了编号的露营位以及每个露营位中的火

⇧⇧ 1924
插图摘自《汽车露营与游客》（Motor Camping & Tourist），摄于1924年12月。图片的说明文字写道："汽车露营涉及很多有益健康但很艰苦的体力劳动，每个人都应该愿意尽自己的一份力，这样才能发挥人多力量大的优势。"

⇧ 约1970
科尔曼公司（Coleman Company）的宣传图片，描绘了一家人在露营地享用美食的情景，摄影师不详。

盆、野餐桌和标识明显的停车位。通过观察这些不同形式的露营地"搭建"过程，可以梳理出我们现在所熟悉的露营方式与旧时更需要体力、更纯粹的露营方式之间的关系。例如，科尔曼（Coleman）煤气灶与木柴炉火的渊源是什么？坐在野餐桌旁与坐在毯子或木头上有何渊源？为何在美国，野餐桌不是仅能在露营地见到，而是在其他地方也随处可见？为何19世纪末20世纪初出现的双人鸭嘴帐篷比尼龙帐篷重十倍？[5] 现在的饮用水是如何进到杯子里的，过去的饮用水又是如何进到杯子里的？露营地从何时开始变得如此复杂，致使游客可能需要地图来导航？

本书介绍了露营地八个重要组成元素的历史。从广义上去理解，我使用了"组成元素"一词，它包括许多部分，有些是露营者带来的，有些是在露营地从零开始制作的，还有些是露营者到达前就已经存在的。巧妙的是，正是这些不同部分之间微妙的相互作用，让人们产生了一种错觉，即露营者在打造自己的营地时可以发挥自己的主观能动性。

1. 水：19世纪末，休闲露营者常常误以为路边古色古香、风景优美的露营地是露营的好地方。殊不知，清澈冰凉、波光粼粼的溪水可能会被附近的城镇甚至上游的其他露营者污染。如今，大型公共露营地里的饮用水与任何城市里的饮用水都几乎没有什么区别。这些营地的水龙头随时有水，淋浴间和洗脸盆里的水可冷可热，冲水马桶与现代下水道系统相连。对于自给自足的背包旅行爱好者来说，提到水，也会提及一系列相关设备，如水瓶和储水袋、过滤器、净化器、便携式淋浴器等。

2. 篝火：长期以来，无论在实用功能上还是社交功能上，篝火一直是营地的核心。生火是对露营

⬆⬆ **1900**
图为一家人在加利福尼亚州圣贝纳迪诺山溪边露营钓鱼的情景，埃利亚斯·F. 埃弗里特（Elias F. Everitt）摄。

⬆ **1976**
《建筑与公共服务，波特威夏（Potwisha）露营地的用水设施》，莫里斯·萨杜斯（Maurice Zardus）摄于红杉国家公园。

技能的重要考验，但现在柴火已被轻便的燃气灶等现代装备所取代，人们几秒钟内就能在燃气灶上点起火。

3. **营地**：在19世纪末休闲露营出现的早期，户外爱好者只需徒步进入森林，根据风景是否优美、是否靠近溪流或湖泊以及其他关键因素，选择一个自己认为适合露营的地点扎营。如今，营地功能的标准化管理已成为每个露营地公司的核心业务。一批一批的露营者在预约好的露营位安营扎寨，前一批刚离开后一批就会到来。

4. **地图**：早期的露营地不过是一大片空地，露营者、帐篷和汽车都挤在里面。20世纪30年代出现的露营地地图表明，露营地已经迅速变得复杂多了，需要精心管理。地图扮演着双重角色，既是露营者的地理空间参考，也是由单向行驶环路、汽车停车支线和房车停靠点组成的独特空间代码，支撑着美国两万多个露营地的布局。

5. **野餐桌**：露营时坐具通常是就地取材，如简单的原木就可以做成一张实用的长凳，经验丰富的露营者则会携带可折叠的桌椅，或者干脆用木棍和树枝捆绑成家具。作为人们聚会、备餐和享用食物的地方，野餐桌不仅在露营地，而且在全美国范围内，都已成为民间建筑风格的重要组成部分，因此我们很少再去关注野餐桌的起源。

6. **帐篷**：帐篷的出现比休闲露营的出现早几千年，尽管如此，帐篷仍然是露营装备中最具标志性的物品。将帐篷桩插入地下，露营者就与露营地建立了有形的（即使是暂时的）联系。1938年，杜邦公司发明并生产的尼龙正式面市，此后不断进行技术创新，并运用到了帐篷上，使得帐篷的重量、结实性、透气性、耐用性和结构稳定性成了研究和创新的焦点。

7. **睡袋**：毯子？床单？睡袍？用于睡眠的器

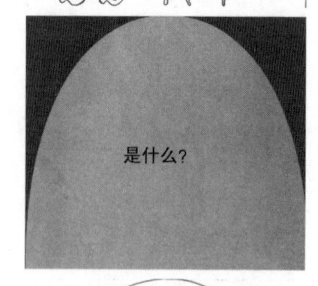

↑ 1957
《便携式帐篷究竟是什么》是密歇根州安阿伯市体育用品有限公司发行的宣传手册，重点介绍了比尔·莫斯（Bill Moss）设计的标志性帐篷的不同用途。

具们甚至都没有一个统一的名字。睡袋是现代制造业的产物，是一项相对较新的发明，其历史可以追溯到 19 世纪 70 年代，那时，威尔士人普赖斯·普赖斯 - 琼斯（Pryce Pryce-Jones，1834—1920）爵士与苏联军队签订合同，为军队提供 60000 件早期的睡袋——尤克利西亚（Euklisia）毯（一种缝制的专利毯子，内置气密枕头）。后来，拉链（1913）、尼龙和其他合成纤维的共同使用，让睡袋更轻、更结实、更保暖。床垫、折叠床和床上用品都会影响人的睡眠体验和舒适度，如果不讨论这些物品，关于睡袋历史的描述就不完整。

8. 垃圾：露营地里污水、水和垃圾管理系统的发展历史一直紧密相连。虽然防熊垃圾箱、房车垃圾站、焚化炉和垃圾填埋场与荒野的浪漫想象背道而驰，最好不要出现在人们的视野中（也不要让人想起），但这种"我们看不到的景观"却是露营最重要的组成部分之一。[6]

在编写《看得见的露营文化》这本书的过程中，我想象着多年后会在盐湖城安伊艾店①（REI，我首次购买装备就是在那里），或者在黄石国家公园格兰特村礼品店（几年后我在那里露营）的货架上能找到这本书。我把《看得见的露营文化》当作另一件装备，从家里打包，在露营地与其他装备和必需品一起拿出来。本书共八章，每一章都是一个独立的故事，可以单独阅读，在晚上篝火的照耀下，一个小时左右能够读完。换句话说，一天读一章，本书可以陪你露营一个星期。虽然本书无法帮助初学者掌握搭建帐篷或正确生火的技巧（这方面的手册有很多），但它确实为新老露营者提供了更广阔的历史视角，让他们了解露营

---

① 一家美国户外用品连锁零售组织。

⬆⬆ 约 1888
《普赖斯·琼斯专利尤克利西亚毯》，摘自普莱斯·琼斯《皇家威尔士仓库》《北威尔士》《纽敦》编目。尤克利西亚毯被公认为是世界上第一款商业化生产的睡袋。

⬆ 1920
罗伯特·路易斯·史蒂文森（Robert Louis Stevenson）著的《带着驴子在塞文山脉旅行》的封面插图，沃尔特·克兰（Walter Crane）摄。描绘了作者躺在睡袋里，作者的生死之交驴子莫德斯汀（Modestine）在附近吃草的情景。

地作为一种空间环境的演变过程，了解关键的露营装备。具有讽刺意味的是，读者可能会发现，露营一直是作者丹·怀特所说的"家庭生活与野外生活的对峙"，即便是早在19世纪末，露营者在露营时也会尽量带上家居物品。[7] 现在与那时相比，我们改变了多少呢？

参考书目

露营地8个"组成元素"的历史跨越了150年，其历史轨迹拥有共同的参照点。美国摄影师布鲁斯·戴维森（Bruce Davidson，生于1933年）1965年至1966年拍摄的约塞米蒂国家公园露营场景让我觉得他感兴趣的内容与我20年前第一次露营时所经历的相似。第一次接触戴维森的作品，就验证了我的直觉，也让我体会到了深刻的讽刺意味，至今我在繁忙的露营地登记入住时仍时常有这种感觉。对边缘群体的关注让戴维森名声大振。他拍摄的黑白照片很精美，让拍摄对象获得了尊严。这些拍摄对象包括《马戏团》(Circus，1958) 中的侏儒小丑，《布鲁克林帮派》(Brooklyn Gang，1959) 中文身、穿皮衣、留庞帕多发型的年轻人，《变革时代》(Time of Change，1961—1965) 中民权运动的斗争，以及《东100街》(East 100th Street，1966—1968) 中生活在哈勒姆区一处街区的充满活力的人群。虽然在约塞米蒂拍摄的作品发表量相对较少，但不难想象戴维森为何选择在那里拍摄。露营者本身就是边缘群体，在约塞米蒂，戴维森拍摄的照片中，大多数露营者都蔑视地盯着镜头，似乎询问摄影师在干什么。戴维森让我明白了露营属于人类行为，不属于荒野或自然。如果不是因为这组作品的标题，即《约塞米蒂露营者》(Yosemite Campers，1965)、《西部之旅》(The Trip West，1966) 或称《丑陋的

◑ **1965**
《头上扎着发卷的女人》，布鲁斯·戴维森摄，摘自《约塞米蒂露营者》系列。

◑ **1965**
《三个女人在整理头发》，布鲁斯·戴维森摄，摘自《约塞米蒂露营者》系列。

◑ **1966**
《约塞米蒂国家公园四号营地》，布鲁斯·戴维森摄，摘自《西部之旅》系列。

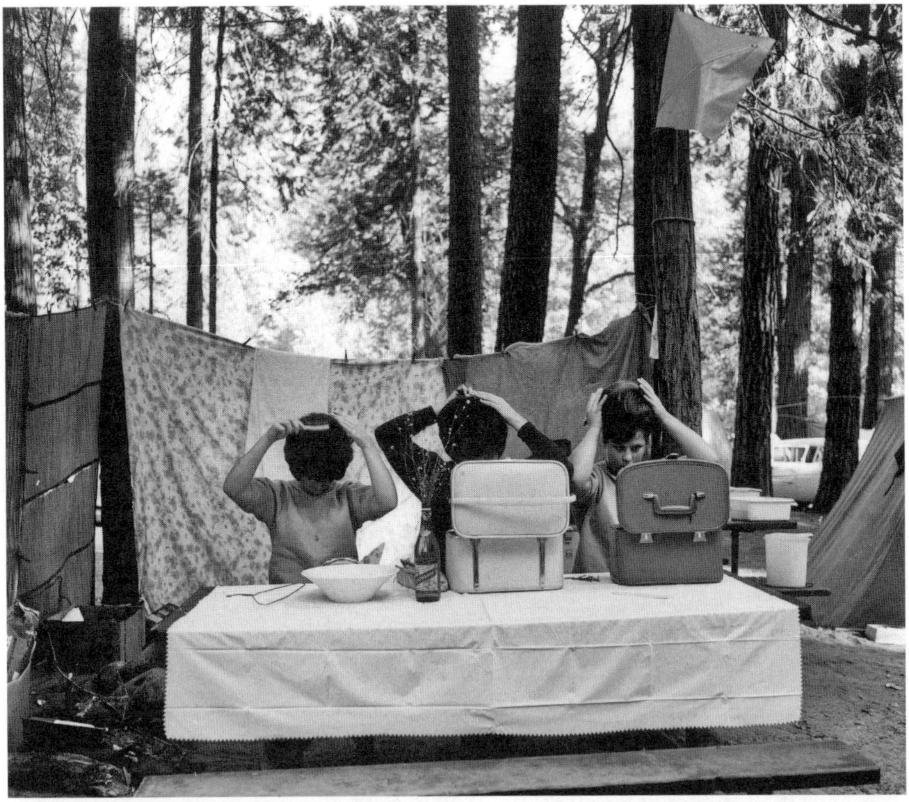

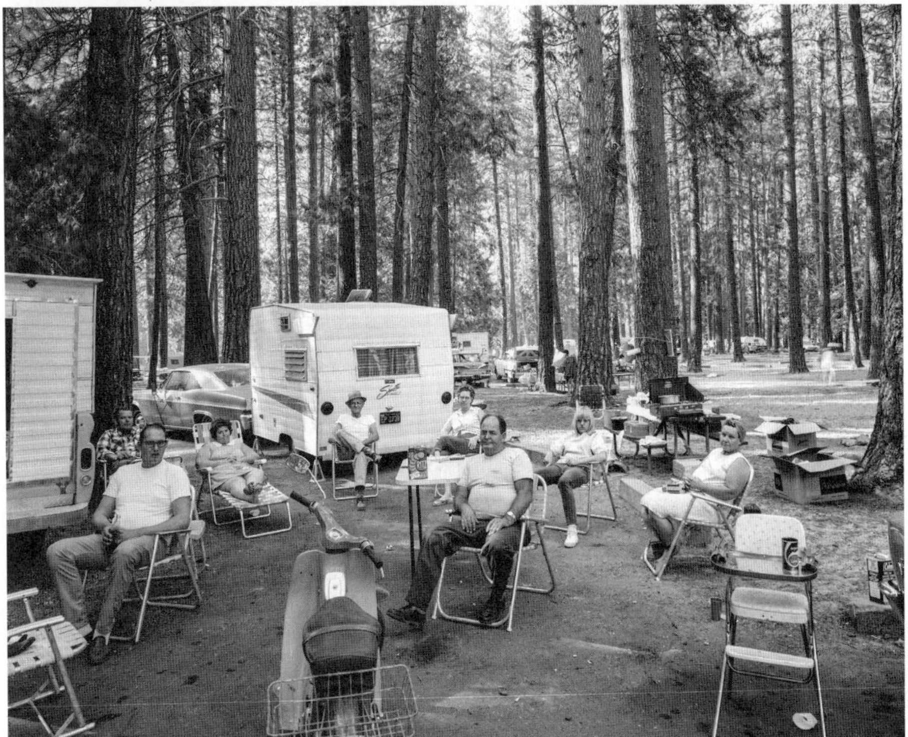

美国人》(*Ugly Americans*)，我们根本无法得知这些照片是在美国最具代表性的国家公园之一拍摄的。这也许是戴维森拍摄计划中的安排。戴维森照片的特点是没有将露营地进行美化或浪漫化。如果有的话，那可能反而是丑化了，这些照片中的露营者从未像人们想象的那样积极砍柴、打猎、生火做饭等。相反，他们坐在草坪椅和野餐桌旁，凝视远方，显得百无聊赖。每个露营地都是一片毫无生气的废墟，有汽车、拖车、纸箱、手提箱、化妆品箱、椅子、冷藏箱、炉子、晾在树间晾衣绳上的衣服，有些还有帐篷，甚至电视机。这些露营位像沙丁鱼一样挤在一起，很难分清露营地的范围从哪里开始，到哪里结束。一些露营者不得不在树与树之间拉起床单，以保持一定的私密性。虽然戴维森在约塞米蒂的经历与我最初的露营经历相隔35年，露营地点相距数百英里（1英里约等于1.61千米），但两地的露营在很多方面给人的感觉都是相同的。我对露营的观察视角和路径与戴维森不谋而合。戴维森的作品描述了露营的真实面貌，即不加修饰、枯燥乏味的面貌，而且在我看来，还带点滑稽，不是我们想象中可能或应该有的样子。戴维森没有将目光移开，而是选择了更加坚定地拍摄露营地的真实面貌。

布鲁斯·戴维森拍摄的作品在本书中多次出现，另一个多次出现并且同等重要的作品是建筑师艾伯特·H.古德（1892—1945）绘制的技术图纸。古德是本书的第二位主角。他在经济大萧条最严重的时期受聘于美国国家公园管理局，绘制了一本名为《公园结构与设施》(*Park Structures and Facilities*, 1935) 的图纸和规划汇编，供民间资源保护队（CCC）在全美国各地的国家公园、州立公园和森林中使用。当然，在此期间也有多本

◎ **1938**
《得克萨斯州卡多湖州立公园的野餐桌》，艾伯特·H.古德制，摘自《公园与休闲设施》，第二卷，《休闲与文化设施》。

引 言

野餐桌

Plate II A–9

野餐桌

地点：得克萨斯州卡多湖州立公园

　　这种野餐桌牢固且实用，能够在需要时随时组装起来。图片从不同角度展示出野餐桌的古朴实用。只有组装桌子和长凳的原木与周围生长的树木风格一致时，这种结实粗壮的木结构才真正看起来很协调。

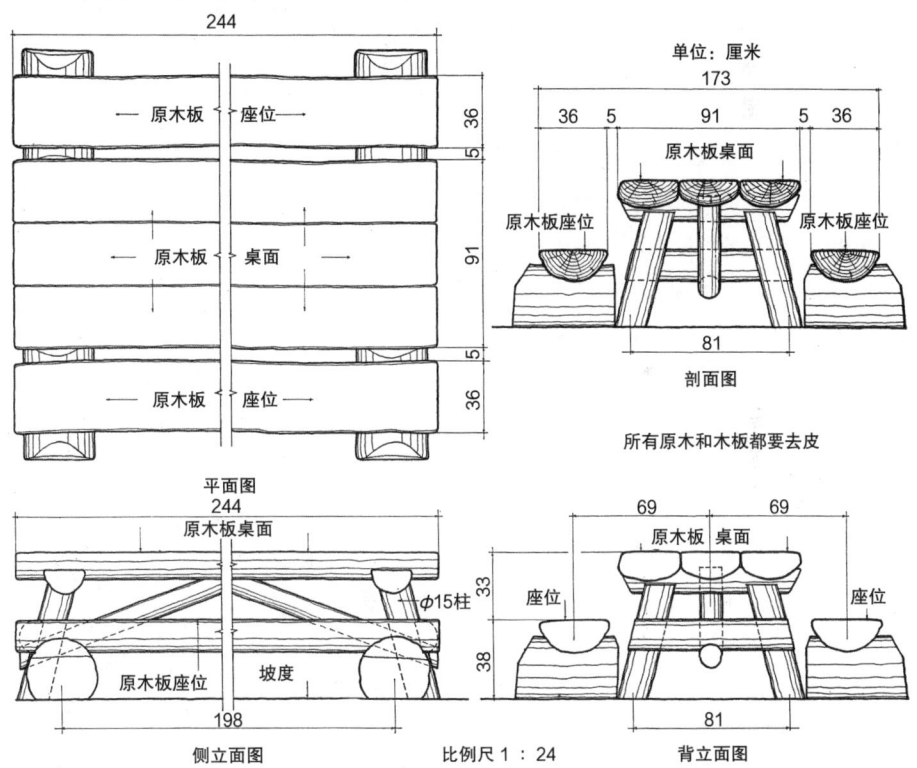

单位：厘米

所有原木和木板都要去皮

平面图
侧立面图
剖面图
背立面图
比例尺 1∶24

原木板 座位
原木板 桌面
原木板 座位
φ15柱
坡度
原木板桌面
原木板座位

相关书籍和报告问世，如查尔斯·帕克·哈利根（Charles Parker Halligan）的《旅游营地》（*Tourist Camps*，1925）、美国林务局的《公共营地手册》（*Public Camp Manual*，1935）、美国国家公园管理局的《营地研究》（*Campground Study*，1959）和美国农业部的《以营利为目的的森林娱乐》（*Forest Recreation for Profit*，1962）。其中，古德的《公园结构与设施》是最全面的。此书包括"标志和标记（Signs and Markers）""座位和桌子（Seats and Tables）""户外壁炉和露营炉（Outdoor Fireplaces and Camp Stoves）""篝火圈和露天剧场（Campfire Circles and Amphitheaters）""公共厕所和私人厕所（Comfort Stations and Privies）"等章节，让读者了解到满足公众需求的大量基础设施。每一章都介绍了古德在美国各地参观过的一系列设施。古德的作品意在对当前的露营规范进行调查，是开创性的，可以根据材料、场地限制等因素，激发新的设计方法。后来，古德在1938年的扩充版，即《公园与休闲设施》（*Park and Recreation Structures*）中对他的研究成果进行了修订，该版本主要介绍了汽车露营地的信息，增加了"帐篷和拖车露营地（Tent and Trailer Campsites）""营地布局（Camp Lay-Out）""露营炉（Campstoves）""野餐桌（Picnic Tables）"等新章节。这些新章节表明，汽车露营地在户外休闲领域的重要性与日俱增。1999年，普林斯顿建筑出版社出版了《公园与休闲设施》精装本，对扩充版进行了重印，同时出版社同意出版我写的与露营主题有关的书，这对我来说再好不过了。

古德绘制的图十分细致、技艺高超，给我留下了深刻印象。在数码表现力与实物越来越接近的时代，他那壮观、精致的手绘插图让人想起了另一个时代。对于建筑师来说，绘画是研究和表

◿ **1938**
《黄石国家公园圆形剧场》，艾伯特·H.古德绘，摘自《公园与休闲设施》，第二卷，《休闲与文化设施》。

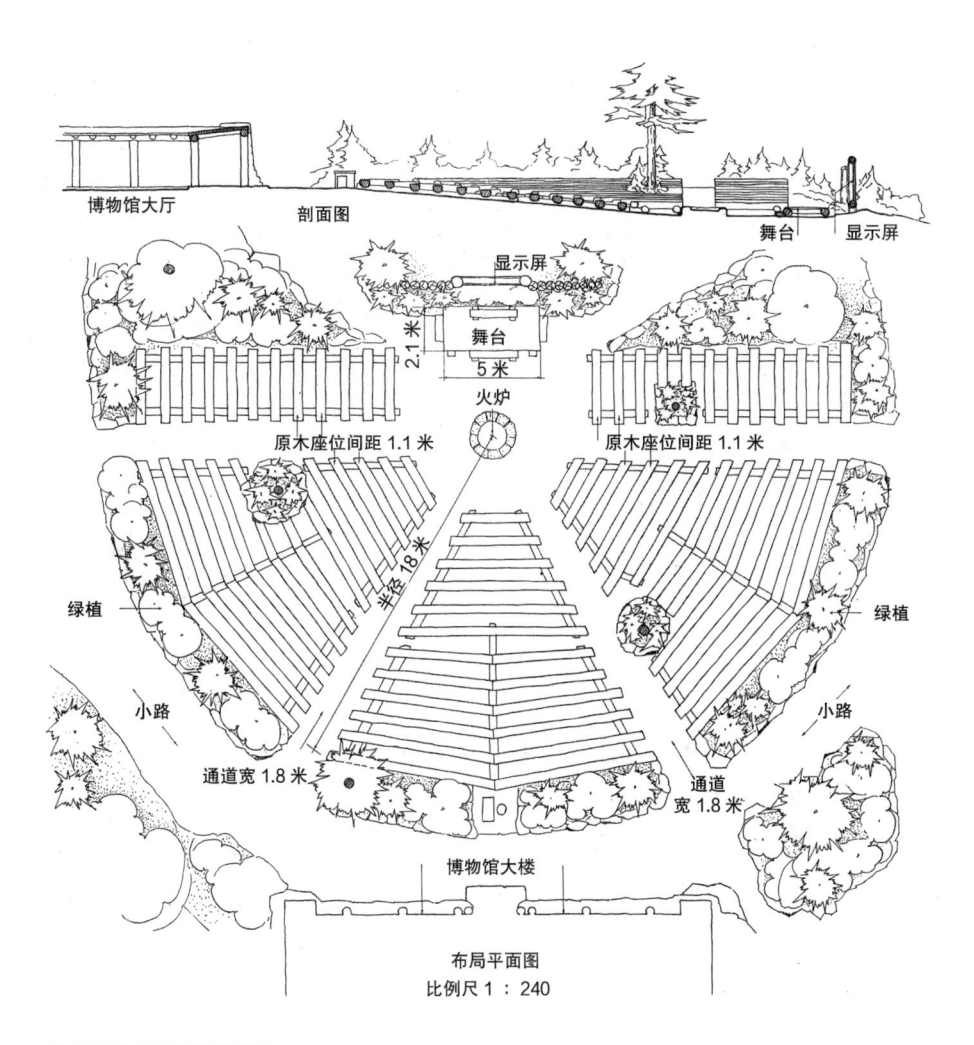

篝火圈和户外剧场 Plate II M-12

黄石国家公园圆形剧场

在这个大型国家公园中，有两个布局几乎相同的露天剧场。上图是两者的示意图。平面图是老忠实间歇泉圆形剧场，它与钓鱼桥的圆形剧场不同，主要在于其剧场结构和背景描绘得更详细。两个剧场从前到后的距离都不远。

两个露天剧场的篝火坑都是轴向的。大型带树皮的原木座位放在原木纵梁上，按比例摆放在室外，很是显眼。投影仪安装在原木桩上，十分有趣。有些勾勒出小路轮廓的石头摆放位置非常不合适，除非地上赶紧长出一些地被植物恰到好处地遮住它们，否则这些石头最终将被移除。

达思想的主要载体。绘画是一种语言，一种观察、理解、表现和改造世界的方式。和古德一样，我也是一名建筑师，在看到技法如此娴熟的插图时，我的注意力总是会被吸引。本书凸显了古德严谨的分析思维，以及他在创作过程中的耐心和细心。即使是最普通的露营地装备，如火盆或野餐桌，其设计也表明这些装备实际上值得研究。古德将这些装备独立成章进行描述，挖掘出了每种装备的丰富特性，这些都给我留下了深刻印象。1938年版《公园与休闲设施》的目录给了我极大的启发。我认识到我写的书可以扩展成更多章节，比如露营地地图、帐篷和睡袋。我也很欣赏古德将图画、文字和现场照片结合在一起的方式，这能够让书本既有图片展示，又有文字描写。运用这种方式，《看得见的露营文化》成了一本图文并茂的书。每一页文字都配有相应的插图，这些插图形式不一，包括总体规划、地图、技术图纸、专利、图表、草图、绘画和照片。书中图片与说明按照传统的规范排版，类似于古德约90年前所著书籍呈现的图形规范。借着火光，可以单独阅读文字，也可以结合图片阅读，还可以按照每章的顺序查阅图片及其相关说明。由于每段历史都是独立的叙述，好奇心强的读者可以选择最感兴趣的章节阅读，只需找到感兴趣的那章的全幅插图，就可开始阅读……

◎ 1934
《纽约州莱奇沃思州立公园的喷水式饮水口》，艾伯特·H.古德制，摘自《公园结构与设施》。

喷水式饮水口 · *Plate I-2*

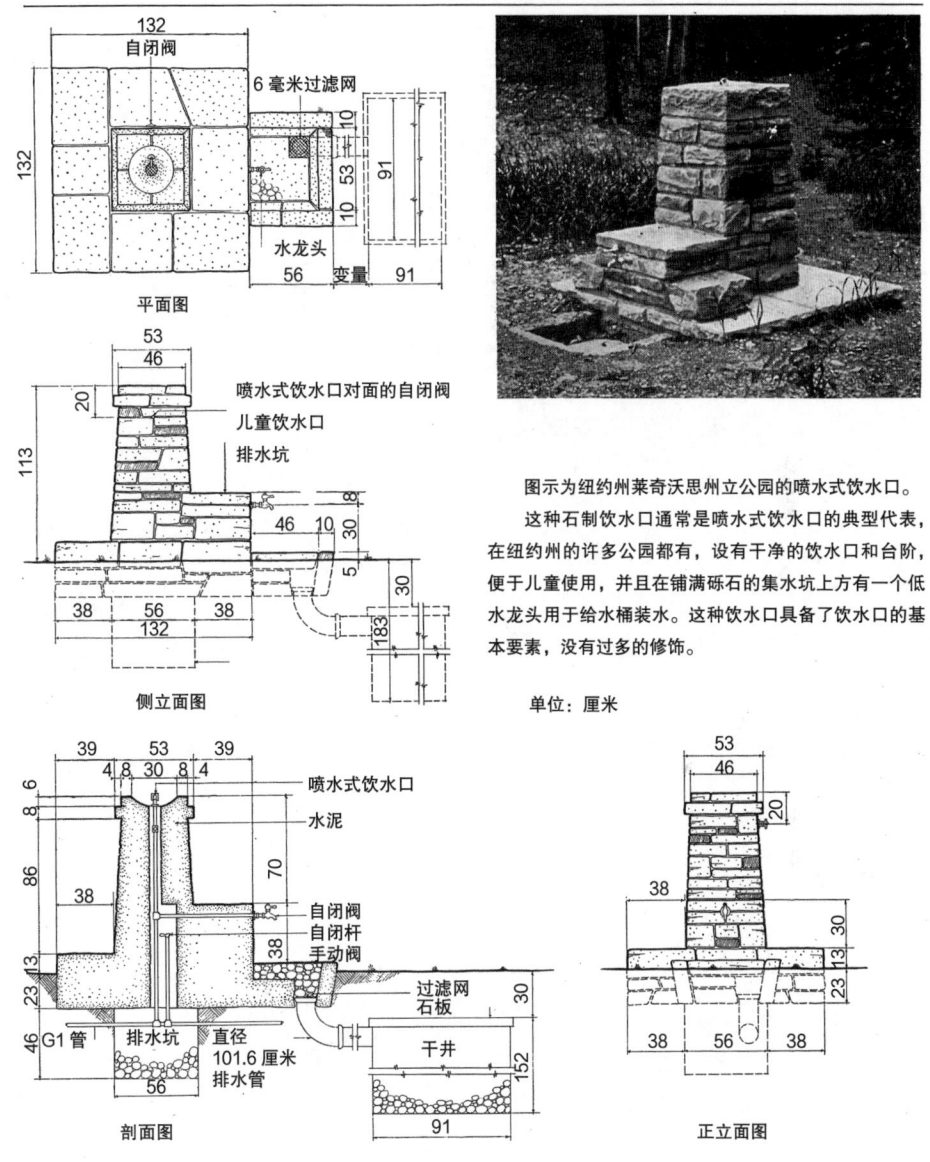

图示为纽约州莱奇沃思州立公园的喷水式饮水口。

这种石制饮水口通常是喷水式饮水口的典型代表，在纽约州的许多公园都有，设有干净的饮水口和台阶，便于儿童使用，并且在铺满砾石的集水坑上方有一个低水龙头用于给水桶装水。这种饮水口具备了饮水口的基本要素，没有过多的修饰。

单位：厘米

比例尺 1：32

美国内政部·国家公园管理局

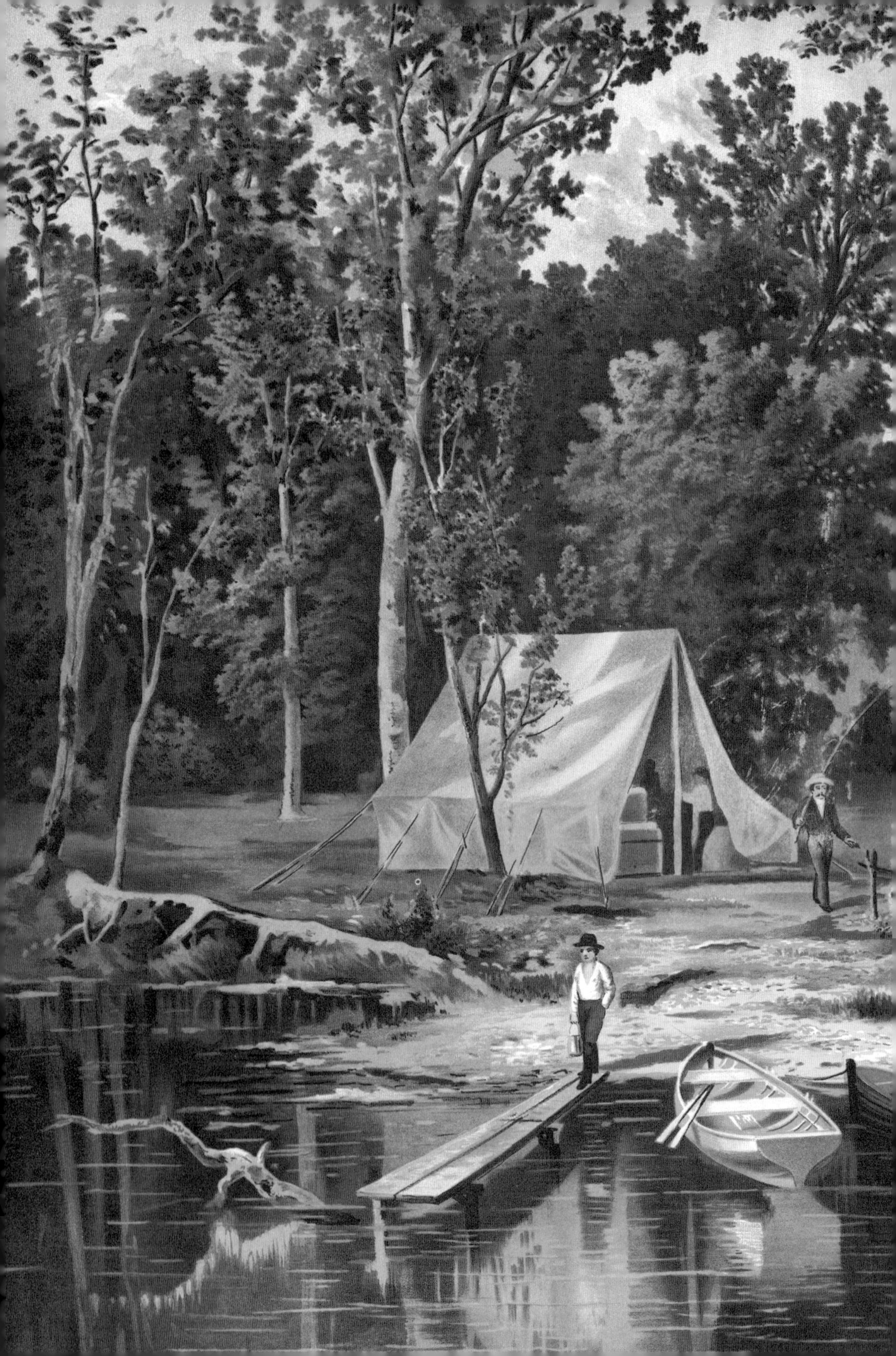

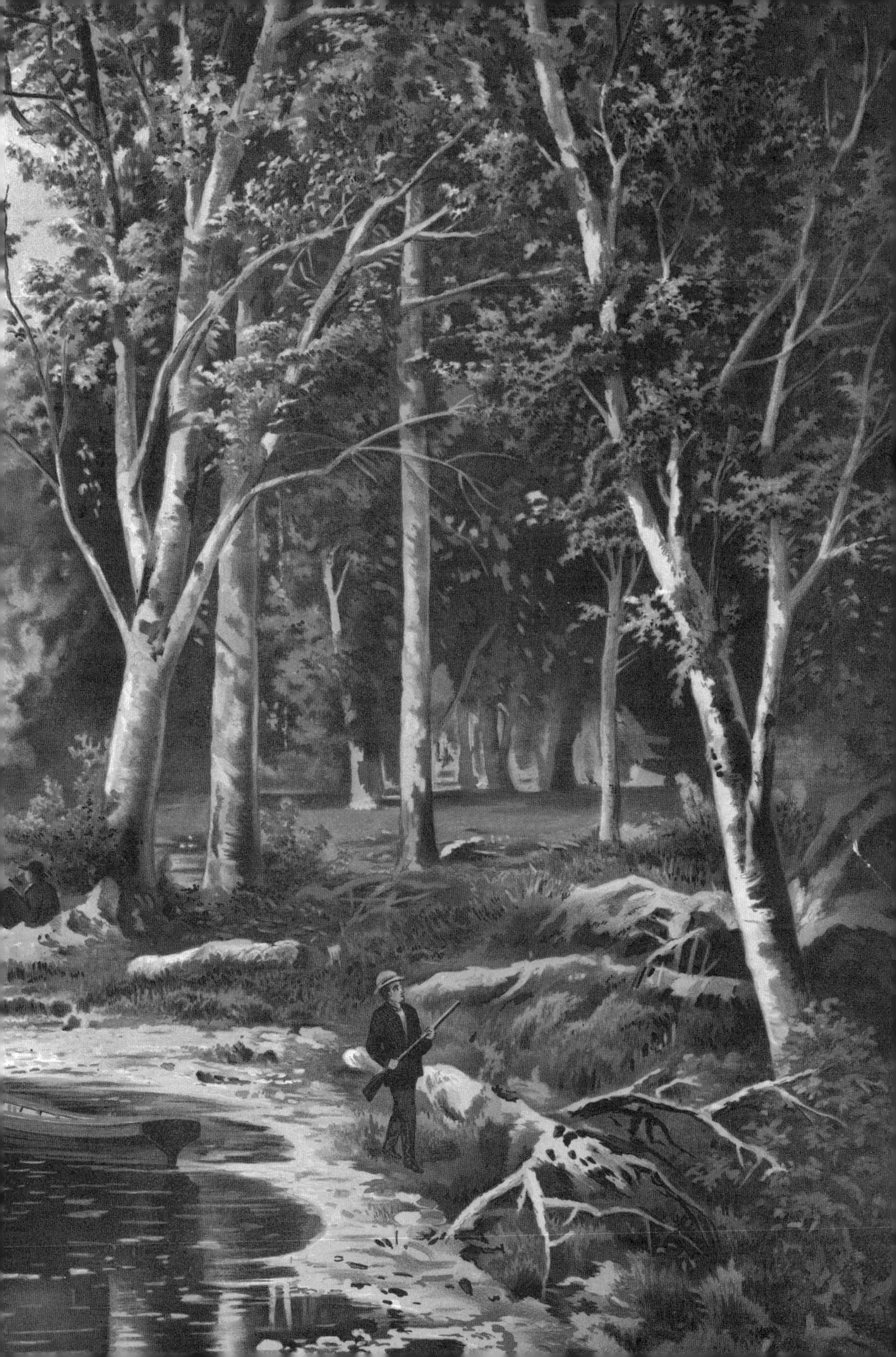

水

> 朦朦胧胧中，我兴奋地一头扎进齐腰深的水里。我就像一块海绵，每个毛孔都吸收着水汽，任凭水流带着我在悬垂的柳树树荫下漂流。我丝毫不担心会淹死在水里，我只想把所有的水一饮而尽。[1]
> ——爱德华·阿比（Edward Abbey）

我们经常会在明信片上看到湖边搭建着一个帐篷的景象，这是典型的露营场景。在湖边露营，露营者不仅可以取湖水饮用、烹饪、沐浴，还可以在湖里划船、钓鱼、游泳。即便是仅仅欣赏湖边风景，也与露营日常活动息息相关。对于威廉·亨利·哈里森·默里牧师[1]、丹尼尔·卡特·比尔德[2]（Daniel Carter Beard，1850—1941）等

---

[1] 又名阿迪朗达克，他在1869年出版的书中向美国公众宣传了露营的好处。

[2] "丹尼尔·布恩之子"协会创始人。

◐◐ 1883
《露营》，俄亥俄州辛辛那提市克雷布斯石版印刷公司（Krebs Lithographing Company）出品。

◐ 1938
《湖边的中型有组织营地》，艾伯特·H.古德绘，摘自《公园与休闲设施》，第三卷，《有组织的过夜营地》。这个湖边露营地的典型布局说明了在水域附近露营一直都具有吸引力，美国约有20000个露营地，其中3500多个露营地的名称都包含湖或河的字眼，为了强调它们的水源。

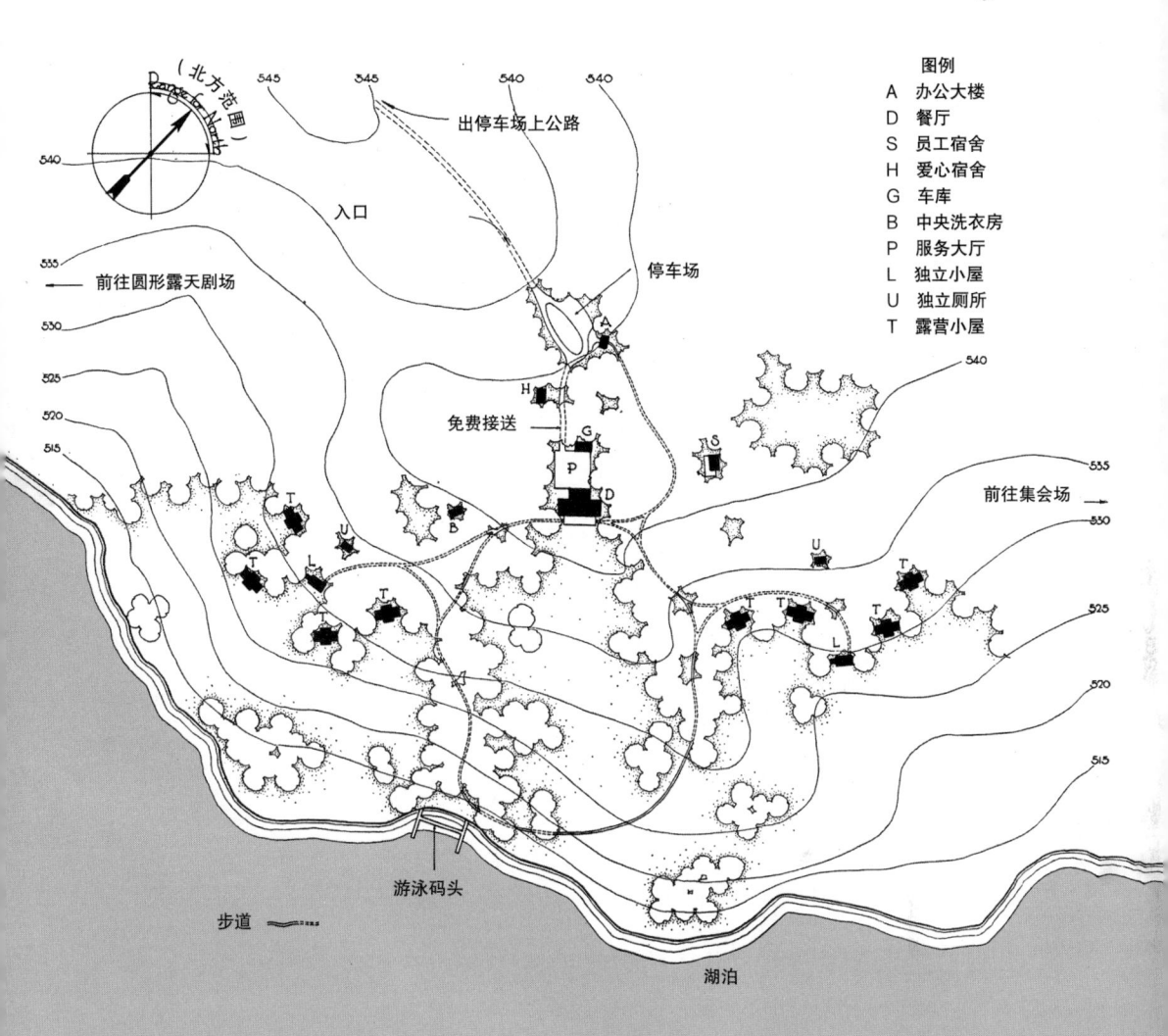

水

图例
A 办公大楼
D 餐厅
S 员工宿舍
H 爱心宿舍
G 车库
B 中央洗衣房
P 服务大厅
L 独立小屋
U 独立厕所
T 露营小屋

(北方范围)

出停车场上公路

入口

前往圆形露天剧场

停车场

免费接送

前往集会场

游泳码头

步道

湖泊

著名露营专家来说，将乡村营地选址在湖泊、河流或溪流附近，并有充足木柴供应的地方，是一项意义重大的战略决策，几乎是成功露营的必然保证。

不过，随着碘片、过滤系统、可生物降解肥皂、水壶、水箱、水囊、水瓶、保温瓶、水杯、马克杯、重力式太阳能淋浴器、便携式压力清洗系统和其他各种露营装备的普及，我们对就地取水的态度和以前已经有了较大差别。1918年，作家玛丽·罗伯茨·莱因哈特（Mary Roberts Rinehart，1876—1958）在游览约塞米蒂国家公园时曾说过，她喜欢"桶里、水杯里或桥下的水"，"我非常喜欢水，但我喜欢静水，也就是说家里安安静静、规规矩矩的水。"[2] 虽然默里用诗意般的话语劝诫人们"用你喝过的最清凉、最甘甜的纯净水来解渴"，但许多现代的露营者，无论在互联网线上或线下，可能都会赞同莱因哈特的说法，即从家里带水，而不是从水源地取水。露营者会按需携带各种（热的、冷的、雾状的、加压的）饮用水，来满足他们特定的日常需求。[3]

可靠来源

> 我们逃离城市，却把城里最好的东西带来了。[4]
>
> ——拉尔夫·沃尔多·爱默生（Ralph Waldo Emerson）

艺术家托马斯·艾尔斯（Thomas Ayres，1816—1858）和艾伯特·比兹塔特（Albert Bierstadt，1830—1902）分别于1855年和1863年首次造访约塞米蒂。此后，该地的客流量一直稳步增长，从每年几十名游客增加到每年超过35000名。

◉ 1903—1904
图为弗恩崖营地（Fern Cliff Camp），位于加利福尼亚州圣贝纳迪诺山箭头水库（Arrowhead Reservoir）收费公路沿线，威廉·亚当斯·韦尔（William Adams Vale）摄。露营作家阿瑟·H.德格雷（Arthur H. DesGrey）认为，"即使露营地处于良好地理位置，可能具备所有显而易见的必要条件，但仍然可能会对露营者造成威胁"。

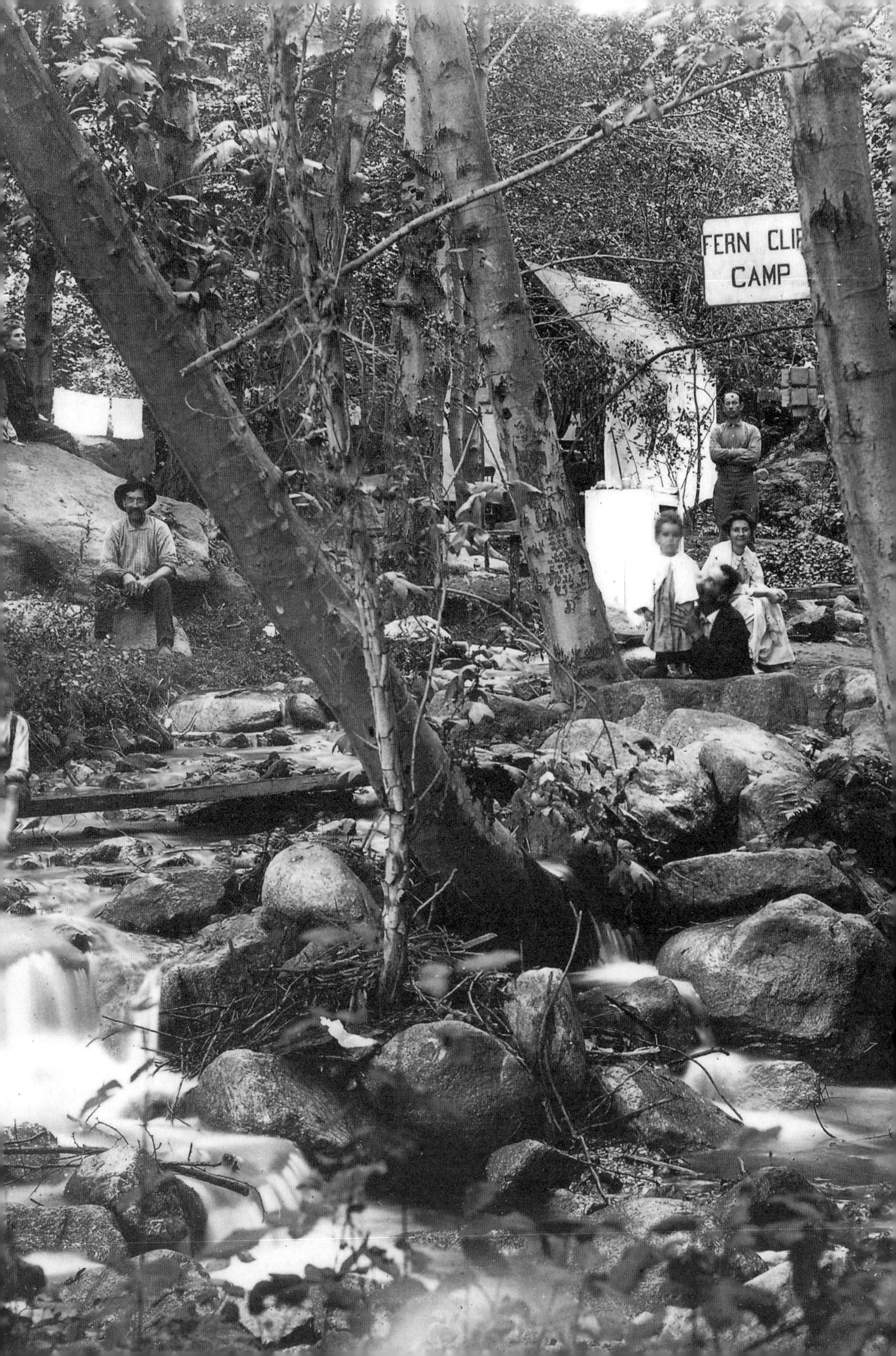
FERN CLIF
CAMP

莱因哈特抵达约塞米蒂时，那里的客流量仍在稳步增长。如默里的散文对阿迪朗达克山脉产生的影响一样，比兹塔特对约塞米蒂谷生动形象的描绘吸引成群结队的游客纷沓而至。热情洋溢的游客陶醉在大自然中，却没有给予大自然应有的保护。随意的露营者把溪流当作厕所和洗脸盆，即便是地位最高的人也可能会被感染，因为他们可能会无意中饮用被上游城镇、工厂甚至露营地污染的水。讽刺的是，默里和比兹塔特所赞美的那些风景优美、生机勃勃的地方，逐渐变成了那些在大城市中早已绝迹了的伤寒和霍乱等疾病的滋生地。[5]

1923年，汽车露营专家埃隆·杰瑟普（Elon Jessup，1885—1958）抱怨说："可靠的城市供水系统换成了一个你可能一无所知的系统。"[6] 事实上，只透过肉眼观察波光粼粼的美丽溪流根本不够，因为对人体有害的细菌只能在显微镜下或通过严格检测才能发现，而露营者通常不会带显微镜或检测设备。相反，专家建议用木炭生火将水煮沸或用含氯稀溶液消毒，才可放心饮用。1907年，美国地质勘探局首席水文学家马歇尔·O.克莱顿（Marshall O. Leighton，1874—1958）在约塞米蒂考察时，对旅游业给默塞德河沿岸水质造成的影响表示非常担忧，建议人们从酒店、露营地和其他特许经营店上游约3千米处一个未受污染的偏远水源地引水饮用。[7]

拟建的76.2厘米重力管道和快活岛（Happy Isles）附近新取水口的低坝，将取代冰川点（Glacier Point）山脚下曾为约塞米蒂谷供水的泉水，每天可供应一百万加仑（1加仑约为3.8升）饮用水。[8] 莱因哈特抵达山谷时，改进后的输水系统已经投入使用，它借鉴了纽约市的克罗顿引水渠（Croton Aqueduct，1842年），该引水渠是连接曼哈顿和克罗顿河（Croton River）的南向基础设施，

◐ **1923**
约塞米蒂国家公园默塞德河沿岸的露营地，摘自埃隆·杰瑟普《顺利度过假期：如何避免度假陷阱》（Roughing It Smoothly: How to Avoid Vacation Pitfalls），摄影师不详。为避免受到其他地方排放污水的影响，公园内的大多数露营地都位于主要酒店和特许经营店的上游。

◐ **约1965**
《约塞米蒂公园河边的露营地》（局部图），龙达尔·帕特里奇摄。植物病理学家埃米利奥·佩佩（E. P.）·迈内克在《营地规划与重建》（Camp Planning and Reconstruction，1935）一书中写道："从卫生的角度来看，公众喜欢聚集到水流边这一做法是不可取的。"

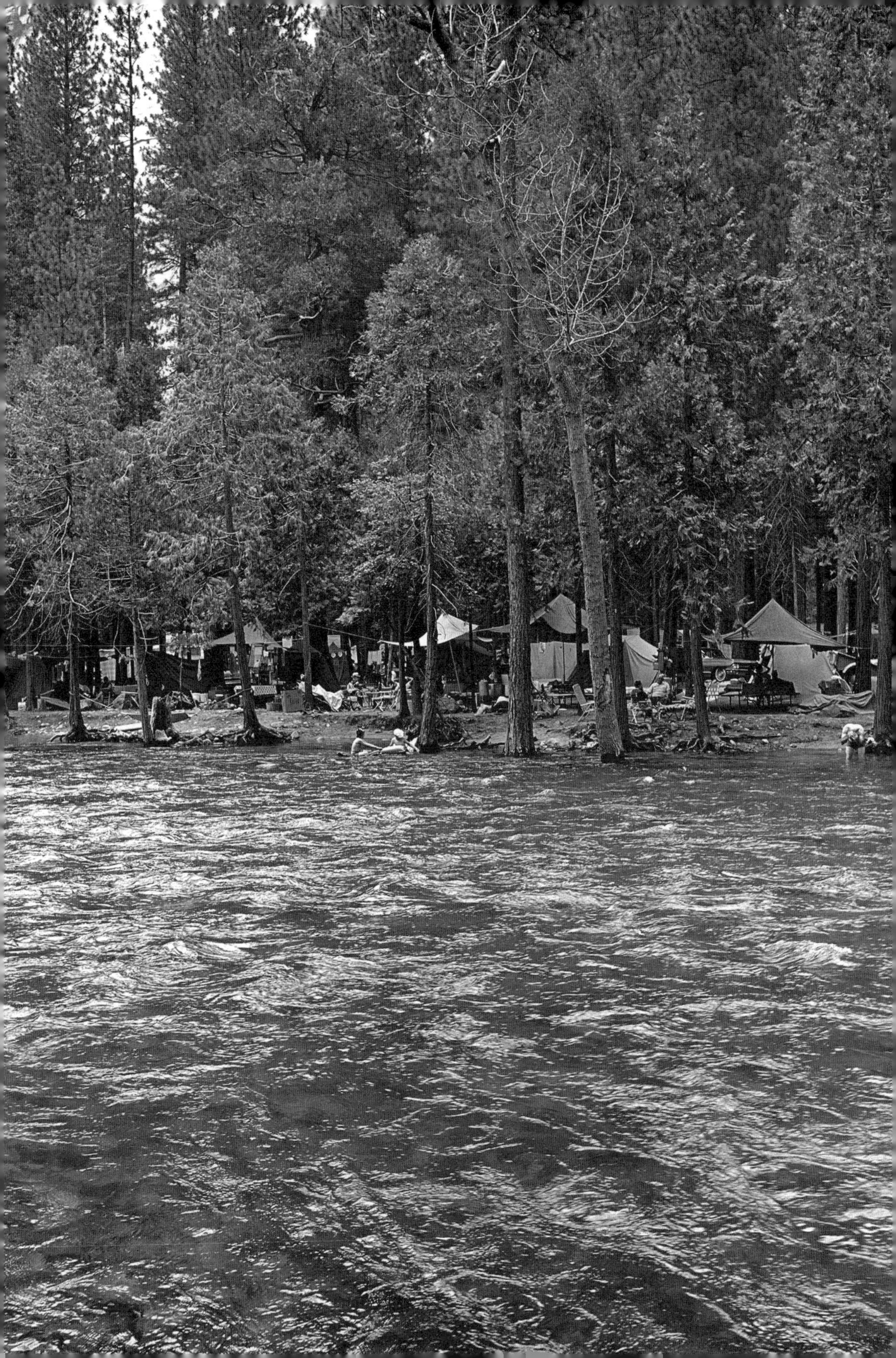

全长约 66 千米。约塞米蒂谷除了迅速成为一个小城之外，还发生了什么变化？随着管道逐渐替代溪流，管道也代表了一种信任，一种对水质的保证。管道会一路护送安全的饮用水从源头跨越很远的距离，直到它从所需地点的水龙头或消防栓中喷涌而出。可以肯定的是，约塞米蒂的饮用水服务是值得投资的，因为它面向的是成千上万的游客。即便如此，一些富有的离网露营者，如慈善家和女权运动者菲比·阿珀森·赫斯特（Phoebe Apperson Hearst，1842—1919），也会尽力自己保障用水安全。1891 年，赫斯特在加利福尼亚州索诺马县用 900 多米长的铁管将一股纯净泉水引到自己的个人夏令营。[9] 地形、重力、水和地点已经不再是露营必须考虑的要素，所以景观设计师弗兰克·A.沃（Frank A. Waugh，1869—1943）于 1918 年在大峡谷南缘新建露营地时，并没有因为缺水而害怕。他提议，通过铁路将水从 193 千米远的地方运来，就可以满足所有饮用水的使用。[10]

眼不见，心不念

消防栓的出水速度比溪流快。[11]
——沃伦·詹姆斯·贝拉斯科（Warren James Belasco）

20 世纪初的几十年里，露营活动日益普及。著名专家弗兰克·E.布里默（Frank E. Brimmer，1890—1977）在《科尔曼汽车露营者手册》（Coleman Motor Campers Manual，1926）一书中吹嘘道："满足饮用水需求是旧时代露营者面临的最大问题之一，而如今却是最容易解决的一大问题，因为数百万汽车露营者都需要用水，这迫使所有露营地安装管道或打井，以确保始终有干净的水供

◑ 1932
加利福尼亚州拉森火山国家公园萨米特湖露营地（Summit Lake Campground）的供水站，亚瑟·霍姆斯（Arthur Holmes）摄。

◑ 1919
美国地质勘探局绘制的约塞米蒂国家公园地形图，显示了冰川点山脚下的原始取水口（左下）和快活岛默塞德河上的新管道（右下）。

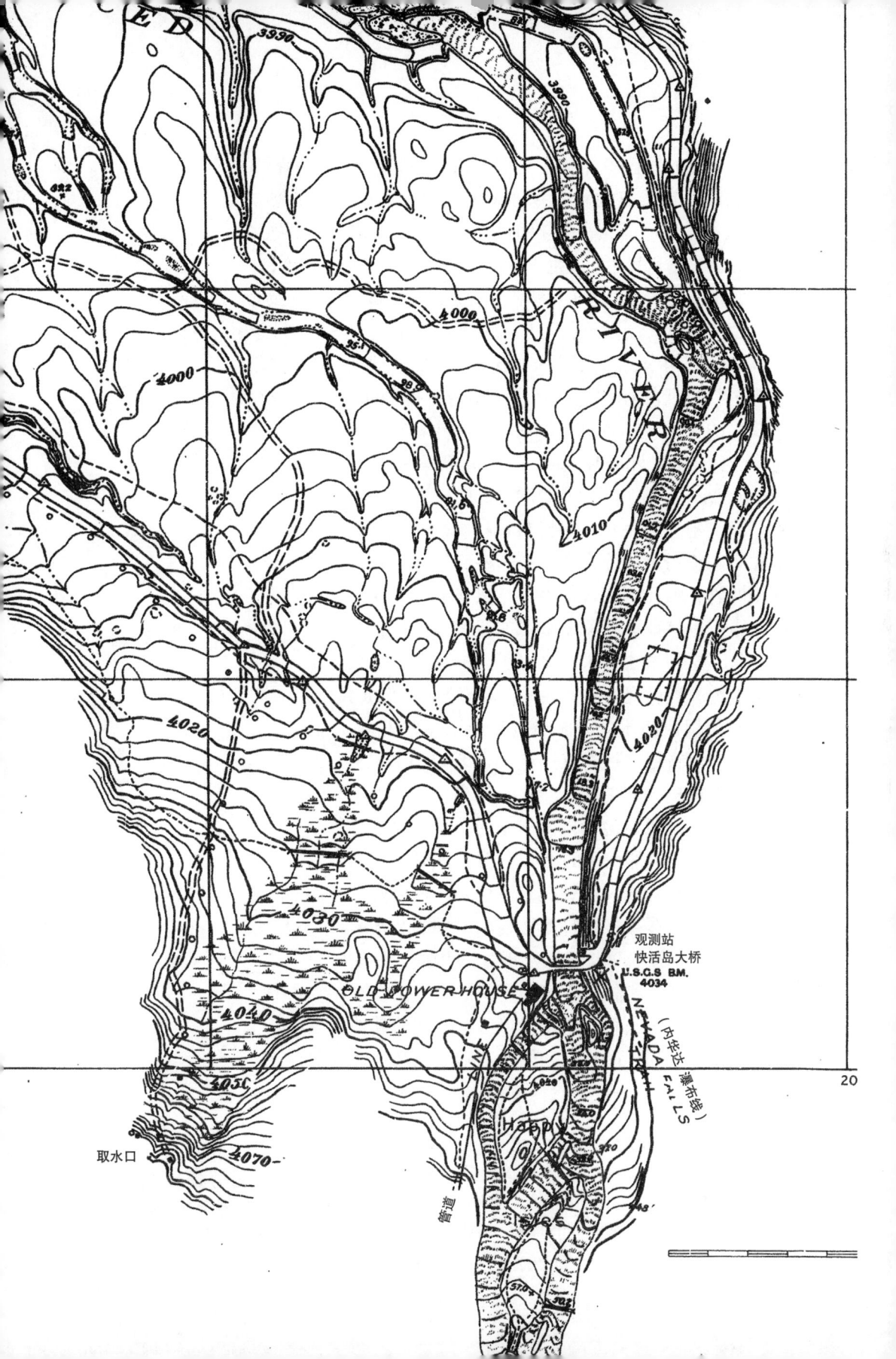

观测站
快活岛大桥
U.S.G.S BM.
4034

OLD POWER HOUSE

NEVADA FALLS（内华达瀑布线）

Happy

取水口

管道

应。"[12] 到 20 世纪 60 年代，美国国家公园管理局开始实施一项雄心勃勃的基础设施现代化计划，在全国各地建成了 535 个新的供水系统，为露营地、游客中心和其他人流量大的场所供水。[13]

但是，随着饮用水的出现，需要考虑的新问题也随之出现。既然人们可以从水龙头中获得十分放心的饮用水，那么如何才能重新找回阿迪朗达克·默里所描述的直接从"一湖清澈的湖水"中获得的快乐呢？[14] 历史学家琳达·弗林特·麦克莱兰（Linda Flint McClelland）和伊桑·卡尔（Ethan Carr）都讨论了国家公园管理局采用的策略，即使用当地材料（如粗制石材），并将木梁、木柱和木板粉刷成深褐色，使这些结构与当地环境相匹配，如此一来，营地的基础设施（如饮水口、厕所、凉亭和相关设施）就会与当地环境协调一致。这种做法带来了不可思议的结果，让人以为这些基础设施是露营地上一直有的。[15] 例如，怀俄明州根西湖州立公园最近安装了一些设备，艾伯特·H.古德[①] 评论道："这些饮水口和水龙头的设计展现出了完美的自然主义风格，让人感觉石头好像是用原始的木棍凿出来的，水好像是摩西击打磐石[②] 喷涌出来的。"[16] 但具有讽刺意味的是，古德没有对此大加赞美，他担心这种以假乱真的设计会让露营者找不到水龙头，"精心装饰的水龙头很容易被隐藏，难以发现"。[17] 因此，他建议在那些与环境相融合不容易辨认的供水点设立标牌，这种做法一直沿用至今。这一时期的其他手册也作出了同样的规定，供水基础设施必须在

[①] 大萧条期间，国家露营地急剧扩增。古德的《公园结构与设施》（1935）和《公园与休闲设施》（1938）为民间资源保护队确立设计标准以应对扩增对自然带来的破坏提供了帮助。

[②] 圣经故事，上帝曾吩咐摩西击打磐石，水就从磐石中涌流出来。

➲ 1934
《怀俄明州根西湖州立公园喷水式饮水口》，艾伯特·H.古德绘，摘自《公园结构与设施》。

喷水式饮水口

用于水桶接水的黄铜水龙头

黄铜过滤筛

砂岩巨石

石板

平面图

喷水式饮水口

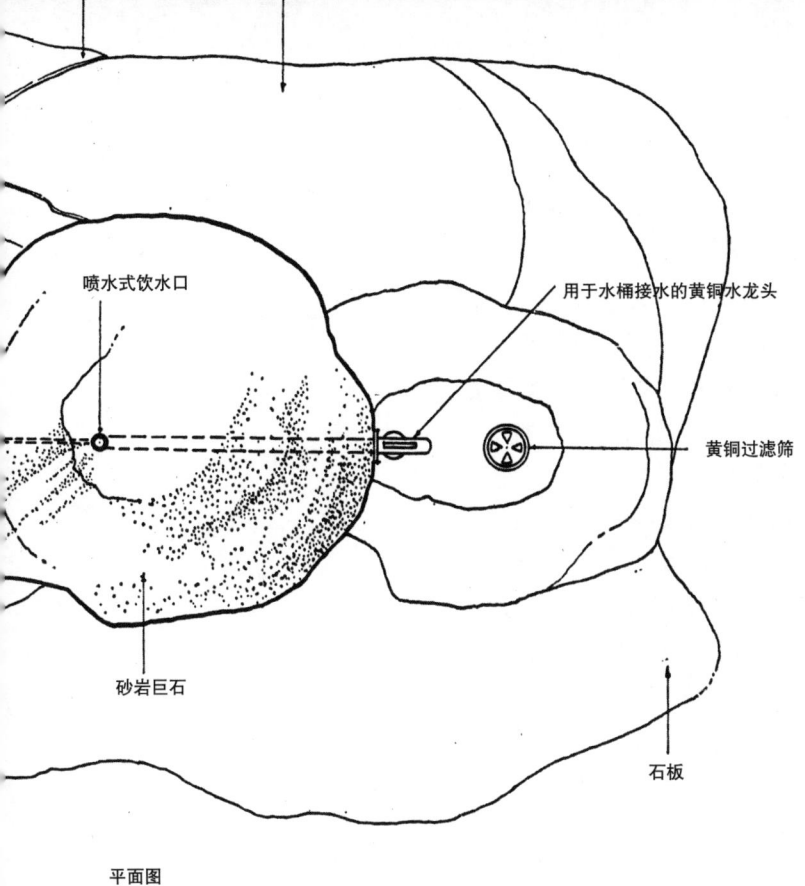

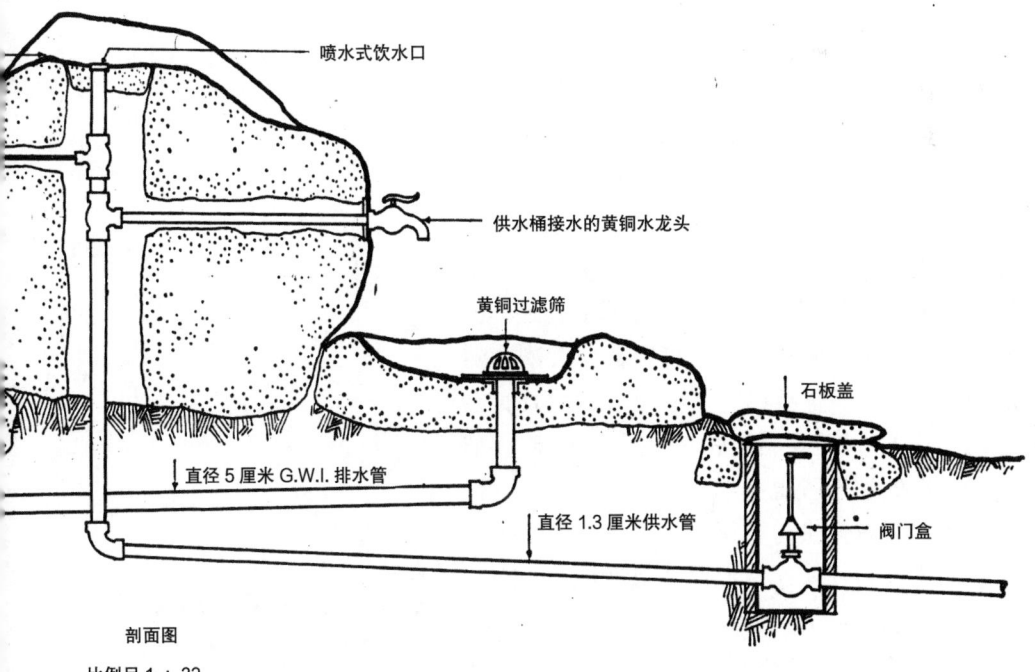

供水桶接水的黄铜水龙头

黄铜过滤筛

石板盖

直径 5 厘米 G.W.I. 排水管

直径 1.3 厘米供水管

阀门盒

剖面图

比例尺 1：32

35

露营地地图上标识清楚，而且每个露营地距离水龙头的距离不得超过45.7米。[18]

露营地不用再依河流、湖泊和溪流而建，慢慢变成注重内部设施的自主领域。只有从纸质地图上才能完整看到露营地设施的完备性和条理性。多数露营地都有自来水、抽水马桶、充足的木头供应等。美国农业部植物病理学家埃米利奥·佩佩·迈内克（Emilio Pepe Meinecke，1869—1957）将露营这一整体概念描述为将城市带入森林，并认为露营者是森林里的"流动人口"。[19]反过来也是一样。运动和速度逐渐成为20世纪的特征，"流动"不仅指自来水，也指快速行驶的机动车。这一时期，露营地不仅和城镇边缘主干道相连，而且可以自由地"接入"城镇自来水管网，成了城市的郊区。这种郊区露营地可以满足20世纪20年代情绪炽热的汽车露营者的需求。在此期间，2000多个市政露营地如雨后春笋般涌现，其中欧弗兰公园（Overland Park）的800个露营位直接由丹佛市政供水系统供水。

没有什么比早期的房车（RV）更能体现"接入"的新理念了。迈内克将其描述为"真正的现代轮上住宅，一间移动的平房，配有床、炉灶、卫生设施、自来水、冰箱和电灯"[20]。在历史学家沃伦·詹姆斯·贝拉斯科看来，房车就像"一个只需加水的即时旅馆"[21]。水龙头是露营地最早出现的共享设施，露营者携带水桶或其他大型容器来加水，房车则只需要露营者将个人的软管直接固定在车辆下方即可。很快，其他服务设施，如供电和污水处理装置也相继出现，如此一来，乡村露营地越来越像供游客留宿的舒适住所。为了追求现代化设施，就连拿水桶到附近水龙头加水这种简单却有意义的劳动也不再需要了。

第二次世界大战后，露营活动日益流行。从

◐ 1935
美国林务局第五区（太平洋西南地区）标准的水站标识，摘自《公共营地手册》。

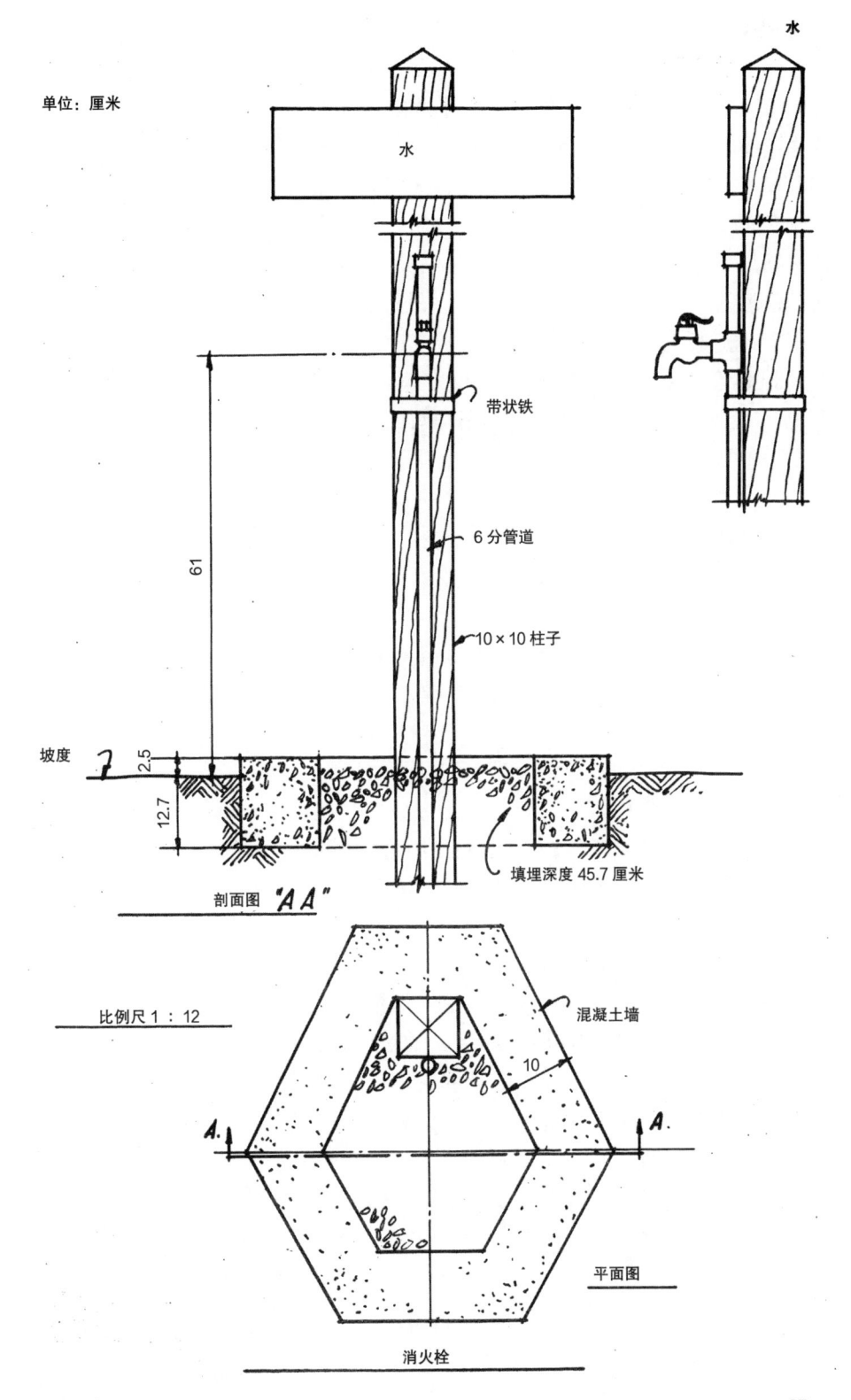

单位：厘米

水

带状铁

6分管道

10×10柱子

61

坡度
2.5
12.7

填埋深度45.7厘米

剖面图"AA"

比例尺 1：12

混凝土墙

10

A　　　A

平面图

消火栓

37

20世纪60年代初开始，许多大型营地商业连锁企业，如KOA（美国露营地连锁机构），将便捷和舒适放在首位，而忽视了曾经在露营领域占主导地位的森林生活技能和当地生活技能。作家约翰·斯坦贝克（John Steinbeck，1902—1968）乘坐自己信赖的"驽骍难得"（Rocinante）①号野营车在全美各地旅行时，只需将房车开到指定地点，插上几根软管就可以了！对这位诺贝尔文学奖得主来说，"泡在热气腾腾的浴缸里享用深盘比萨，简直是一种享受"。[22]

在网，离网

连续行走

1998年，从达特河河口流出的水，连续奔涌13个小时，注入英格兰德文郡的河源处。[23]

——理查德·朗（RICHARD LONG）

战后美国人以前所未有的速度使用新的州际高速公路系统。伊桑·卡尔注意到此时美国人产生了新的环保意识。美国国会在短时间内通过了《联邦水污染控制法》(1948)、《清洁空气法》(1970)、《国家环境政策法》(1970)和《濒危物种保护法》(1973)。[24] 与此同时，20世纪60年代兴起并发展壮大的"无痕山林"运动催生了一种更受尊重的新理念，作用于自然、环境保护和原住民传统的祖先家园，原住民是大自然资源的原始管理者。尽管许多人继续带着瓶装水等物品，但有些人则受到20世纪60年代反主流文化的启发，

➲ **1935**
美国林务局第五区（太平洋西南地区）的露营地平面图，摘自《公共营地手册》，显示了加利福尼亚州太平洋国家森林（Pacific National Forest）迪尔溪（Deer Creek）营地的水龙头和地下管道位置。

---

① 一种将房车的外壳安装在1960年款GMC卡车底盘上的野营车，斯坦贝克用堂吉诃德的马的名字来命名。

加利福尼亚州
美国农业部林务局
太平洋国家森林
迪尔溪休闲区
迪尔溪公共营地

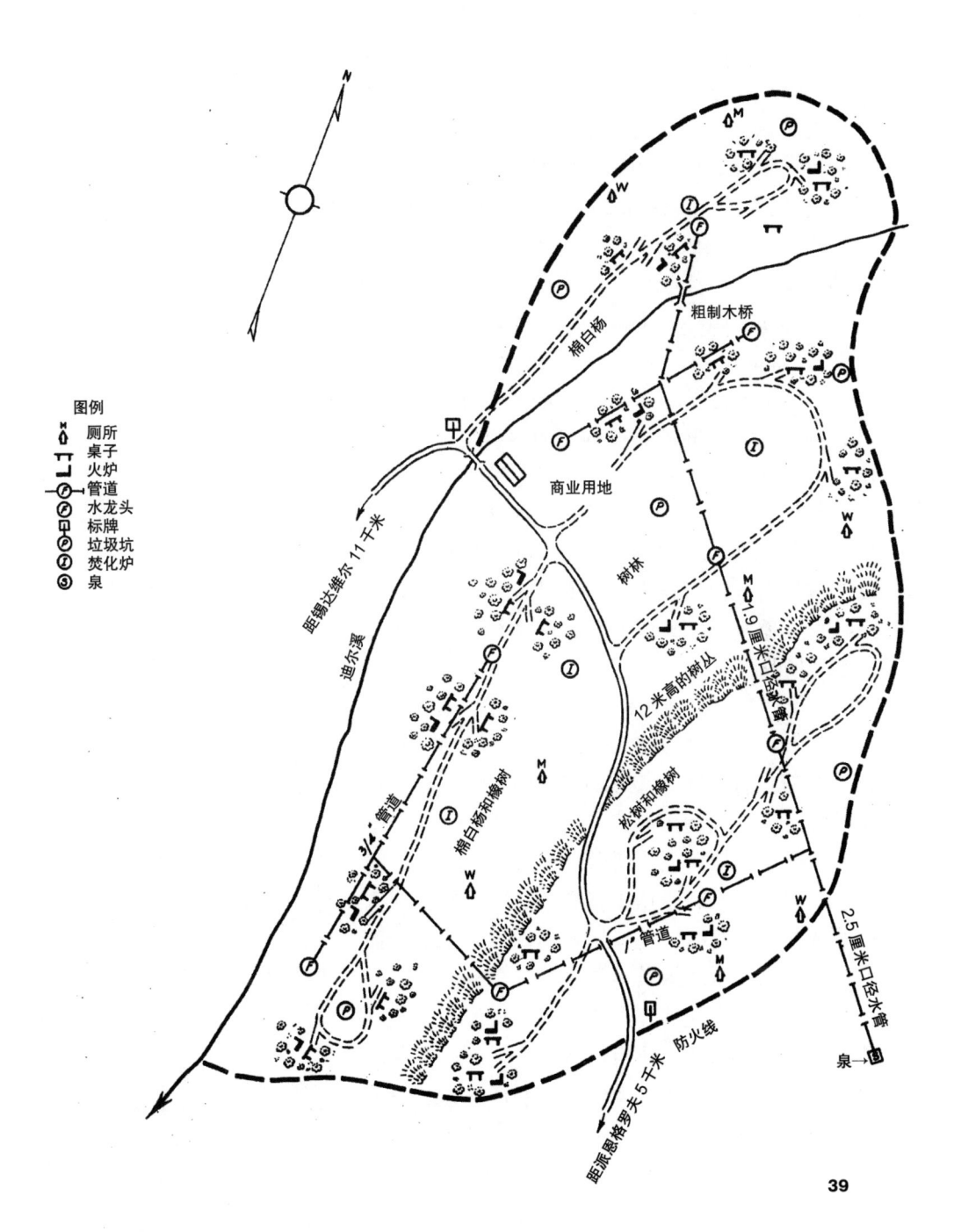

水

反其道而行之，只携带水杯，轻装上阵。

在最新的离网露营技术革新中，吉赛尔（Geyser）便携式淋浴系统是最有趣的一项，特点是将海绵连接到一个加压水箱中。不过，该系统和耐洁（Nalgene）水瓶一样，体现的是人们对独立的普遍渴望。耐洁水瓶长期以来一直受到露营和远足爱好者的青睐。人们认为，耐洁品牌的诞生几乎是巧合。1949年，纽约州罗切斯特市的化学家伊曼纽尔·戈德堡（Emanuel Goldberg，1911—1999）研发出了一种以医用塑料制成的实验室用大型管状移液罐。他从妻子名字纳塔莉·利维·戈尔德贝格（Natalie Levey Goldberg）的缩写中汲取灵感，成立了Nalge公司，生产和销售产品。20世纪60年代，耐洁产品的需求量迅速增加。科学家发现管状移液罐是实验室玻璃器皿的廉价替代品，徒步旅行者和露营者则对耐洁水瓶青睐有加，因为它们坚固、防漏、轻便，最重要的是可以重复使用。20世纪70年代，耐洁公司开始直接向户外市场投放广告，承诺减少塑料对地球的影响。耐洁产品可以重复使用，因此公司保证会减少进入垃圾填埋场的一次性塑料瓶数量。[25] 遗憾的是，随着时间的推移，这一保证并没有完全兑现。2008年，双酚A（BPA）塑料被证实对人体健康有害，耐洁公司重新设计了不含双酚A的可回收产品Tritan瓶系列，并一直沿用至今。

无论是在教室里、露营地还是在山路上，耐洁水瓶都能让人一眼认出。它拓宽了人们生活方式的选择，人们可以选择用耐洁水瓶装水喝，而不是必须喝汽水或者其他瓶装饮料。实际上，每一个耐洁水瓶都是独一无二的。公司设计了数百种不同颜色、尺寸、瓶口、瓶盖、标识、信息的瓶子。耐洁几乎有无穷无尽的定制产品，它甚至还有为纪念影响深远的英国新浪潮乐队Joy Divi-

树皮水杯

◐ 1908
《临时制作的树皮水杯》，爱德华·布雷克（Edward Breck）绘，摘自《森林之道：美国东北部和加拿大运动员手册》（*The Way of the Woods: A Manual for Sportsmen in Northeastern United States and Canada*）。

◐ 1960
"耐洁为您服务！"，耐洁广告，摘自《科学》杂志，1960年6月。

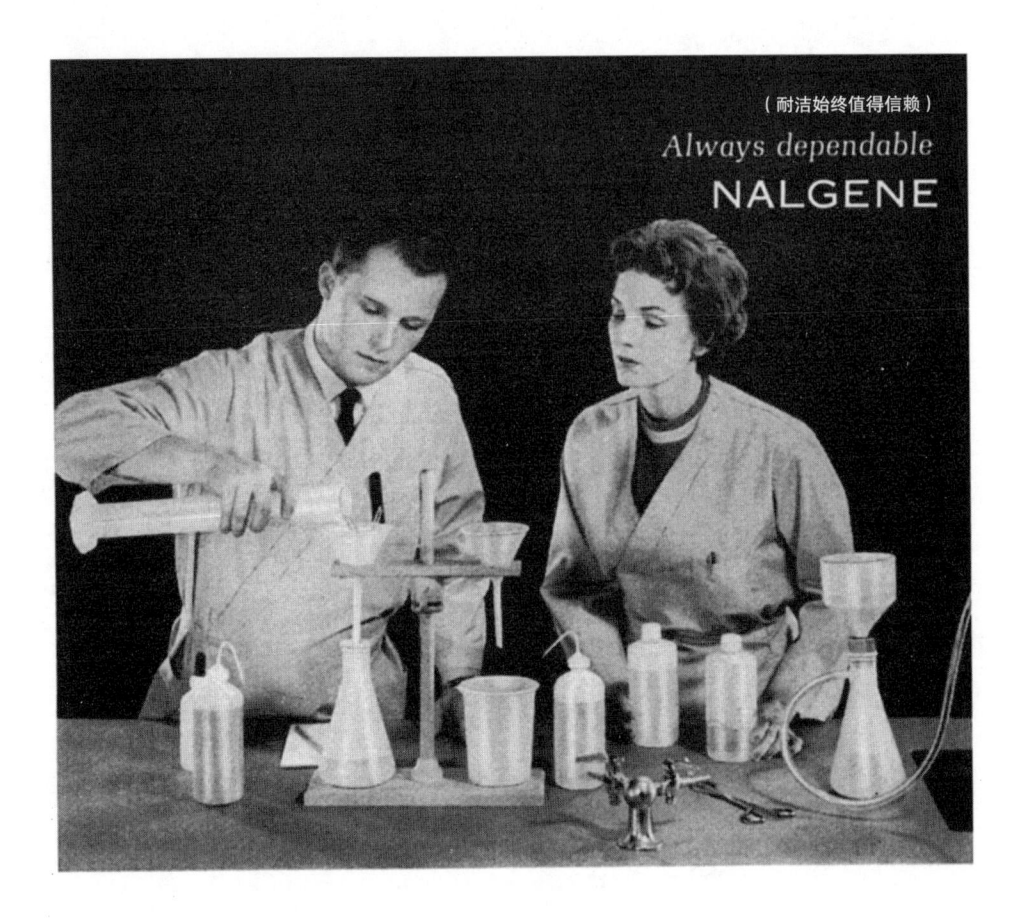

（耐洁始终值得信赖）
Always dependable
NALGENE

耐洁为您服务!

耐洁产品如何为您服务？它们容易抓握，轻便，即使潮湿也不会打滑……不会破损。您可以在许多耐洁实验室买到它们：断路器、玻璃瓶、烧瓶、漏斗、量杯、水瓶、移液管、离心机和试管，这些产品的价格都低得出奇。耐洁是实用、高效、守信的实验室器皿……始终值得信赖！

耐洁实验室器皿在南极洲麦克默多
站的"深冻行动"中被证明可靠

欢迎致信 156 部门，
咨询我们的产品目录 H-459

耐洁有限公司

纽约罗切斯特 2 号

sion 而设计的款式（35美元），有宽口款式、夜光款式（12美元）等。[26] 真正的户外运动爱好者可能会对这种无耻的商业化行为反感，他们可能会在水瓶上贴进行露营的国家公园和州立公园的贴纸。露营者的这种做法与房车或拖车车主并无不同，都是在向公众展现其户外探险活动。

↑ 2022
吉赛尔便携式淋浴系统。该公司称，"一个0.8加仑（约3升）的小水箱可将水加热到35℃的舒适温度，水泵则可将水流输送到软管末端的海绵上，小水箱和水泵都由汽车的12伏电源供电"。

↗ 1982
"耐洁®水瓶剖面图"，耐洁广告，摘自《科学》杂志，1982年5月。

水

耐洁® 水瓶剖面图

塑料瓶并不都是一样的。

仔细看看让耐洁水瓶与众不同的细节。

我们的水瓶是为严苛的应用而设计和制造的。我们先将水瓶设计成密封系统，再给水瓶添加如下功能，以生产您可以买到的最好塑料瓶。

防漏水瓶和密封系统

瓶盖

耐用的一体式瓶盖由聚丙烯制成。*

收缩密封环

耐洁水瓶（容量30毫升到1升不等）的瓶颈处都有一个收缩密封环，密封环也可用于粘贴识别标签，用于安全识别或运输识别。

瓶底

耐洁水瓶的底部也很特别，内角呈弧形，便于清洁。瓶底是平的，可以保持水瓶平衡和更大的灵活性。瓶底模压有表示塑料种类的字母、以盎司和毫升为单位的容量，以及"NALGENE"品牌名字。

*或聚四氟乙烯瓶上的乙烯－四氟乙烯共聚物

密封环

密封环在瓶盖内部模制而成，在拧紧瓶盖时与瓶颈的斜面内缘（倒角）紧密贴合。**这能够让耐洁水瓶完全防漏，不需要容易磨损、泄漏或造成污染的瓶盖衬垫。**只需用手拧紧，即可实现完全密封。（只有直径100毫米及以上大小的瓶盖，我们才建议使用瓶盖衬垫，以确保防漏。）

螺纹

耐洁水瓶和瓶盖上的螺纹是连续的，比一般塑料瓶或玻璃瓶上的螺纹更深。如此一来，螺纹和水瓶、瓶盖的接触面积更大，密封环的紧固力因此增加了一倍。耐洁螺纹不是圆形的，而是平肩"半压"螺纹，因此几乎不可能因扭矩过大而折断。这是耐洁水瓶的另一个巧妙设计。

均匀结实的瓶身

重量是衡量塑料瓶是否结实可靠的标志。用一只手握住耐洁水瓶，另一只手握住其他塑料瓶，您可以感觉到两者的不同。**耐洁塑料瓶的瓶身非常坚固，不易破裂或被刺穿。**耐洁使用先进的成型技术，瓶身厚薄一致，这是其他瓶子所没有的。

如果您需要精密成型的瓶子来做实验，请选择耐洁瓶。我们在瓶子上投入了大量附加价值。请勿将就。

请向您的实验室用品经销商订购耐洁实验室器皿。

43

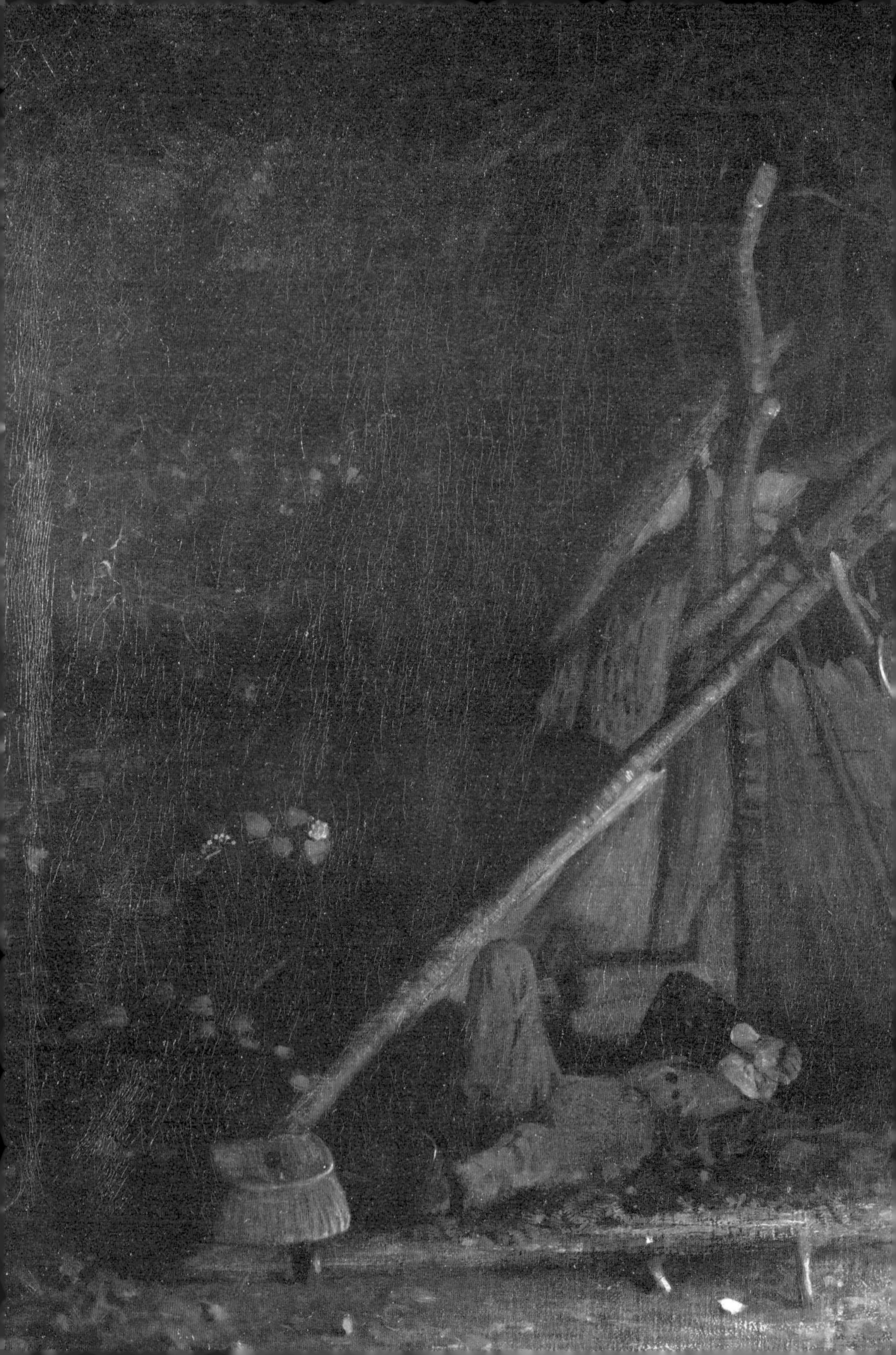

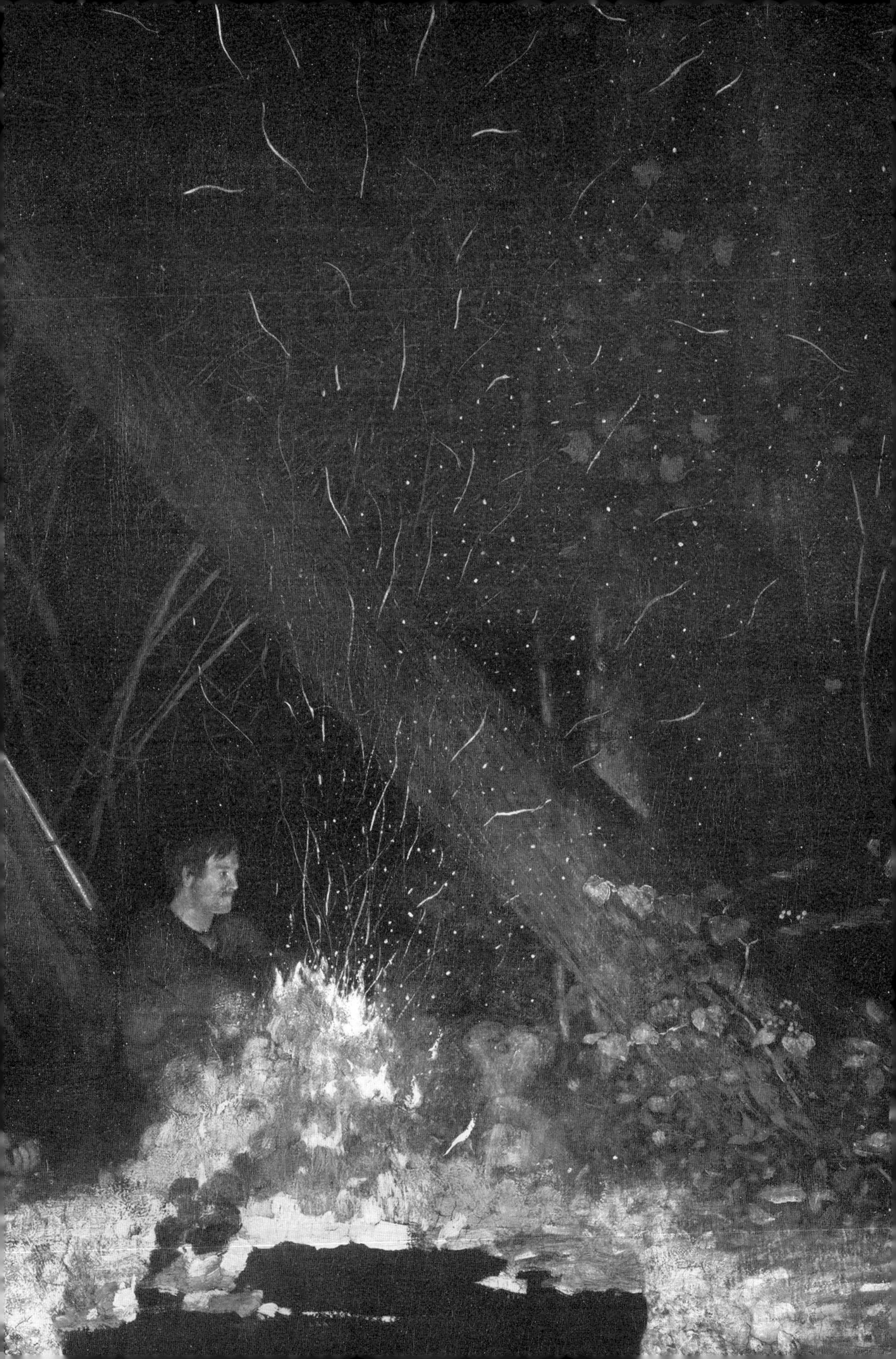

篝　火

> 篝火是营地跳动的心脏,洋溢着活力与生机,没有它,一切都会死气沉沉,毫无生气。[1]
>
> ——丹尼尔·卡特·比尔德

与帐篷、睡袋或本书描述的其他任何一个露营地组成部分相比,篝火更像是所有活动围绕着开展的中心。戴维·韦斯科特称篝火为"艺人之王、主持人之王",没有篝火,露营的场景或记忆就不完整,也不会让人产生任何联想。[2] 任何一个曾经露营过夜并从头开始生起篝火的人都知道,即使是烤得最焦的热狗或一罐普通的加热过的豆子,也比精心准备的家常菜美味得多。一些长期露营的人可能会说,烟熏火燎的露营食物是在超市里买不到的美食。

作为支撑人类文明的核心技术之一,火的使

1880
《篝火》,温斯洛·霍默(Winslow Homer)绘。

1889
《在阿迪朗达克玩游戏》,塞尼卡·雷·斯托达德(Seneca Ray Stoddard)摄。

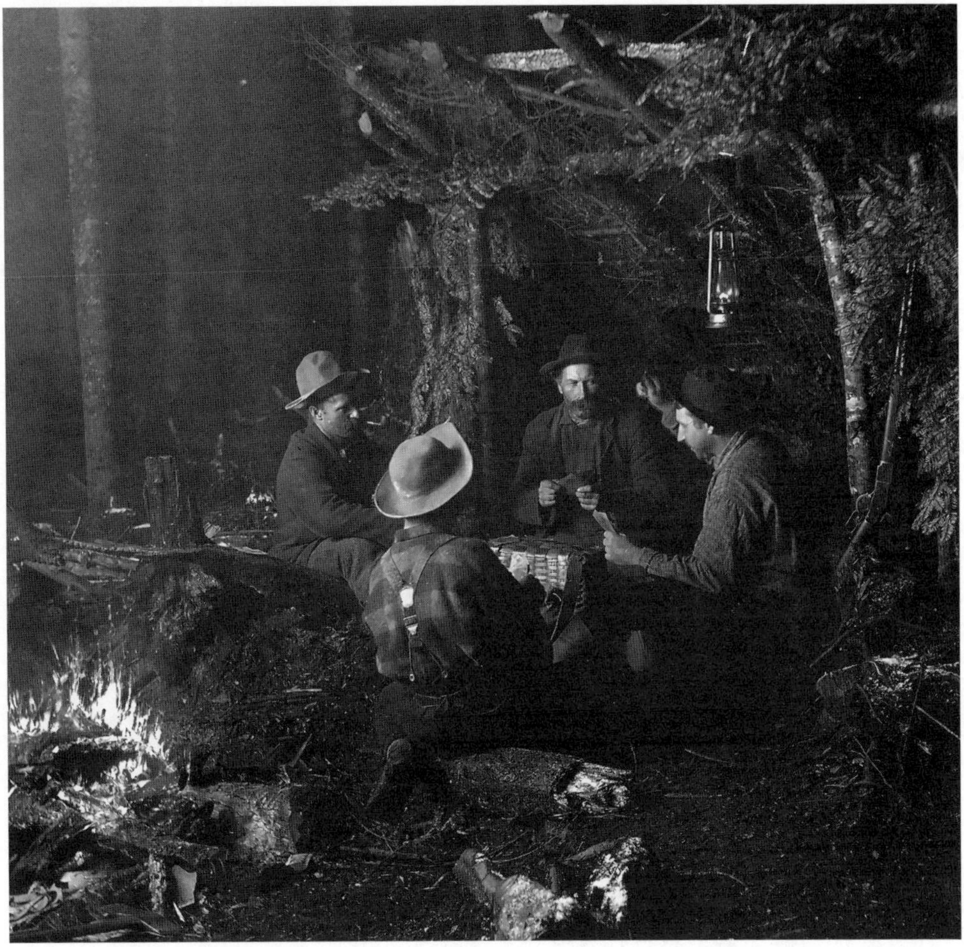

用已有近200万年历史，这段时间远远比有文字记载的历史悠久，本书只是选择了其中的一小段历史加以介绍。³1863年，著名的美国风景画家艾伯特·比兹塔特和同伴来到加利福尼亚的约塞米蒂谷，他试图唤起人们对火的原始本质的认识，后来他在纽约的画室里画了约塞米蒂谷，将其命名为《约塞米蒂瀑布》(Cho-looke, The Yosemite Fall, 1864)。画作的背景是一块巨大的花岗岩，画布右下方是一个简陋的露营地，古今交融，展现出一种跨时空的美感。艾伯特·比兹塔特会不会想到这幅画和其他画作将对宣传约塞米蒂起到重要作用，会不会想到冰冷的夏夜，约塞米蒂谷数百个露营地上将燃起多少篝火？在上松露营地（Upper Pines）或土伦草甸露营地（Tuolumne Meadows）生火的爱好者可能会发现，火焰、火光、气味和声音的特性，与150年前比兹塔特和同伴在露营地生起的篝火，或几百年甚至几千年前阿瓦尼奇人①在露营地生起的篝火，几乎没有什么区别。鉴于本书总目标是介绍露营历史，并且"篝火中无形的乐趣是无法描述的"，我们将只会介绍篝火的历史是从何时开始，又是如何开始的。⁴

借助20世纪早期户外运动爱好者霍勒斯·凯普哈特（Horace Kephart，1862—1931）的话来思考上述棘手问题可能会有所帮助。他写道，露营的基本规则是"永远不要留下火种，甚至火星，要熄灭它"。⁵作为一名休闲露营爱好者和最重要的露营早期倡导者之一，"凯普"对初级露营的方

↺1864
《约塞米蒂瀑布》，艾伯特·比兹塔特绘。比兹塔特试图围绕自然界的四大经典元素（土、水、空气和火）来组织画面，从而体现约塞米蒂谷的永恒壮丽。

---

① 美洲原住民，传统上居住在约塞米蒂谷，现在仍然居住在周边地区。

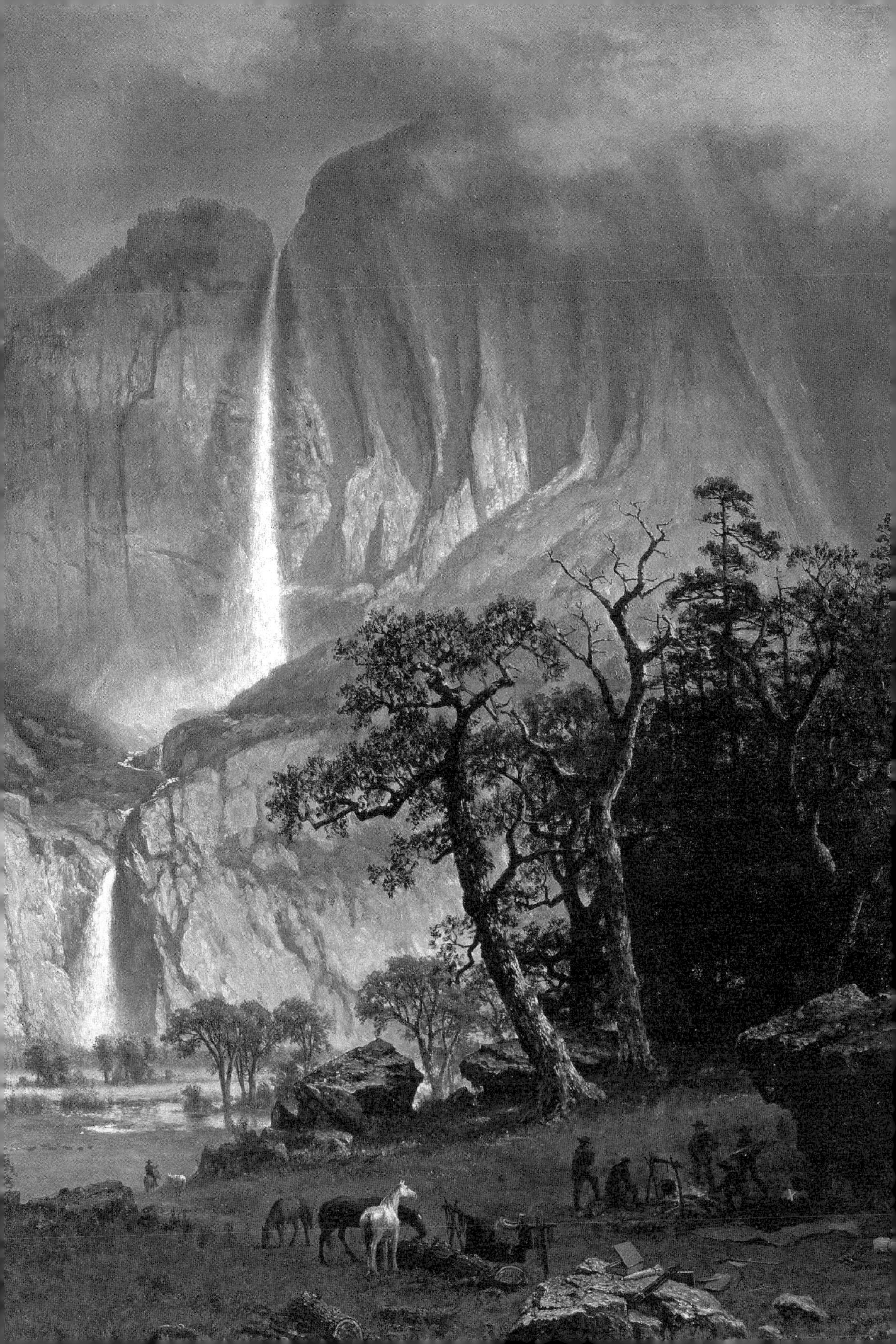

方面面进行了充分描写。《露营与森林生活技能》（*Camping and Woodcraft*，1917）是他最著名的著作，全书近 900 页，是在《露营与森林生活技能手册》（*The Book of Camping and Woodcraft*，1906）基础上扩充而成的。《露营与森林生活技能》涵盖了广泛的主题，包括装备、服装、必需品、烹饪、帐篷、临时露营地、寻路、斧头技能，甚至洞穴探险。凯普哈特对篝火进行了大篇幅的描述，包括篝火的用途，如何生起火堆、如何维持篝火长时间不熄灭、如何熄灭篝火等。熄灭与不熄灭是一个悖论，即如果篝火照管不善，可能会熄灭，但篝火照管不善也可能会继续燃烧，更有甚者，成为熊熊大火，远超预期。[6] 弗兰克·E. 布里默表示，"一根小小的火柴丢进随意堆放的柴堆，可能会烧毁大片宝贵的森林"。[7] 在高度规范的现代露营地中，络绎不绝的露营者可能会使用同一个场地，在同一张野餐桌上聚餐，但不太可能使用同一堆篝火。因为每一堆篝火的寿命都是有限的，往往在早晨或晚上做饭时点燃，不会一直在燃烧。实际上，根据常识和礼节，任何篝火的燃烧时间都不应超过露营者离营的时间。

要叙述篝火的历史，或许要沿着一系列平行的轨道进行。首先，要认识到每一堆篝火的独特性，它们是一定时期内人们熟练地伐木、生火技能的展示。其次，要讲述篝火熄灭后发生的故事，熄火后留下的基础设施（如火盆和烤架）有助于标记出篝火所在位置，以便后续的露营者生火。最后，如果不介绍现代技术，那么对篝火历史的叙述将是不完整的，现代技术取代了篝火的作用（光、热等），彻底重组了营地空间、营造出新的营地氛围。

◐ 1916
《奥哈拉湖的帐篷》，约翰·辛格·萨金特（John Singer Sargent）绘。

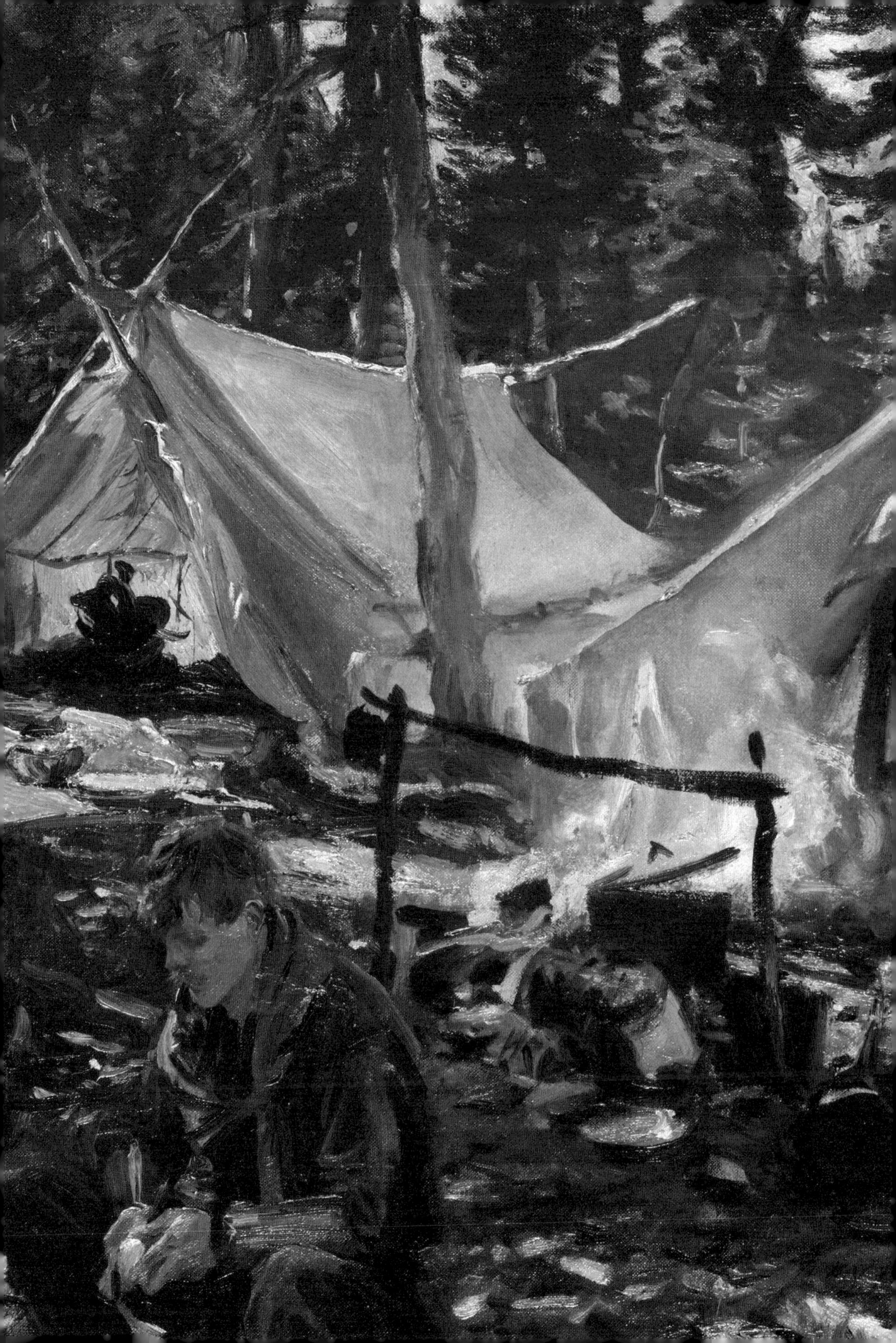

技能展示

> 露营者的能力和品质往往可以通过他生起的火堆来判断。[8]
>
> ——霍勒斯·凯普哈特

博物学家、探险家兼作家A.海厄特·维里尔（A. Hyatt Verrill，1871—1954）曾说："生火似乎是一件非常简单的事情，你可能会认为关于如何生火的描述是多余的。"[9]维里尔这句话说于19世纪末20世纪初美国掀起的第一股休闲露营热潮高峰期，100年后的今天依然适用。可以肯定的是，火是人类生活中非常熟悉的东西，我们现在似乎拥有了随时随地召唤火苗的魔法，因此我们很少思考火最初是如何产生的。火柴、一次性打火机、浸过油的煤炭、压电式燃气灶等包装安全且容易获得的物品，让新手也能轻而易举地解出"木头+火花=火"这一古老方程式。

维里尔和凯普哈特一样，在露营还保留着许多原始魅力的时候，就率先撰写了一些露营指导书，提供了各种技术和第一手经验。现代露营通常与专业装备联系在一起，但由于篝火还不能像帐篷或睡袋一样购买，两位作者都认为，生起篝火是对技能和智谋的重要考验（也许是最重要的考验）。对他们来说，生起篝火是一种仪式，是加入新兴露营者兄弟会的入场券，只有在解出"木头+火花=火"的等式后，露营者才能称自己完全入会。这个等式已经失去了很多神秘色彩，或者说，我们已将火焰视为一种基本产品（如比克打火机），这表明自休闲露营诞生以来的150年

◐ 1920
《木柴和引火物》（Fire Wood Sticks and Kindling），丹尼尔·卡特·比尔德绘，摘自《美国男孩的露营传说和森林生活技能手册》（The American Boys' Handybook of Camp-Lore and Woodcraft）。

◐ 1912
《篝火》（Council Fire），欧内斯特·汤普森·西顿（Ernest Thompson Seton）绘，摘自《森林生活技能手册》（The Book of Woodcraft）。在西顿看来，"高高的金字塔或大火堆（a），会迅速点燃，烤熟一切，最后才熄灭。不成形的火堆（b），很难点燃，永远不会发出火光"。

篝 火

不好　　　　　　　　不好　　　　　　　　好

　　篝火总是不好的，它浪费了好木头，对森林和营地造成危险，对环境绝对不友好。即使最好的露营地也容易被篝火破坏，篝火在任何地方都应该禁止。

里，我们已经走了很远。

如今，翻阅这些年代久远的指导书，既有启发，也很有趣。当时常见的入会套路是让有智谋有经验的露营者与新手进行生火比赛。维里尔和同伴们撰写露营指导手册的目的，是将书卖给露营新手，从他们身上赚钱，但在赚钱的同时，他们又忍不住嘲笑这些露营新手，并用"懦夫""莽夫""菜鸟""甩锅侠""逃避鬼""自私鬼""大傻子"等绰号来形容他们。[10] 在他们笔下，露营地，尤其是篝火旁，经常上演一些滑稽夸张的节目，场面栩栩如生，好像他们亲身经历过一样。例如，环保活动家、《休闲》（*Recreation*）杂志撰稿人乔治·奥利弗·希尔兹（George Oliver Shields，1846—1925）曾写道，"绝大多数人在生篝火时……不像是在添柴生火，倒像是用柴灭火"。[11] 丹尼尔·卡特·比尔德也曾说过，"如果不借助报纸、煤油和一大捆的引火柴，一百个人中也找不出一个能够成功（生起篝火）"。[12] 提到"更多的木头＋火星＝更高的着火率"这种说法时，凯普哈特对生火这种小事要用大堆木头的行为并不赞同，担忧"一堆杂乱的冒烟大木块……会让铁烧变形，并熔化一切"。这几位作者是想激起人们对露营的热情，还是想把新来的露营者拒之门外？

生篝火已经从一项极具艺术性和技术性的任务蜕变成为纯粹的商业行为，其蜕变的方式令当代读者惊叹不已。不过，在蜕变过程中，围观生篝火的习俗至今依然存在。在现代露营地生篝火时经常会有人在一旁观看甚至进行评判。这里密集排列着一排排露营位，众目睽睽之下，生火技术不好会让生火者耻辱感倍增。露营者站在9~12

◎ 1917
A. 海厄特·维里尔《露营手册》中的插图，描绘了不使用火柴就能点燃篝火的方法。这些方法包括使用燧石和钢（图a）以及弓和钻头（图g）。

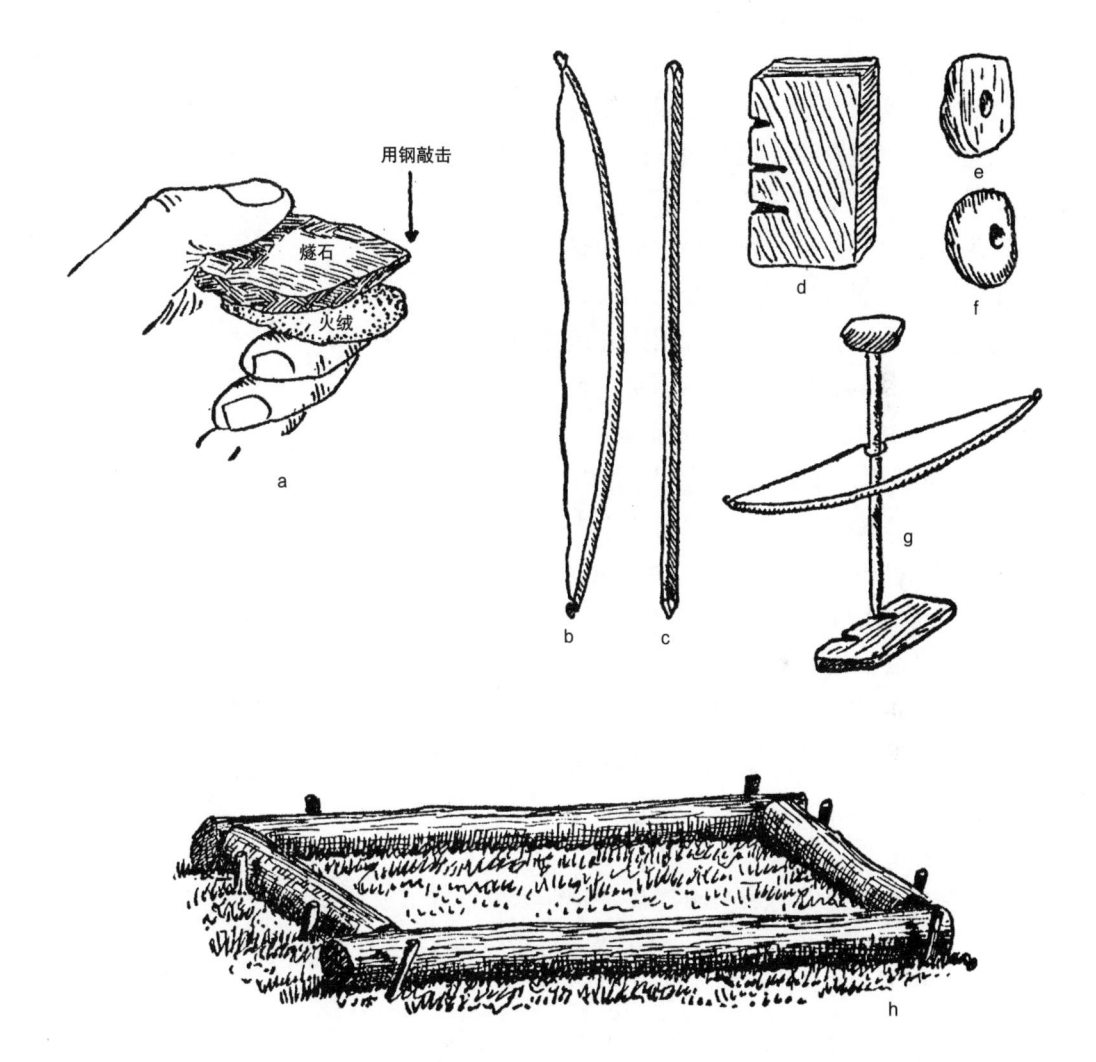

篝 火

用钢敲击
燧石
火绒

a b c d e f g

h

55

米外的地方，可能无法享受到篝火的光和热，但他们可以观望并评论生火的过程。

凯普哈特、维里尔、希尔兹和比尔德描述的荒诞生火过程将露营新手和老手区分开来，同时大大提升了自己作为露营领域公认专家的地位，当然还提高了他们图书的销量。著名露营专家弗兰克·E.布里默说，他在两年时间里"收到并回复了一万封汽车露营者的来信"。[13] 他们给露营者提供了生火的建议，也许更重要的是，这些建议让人明白，能否生火成功全在个人。生不起火是因为倾盆大雨？因为湿柴？因为狂风呼啸？熊湖步道学校（Bear Lake Trail School）创始人、作家弗兰克·H.切利（Frank H. Cheley，1889—1941）说："如果你点不着火，十有八九是你自己的问题，而不是燃料或天气的问题。"[14] 丹尼尔·卡特·比尔德则认为，"一个人如果能在森林里不借助火柴，在所有东西都湿透的情况下生起火来，那么他就有资格在绑腿和开襟绒线衫上佩戴流苏，因为他赢得了'生火高手'的称号，是真正的穿鹿皮装的人①"。[15] 他指出，"木头+火星=火"这个等式可以根据地点和环境进行改写，从而得出"青木+湿木－斧头+风+雨+黑暗－火柴=火（穿鹿皮装的人）"这样一个复杂得多的命题。

即使是最会生火的人，也需精心挑选柴火。比如，并非所有木材燃点都相同。维里尔说："每种木材都有自身的特点，有着不同的用途，比如，有的适合做野餐桌，有的适合生火。"[16] 就像专业工匠精心挑选桌子原材料一样，霍勒斯·凯普哈

---

① 那些年轻的边疆拓者采用长达大腿的绑腿，用印第安人的短裤取代原来的衬裤，他们还喜爱鹿皮装，因而得名"穿鹿皮装的人"。——李剑鸣：《美国的奠基时代：1585—1775》

⊙ 1906
《生火用的油松和营地厨房炉灶》（Pitch-Pine to Start a Fire and A Camp Kitchen Range），丹尼尔·卡特·比尔德绘，摘自《田野与森林手册》（The Field and Forest Handy Book）。

篝 火

用油松生火

营地厨房炉灶

地面横截面

特从生火者的角度观察树木，熟知各种树木的特性，判定它是否可以用来生火，这简直不可思议。在凯普哈特眼里，木柴不是简单的木头，有着神奇的化学特性。他通过长期观察发现，这些特性在切割、烘干或点燃前就已经存在。凯普哈特对山毛榉、白橡木、糖枫木等硬木赞美有加，他称这些树木是"我们老一辈猎人和土地测量员最喜欢的燃料，因为它们很容易点燃，燃烧时火焰明亮、稳定，烧后能留下很好的火炭"。[17] 在他看来，山核桃木是最好的燃料，"这是一种典型的……美国树种"。无论是刚砍伐下的还是已经干燥的山核桃木，都"容易点燃，而且燃烧时间长，燃烧后留下的坚硬木炭能继续燃烧数小时"。[18] 根据经验，他告诫人们，"山核桃木燃烧后必须留意一段时间，因为留下的余烬不会立马熄灭，比软木燃烧后留下的余烬更危险"。[19]

所需的木柴砍下后必须徒步运到营地，经过风干才能生火。弗兰克·切利认为斧头比上山砍柴的其他工具都神圣，是一种至关重要的工具，绝不能与他人共享。[20] 锋利的斧刃将木材劈成大小不一的碎片，木材变成了引火柴，使生火变得简单。才华横溢、技艺精湛的插图画家丹尼尔·卡特·比尔德精心绘制了各种形式的篝火堆及其堆放方式的示意图，来指导露营者生火。

不过，即使是挑选柴火和劈柴这些露营体验中最基本的环节也可能逐步淘汰。现在，人们在路边摊或当地杂货店里经常可以看到一包包预先劈好并烘干的木柴，这与露营地日益网格化分割管理的趋势是一致的。20世纪20年代，篝火堆通常是为整个露营地搭建的大型公共物品，而到了20世纪30年代，生篝火已经变成了一种私人

2011
2011年6月22日，在美国黄石国家公园麦迪逊露营地（Madison Campground）D环路的153号露营位，放着一箱黄石国家公园木柴有限公司（Yellowstone Firewood, Inc.）的木柴。

（黄石国家公园木柴有限公司）

活动，可以在各自的露营位体验。在某种程度上，袋装木柴是很好的燃料，甚至连装木柴的纸箱也可以用来点火。事实上，买卖木柴意味着，凯普哈特等人所推崇的挑选木柴和生火的技能不再是必须掌握的了，也不再需要一代代露营者传承。可以肯定的是，木柴销售早于休闲露营。木柴销售可能有助于避免许多危险活动，如随意砍伐营地周围的树木、在露营地使用危险工具等。在《公共露营地规划》(Public Campground Planning，1934)一书中，T. G. 泰勒(Taylor)和 W. L. 汉森(Hansen)指出，"让露营者去拾柴火并不是良好做法，因为露营者通常不会在意拾柴火的方式，也想不到自己一心拾柴火而可能产生的不良后果，尤其是缺乏干木柴时，可能会造成更大伤害"。泰勒和汉森总结道，"能供应木柴不仅是露营者选择公共露营地的重要参考指标，而且对于植被保护也非常重要"，此外还需要"建造几个可以长期堆放木柴的地方，根据需要将木柴运到各个露营地"。[21]

这些木柴堆取材于当地倒下的树木，因此它们可能无意中阻止了对人体有害的寄生虫在露营地之间传播。尽管木柴堆体积庞大，但随着 20 世纪 20 年代汽车露营活动的兴起，木柴在一定程度上流动起来。露营者不仅带着装备和食物，还经常带着木柴上路，这无疑会导致致命害虫的传播，如荷兰榆树病，可能会导致树木死亡。与其他燃料来源不同，木柴具有与树木生长地和砍伐地密切相关的地理特征。根据环境保护部颁布的法规，纽约州的露营地要求露营者必须证明其车内的任何木柴都是在距离露营地不到 80 千米范围内取得的。

↑ 2016
《就地取材》活动海报，加利福尼亚州木柴工作组制。

↑ 2019
《比佛溪(Beaverkill)露营地——未经处理的木柴来源地》，纽约州环境保护部制，向其监管的每个露营地发放。这幅地图标明了在露营地可采购木柴的区域。

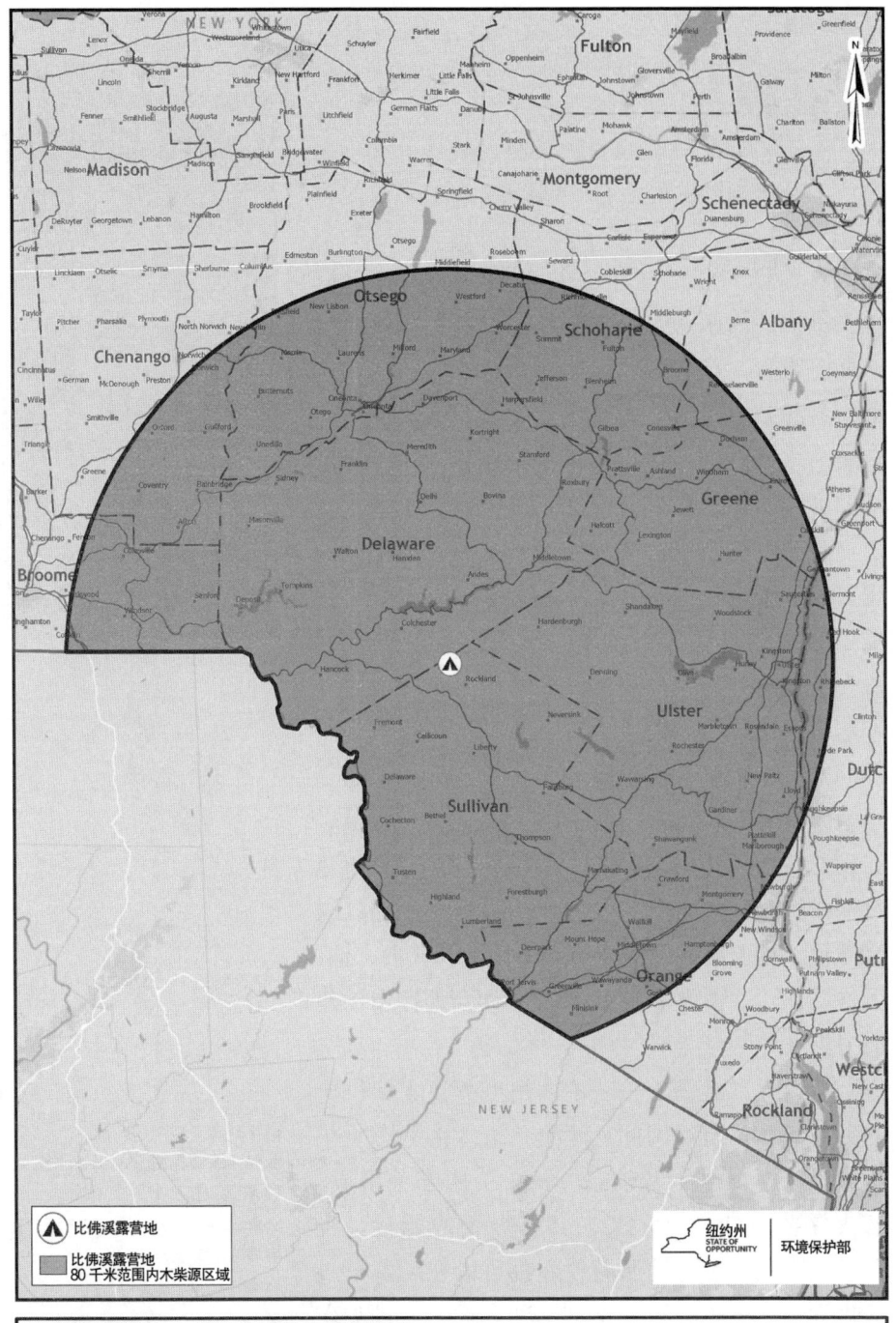

比佛溪露营地 – 未经处理的木柴来源地
纽约州木柴管理法规

☐ 不得将未经处理的木柴运输到距离其来源或原产地 80 千米范围之外
☐ 不得将未经处理的木柴带入纽约州
☐ 若在其来源或原产地 80 千米范围之内运输未经处理的木柴，须携带收据等来源或原产地证明
更多信息，请访问 www.dec.ny.gov，搜索"木柴"，或免费拨打电话 1-800-640-0652

请勿运输木柴

持久痕迹

把能烧的都烧了，不能烧的都埋了。[22]
——弗兰克·H. 切利

早期的休闲露营者从未打算像搬运其他装备一样，带着木柴去露营。因此，将伐木与选露营地联系起来（近距离＝省力），既实用又具有象征意义。木柴就在森林里，不正是典型营地中最丰富的可再生资源吗？

新砍伐的树木有多种用途，可以用来生火取暖，也可以用来建一些临时性设施，如棚屋、床、桌子、长凳、椅子和火坑。建筑历史学家雷纳·班纳姆（Reyner Banham，1922—1988）将这些基本选择理论化，称为"结构与力学"。[23] 班纳姆所说的这些营地临时性设施的结构范式让人想起了法国修道院院长马克·安托万·洛吉耶（Marc-Antoine Laugier）1755 年阐释的"原始棚屋"——建筑学科的起源。[24] 伊甸园式的"原始棚屋"是以树为支柱，在上面搭建的三角形小棚子，扎根大地，风格质朴，这种风格在 19 世纪末期营地棚屋的建造中依然可见。

班纳姆和凯普哈特从不同角度关注木柴供应的独特潜力。班纳姆的见解是，营地由静态（住所、桌子、椅子）和动态（篝火）两部分组成，篝火需要不断补充木柴，具有强大的能量。我们不难想象，营地的所有设施都可以在离营早晨拆除并扔进火里烧毁，正是这种有趣的方式改变了班纳姆最初的想法。凯普哈特对木柴燃烧潜力的密切关注预示着现代高科技露营装备的兴起。与用树枝捆绑而成的桌子和座椅不同，从安伊

1755
版画《维特鲁威（Vitruvian）原始棚屋》，查尔斯·艾森（Charles Eisen）绘，摘自马克·安托万·洛吉耶《论建筑》（*Essai sur l'architecture*），第二版。

1933
《露营棚和营火侧视图》，弗兰克·H. 切利绘，摘自《露营》。19 世纪末露营地的露营棚、桌椅和篝火通常来自相同木材。

篝 火

露营棚和篝火侧视图

艾（REI）等供应商处购买的轻型帐篷和床垫可以随意移动，篝火也可以移动起来。简而言之，将树木砍伐、劈开、风干、搬运到生火地才能生火，不过木柴一旦被点燃，就很难在营地中移动了，它会变成一个地理参照物，帐篷、桌子和其他设施都围绕着它摆放，最大限度地发挥柴火的作用。与班纳姆一样，建筑师兼作家查理·黑利也认为"不建固定居所的人倾向于围绕某个中心点开展活动"，他指出"篝火是露营活动的起源和中心……露营活动的运作模式也由此辐射开来"。[25] 班纳姆在描述篝火的作用时指出，"篝火以同心圆形式辐射出热量和光，靠近篝火的地方充满光和热，远离篝火的地方很暗且很冷"。[26] 露营者对他在示意图中描述的同心圆并不陌生。作为同心圆中最小、最密集的环，火炉有助于控制篝火蔓延。火炉是用刚砍伐的原木和大石头等不易燃材料制成的永久性装置，通常有一部分嵌入地下，它还能够标识下一次生火的位置。

犹他州立大学林业学教授T. G. 泰勒和美国林务局的W. L. 汉森在《公共露营地规划》(1934)一书中写道："除非固定炉灶和生篝火的场所，否则露营地将遍布篝火坑。"遍布的篝火坑会让露营地变得丑陋不堪，他们对此的担忧不亚于无意中蔓延的火势。[27] 艾伯特·H. 古德非常重视这一问题，在《公园结构与设施》(1935)一书中用了整整两章篇幅来讨论。在"篝火圈和露天剧场（Campfire Circles and Amphitheaters）"一章中，古德从建筑学的角度阐释了班纳姆绘制的厚重原木长凳在大篝火堆周围围成的同心圆环。作为露营者聚会和社交的中心，这些篝火并不只是

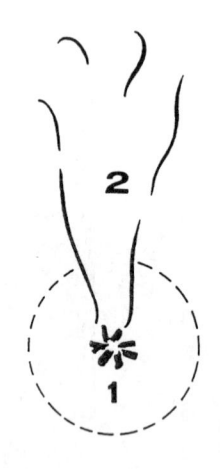

↑ 1969
《篝火周围的环境条件》，雷纳·班纳姆绘，摘自《温和环境中的建筑》(The Architecture of the Well-Tempered Environment)。班纳姆描述了"①光热辐射区；②热空气和烟雾区"。

↑ 1935
《美国拉森火山国家公园曼扎尼塔露营地篝火圈》，艾伯特·H. 古德绘，摘自《公园结构与设施》。

营火圈和露天剧场 · Plate O-1

拉森火山国家公园曼扎尼塔露营地

篝火圈正在渐渐变成一种户外剧场,剧场内四分之三的地方放置了圆木制成的靠背座椅,四分之一的地方放置了无背座椅。将来会有演讲台、显示屏和更多前排座位。

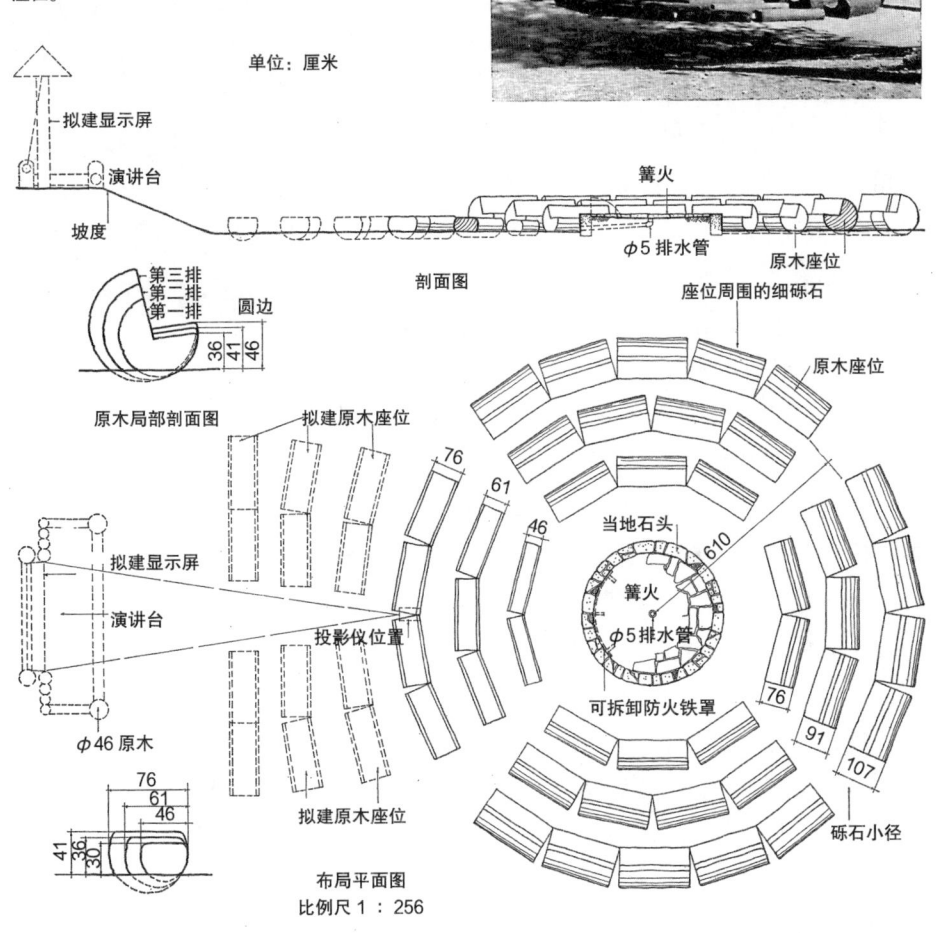

单位:厘米

拟建显示屏
演讲台
坡度
篝火
φ5排水管
原木座位
剖面图
座位周围的细砾石

第三排
第二排
第一排
圆边
36 41 46

原木局部剖面图
拟建原木座位
76
61
46

拟建显示屏
演讲台
投影仪位置
φ46原木
拟建原木座位

76
61
46
41 36 30

布局平面图
比例尺 1:256

原木座位
当地石头
610
篝火
φ5排水管
可拆卸防火铁罩
76
91
107
砾石小径

美国内政部 · 国家公园管理局

用于烹饪，还有许多象征性作用。不难想象，对于大多数露营者来说，如此大的篝火堆是多么醒目突出。正如俄亥俄州辛辛那提市 R. H. 瓦戈纳（R. H.Waggoner）牧师在《黄石公园指南》①（*Guide to Yellowstone*）中所说，傍晚的篝火晚会是一项重要的社交活动，是露营地新老露营者会面交流的场所。[28] 詹姆斯·麦考利（James McCauley，1841—1911）是约塞米蒂谷的早期拓荒者，他与妻子芭芭拉（Barbara）经营着一家小旅馆，对壮观活动有着敏锐的洞察力。1872 年，他首次策划了震撼人心的"火瀑布"活动，这是一项夏季夜间活动，人们从冰川的顶部（975 米高）往下扔燃烧着的灰烬，模拟瀑布。事实证明，"火瀑布"活动非常成功，持续了近一个世纪。也许是为了让露营地更安全，国家公园管理局试图通过篝火讲座来保留篝火的社交性和观赏性。篝火讲座是由当地公园管理员主持的晚间公共讲座，是一种大型的地方故事讲述形式。古德对大型公共篝火与个人露营位的实用炉灶进行了仔细比较，发现实用炉灶用途更明确。从字里行间，我们可以感受到古德在描述火炉改造时的矛盾心理，一方面，他称赞"拓荒者和普通人经常在户外靠最原始的技能做饭"[29]，另一方面，古德又收录了许多不同营地的实地火炉照片，来说明火炉的多种用途，但他没有提供像篝火圈或营地其他设施那样的技术图纸。古德收录的实地照片中，许多火炉都非常不起眼，看起来几乎没有或根本没有加工过。他本人建议用砖石和

↑ 2009
从约塞米蒂国家公园阿赫瓦尼草地（Ahwahnee Meadow）拍摄的冰川点火瀑布长曝光照片。

⇨ 约 1934—1950
约塞米蒂国家公园管理员主持的营火晚会，拉尔夫·H. 安德森（Ralph H. Anderson）摄。

---

① 怀利永久营地公司（Wylie Permanent Camping Company）出版，1910 年版。

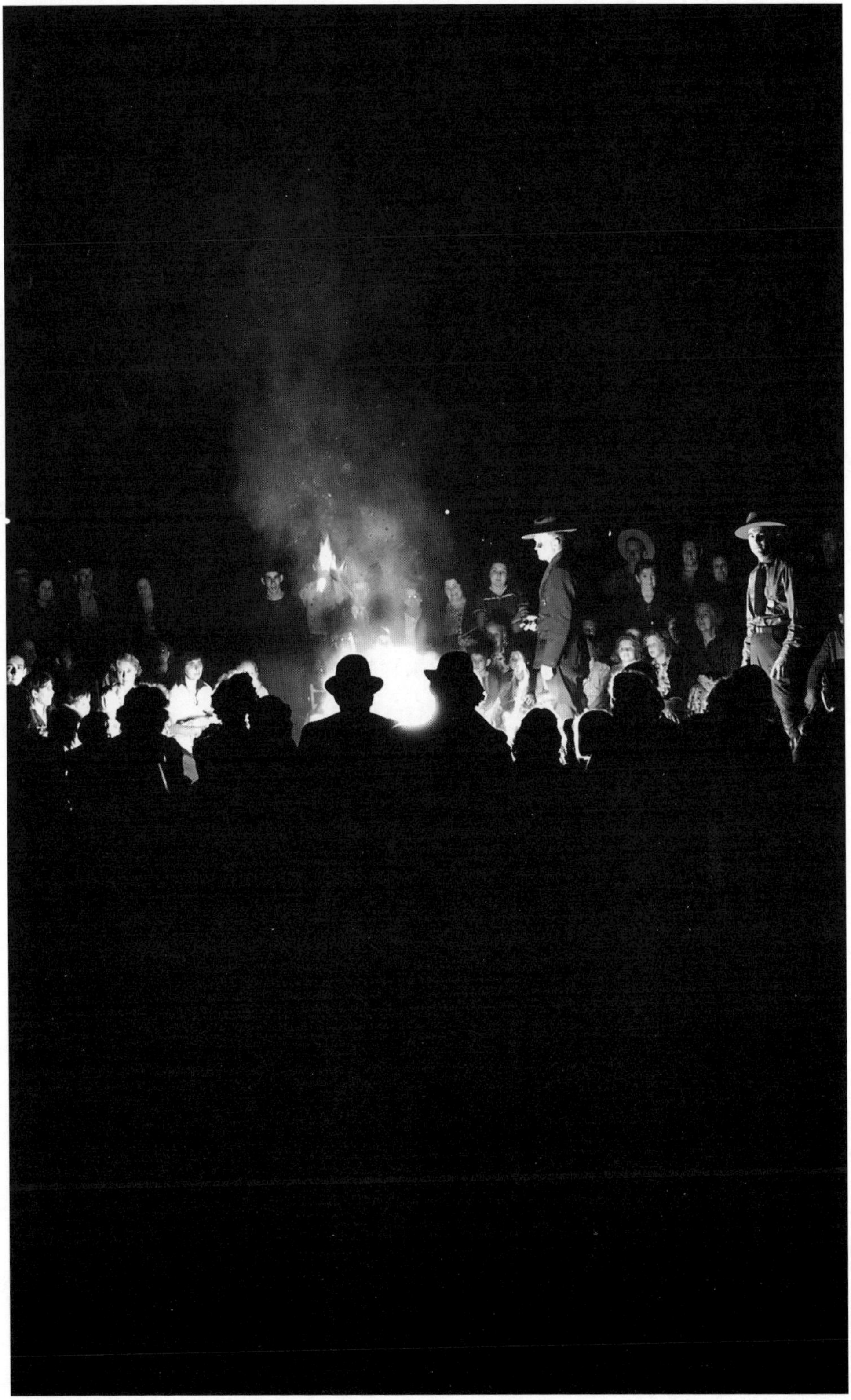

水泥砌一个简易平台，平台上有防护墙，可以在火焰上方合适的位置架一个坚固的钢制烤架，"防止……任何东西掉落，当然烧焦的热狗除外"。[30] 这是古德精心设计的。他曾看到"公园里到处都是营地火炉，烟囱冒出的烟雾让整个公园看起来像是火葬场，让人感觉十分忧郁"，那时他可能就想到了首次出现在《公共营地手册》[①]中的克拉马斯（Klamath）炉。[31] 古德想寻找一种"既是火炉，又是壁炉"的混合形式的炉子，主张"壁炉应当与营地周围的环境相协调"，甚至"要改变壁炉原有的一些便利使用功能"。[32] 美国林务局1915年版《加利福尼亚国家森林露营者手册》（*Handbook for Campers in the National Forests in California*）中的壁炉说明就体现了上述混合炉灶的理念。在加利福尼亚国家森林，我们可以看到一个砌在地面以下的衬有石头的防风火坑，周围设有一条没有易燃物的宽阔边缘带。由此形成的"营地壁炉"系统让人联想到它在营地设施中的中心性和固定性，以及在建造过程中应注意的事项。

消失 / 换代

> 篝火更加如诗如画，没错，蜡烛也比白炽灯更有诗情画意……但我们必须正视这样一个事实，即现在是电力和汽车时代。[33]
>
> ——弗兰克·E. 布里默

事实证明，古德的想法是正确的，至少在大

↑ 1925
《洛杉矶县大松树休闲营的场景》，摄影师不详。每张野餐桌都配有一个石制壁炉，用于烹饪食物。

↗ 1934
这两幅示意图由艾伯特·H. 古德绘，摘自《公园与休闲设施》第二卷《休闲与文化设施》，描绘了新泽西州帕尔文（Parvin）州立公园的"野餐壁炉"（图1）和所有国家公园的"野餐壁炉"（图2）。

---

① 1935年美国林务局编写。

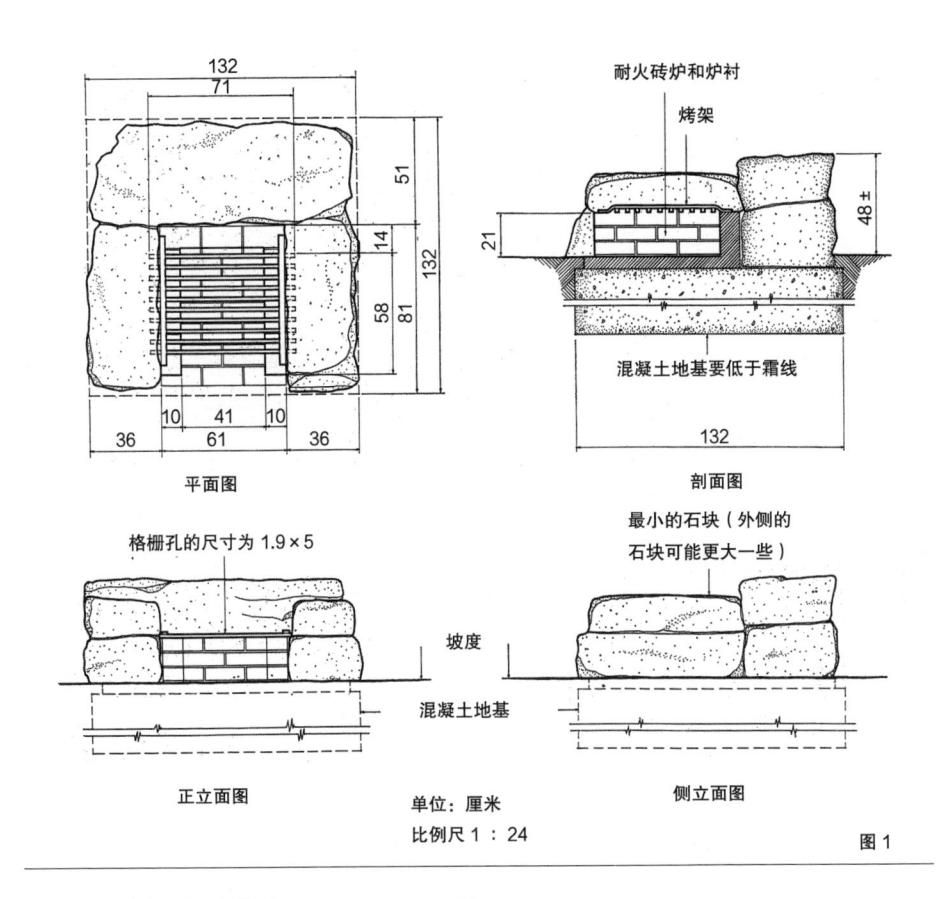

耐火砖炉和炉衬
烤架
混凝土地基要低于霜线

平面图
剖面图

格栅孔的尺寸为1.9×5
最小的石块（外侧的石块可能更大一些）
坡度
混凝土地基

正立面图
侧立面图

单位：厘米
比例尺 1：24

图1

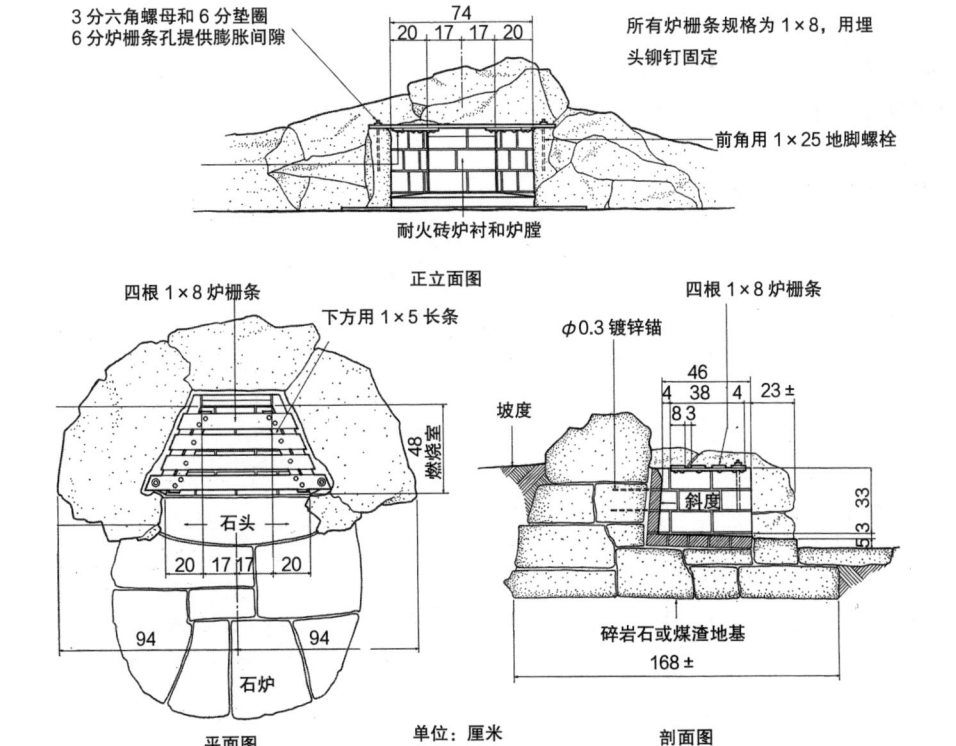

3分六角螺母和6分垫圈
6分炉栅条孔提供膨胀间隙
所有炉栅条规格为1×8，用埋头铆钉固定
前角用1×25地脚螺栓
耐火砖炉衬和炉膛

正立面图

四根1×8炉栅条
下方用1×5长条
燃烧室
石头
石炉

φ0.3镀锌锚
坡度
斜膛
碎岩石或煤渣地基

平面图
剖面图

单位：厘米
比例尺 1：24

图2

多数情况下是对的。总的来说，石制火坑和"高耸的砖石堆"已成为过去式，古德对此感到惋惜。[34] 在取代火炉和土制火坑的新一代设施中，有一种敞口钢桶炉的设计可谓独具匠心，桶顶有一个坚固的钢格栅，古德称它为"奶酪盒"。这种钢桶炉有点重但又不是太重，可以在金属车间批量制造，它可以像野餐桌、帐篷、睡袋和其他许多需要组装的部件一样，搬到露营地（甚至周围），放在合适的位置。

在钢桶炉问世前，篝火已经历经了悠久的历史。它不再是技能和经验的展示，好处诸多的篝火已经变成了各种便于携带的工具，如轻便炉灶和灯具；安全高效的燃料，如丙烷气、固体酒精和煤油；按下按钮瞬间就能召唤光或火的装置。就像魔法师用魔杖触碰暗淡的木头或煤炭，释放出被囚禁的灵魂——光和热，"木头+火星＝火"这一等式的任何一种形式，此时都已巧妙地改写成了"火＝任何时间"，"火＝任何地方（也许在土制火坑的深处，也许在野餐桌上）"。[35]

丹尼尔·卡特·比尔德将篝火起源的"齿轮"转动到了历史上的一个点。虽然几个世纪以前就发明了硫黄火柴，但是直到1826年火柴才商业化，这要归功于英国药剂师约翰·沃克（John Walker，1781—1859）。[36] 沃克发明的摩擦火柴是用蘸有磷溶液的松木棍，敲击坚硬表面时会被点燃。这种火柴大受欢迎，取代了费力的生火技术，如使用燧石和钢生火。近1个世纪后，A. 海厄特·维里尔出版《露营手册》（*The Book of Camping*，1917）时，可安全使用的摩擦火柴（和一个保持干燥的小袋）已经成为露营者

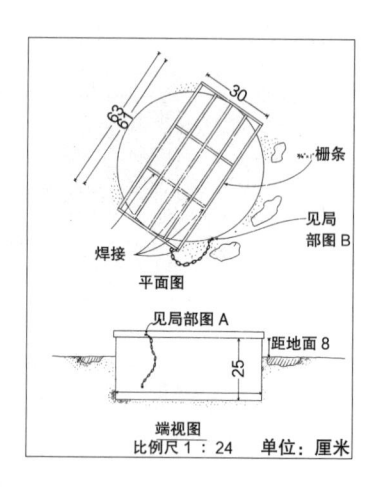

🟢 **1975**
《落基山国家公园偏僻乡村的壁炉》（局部图），这个壁炉有一个用大链条连接着钢桶的烧烤架。

🟢 **1938**
《伊利诺伊州库克县森林保护区的野餐壁炉》，艾伯特·H. 古德制，摘自《公园与休闲设施》，第二卷，《休闲与文化设施》。这是人们现在所熟悉的圆形钢桶壁炉的前身。

篝 火

野餐壁炉　　　　　　　　　　　　　　　　　　　　　　　Plate II B-7

伊利诺伊州库克县森林保护区的野餐壁炉

芝加哥野餐频繁的公园中，需要大量野餐壁炉，才能够满足野餐需求。当然，只有那些认为密歇根大道上应该跑着拓荒者的篷车和印第安人雪橇的守旧者，才会赞同在丹佛周围的山地公园中无休止地生产石刻壁炉。当然，这种壁炉也有优点，如成本低、安装简单、适合大批量生产、能够根据盛行风调整方向。如果进一步改进该壁炉，有可能会让它绕着锚固点转，这会让壁炉位置更加固定，同时能够调整方向，此外，还应给壁炉制作一个平滑的炉床。

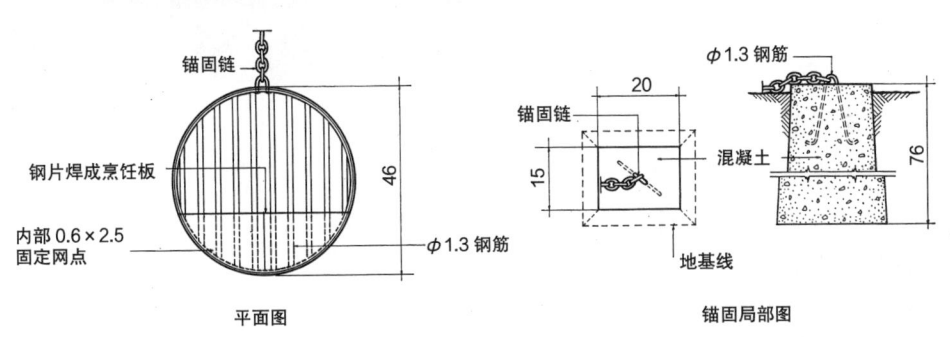

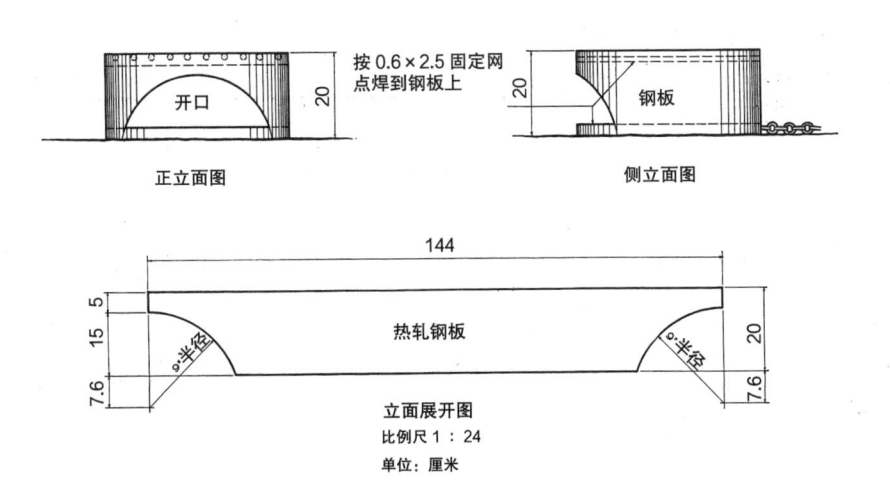

锚固链
钢片焊成烹饪板
内部 0.6×2.5 固定网点
φ1.3 钢筋
46

平面图

φ1.3 钢筋
20
锚固链
15
混凝土
76
地基线

锚固局部图

按 0.6×2.5 固定网点焊到钢板上
开口
20

正立面图

20
钢板

侧立面图

144
5
15
热轧钢板
20
φ半径
φ半径
7.6
7.6

立面展开图
比例尺 1：24
单位：厘米

的必备装备。[37] 同样在那段时间里，埃隆·杰瑟普在《汽车露营手册》（*The Motor Camping Book*，1921）中提出了一种桌子与烧烤炉的混合体，其四条折叠腿架在火焰上方，形成一个平面，上面放置烹饪工具。[38] 这种巧妙的设计取代了比尔德用新鲜树枝临时制作的锅架和其他烹饪工具，为更多设备的发明奠定了基础，同时也对发明提出了更多的要求。如果烧烤架不是用来放置水壶、圆锅和平底锅，还能用来做什么？为什么不用盘子、杯子和银器吃野营餐呢？怎样才能让这些物品在前往营地的途中变得更轻、更小巧呢？露营者用小刀从烤架上割下一大块肉，用手抓起就吃的日子已经一去不复返了。对许多人来说，篝火已足够安全，甚至孩子们也可以聚集在篝火周围玩耍。

在《永恒的荒野：环境美学与阿迪朗达克保护区》（*Forever Wild: Environmental Aesthetics and the Adirondack Preserve*，1985）一书中，作者菲利普·G.特里（Philip G. Terrie）认为，"19世纪的露营者从未真正融入荒野之中，技术、文明时代的舒适设施，以及露营者心理上还未完全接纳荒野，共同形成了一个隔离屏障，将露营者与广袤的大自然隔离开来"。[39] 正如美籍英裔艺术家阿瑟·菲茨威廉·泰特（Arthur Fitzwilliam Tait，1819—1905）在《林中露营——"美好时光即将来临"》（*Camping in the Woods—"A Good Time Coming"*，1863）中所说，这种"技术隔离屏障"不仅包括杯子、平底锅和盘子等家用器具，还包括当地那些会狩猎的向导提供的服务，所有这些将休闲露营者在营地的劳动量降到最低。后来，凯普哈特、比尔德和维里尔等露营作家试图改变这种说

⇧⇧ 1933
《支撑炊具的方法》，弗兰克·H.切利绘，摘自《露营》。作者介绍了在篝火上方放置锅碗瓢盆的一系列技巧，如使用两根刚砍下的长木棍，即柴架。

⇧ 1921
《除锅碗瓢盆外还可放置烤架的炉栅》，埃隆·杰瑟普绘，摘自《汽车露营手册》。

⇩ 2020
《露营之旅》，珍妮弗·K.曼（Jennifer K. Mann）绘，描绘了欧内斯廷（Ernestine，左）和表妹萨曼莎（Samantha）在篝火上烤棉花糖夹心饼干的画面。

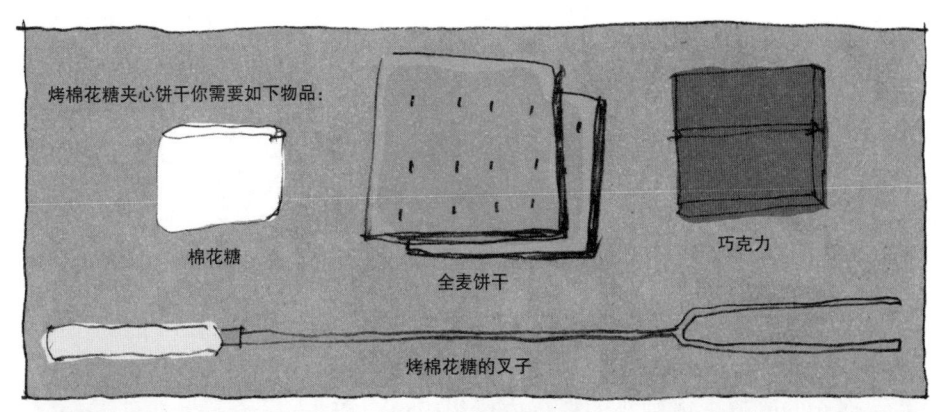

篝　火

烤棉花糖夹心饼干你需要如下物品：

棉花糖

全麦饼干

巧克力

烤棉花糖的叉子

我的很完美！

我的着火了！

在篝火上烤棉花糖。

法，他们强调第一手专业知识，认为质朴是真正露营的唯一标准，足智多谋是关键。火柴湿了怎么办？比尔德告诉我们"可以用头发擦干"。[40] 没有火柴怎么办？维里尔提供了弓和钻头的使用说明，不过，其复杂程度令人匪夷所思，除了最坚定地想要学会这种方法的人，其他人都会望而却步。[41] 弗兰克·切利则建议："可以透过手表（甚至眼镜）的水晶，将太阳光聚焦到一堆细棉絮上、棉衣的碎屑上或细小的树皮内层组织上，以此点燃火种。如果找到了燃烧的炭，就用手帕的一点棉絮和细屑包裹住微弱的火星，轻轻地吹，直到它燃烧起来"。[42] 对于以上方法都不能成功点火的人，他甚至建议用枪射击破布。[43] 20世纪20年代，随着露营越来越流行，围绕篝火及其附带用途（烹饪、取暖、照明）开发露营装备可能是最热门的。人们不再关注技能、经验或者足智多谋（这些曾是衡量露营者是否是森林生存高手的标准），而是关注如何轻而易举生火，即任何人，甚至是运气不好的"新手"，都具有轻松召唤出篝火的"魔力"。

可能没有任何器具比科尔曼便携式炉灶更能体现这种变化了。事实上，可能没有哪家美国装备供应商比科尔曼更有名，科尔曼公司的名字已经成为露营的代名词。包括帐篷、防虫棚、椅子、气垫、睡袋、冷藏箱、盘子、杯子、炉子、锅、水壶和灯在内，科尔曼的装备在过去一个世纪里已经变得无处不在，任何露营者都不得不承认自己至少拥有一件科尔曼装备。在布鲁斯·戴维森的代表作《约塞米蒂露营者》中，露营地的杂物里就有一个未点燃的科尔曼炉和一个燃气罐。作家兼编辑沃伦·H. 米勒（Warren

◐ 1906
《吹折布生火》，丹尼尔·卡特·比尔德绘，摘自《田野与森林手册》。

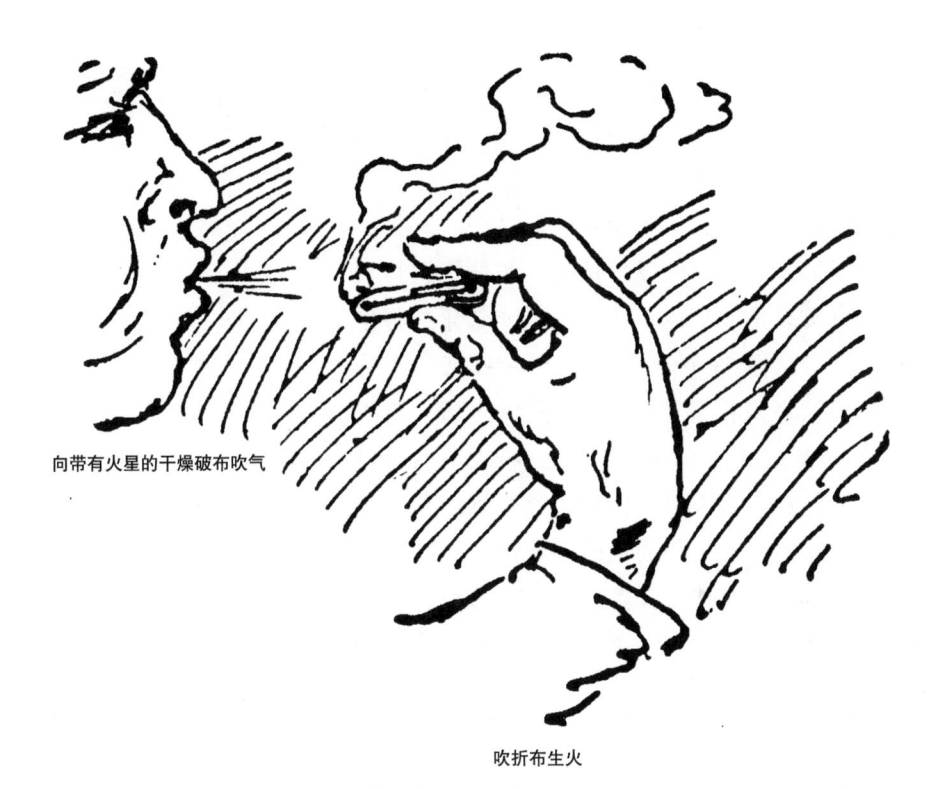

篝　火

向带有火星的干燥破布吹气

吹折布生火

H. Miller，1876—1960）说道，"真正实用的工具是帐篷炉"。[44]

威廉·科芬·科尔曼（William Coffin Coleman，1870—1957）于1900年创立了碳氢灯公司（Hydro-Carbon Light），最初目的是销售悬挂式汽油压力灯。1907年，他开始着手研发一种便携式灯具，这种灯具有许多优点，如不易从桌上掉落、倒置时不漏油。[45]早期的许多试验都以失败告终，经过长时间的测试，终于在1910年，科尔曼成功研发了第一款便携式灯具。[46]从那时起，历史地理学家特伦斯·杨就认为，将便携式灯具应用到户外只是成功的一小步。[47]1922年，科尔曼卖出了9万多件新型Quick-Lite台灯，声称这种台灯"亮度提高了20倍，而且防雨、易操作"。[48]在便携式灯具带来巨大商业成功后，科尔曼开始研发汽油压力便携式炉灶系列产品，并于1年后推出，与大获成功的瑞典进口品牌普里默斯（Primus，1892）和美国燃气机公司（Gas Machine Company，1912）的野营炉灶产品展开竞争。

科尔曼公司以科尔曼的名字命名，聘请弗兰克·E.布里默撰写了一本产品宣传手册。布里默和凯普哈特、维里尔一样，都是露营领域的知名作家。20世纪20年代，汽车露营风潮席卷全美，布里默趁着这股热潮，专门撰写了《汽车露营》（*Autocamping*，1923）《汽车露营技能》（*Motor Campcraft*，1923）等图书。布里默的《科尔曼汽车露营者手册》（*The Coleman Motor Campers Manual*，1926）篇幅不大，是一本64页的小册子，对那个时代一直盛行的露营方案进行了创新。与当时的许多书籍一样，这本小册子介绍了装备清单、

◉1966
《约塞米蒂国家公园四号营地》，布鲁斯·戴维森摄，摘自《西部之旅》系列。在这张特写图中，我们可以看到中间的野餐桌上有一个科尔曼炉。

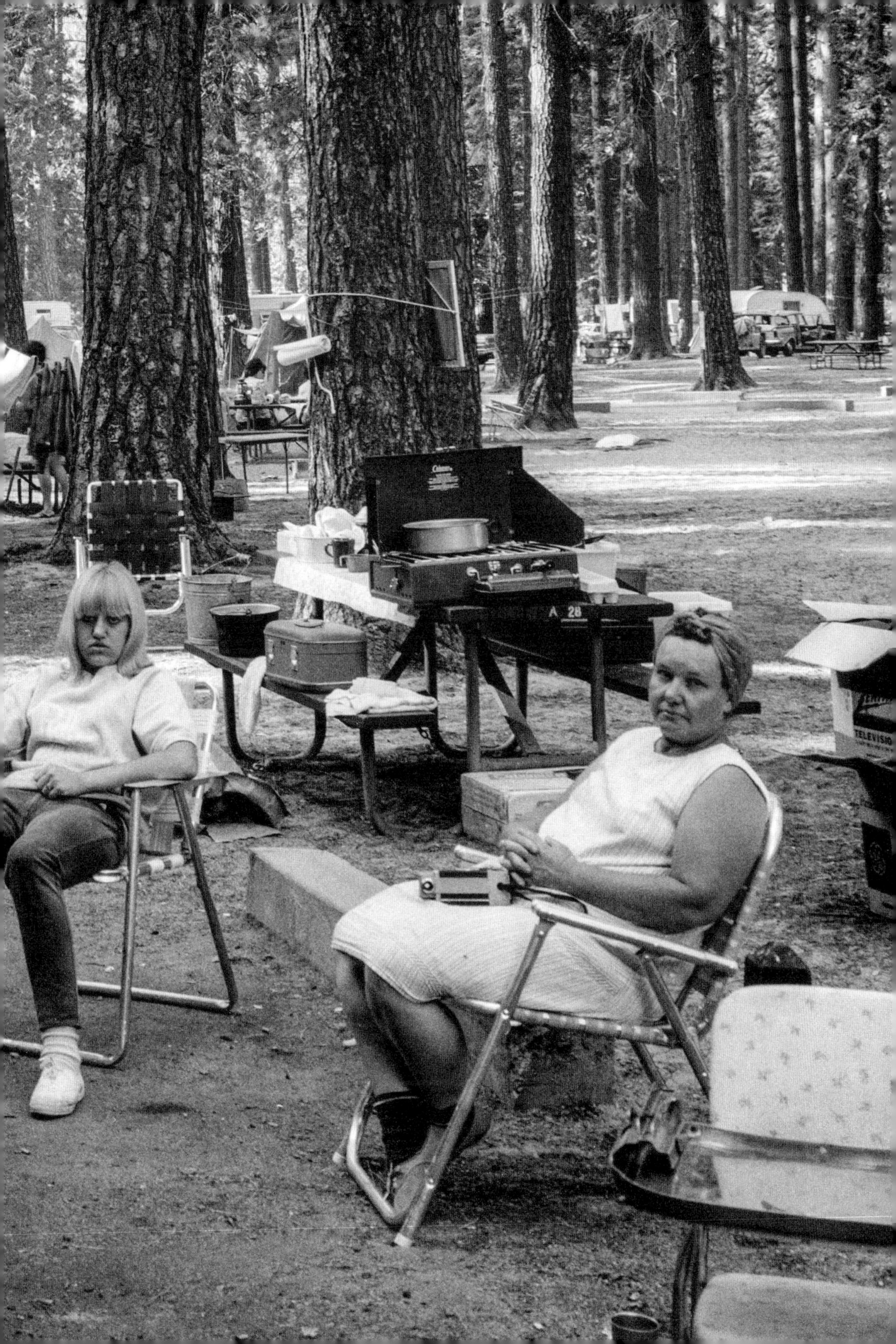
A 28
TELEVISIO

口粮、食谱以及实用技巧和建议。不过，与同类书籍不同的是，这本小册子还配有丰富的露营场景插图，其中还精心放置了科尔曼的产品图。照片中，男人、女人和快乐的孩子们各自忙碌着，这些照片告诉人们，露营可以是轻松、有趣、安全的，而且人人都可以参与。科尔曼提出的口号是"以舒适的方式体验粗犷"（The smooth way to rough it），这句话揭示了露营领域的内在矛盾，这些矛盾一直延续到今天。一方面，狂热的露营爱好者想在树林里塑造自己的粗糙形象，如不畏风雨等；[49]另一方面，他们又想要现代化的家庭舒适环境，喜欢使用（并经常为之寻找理由）许多能让他们舒适的小玩意儿。从这方面来说，为了研发露营装备，人们甚至会完全虚构出一个需求，露营装备似乎体现了问题与解决方案之间的完美结合。科尔曼炉就是这种想法的一个很好例子。布里默知道，与搭建帐篷或劈柴等露营活动不同，人们对待烹饪的态度会存在性别偏见，男性露营者可能会对科尔曼炉不感兴趣，但他也知道，大多数露营者都有一种神秘的"装备羡慕症"，无论什么装备都想拥有。布里默敏锐地捕捉到了商机，并采用模糊修辞来推销科尔曼炉，"丈夫精湛的烹饪技艺会让妻子惊讶不已。给他们一些基本食材、一只兔子和一个科尔曼炉，他们就能炖出让法国大厨羡慕得眼红的菜肴"。[50]

在布里默的小册子里，汽车出现在大多数照片的背景中并非偶然，因为汽车是露营领域迄今为止最重要的技术革新，是一个可以存放装备和睡觉的地方，也许还是可以做饭的地方。科尔曼二号炉使用的燃料与汽车使用的类似，从某种意义上说，它与汽车的关系比与传统柴火的关系更

⬆ **1925**
1925年4月《汽车露营者与游客》的封面插图，体现了露营地上根据性别进行的刻板角色划分。

⬇ **1926**
《汽修工具和备件清单》，弗兰克·E.布里默制，摘自《科尔曼汽车露营者手册》。布里默这本书既是使用手册，又是促销广告，书中露营照片主要介绍了科尔曼的一系列产品。

作者：弗兰克·E.布里默

汽修工具和备件清单

一般来说，普通旅行过程中，汽车露营者很少会去到路边没有汽修店的地方，但无论如何，建议露营者携带汽修工具和配件以及在关键时刻可能派上用场的其他物品。如果进行跨大陆长途旅行，更应该携带这些物品。

汽修工具

轮胎链	各种螺钉、螺栓和销键
轮缘扳手	各种锉刀（扁的、圆的和三角形的）
管扳手	两把锤子
套筒扳手组套	长臂油罐
状况良好的打气筒	大量电线
气门芯	轮胎扳手
全套硫化装备	长扳手
细砂纸	小虎钳
两把钳子	两根缆绳或绳索
两个插座	油脂枪
两块木头或两片木板，用于在泥土或沙子中放置插座	故障灯

汽修备件

两个完好的备胎	轮圈（若可拆卸）
两个备用的内胎	一盒轮胎阀杆
备用灯泡	辅助用气、油和水箱
高低压绝缘线	一套火花塞
一组保险丝	一根散热器软管
各种垫圈	绝缘胶带
风扇皮带	

在划独木舟和钓鱼之旅中，科尔曼炉是必不可少的。短暂停留享用午餐吧，把山鳟鱼煎得酥脆，再迅速煮上一壶咖啡。

大。首先，科尔曼二号炉和汽车都将移动性和速度作为核心卖点。科尔曼炉轻巧、便携、省时省力，人们不再需要像以前一样捡柴、劈柴、晾晒木柴、搭火堆、点火、等待篝火燃烧起来才可以做饭。拥有科尔曼炉的露营者可以"一扫昔日烹饪的烦恼，只要老胃口说'我们现在就吃吧'，就能满足他的欲望。"[51]

可以肯定的是，在提供和保持稳定火力方面的不确定性现在已经完全消失了。随着可以直接装在炉子上的一次性气罐问世，燃料也很快变得看不见摸不着。[52] 那么火柴呢？压电点火系统将电火花送入加压燃气流中，人们只需按下按钮即可点燃火焰。事实上，最初带挡风板的方形科尔曼炉也可以进一步简化。对于追求轻便的背包爱好者来说，便携式炉子不过是一个煤气罐（兼作炉子底座），上面装有一个燃烧器和一个调节器。"可在任何时间、任何地点生火"这一结果无论看起来多么简洁，其本身都具有复杂性。中世纪科尔曼炉的结构说明了生火系统的潜在复杂性，如在油箱和燃烧器之间输送和调节加压燃料流的一条管线由16个不同部件组成，其中许多部件的不同型号互不兼容。

在以即时满足感为特征的21世纪数字时代，露营炉正在经历一场（非常）安静的，甚至有点反直觉的革命。在《模拟的复仇》(*The Revenge of Analog*, 2016）一书中，加拿大作家兼记者戴维·萨克斯（David Sax）颂扬了模拟工具的回归，这些工具深受抵制数字世界（笔记本、黑胶唱片、电影和棋盘游戏）的人青睐。许多露营者即使还没准备好不在露营地使用iPhone和iPad，也会接受类似的观念，为了某种程度的环保而不使用能

《汽车露营者与游客》

⊙ **1924**
《尾气加热器》，摘自《汽车露营者与游客》，1924年7月。一位女士在用汽车发动机产生的热量做饭。

⊙ **1958**
《便携式汽油炉和油箱》，摘自科尔曼有限公司《露营产品目录–零件目录32B》，图片展示了科尔曼460G汽油炉的备件。

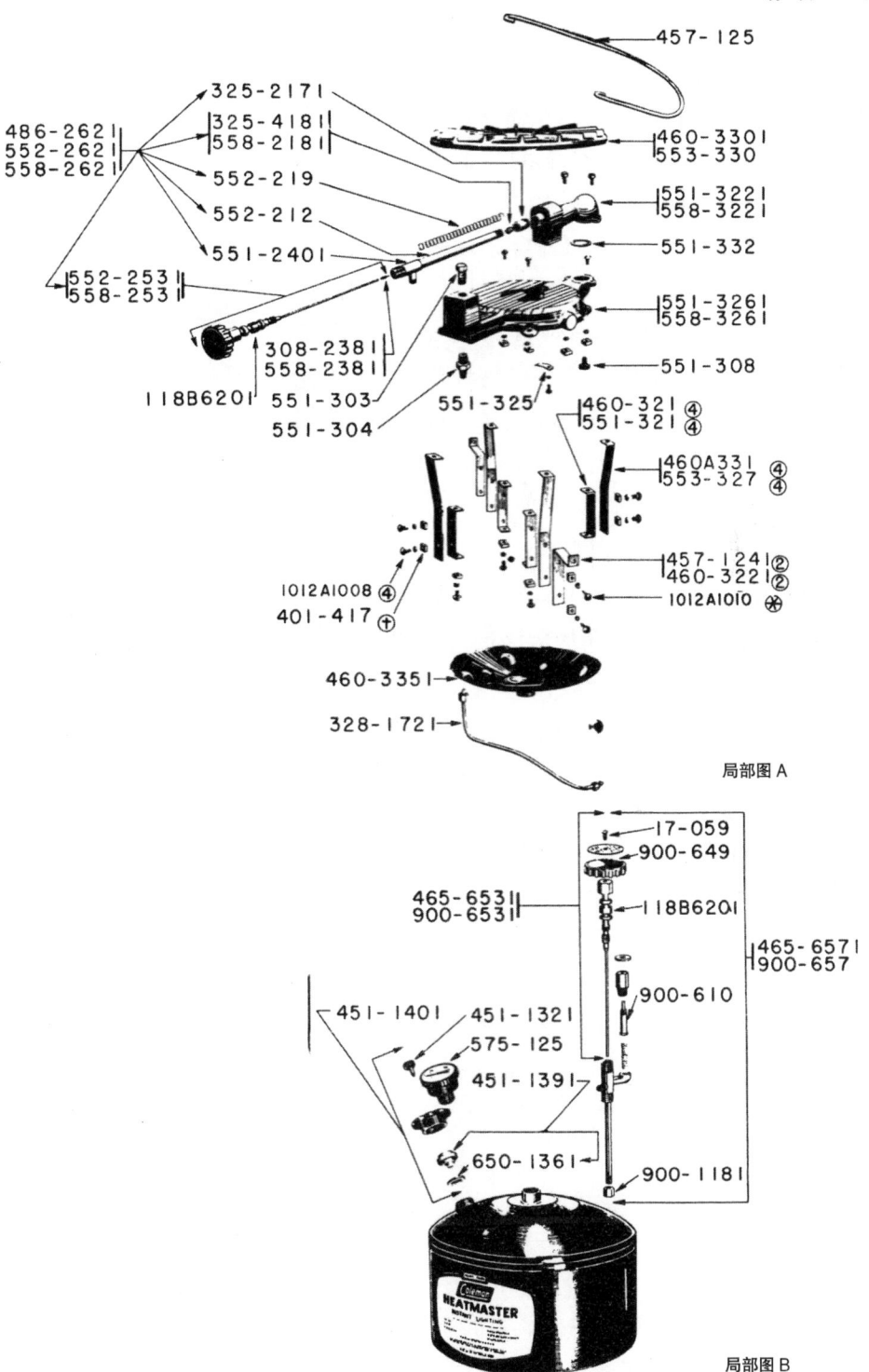

篝火

局部图 A

局部图 B

81

够即时点火的燃气灶和压电点火器。这是否意味着回归柴火的传统？也不尽然，比如，有一种名为塞拉·齐普（Sierra Zip）的单燃烧器炉灶用电池风扇为小火膛送风，能够将小火膛里的小树枝、松果和树皮点燃。这些几十年前用来点燃篝火的残余物，如今成了主要的篝火燃料。

2013年，在Kickstarter众筹活动上推出的GoSun便携式太阳能烤炉系列更为简约。太阳能烹饪的历史可以追溯到18世纪末，但GoSun公司找到了一种方法，让太阳能烤炉轻巧便携，重新激发了人们对烤炉研发的兴趣，并将目光投向了露营市场和其他离网场所，如救灾现场。把这种烤炉收起来时，两个抛物面反射器在一根细长的隔热玻璃管（用作烤炉）周围形成保护壳。使用时，光线通过反射器聚焦到玻璃管内，使温度升高到550°F（288℃），烹制出美味可口的饭菜。[53]

小结

> 户外运动爱好者可以用冰冷的食物充饥，让自己多坚持一会儿，但要真正恢复活力，他需要外部热量，需要在篝火上烹制热食，需要温暖的火光照射身体，放松疲惫的肌肉，驱走寒冷和风湿痛，让自己处于舒适的状态，使身心得到恢复。[54]
>
> ——沃伦·H.米勒

在戴维·韦斯科特看来，篝火是"光亮、温暖、防护、聚会和集会的象征"。[55]但越来越多的证据表明，传统木柴篝火发挥的这些主要作用正

◐ 2019
GoSun公司太阳能烤炉的宣传照。第一张图是GoSun Sport烤炉，第二张图是GoSun Fusion烤炉，GoSun Fusion是一种混合型号，配有可充电锂离子电池，可在晚上或下雨时离网使用。

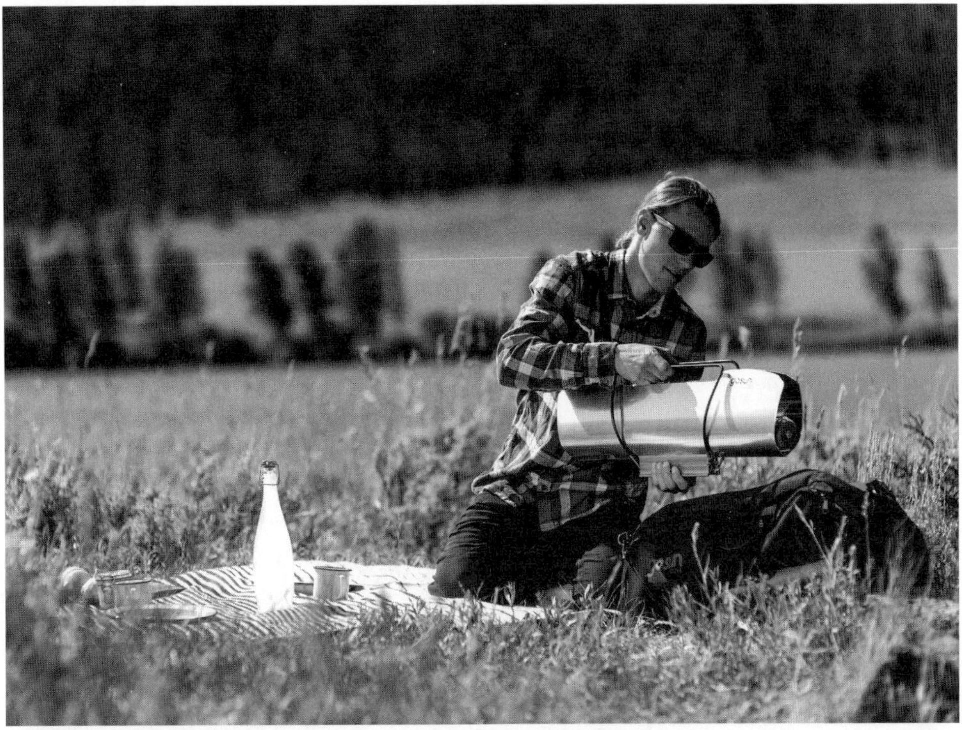

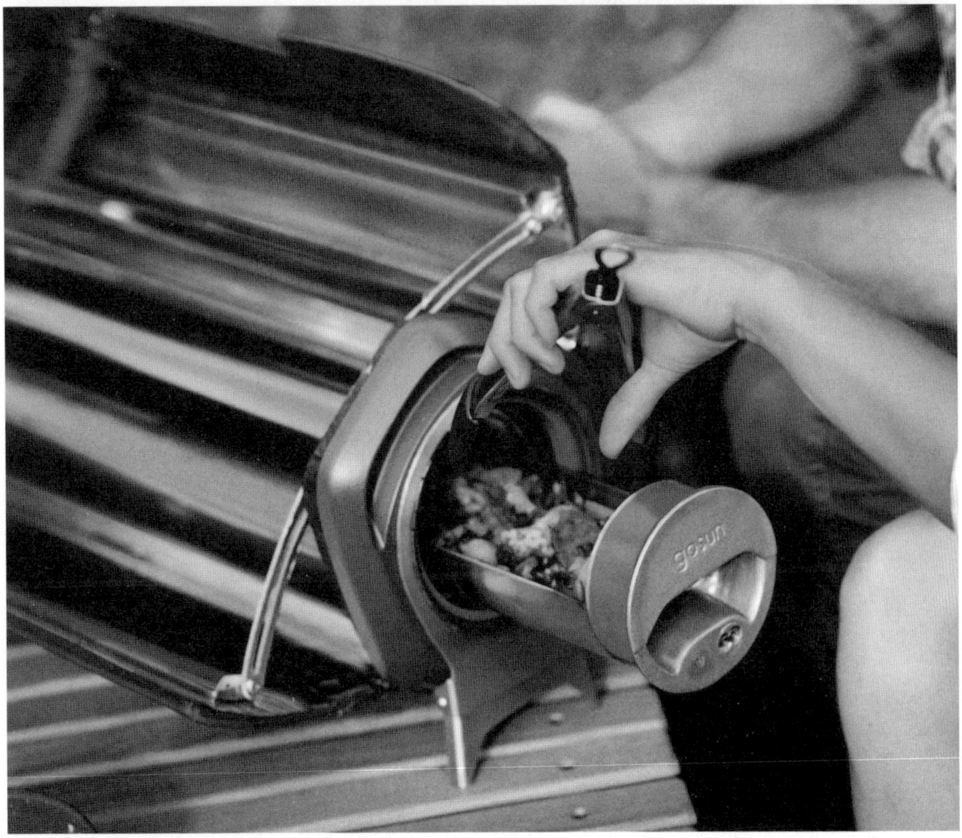
gosun

逐渐被取代。历史学家沃伦·詹姆斯·贝拉斯科指出，20世纪20年代，公共露营地引入了电力照明，这一创新相当于延长了白天的时间，露营者得以在路上停留更久，而不必担心在漆黑的夜里扎营。[56]20世纪90年代，KOA（美国露营地连锁机构）进行了新的尝试，推出了一种新型户外厨房——Kamper厨房。Kamper厨房是一种木屋状的共用设施，配备家用电炉和水槽，该种厨房的出现意味着，烹饪不再只是营地内进行（或定义）的活动，还是可以在营地外进行的活动。

2017年，我在阿卡迪亚国家公园（Acadia National Park）露营时，注意到有一些露营者在露营地吃快餐。野餐桌上享用的食物可能是在距离营地很远的地方做好的，而且出自不同的人之手，现在看来这是再正常不过的了。2018年，达美乐（Domino）公司声称，该公司有15万个外送点没有具体的街道地址，其中包括公园和露营地，购买他们的产品之后可以在那里领取。[57]

布鲁斯·戴维森于1966年拍摄的约塞米蒂国家公园露营者照片（第17页）极具讽刺意味，照片中唯一的食物就是一盒乐之饼干（Ritz Cracker），这说明包括篝火在内的许多露营必备品发生了翻天覆地的变化，其程度远远超出了艾伯特·古德等篝火倡导者的预想。整个露营地已经变成了一个琳琅满目的储藏室，在这里，露营者不再自己动手准备食物，而是直接享用带来的美食。就连戴维森本人也没有想到，仅仅几十年后，他拍摄的照片内的景象会变得如此稀奇古怪。露营者在当地的达美乐外送点用完晚餐后，可以在篝火圆桌座谈会上看当地公园管理员通过幻灯片演示篝火（但却看不到真正的篝火），体验篝火晚会的

2022
科罗拉多州科罗拉多斯普林斯KOA的Kamper厨房，摄影师不详。各地的KOA都配有这种户外厨房，是KOA的一大特色，让人仿佛回到20世纪20年代，那时许多露营地都有配有灶具的公共厨房。

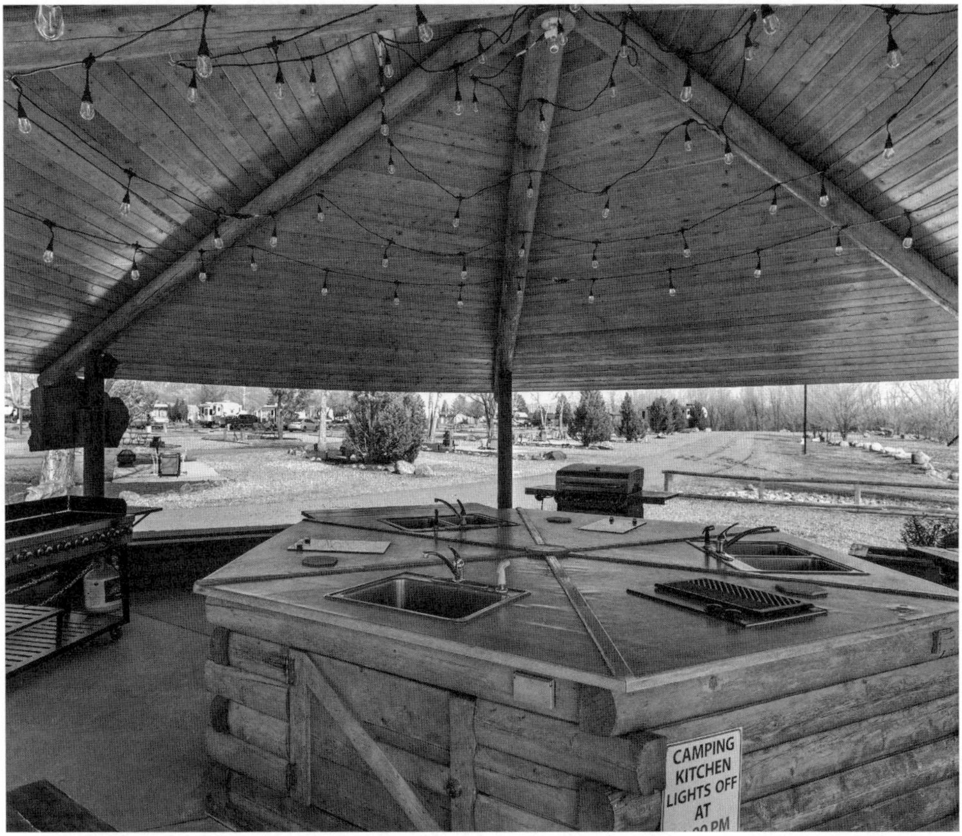
CAMPING
KITCHEN
LIGHTS OFF
AT

乐趣。在当今气候变暖的时代，一些露营地正式禁止生篝火，要求露营者使用手电筒来满足篝火晚会的需求。[58] 建筑师查理·黑利指出，"在家里进行的露营活动要么是在后院的花园里，要么是在客厅里"，只能体验荧幕中闪烁的篝火。家里露营进一步证明了营地和住宅之间的距离正在缩短。[59]

◉ **1974**
北卡罗来纳州米卡维尔蓝岭公路（Blue Ridge Parkway），克拉布特里瀑布露营地的晚间露天剧场活动照片，C. E. 韦斯特维尔（C. E. Westveer）摄。

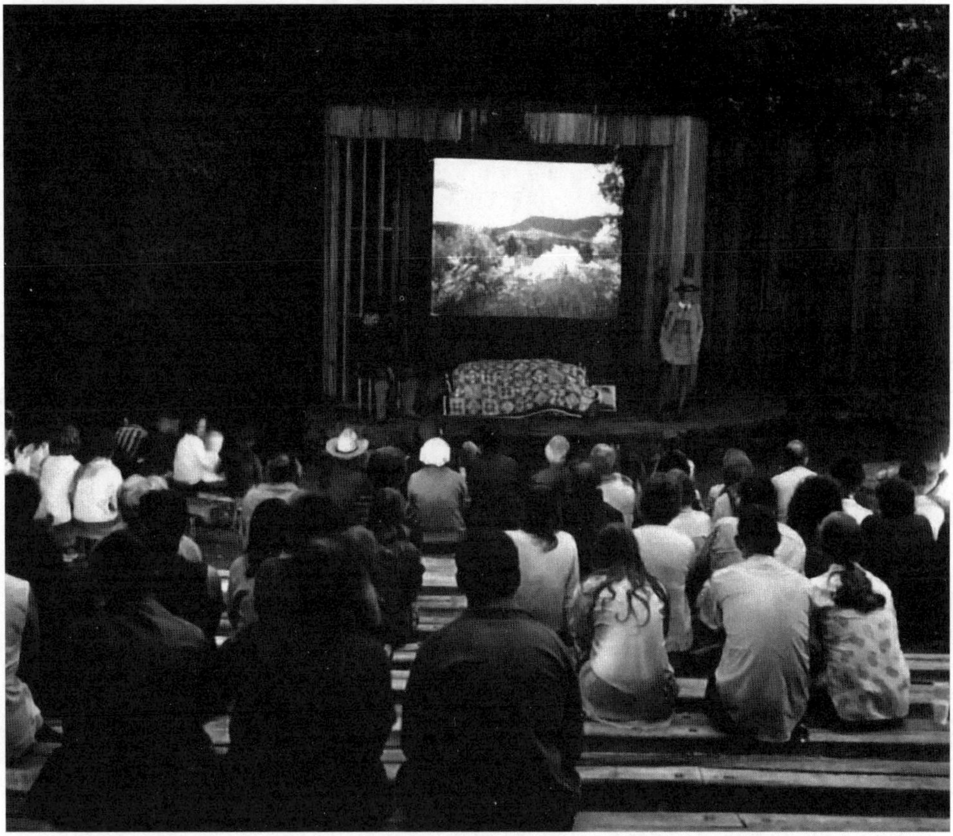

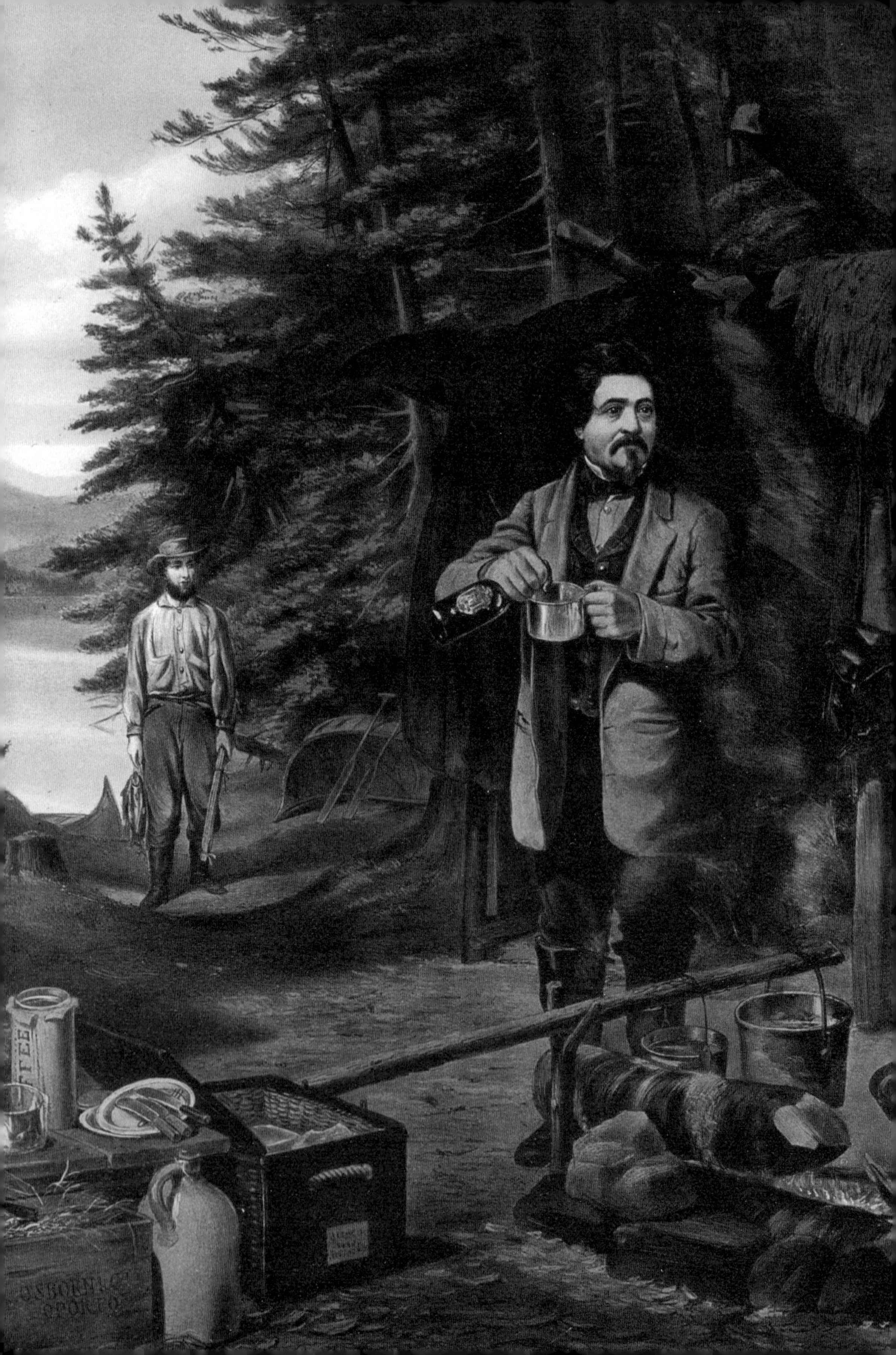

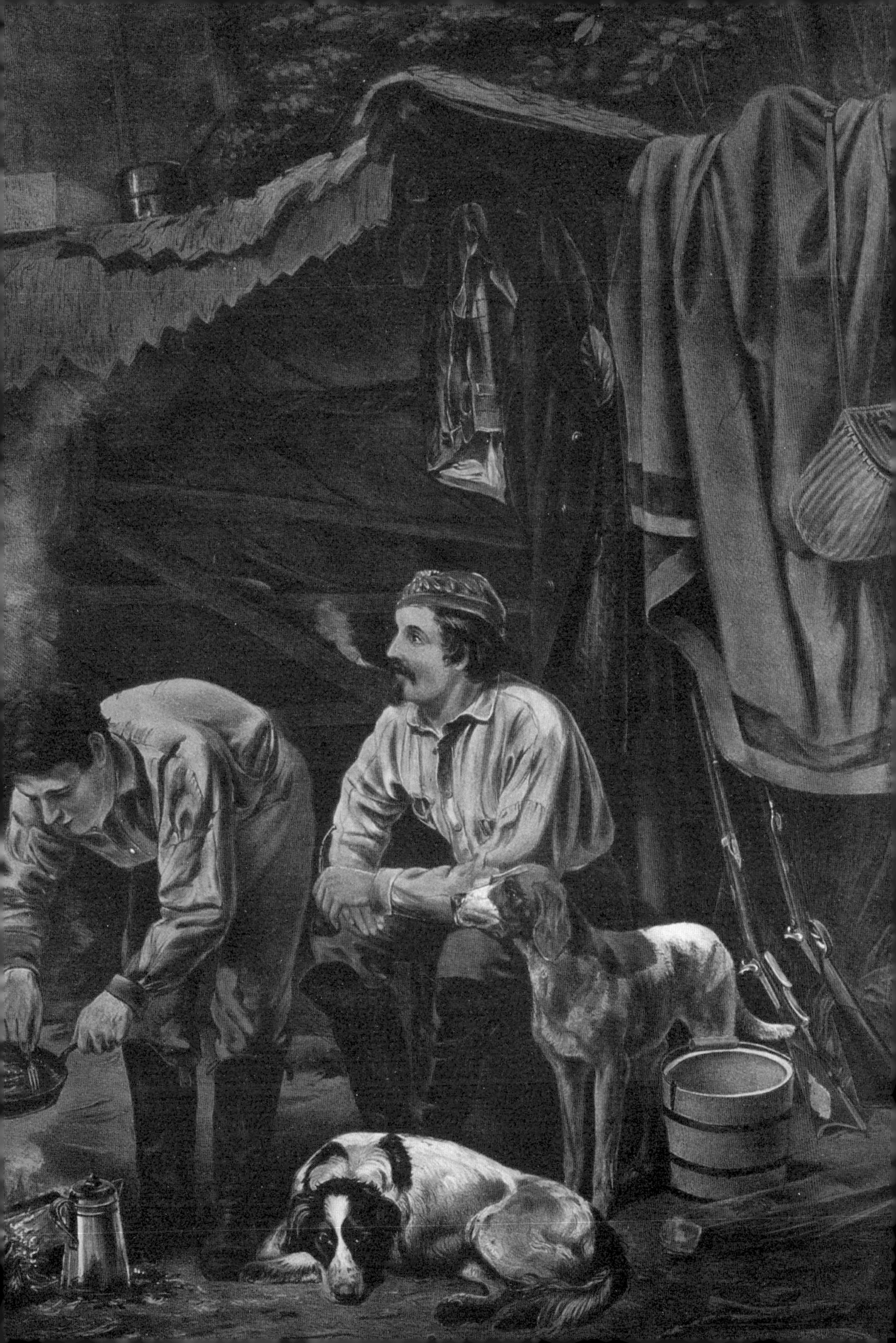

露营地

自由、无拘无束、暂时抛开一切琐事！随心所欲地去，随心所欲地来，随心所欲地逗留，随心所欲地做这做那，或者什么也不做，随心所欲地玩。至于时间，"我说几点就是几点！"[1]

——霍勒斯·凯普哈特

露营地介于历史学家约翰·A.雅克勒（John A. Jakle）和基思·A.斯卡勒（Keith A. Sculle）所描述的"充满挑战的新环境和熟悉的安全保障"之间，是家的替代品，是一个可以栖身、睡觉、社交、做饭和用餐的地方。[2] 露营地只有最基本的便利设施和只用一层薄如纸张的40旦防撕裂尼龙布制成的帐篷。无论是从实际意义上还是从象征意义上来说，露营棚和所在的那片土地，都向刺激的外部环境敞开了大门。

1863
《林中露营——"美好时光即将到来"》，A.F.泰特绘。

约 1890
阿迪朗达克山脉的露天营地，摄影师不详。三名手持猎枪和班卓琴的男子在纽约州普莱森特湖（Lake Pleasant）附近的棚屋前休闲。棚屋右侧摆放着简陋的桌子和长凳。

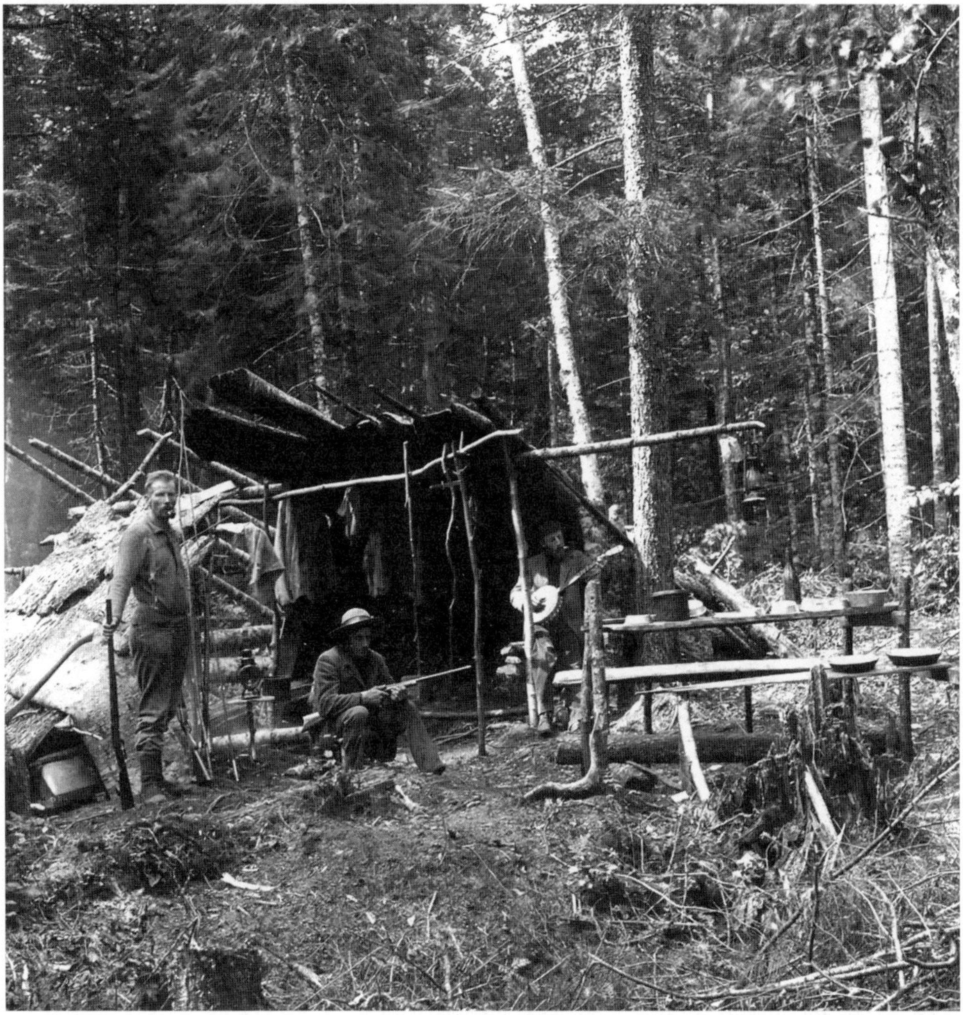

每年夏天，数以百万计的露营爱好者都会选择一片土地，驾车到此，在上面搭建帐篷，停放房车或拖车，暂时扎下根来。与其说这片土地是露营者心目中的理想扎营之地，不如说它是现代露营地的基本管理单位。美国有 90 多万个这样的露营位，遍布在两万个露营地中，[3] 其中，仅 KOA 一家在 2021 年的露营位总使用量就超过了 580 万次，其网站的独立访问量也达到了 2300 万次。[4]

现代露营地体现了一种矛盾，正如丹·怀特指出，露营地具备了越来越多的公用设施和便利设施，能够提供更多服务，但其营销方式却在延续美国人崇尚的"荒野露营"理念。[5] 罗伯特·史密森（Robert Smithson, 1938—1973）是大地艺术的先驱，他对营地和营地建造的高度敏锐性一定程度上源于童年时参与组织的家庭露营活动。他可能会认为，露营地只是一个场地反复重建的地方。[6] 露营地中往往有数百个露营位，这种露营模式确实让露营原本的独特体验商品化了。美国的 REI 和 EMS 等户外用品商城之所以能够创下销售纪录，主要是因为能够成功将装备与户外活动和健康生活的前景联系在一起。[7] 对于许多城市居民来说，高性能装备，如徒步靴、登山背心等，已成为日常休闲时尚的主打产品。

现代露营地充满了讽刺意味，让人发笑，每个露营位都有许多现代公用设施，在某种程度上是幻想的荒野体验舞台，在这里，露营者互相观看着彼此的"荒野"表演。露营群体中，谁不曾或多或少羡慕过邻近露营位的装备，如全新的普里默斯（Primus OmniLite Ti）混燃炉（带消音器）、山脊牌（Sierra Designs）帐篷或土拨鼠牌（Marmot）睡袋？KOA 甚至还在一些露营地

1965
《露营地的夫妇》，布鲁斯·戴维森摄，摘自《约塞米蒂露营者》系列。

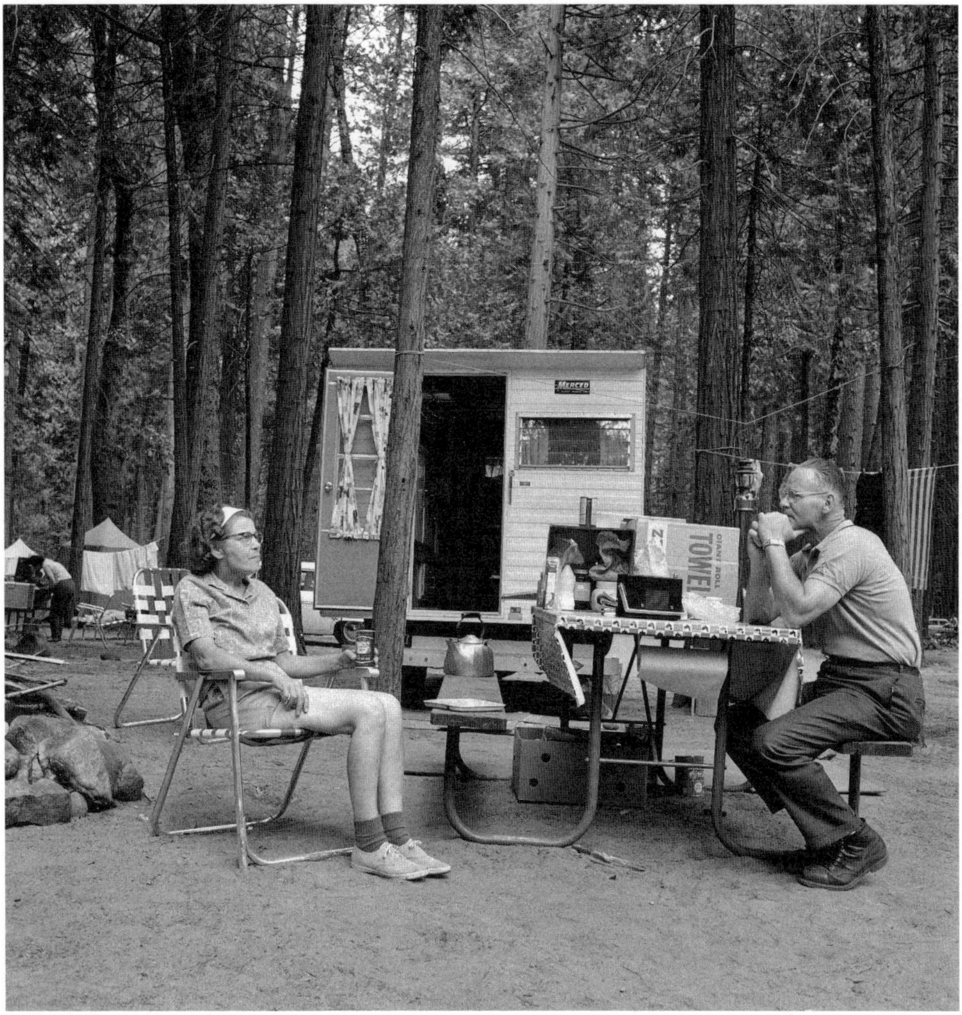
MERCED
GIANT ROLL

出租永久停放的清风房车（Airstream），吸引喜欢该种风格的露营者。这一尝试表明，未来露营者可以不带任何装备就来露营，他们可以像住在酒店或路边汽车旅馆一样，只需带着衣服和牙刷即可。这也难怪，曾经的露营者为了生存而每天重复做的琐事，如今变成了露营者试图重拾记忆而进行的无实际意义的仪式。现在，大多数过去必须做的事，如徒步前往营地、清理场地、狩猎、取水和拾柴，都被更省力的活动取代，这些活动包括停车、搭建无须绳索的弹出式帐篷、在露营地商店买冷盘、插入插头和排污管道、摆放露台椅子等。露营地无处不在的基础设施网，到处停放的拖车和价值30万美元的房车，体现了一种独特的美国智慧。在这种智慧下，各种故事、各种需求（如荒野、个性、通道、速度、舒适、怀旧、利润）相互交错，奇妙而紧密地交织在一起。

讲述露营地的历史并不是讲述任何一个具体露营位或具体露营地的故事，而是要探究这种粗犷的文化理想是如何被商品化的，变成了一种通用的、可以批量复制的空间模式。我们不仅要讲述露营者的故事，还要讲述汽车在露营过程中发挥的关键作用。可以说，露营地的历史始于20世纪初期的路边临时露营地，发展到现在，露营地已经变成了规划得非常有条理性的环状专用地。下文要介绍的4个关于露营地的关键概念能够让我们了解短短150年间物质和文化经历的巨变。

◐ **2013**
作者用蒙太奇手法描绘了4名19世纪的露营者在KOA过夜的情景，他们的装备都是在Campmor购买的，Campmor是新泽西州帕拉默斯（Paramus）的著名户外用品商。

露营车·露营者

露营车·露营者
拖车
热水淋浴·洗衣房

您最好的露营东道主

欢迎

Revivex 防水防污剂
货号 36211-N
页码 78
价格：7.99 美元

荷兰 GSI 手工阳极氧化户外烤箱
货号 82500-N
页码 139
价格：139.95 美元

山脊牌 Lightning XT 3 帐篷
货号 27667-N
页码 8
价格：269.97 美元

Kelty Trekker 外部框架包
货号 90295-N 3900
页码 56
价格：119.99 美元

Mac Sports Big Boy 舒适椅
货号 41021-N
页码 47
价格：27.99 美元

露营车顶帐篷
货号 20745-N
页码 9
价格：211.99 美元

野营炉灶面包机
货号 23102-N
页码 78
价格：3.99 美元

抓力很好

睡眠罩
货号 41168-N
页码 45
价格：29.99 美元

伊顿 Solarlink FR360 收音机
货号 88890-N
页码 89
价格：50.00 美元

PIC 蚊香
货号 81316-N
页码 99
价格：3.99 美元

重型炉栅
货号 80288-N
页码 71
价格：17.99 美元

袖珍链锯
货号 27001-N
页码 92
价格：29.99 美元

伸缩叉
货号 88097-N
页码 72
价格：4.99 美元

宠物旅行床
货号 22750-N
页码 63
价格：34.99 美元

"从海底到山顶" 水槽
货号 83204-N 20
页码 79
价格：24.99 美元

比松折叠碗
货号 59700-N
页码 63
价格：12.99 美元

空间封闭，空间隔离

> 如果有什么信息……我会用文字将它深深刻在大脑上，让它永远不会被遗忘，那就是：你希望别人怎样对待你，你就怎样对待别人。这句话应该成为汽车露营的黄金法则。[8]
> ——弗兰克·E.布里默

人们很容易忽视这样一个事实，即有组织的露营地的出现是为了满足人们带点相互矛盾的需求和愿望。人们想要保护毫无戒心或无知的露营者在大自然中不受到意外伤害，同时也希望大自然免遭人类破坏。就是露营地（campground）这个名词，本质上来说似乎也是矛盾的，该词中的露营（camp）是一个动词，却被看作名词，来指代建在露营专用地上的临时性露营棚。露营地一词也暗含着矛盾对立的双方，即私人与集体、自由与约束、开放与保守。通过设立露营地，将游客的活动范围限制在特定的区域内，以此避免游客对其他可能涉足区域的生态环境造成破坏，尽管这也在一定程度上牺牲了露营地本身的生态环境。这个封闭空间的微妙之处在于，它给了露营者一种仿佛置身于大自然的自由幻觉。然而，实则是它将露营者与真正的自然隔离开来，甚至可以说，它将露营者囚禁在它这个人造环境中。

如1927年在约塞米蒂斯通曼草地拍摄的照片所示，美国最早的公共露营地最初不过是一大片没有树木的专用空地，用来集中大批游客。研究员兼作家苏珊·斯奈德（Susan Snyder）指出，"除了规定的场地，在任何地方露营都会违反公园规

◐1927
约塞米蒂国家公园斯通曼草地的露营者，摄影师不详。

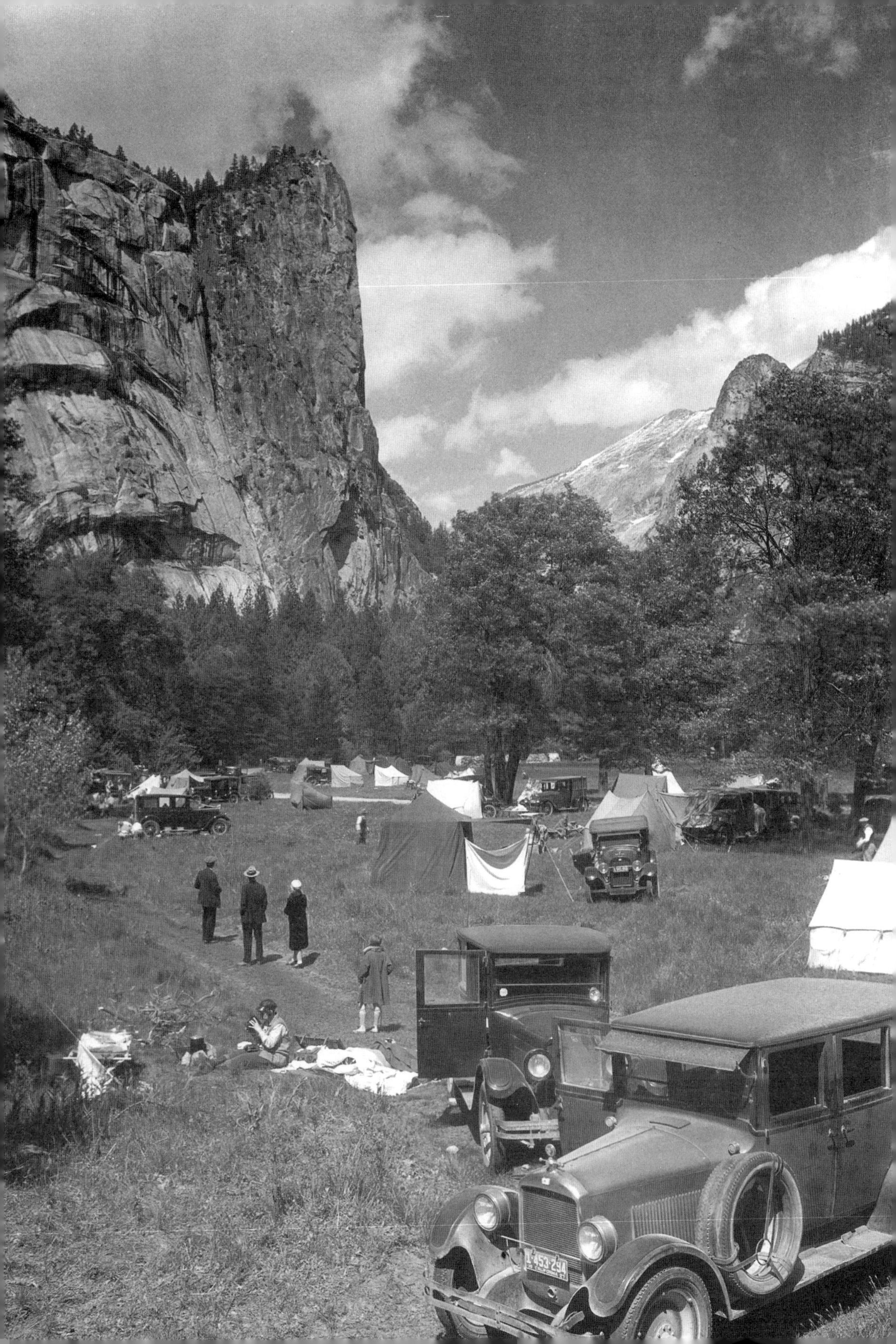

定。"⁹ 后来露营地的做法，包括限制露营时间、减少露营人数、提高入场费、设置物理障碍，甚至在露营地周围挖出深深的壕沟，对露营者施加了更多管制。20 世纪 30 年代初，拉森火山国家公园的萨米特湖营地周围立起了一排原木，这就是很好的简易围栏，设置围栏的目的不仅仅是限制人们，更是阻止机动车辆行驶出既定范围。为了清楚标识围栏的目的，设施管理者还在围栏上贴了"露营地边界"标志，提醒露营者注意。实际上，围栏不仅能限制游客，还是将闲杂人员拒之门外的手段。

空间上的封闭既保护了露营者，又将他们与自然隔离开来，在一些情况下，还将他们彼此隔离开来。弗兰克·E. 布里默说："在汽车营地建立的友谊是美国民主最好的'大熔炉'之一，这里是普通民众以非正式和有益健康的方式相互接触的地方。"¹⁰ 可悲的是，《民权法案》（1964）颁布之前的几十年里，在露营地甚至是国家公园这些具有包容性的娱乐场所，也不能避免种族偏见。1939—1950 年，国家公园管理局就在谢南多厄国家公园刘易斯山（Lewis Mountain）经营了一个实施种族隔离的露营地。在著作《黑人驾驶者绿皮书》（The Negro Motorist Green Book）中，旅游作家维克托·H. 格林（Victor H. Green，1892—1960）委婉地将位于弗吉尼亚州卢雷天际线大道旁的露营地称为"游客之家"，该书 1936 年至 1966 年发行，后被称为《黑人旅行者绿皮书》（The Negro Travelers' Green Book）¹¹。通过此书，格林呼吁美国各地的餐厅、加油站、夜总会、旅馆、汽车旅馆以及越来越多的露营地能够欢迎黑人旅行者。¹² 反过来讲，这本书也表明了当时黑人旅行者还无

随身携带《绿皮书》，你可能需要它。

◑ **1949**
维克托·H. 格林《黑人驾驶者绿皮书：国际旅游指南》（The Negro Motorist Green Book: An International Travel Guide）的封面插图。

◑ **1932**
《萨米特湖营地边界》，阿特·霍姆斯（Art Holmes）摄于加利福尼亚州拉森火山国家公园。

◑ **约 1939—1950**
《谢南多厄国家公园刘易斯山的种族隔离露营地》，摄影师不详。图片上方的描述摘自维克托·H. 格林 1949 年出版的《黑人驾驶者绿皮书：国际旅游指南》，由作者添加。1939—1950 年，国家公园管理局在公园内经营着 4 个露营地，其中包括刘易斯山的种族隔离露营地。

露营地边界

请推荐《绿皮书》
弗吉尼亚

卢雷
游客之家
刘易斯营地——天际线大道

刘易斯山

黑人区

咖啡店 & 村舍

露营地　野餐地

由此去

权使用公共场所里的一些主要设施。从布里默所说的美国民主大熔炉来看，分离永远不是平等。

随着供电设备、供水设备、厕所等基本公用设施引入露营地，露营者不再需要冒险走出露营安全范围就能满足露营需求。他们不再需要拾柴、打猎或收集饮用水，这些都可以在露营地内完成，他们只需快速跑到卫生间、附近的水龙头或营地商店即可。

这种微妙的分离方式带来了重要的文化理念上的转变，即露营者将大自然理想化，认为大自然是无威胁的安宁之地。早在20世纪初，引入这些现代设施之前，露营者就往往会受到路边古色古香、风景优美景致的吸引，在附近露营，却没想到波光粼粼的清凉溪水可能会对身体有害。对许多当代露营者来说，水龙头（过滤后的水通常从远处水源引入）等现代设施进一步强化了大自然是安全的这种理想化的观念。忽略天气变化的影响，大自然让人感到神清气爽、赏心悦目，给人带来心灵上的启迪。露营地经营者本身也在强化这种观念，他们通常会在季节性温度降到冰点之前关闭露营地。因此，大多数露营者从未经历过严酷天气。甚至一场晚霜、几只顽固的虫子或一阵小雨都可能会被看作周末旅行中的麻烦和困扰，并且多少年后还会成为家庭聚会中的谈资，屡屡被提起。

2010年6月11日至12日，阿肯色州西南部沃希托山脉，国家森林艾伯特·派克休闲区（Albert Pike Recreation Area）的露营地发生了悲剧，休闲露营者长期以来对大自然的幻想由此破灭。当晚出现了暴风雨，雨水很快浸透了土壤，随后引发山洪，附近的卡多河（Caddo river）和小密苏

❷ 2010
2010年6月11日至12日出现了暴风雨，造成20人死亡，其中有6名儿童。图为暴风雨过后艾伯特·派克休闲区小密苏里河岸边受损的房车，迈克·斯通（Mike Stone）摄。

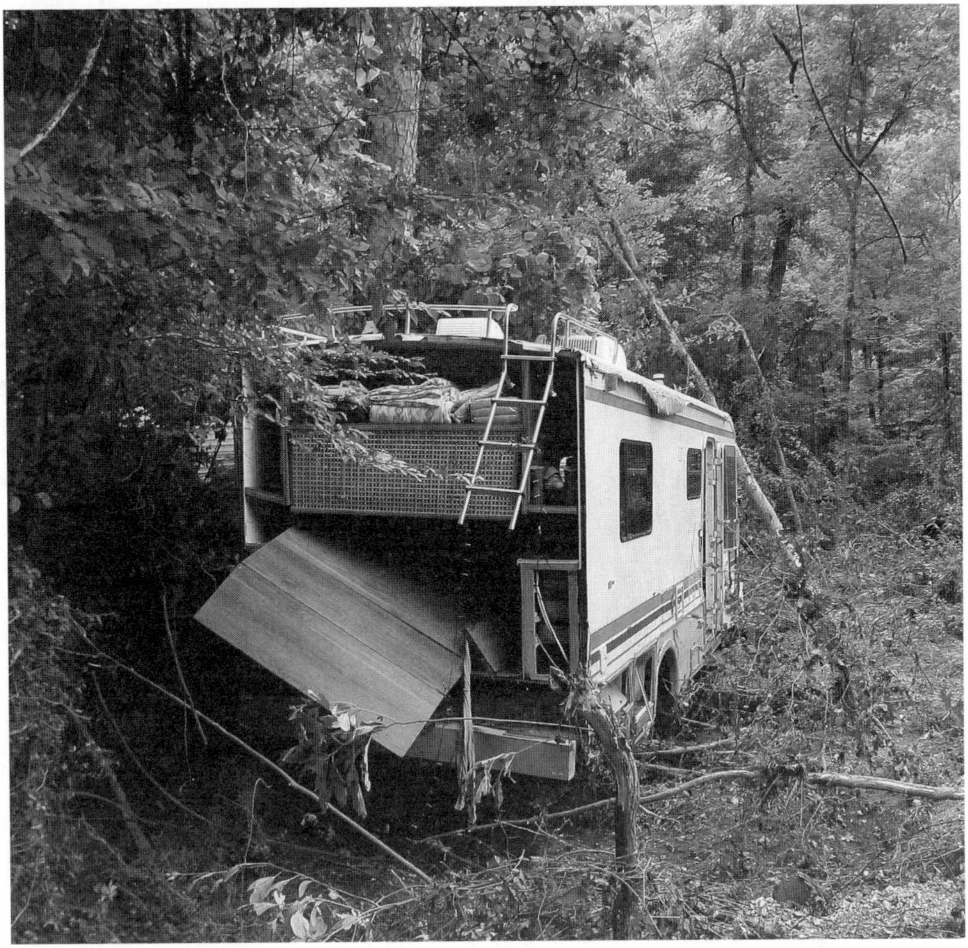

里河（Little Missouri river）水位在几个小时内高出了河岸 6.1 米。许多惊慌失措的露营者在半夜设法逃离了营地，但很多人却措手不及，其中有 20 人溺水身亡。死者中有 6 名 7 岁以下的天真无邪的儿童。虽然这一致命惨案一定程度上可以归咎于一系列地理因素（如地理位置隔绝、当地地形崎岖、电话信号差等）和人为因素（如缺乏适当的登记程序和疏散方案），但这场灾难也凸显了露营文化早已发生重要历史性转变，即人们越来越缺乏对潜在危险的意识，以及人们潜意识里相信露营地的封闭空间和手头资源是安全的。

已清理的场地和质朴假象

> 出于健康和卫生方面的考虑，旧营地通常不受欢迎。即使将新营地改造成适合居住的样子需要花费更多精力，人们也应尽可能选择新营地。[13]
>
> ——弗兰克·H. 切利

艾伯特·H. 古德对露营地最初未配备野餐桌、壁炉等设施表示惊讶。在建筑师古德看来，大自然就是供人享受的伊甸园，适当隐蔽并融入自然的基本设施并非充分享受大自然的障碍，而是必要条件。这些设施具有特定的用途，野餐桌意味着可以坐下用餐，火炉和烧烤架意味着可以烹饪食物，木制台阶意味着可以爬上难爬的山坡。美国公共事业振兴署（WPA）和民间资源保护队存续期间，古德撰写的《公园结构与设施》(1935)和《公园与休闲设施》(1938)在美国各地广泛传播，国家公园和州立公园的休闲设施得到了大规

◐ 1938
插图由艾伯特·H. 古德绘，摘自《公园与休闲设施》第三卷《有组织的过夜营地》，描绘了一个典型的汽车营地和一辆停在 E. P. 迈内克提出的"停车支线"上的车辆。

单行道

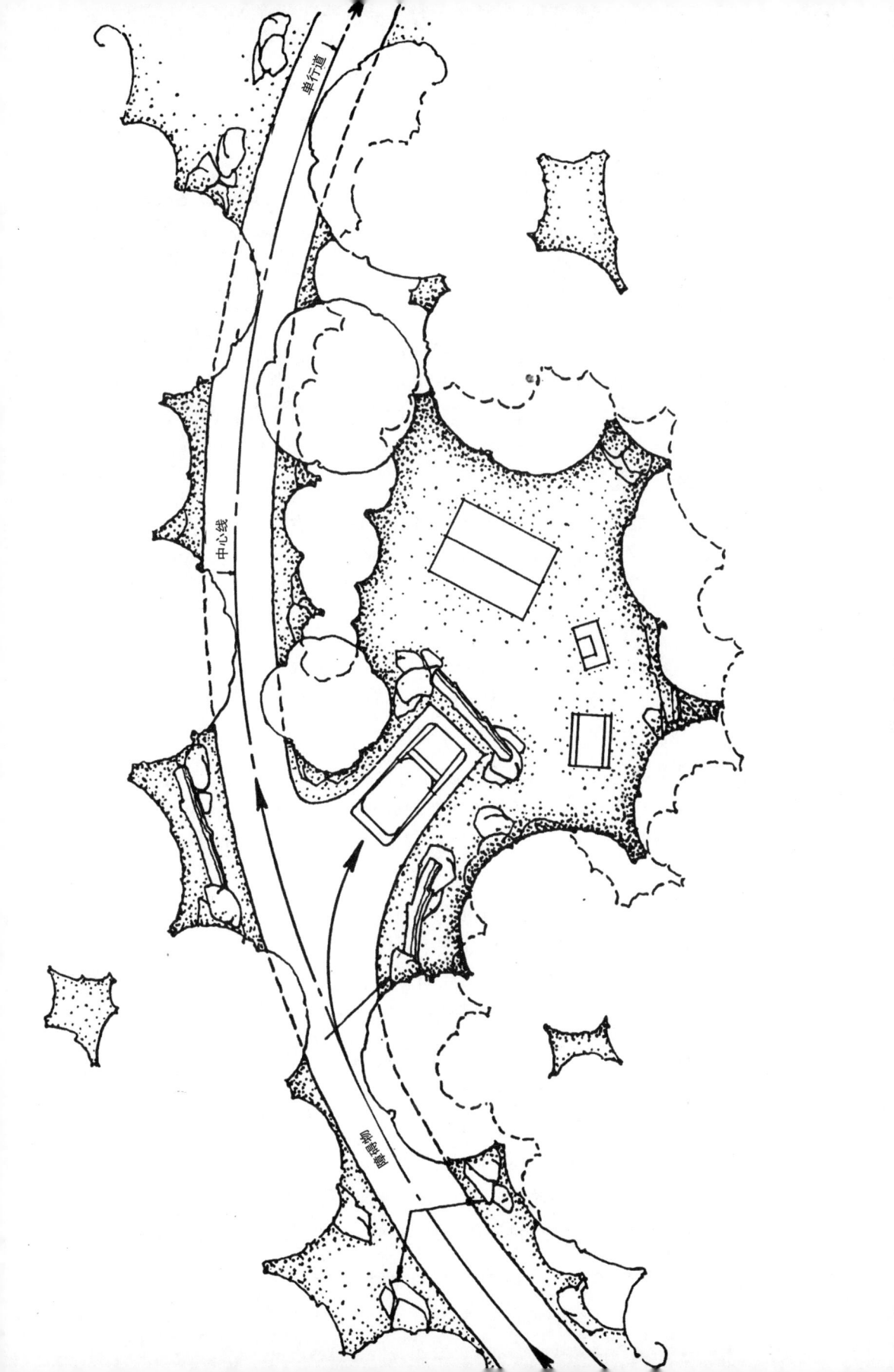

中心线

停车场

模扩建。古德的建筑规范涉及入口通道、标志和标记、壁炉和野营炉、桌椅、饮水口等，为当代露营地设计奠定了重要基石。

古德对露营地固定的基础设施和露营者必须自行购买的设备这两者进行了基本的划分。现代公用设施（如水、浴室、电、火炉、食品储物柜）逐步系统化之前，休闲露营者必须在不同露营地之间搬运全套家用装备（如盆子、桌椅、炉灶、帐篷）。为了满足这些需求，旅游汽车配备了侧板储物柜、拖车，甚至是帐篷和桌子等直接从车身侧面伸出的内置装备。汽车很快就成了露营装备中不可或缺的一部分，不仅是因为它可以运输物品，还因为它简直就是露营地的空间延伸。20世纪20年代，即露营车和房车出现之前的时代，露营行业广告大肆宣扬各种奇特的发明，如可在汽车内挂起的吊床和特制的发动机外壳，外壳可以用作做饭的加热板（第80页）。简易露营地和汽车分别代表着荒野的质朴和技术的先进，这些临时发明也表明人们不愿放弃（哪怕是短暂地放弃）舒适的现代家居生活。事实上，无论是当时还是现在，在面对几乎难以忍受的环境变化时，汽车在露营地的出现似乎都是一种令人安心的存在。

为了让露营者感觉像住在自然郊野中，并有新奇感，现代露营地必须精心设计一些幻象，并永远保持未完工状态，但需要确保每次有新游客入住时随时能完工。[14]古德和当时的其他露营地规划者亲自清除露营地的树木，限制露营地固定基础设施（如火炉、桌子、水龙头）的数量，巧妙地保持了露营者在抵达露营地时所看到的让人信以为真的微妙假象。这种略微修整过的营地需要露营者直接参与建设，他们自带帐篷、食物、

红头牌汽车床

在车里睡觉
在红头牌汽车床里睡觉是极佳的！三分钟内即可上下床。适合任何轿车或房车。重30磅。折叠起来仅有高尔夫球袋大小。
我们的"汽车露营者指南"中还有很多有用的文章，一定要摘抄一份。
奥尔沃德·安德森·索瑟德公司
1916年成立
美国芝加哥西芝加哥大道921号

↑ **1925**
奥尔沃德-安德森-索瑟德公司（Alward-Anderson-Southard Company）的《红头牌汽车床》，唐纳德·伍德（Donald Wood）绘，摘自《房车和露营车：1900—2000》(RVs & Campers: 1900 - 2000)。

↪ **1921**
照片标题："一块自制的金属板、踏板食品盒……，露营者正在给汽油炉加油。"摘自埃隆·杰瑟普的《汽车露营手册》，摄影师不详。

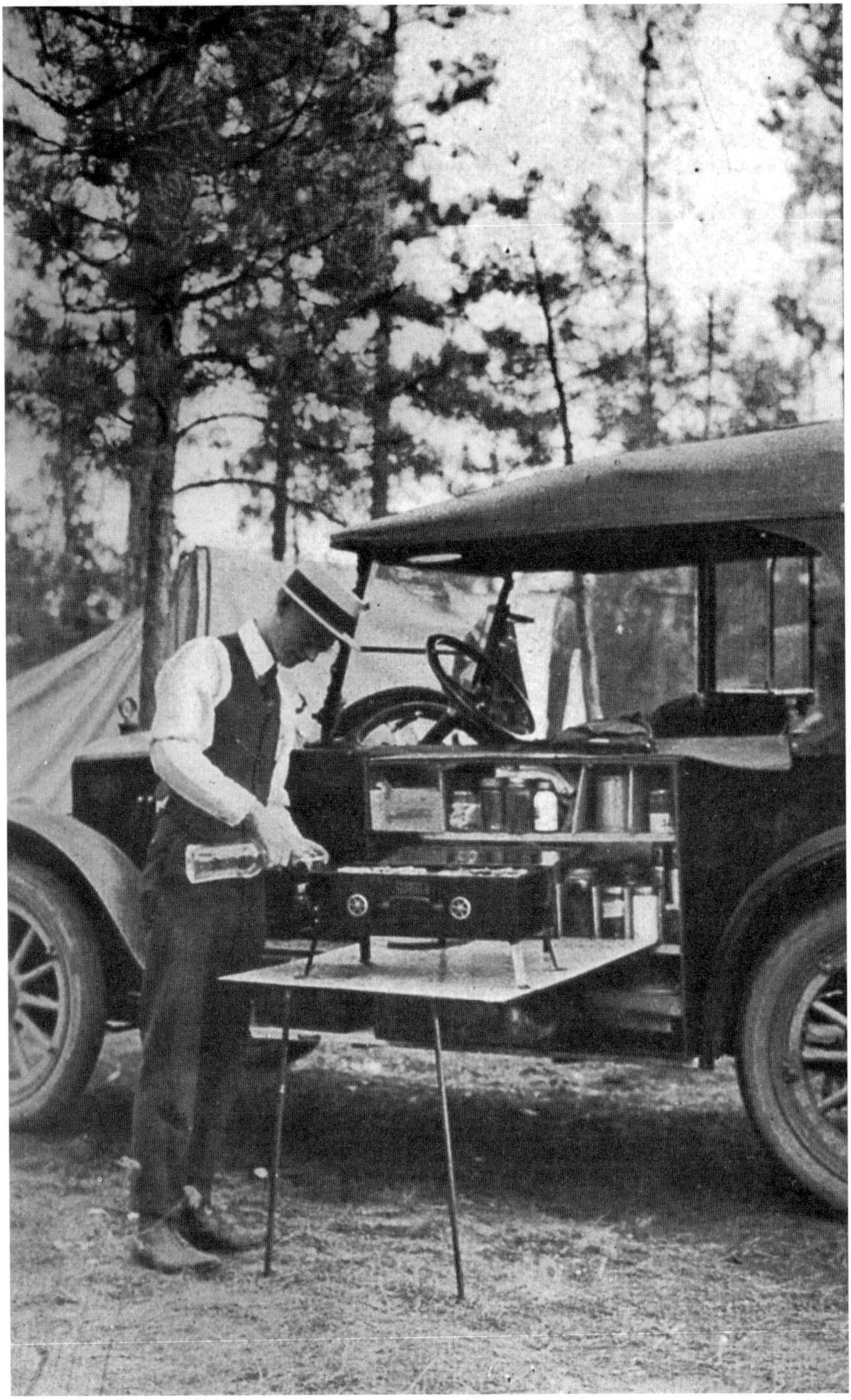

睡袋等装备，完全占有露营地，尽管这种占有只是短暂的。每位露营者在离营前都会收拾好这些物品并清理场地，这就在不知不觉中为下一位露营者清理并准备好了场地。这种无尽的循环给人的印象是，露营者是首次发现露营地，并参与了营地建设，他们用帐篷钉、停稳的拖车、房车和带来的其他装备暂时占据了这个露营地。可能会有数百个露营者在同一地点露营，但所有露营者都不为后来者所知。

空间坐标：X 表示地点

> 走进……丹佛，看到几百辆汽车停放在指定车位，车上的人们（其中许多都是大家庭）正享受营地生活或周围休闲设施带来的快乐，这真是一幅让人深受启发的景象。[15]。
> ——霍勒斯·奥尔布赖特（Horace Albright）

从很多方面来看，为各个露营者分配特定露营位是对早期露营地大面积封闭空间的进一步完善。这种想法起源于20世纪20年代的大型市政设施，如丹佛的欧弗兰公园。欧弗兰公园沿普拉特河而建，占地160英亩（约65万平方米），拥有许多令全美各地市政当局羡慕不已的景点，成了当时最大最重要的汽车露营地之一，在全美享有盛誉。该露营地之所以享有"汽车露营地中的曼哈顿"这一美誉，或许与其广泛的服务设施和800个露营位（每个露营位尺寸为7.6米×10.7米）密不可分，这些露营位每晚可容纳多达6000名汽车露营者。[16] 这种安排不仅涉及更复杂的空间组织模式，还涉及日益复杂的管理模式，如收费

◐ 2017
阿拉斯加迪纳利国家公园和保护区（Denali National Park）伊格卢溪露营地（Igloo Creek Campground）的《露营地标记》，摄影师不详。

2
Iglo
reek
2017
7/31 - 8/2
Denali National Park and Preserve
Itinerary Number: 1L790 Name: Pissinis, A.
** Campground rules are located on the opposite side of this page. **

系统、跟踪个别露营者情况的系统、监控其逗留时间的系统等。

这种新的空间模式取代了由汽车、帐篷、绳索等设施杂乱无章地组合而成的露天营地。20世纪20年代，欧弗兰公园发布的新闻反映了人们对精确统计数据的痴迷，而只有独立营地的精细空间系统才能提供这种数据。"从5月1日到10月20日，在欧弗兰公园扎营的汽车总数为7874辆，运载的乘客总数为28910人……游客来自美国47个州、加拿大自治领和哥伦比亚特区。1920年的旅游旺季中，唯一没有游客的州是特拉华州。"[17]

将露营地划分为不连续的地块，即露营位，形成了个人利益和共享利益互相交融的复杂地理环境。如今，这种单元化成了一种有效的管理方式，不仅将露营者在物理空间上隔离开，还可以固定具体区域内的居住密度，同时还将露营者分成了不同的群体（如将较嘈杂的房车和拖车与较简陋的帐篷分别划分到不同的营区）。这些个体与整体的关系将以独特的视觉符号体现，我们将在下一章"地图"中详细介绍。

对于现在的露营者来说，想要到达露营地，通常要先领取地图，随后和服务员商定露营位的确切位置。露营地服务员当场用墨水在商定的位置上画圈，正如前文介绍的搭帐篷、做饭和其他套路，这巧妙地使营地保持了已清理完毕的假象。画圈这一简单的动作就如签名，让每份地图（以及每次露营）都显得既新鲜又原始，就好像每个露营位都是第一次被认领。

除了明显的定位优势，露营地地图还有一种奇特的作用，即作为一种视觉图表，它所采用的图形几乎不描绘周围自然环境的特征，这让人们

◎ 1922
《欧弗兰的帐篷城》，摘自《市情双月刊》（*Municipal Facts Bi-Monthly*），1922年3—4月。

丹佛著名的免费汽车营地欧弗兰公园的露营场景
该公园一次可容纳 1000 多辆汽车

欧弗兰帐篷城
1921 年有 4 万名登记的游客到此露营

意识到营地是一个自给自足的空间领地，独立于周围自然环境。地图上描绘出了编号的露营位、道路、厕所、淋浴间、水龙头、木柴箱、小吃店、船坞等，为露营者提供了一个透视镜，通过它露营者可以将营地作为封闭景观来理解、使用和探索，地图能够提醒露营者注意营地的地域范围以及自己在营地内的位置。

一些露营地有数百个单独的露营位，一些露营地则小巧玲珑。例如，黄石国家公园的桥湾露营地（Bridge Bay Campground）有432个露营位，是最大的联邦管理场所之一，而阿米斯特德国家休闲区（Amistad National Recreation Area）的拉夫峡谷（Rough Canyon）露营地则只有4个露营位。无论规模大小，露营地和营地地图在很多方面都很相似。1965年，布鲁斯·戴维森拍摄的系列照片如果不是命名为《约塞米蒂露营者》，我们根本无法看出照片拍摄于约塞米蒂这一美国代表性国家公园。[18]一张照片显示，一名露营者将床单和毯子挂在树间，以此将自己的和邻居的营位划分开来，这种策略让人联想到后院的栅栏。另一张照片显示，一对夫妇在露营车后的野餐桌旁休息，背景是高大的松树（第93页）。在这些照片中，露营位的位置不是根据考察实地环境确定的（或许19世纪初期在阿迪朗达克山脉一带的休闲爱好者会根据环境安营扎寨），而是早已在地图中划分好的。照片有意淡化了约塞米蒂热门明信片上的标志性景观，这似乎是戴维森开创性的构图的要点。照片中的露营位在露营地的任何地方都有可能，露营者选择露营位的考虑因素各不相同，如靠近厕所还是水龙头？靠近房车环路吗？我的邻居在哪里？

1932
红杉国家公园冷杉木露营地（Firwood Camp）场地素描图，公园管理员劳伦斯·法韦尔·库克（Lawrence Farwell Cook）绘。

圆草地

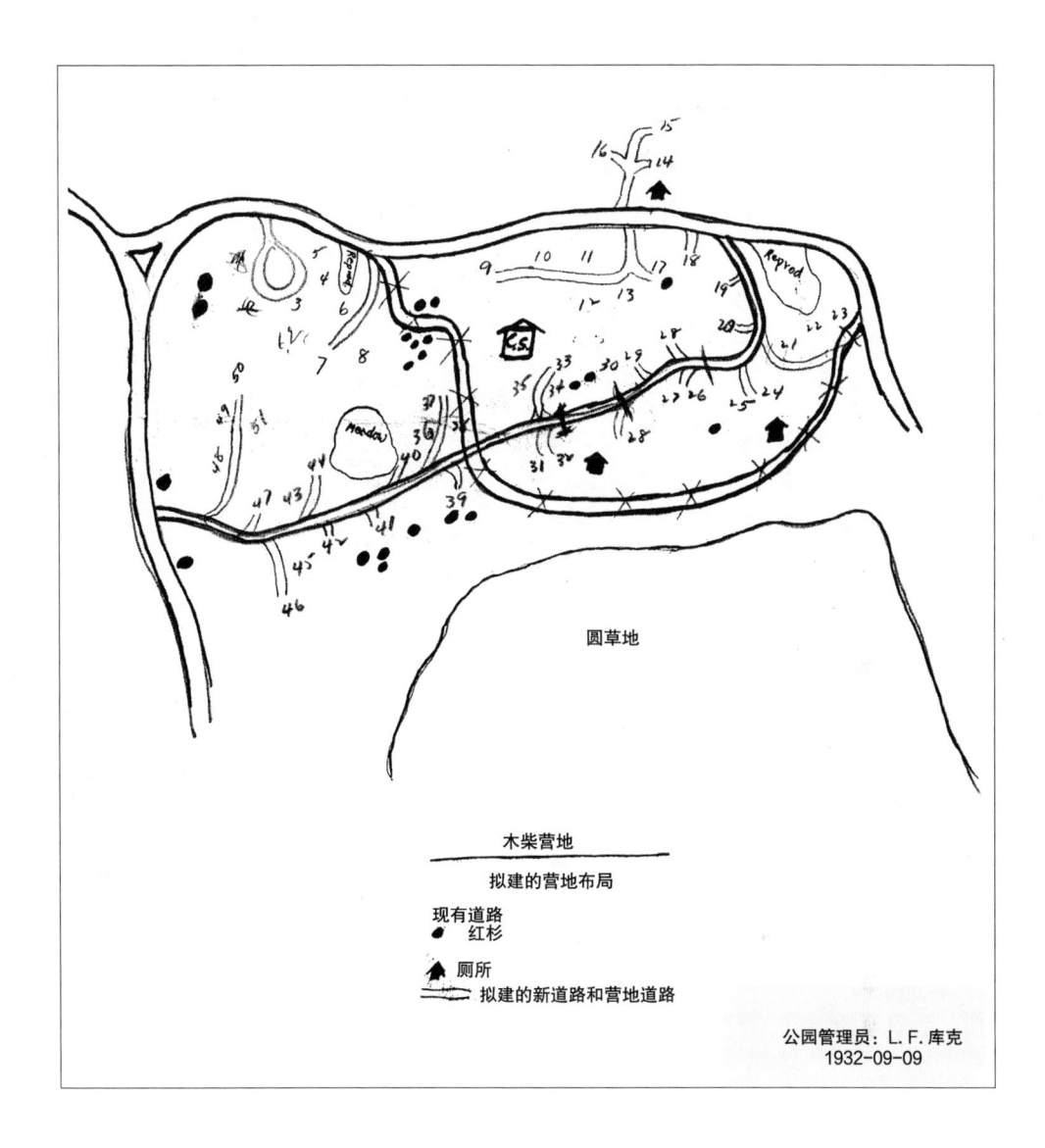

木柴营地

拟建的营地布局

现有道路
● 红杉
▲ 厕所
══ 拟建的新道路和营地道路

公园管理员：L. F. 库克
1932-09-09

地图上的 X 标记点既像是一种直接邀请（请在这里扎营），又像是露营留下的痕迹（这是我露营过的地方）。

物理访问和虚拟访问

> 营地是游牧者的安身之所。他可以在这里住上一季，也可以只住一晚，取决于营地及周围环境是否符合游牧者的心意。[19]
>
> ——霍勒斯·凯普哈特

露营的第一个行动是占领营地，露营者支帐篷的画面是"露营冒险的标志"。[20]事实上，支帐篷很少会被认为是占领营地的首个标志。例如，一些人可能会说，汽车（而不是露营者）才是这片已清理场地的第一位居民，汽车体积庞大，静止不动的汽车更强有力地表明了占领意图，其力度远远超过轻盈的织物帐篷。另一些人可能会说，标明最近被占用营地的地图和新墨迹，甚至是提前几个月的在线预订详细资料，才是最先占领营地的。

"访问"露营地是一件很复杂的事情，其过程既发生在营地内，也发生在营地外。可以肯定的是，"访问"涉及将露营者引向营地门口的基础设施，即道路和汽车。20世纪20年代，植物病理学家 E. P. 迈内克对许多国家公园生态敏感区的过度使用表示担忧，他是首位将汽车在荒野中产生的潜在致命影响编入营地手册的人。迈内克认为"人类只会伤害那些被自己踩在脚下的小植物。汽车则笨拙得多，会压碎灌木，从侧面撞击乔木，刮下树皮，使树严重受伤。汽油对植物

↑ 1965
《营地里玩耍的孩子》，布鲁斯·戴维森摄，摘自《西部之旅》系列。一个蹒跚学步的孩子被放在嵌套围栏中，享受着与荒野有关的假定的自由，这不免让人感到讽刺。

↗ 1966
《露营地的女人》，布鲁斯·戴维森摄，摘自《约塞米蒂露营者》系列。

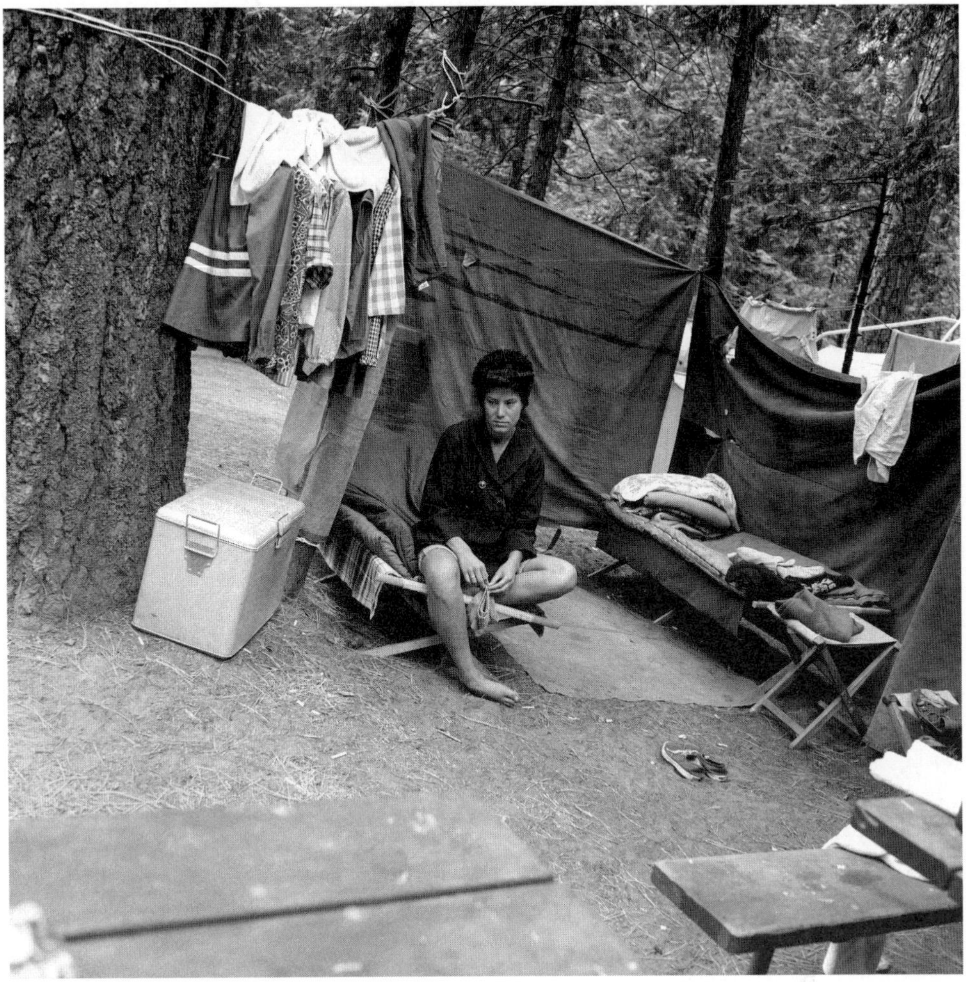

来说是致命毒药，从停在路边的汽车上滴落下来"。[21] 迈内克对露营地设计的持久贡献在于，他超越了孤立露营位的概念，提出了单向环路，将汽车引向每个露营位旁的"停车支线"。[22] 这样，既为露营者提供了领地，又为汽车提供了便利的停放场地。20世纪30年代，拖车作为一种更重、更复杂的户外居住设施出现了，这就需要对迈内克原先提出的停车支线重新进行更大规模的设计，并配套各种基础设施（如供电、供水、排污），让拖车完全投入使用，同时逐步将房车与帐篷营地分开。作家约翰·斯坦贝克认为：

> 拖车是一种构造奇妙的房屋，有铝制外壳、双层车墙、隔热层，通常用硬木装饰。有些拖车长达12.2米，配有空调、厕所、浴室和电视……将这样的活动房屋拉到拖车公园，安装在斜坡上，在下面拴上一根粗大的橡胶排污管，接通水电，升起电视天线，一家人就可以住进去了。[23]

迈内克在提出这些基础设施的新准则时，尽量将霍勒斯·凯普哈特的建议融入当代生活，即到野外去，"拔掉桩子"，随心所欲地搬到别处去。[24] 事实证明，凯普哈特的建议受到了20世纪汽车露营者的青睐，他们反对19世纪末国家公园铁路旅游的"专制"组织模式和人为装饰：

> 你是自己的主人，路就在前方；你想吃什么就吃什么，自己生火做饭；想在星空下睡觉就在星空下睡觉，想在黎明前醒来就在黎明前醒来；想在高山湖泊中游泳就在高山湖泊中游泳，前面永远是路。像梭罗一样，

◉ **1967**
《南营地下方维尔京河对岸的守望者营地》，约瑟夫·O. 麦凯布（Joseph O. McCabe）摄。

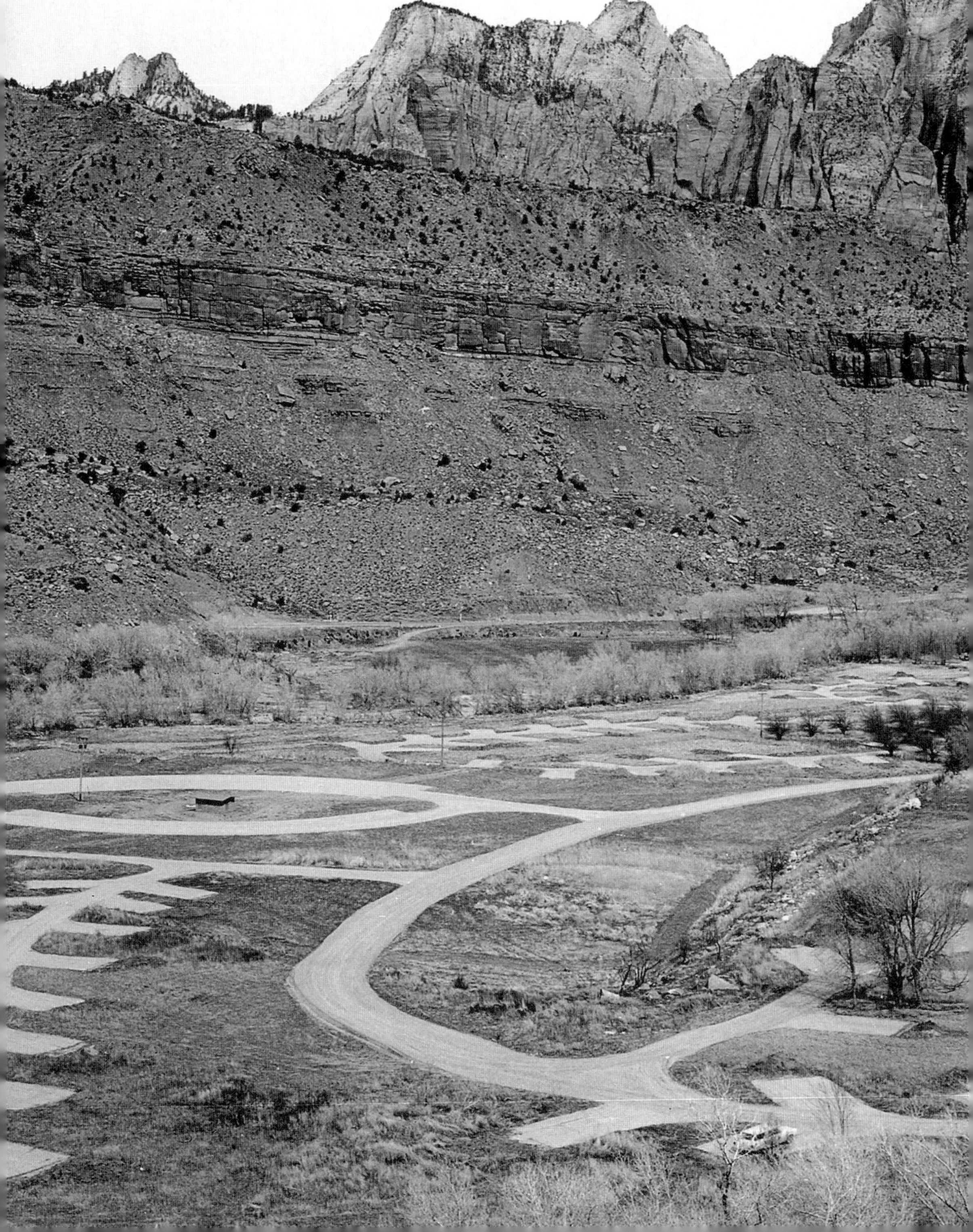

随心所欲地感受大自然的魅力。[25]

凯普哈特起初倡导的是个人主义和隐居生活的理念，有人猜想，如果凯普哈特看到迈内克时期美国公路上的大批汽车露营者，他会震惊不已。事实上，这些新出现的大批汽车露营者对管制制度提出了新要求。铁路旅游曾经是富人的专利，而 1908 年福特 T 型车等廉价汽车问世，为日益壮大的中产阶级提供了休闲的机会。凯普哈特对"地平线之外"露营景象的描绘激动人心，但汽车露营的出现立即就打破了这种原始露营模式的美好，并给现有露营模式带来了许多内外挑战。迈内克和古德等营地设计师必须重新规划露营地，满足汽车露营的要求，同时汽车露营也为当地甚至全美范围内的露营带来了冲击。我应该去哪儿？有足够空间吗？我能待多久？我能在到达之前决定吗？[26]

也许具有讽刺意味的是，这些新的自由又伴随着一种深深的焦虑感，而这种焦虑感又反过来将露营地转化为一种虚拟商品，可以在露营地之外进行比较、获取和交易。

约翰·D. 朗（John D. Long，1858—1931）和儿子 J.C. 朗（J. C. Long，1892—1980）所著的《汽车露营》(*Motor Camping*，1923）第 13 章非常精彩，也许是第一次真正衡量露营地这种不固定的商品。作者汇集了 2000 多个市政、州和联邦露营地的信息，编制了美国有史以来的第一本露营地名址录。朗氏父子认为，"美国汽车露营者的活动遍及全国"，他们试图淡化各个露营地的独特性，包括地理位置、周边自然环境等。例如，虽然锡拉丘兹的市政露营地位于奥农多加溪

◐ 1965
《洗澡的小孩》，布鲁斯·戴维森摄，摘自《约塞米蒂露营者》系列。

◐ 1938
《拖车营地 J 单元》，艾伯特·H. 古德绘，摘自《公园与休闲设施》第三卷《有组织的过夜营地》。

半径 1.2 米

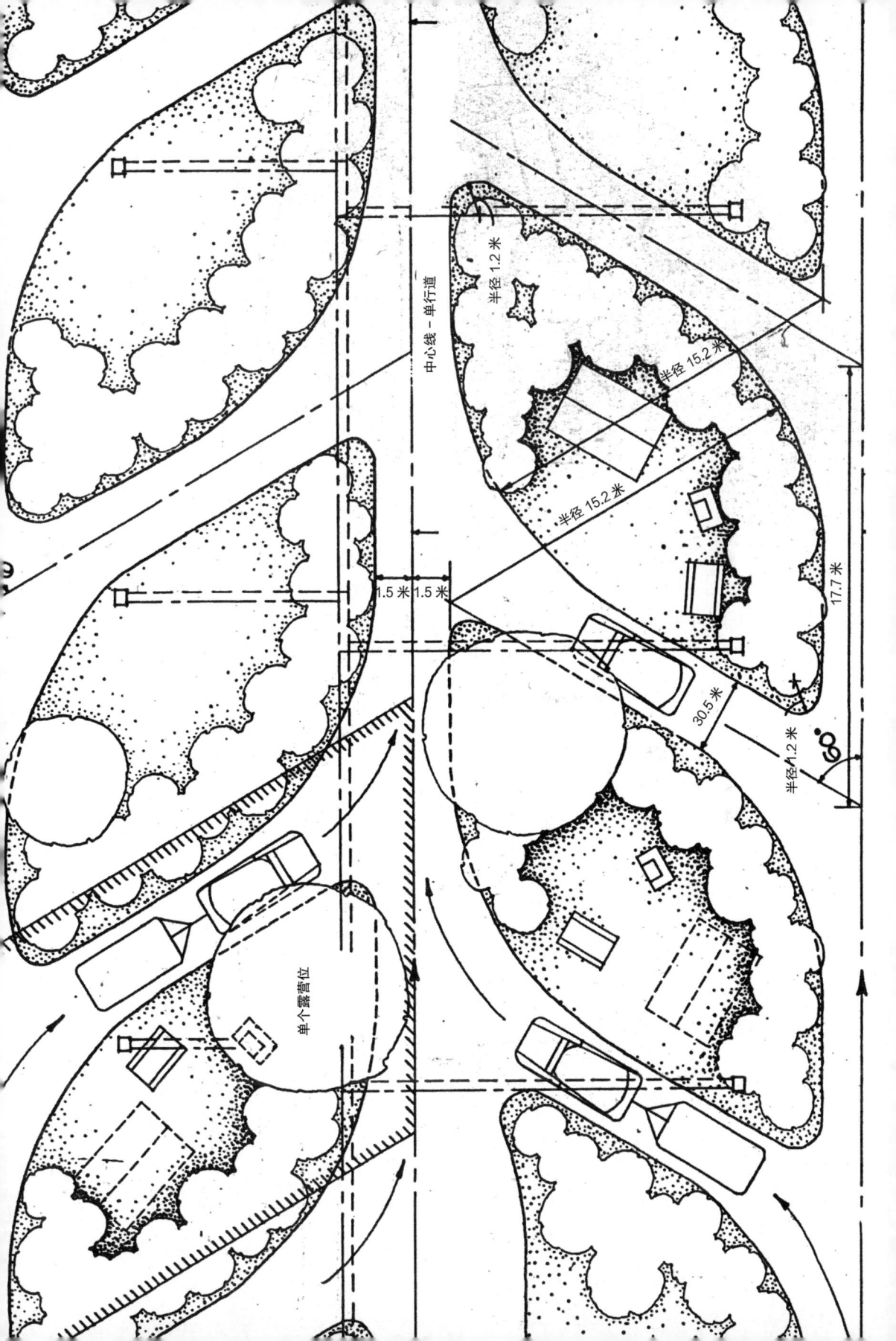

半径 15.2 米

半径 15.2 米

中心线－单行道

1.5 米 1.5 米

30.5 米

半径 1.2 米

17.7 米

8°

单个露营位

（Onondaga Creek）沿岸的柯克公园（Kirk Park），但作者在名址录中并未提及，而是采用了更通用的方式，只列出了有露营地的城市。[27] 朗氏父子创建了一个以州为单位的 6×6 矩阵，使用一系列严格的实用标准（成本、是否有厕所、饮用水、壁炉或火炉、电灯、浴缸或淋浴）对每个露营地进行审查，目的是为露营者提供所需的数据，以便在到达营地之前对潜在目的地的相对优势进行比较。

这种对比模式会产生让人意想不到的历史意义，它是具有创新性的，也是值得存档记录下来的，露营地矩阵既是露营地变化和转型的原因，也是库存记录。朗氏父子在书中特别提到，丹佛的欧弗兰公园是最早采用矩阵模式的营地之一。丹佛的大型露营地不仅可以提供基本的（和预期中的）露营服务，事实上还可以提供更多服务，如杂货店、午餐室、苏打水和软饮料店、理发店、娱乐厅、加油站、车库、舞厅、电影院、配有熨斗和洗衣机的洗衣房、淋浴室（冷热水均有）和整个露营地内分男女的多个厕所服务系统。[28]

整个 20 世纪 20 年代，欧弗兰公园都大力推广这些全方位的优质服务，保障了其作为热门露营目的地的声誉。20 世纪 60 年代，欧弗兰公园成为 KOA 等公司经营的露营地典范。KOA 从 1961 年的一个露营地发展到 1979 年的全美国 829 个露营地，其惊人的增长速度在于将服务行业（如麦当劳、假日酒店、豪生酒店）的连锁经营模式运用到了露营领域，这种经营模式与酒店业的许多企业如出一辙。露营不再只是一种亲近大自然的方式，还是一门大生意。[29] KOA 的创始人兼第一位露营地经营者戴夫·德拉姆（Dave Drum，1923—

◐ 1925
《欧弗兰公园汽车营地俱乐部的冷饮店》，摄影师不详。透过窗户可以看到远处市政赛车道的一部分。

◐ 1923
J. C. 朗和约翰·D. 朗《汽车露营》中的名址录，重点介绍了纽约州的露营地。

露营地列表

纽约——续

乡镇/城市名	是否免费	是否有厕所	是否有饮用水	是否有壁炉或火炉	是否有电灯	是否有浴缸或淋浴
科宁	免费	有	有	有	有	
敦刻尔克	免费	有	有	有	有	
埃尔迈拉	免费	有	有	有		
弗里多尼亚						
格伦斯福尔斯	免费	有	有	有		
汉考克						
伊利昂	免费	有	有	有		
伊萨卡	免费	有	有	有		
莱克乔治						
普莱西德湖村						
勒罗伊	免费	有	有	有	有	
莱昂斯	免费		有	有		
梅迪纳	免费	有	有			
佩恩延	免费	有	有	有		
奥尼昂塔						
奥韦戈	免费	有	有	有		
皮克斯基尔						
佩里	免费	有	有			
普拉茨堡	收费					
杰维斯港	收费					
波基普西						
珀拉斯凯	免费	有				
萨拉曼卡	免费	有	有	有		
萨拉托加矿泉城	免费	有	有	有		
斯克内克塔迪	免费	有	有	有	有	有
谢尔曼	免费		有			
锡拉丘兹	免费	有	有	有	有	

纽约州自然保护区（New York State Conservation）在州立森林中规划了许多标记路线，并沿着这些路线建造了许多设备齐全的露营地。

1994）来自蒙大拿州的比灵斯，他时刻关注当地情况，每晚在黄石河边与露营者会面，不厌其烦倾听他们的建议。对他来说，经营露营地必须满足露营者的任何需求。多年来，KOA 公司不断推陈出新，提供了游泳池、空调、拖车租赁、有线电视、有线电话、预制食品、遛狗公园、品酒会甚至豪华露营等服务系统。正如 20 世纪 20 年代露营专家弗兰克·布里默所说，"合适的汽车露营装备可以取代'粗糙的东西'"，KOA 最初的座右铭是"在奢华中体验自然"，这意味着露营地也可以有现代的舒适设备。[30] 经过短短 6 年的运营，KOA 在全美国范围内提供的个人露营位数量超过了国家公园管理局。[31]

露营地年度名址录是 KOA 营销的一个重要组成部分。与朗氏父子的《汽车露营》不同，KOA 的名址录只关注自己的露营地网，由此创立并坚持了其作为一个自给自足的露营地系统的独特品牌。该名址录向露营者承诺，KOA 的数百个露营地中，任何一个都会提供高质量的露营体验，"旅行时不必担心每晚的住宿地点"。[32] 有了这些信息，露营者可以提前计划下一站的行程，甚至可以打电话预订。何必再去别处寻找呢？KOA 将每家特许店以统一的管理模式和标志性的"黄衫"联系在一起，"黄衫军"成了 KOA 营地中一道代表热情、亲和与友善的风景线。每个营地的后勤工作可能是高度组织化的和独立的，但事实上，每个营地随时会有一个与露营者沟通交流的"黄衫军"。这种战略组合几乎能够保证会有回头客。

在怀俄明州科迪镇历史最悠久的 KOA 特许经销店里，有许多年度名址录，仔细阅读可以发现

➲ 约 1920—1931
《欧弗兰公园俱乐部的杂货店》，摄影师不详。货架上摆放着新鲜的罐装盒装商品，有艾禾美（Arm & Hammer）苏打粉、桂格（Quaker）玉米泡芙、赫尔曼（Herman）荷兰曲奇饼、枫叶面包、鸡蛋、坚果和饼干。

➲ 约 1970
KOA 便利店，摄影师不详。

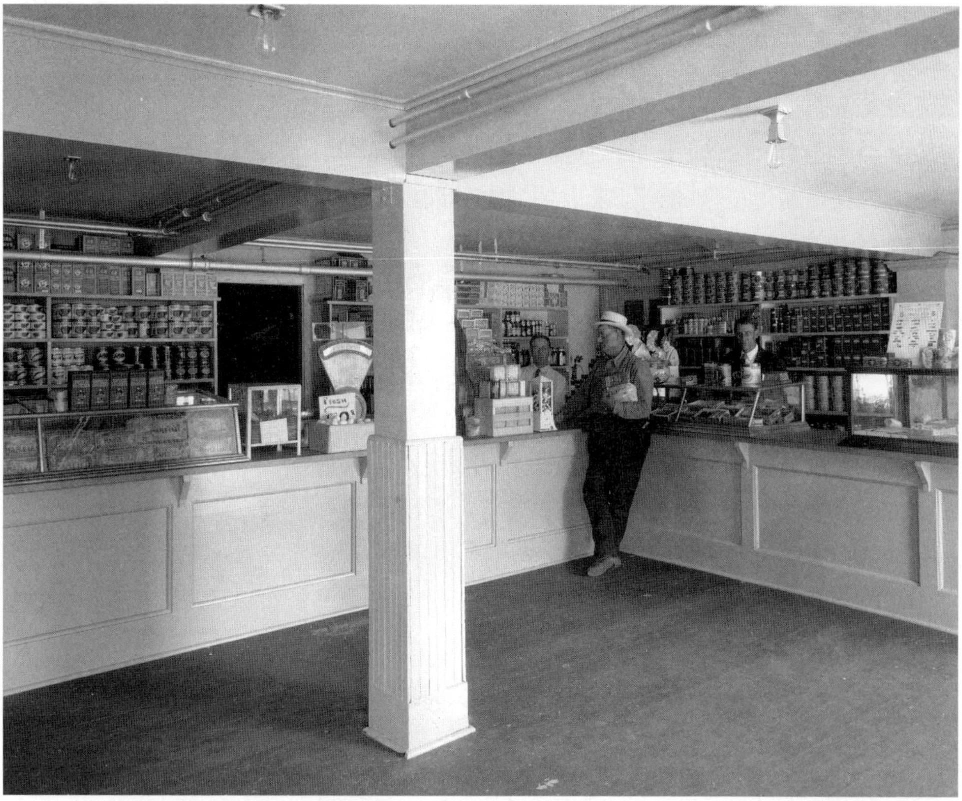

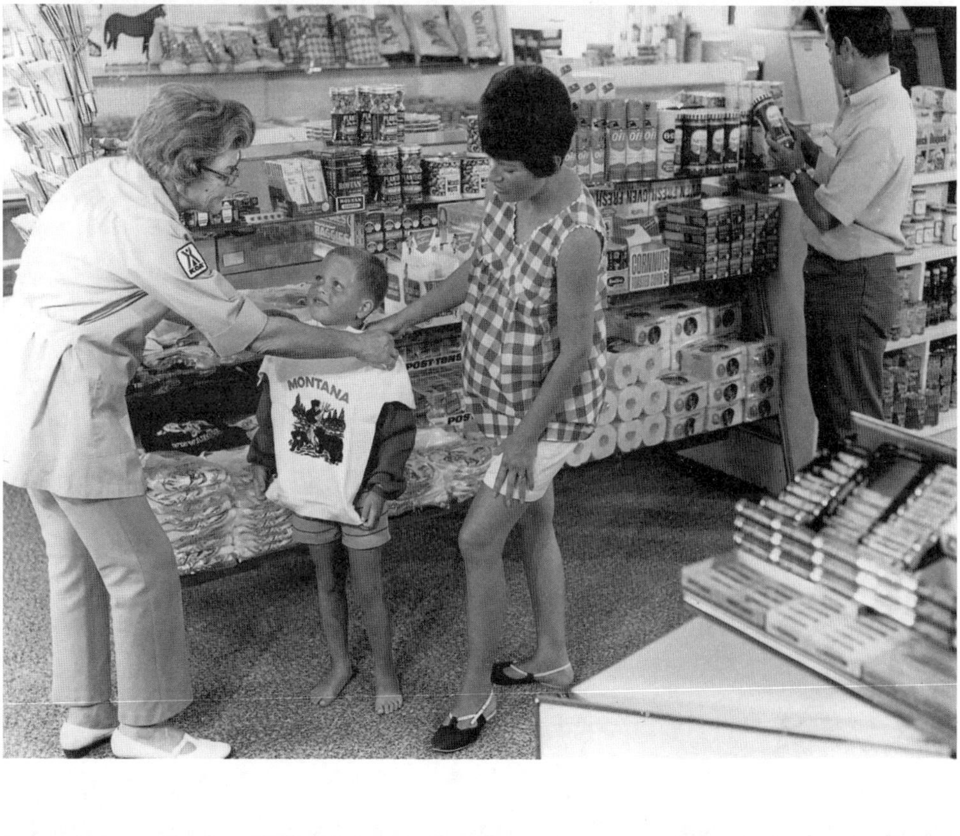
MONTANA

描述重点和风格在不断变化。露营地地图和朗氏父子早期露营地名址录通过抽象图表来描述露营地，这里是通过复杂的速记来表述的。例如：

1964

科迪镇

最早开放时间：1964年6月，每辆车租金2美元，限载4人，每增加1人加25美分，距离黄石国家公园东入口85千米。

科迪以东4.8千米处的美国高速公路14号和20号。在这里可以骑马，还可以欣赏到美国的美丽景色，无须额外费用。业主：Kampergrounds, Inc. M.C. Calkins, Pres. 和 E.J. Goppert, Jr., Secty.[33]

1972

科迪镇

6月1日——当地的劳动节

每个露营地每晚3.00美元，有电源插头的3.50美元，有水、排污管和供电的4.00美元。距离黄石国家公园东入口85千米。这里有骑马场、步入式餐厅、科迪夜间牛仔竞技（Cody Night Rodeo）表演、科迪牛仔节（Cody Stampede）、闻名世界的惠特尼西方艺术画廊（Whitney Gallery of Western Art）和水牛比尔博物馆（Buffalo Bill Museum）、摩门教徒迁徙的玻璃器皿壁画。科迪镇Kampergrounds露营地，地址：怀俄明州科迪镇熊牙路（Beartooth Drive）2513号，邮编：82414，电话：(307) 587-2369.[34]

◐◐ 1967

KOA 1967年6月名址录的封面和样页。1964年至今，KOA出版了许多露营地名址录，1967年版的名址录是第一本包含详细地图的，地图中标明了前往每个露营地的路线。

田纳西州

蒙特雷　　　　　　　　　　　　　　　　　　4月15日至11月1日

每辆车 3.00 美元，距离著名的"蜜蜂岩"（Bee Rock）自然公园 I-40 号公路约 800 米。可以在附近的湖边钓鱼和打高尔夫球。蜜蜂岩是大自然的奇观之一，海拔 610 米，山顶是铁杉木，周围是杜鹃花和山月桂树。你会想在这里待上一段时间的。所有者：坎伯兰地产股份有限公司。

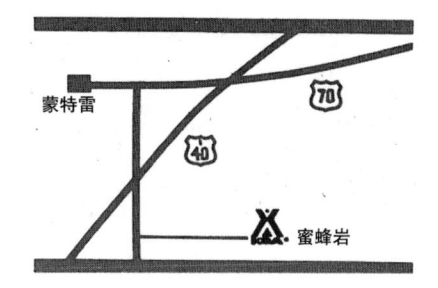

保险起见……提前打电话

或写信预订！

纳什维尔　　　　　　　　　　　　　　　　　3月15日至11月15日

每辆车 3.00 美元，驱车 15 分钟即可到达纳什维尔市中心，30 分钟即可到达"赫米蒂奇"（Hermitage）。从纳什维尔出发，沿美国 31 号公路西线和 41 号公路北线行驶约 1.5 千米，就会经过古德利茨维尔（Goodlettsville）。我们在铁路地下通道的左（西）侧，从北边看，我们位于美国 31 号公路西线和 41 号公路北线相交处约 183 米的地方，交叉点在我们右侧。美国 31 号公路西线和 I-65 号路在北侧约 32.2 千米处相交。从 31E 号高速公路（加勒廷）到亨德森维尔或麦迪逊咨询。电话：615-839-4251。

皮金福奇　　　　　　　　　　　　　　　　　5月1日至11月1日

每辆车 3.00 美元，可供 2 人乘坐，每增加 1 人加 25 美分。大雾山（Great Smoky Mountains）北入口距加特林堡（Gatlinburg）以北仅 9.7 千米。位于田纳西皮金福奇中心地带。在淘金热交叉口蒸汽机车的拐角处向东转出美国 441 号线。过河走两个街区。左侧可见建筑物。业主：拉韦尔纳·克尔希（LaVerne Kelch）夫妇，电话：615-453-9606 或 615-453-3205。

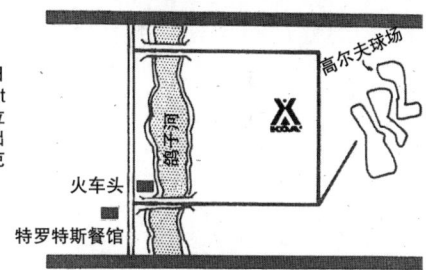

得克萨斯

阿比林　　　　　　　　　　　　　　　　　　　　　　全年开放

每辆车 2.5 美元，可供 2 人乘坐，每增加 1 人加 25 美分。每个家庭的最高收费为 3.50 美元。雪莉路（Shirley Road）以东约 243 米，位于美国 I-20 号公路南侧，美国 277 路口以西约 1.6 千米。可以参观老阿比林镇、哈丁西蒙斯大学、阿比林基督大学、麦克默里学院、西得克萨斯州博览会。所有者：Abilene KOA Kampgrounds，四号路，179B 区，电话：OR 2-0139。

阿马里洛　　　　　　　　　　　　　　　　　　　　　全年开放

每辆车 2.5 美元，可供 2 人乘坐，每增加 1 人收费 25 美分。每个家庭的最高收费为 3.50 美元。位于阿马里洛市和阿马里洛空军基地之间 60 号和 66 号高速公路以东约 1.6 千米处，287 号公路南段以西约 3.2 千米处。

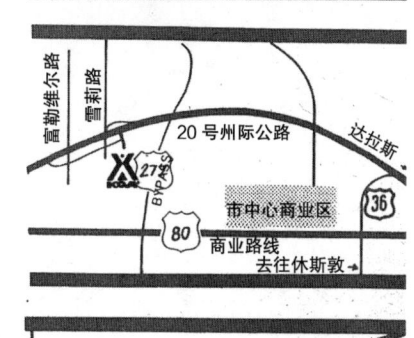

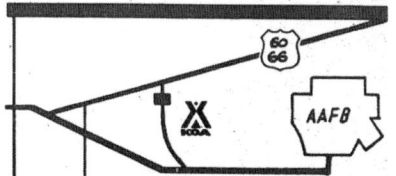

1983

科迪镇

5月1日至9月30日，电话：(307) 587-2369

位于科迪以东4千米处的14、16、20号路上。有游泳池、草地、游戏室、纪念品、计量丙烷气、赛马和小马、公共露营地。附近可以垂钓、狩猎、徒步旅行、滑水、打高尔夫球和攀岩。仅需几分钟即可到达著名的水牛比尔历史中心（Buffalo Bill Hist Cntr）、古道镇（Old Trail Town）和科迪壁画（Cody Mural），这里可以漂流，可参与的活动有旧时光情节剧（old time Melodrama）、科迪夜间牛仔竞技表演（Cody Nite Rodeo）和科迪牛仔节（7月4日，周末）。艺术画廊和美丽的风景道。价格：两人9.50美元，每加一人加1.50美元。供水电的3美元，有电源插头的4美元，有空调或热水器的2美元。怀俄明州科迪镇，格雷布尔路（Greybull Hwy）5561号，科迪KOA，邮编：82414。[35]

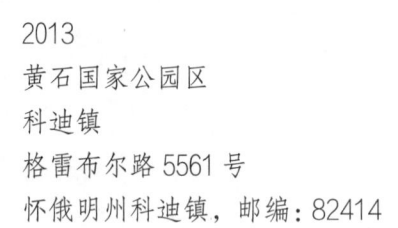

2013

黄石国家公园区

科迪镇

格雷布尔路5561号

怀俄明州科迪镇，邮编：82414

5月1日至10月1日

网址：koa.com/camp/cody

预订电话：(800) 562-8507

咨询电话：(307) 587-2369

◐ **1967**

两名KOA特许经营店销售员在公司年会上等待参加旅游展的人员，摄影师不详。右侧是该公司露营地原型的实物模型。

◐ **约1970**

一名KOA工作人员在公司的全美露营地网地图上自豪地添加了一枚图钉，摄影师不详。从成立之初，KOA的发展就十分迅猛，从1962年的一个露营地发展到20世纪70年代末的800多家特许经营店。

GROUNDS OF AMERICA

如果你想去科迪和黄石国家公园度假，科迪 KOA 是您的不二之选。该露营地距离黄石公园东入口仅一小时车程，是美国西部探险的理想大本营。每个夏夜，你都可以乘坐免费班车前往观看科迪夜间牛仔竞技表演（Cody Nite Rodeo）。让 KOA 为你预订黄石公园导游服务吧！水牛比尔历史中心（Buffalo Bill Historical Center）内有 5 个博物馆，展出艺术品、美国原住民文物和展品。你在 KOA 吃完免费的薄煎饼后，可以自行或在导游的带领下前往肖肖尼河（Shoshone River）进行白浪漂流或用假蝇饵钓鱼。千万不要错过约瑟夫酋长风景道（Chief Joseph Scenic Highway）的壮观景色，这条公路一直延伸至落基山脉的高处。您可以在温水泳池中游泳，也可以在热水浴缸中泡澡，孩子们还可以在单独的戏水池中嬉戏。新娱乐区有蹦蹦床、游乐场、巨型国际象棋/跳棋和趣味自行车租赁。狗狗们会喜欢 Kamp K9 狗狗公园。晚上还可以参加各种活动，如周四的宾果游戏、周五的冰激凌聚会和周六的烤棉花糖饼干。还有免费无线网络连接！你的东道主：休闲探险公司（Recreational Adventures Co）。

美国科迪以东 4.8 千米处的 14、16、20 号路。

历届 KOA Kampground[36]

从许多方面来看，KOA 的魅力在于将露营体验同质化，并消除了使每个露营地、每个露营位和每次露营体验都独一无二的怪念头。该公司早期的电报式描述（如 rm、wtr、nrby、plgrd 和 hkups 等缩写）强调了其标准化、公用设施的一致性以及对附近州际公路、主要公路和景点的重视。从上文科迪的描述中我们可以看到，这种最

◑ 1962
蒙大拿州比灵斯首个 KOA 露营地的草图，厄尔·普雷维特（Earl Prevett）绘。这张地图是普雷维特根据记忆于 2002 年重新绘制的，他曾于 1962 年至 1967 年暑假在该营地工作。

◑ 1970
《蒙大拿州劳雷尔 KOA 发展规划图》

图3
美国露营地连锁机构
KOA 发展规划图

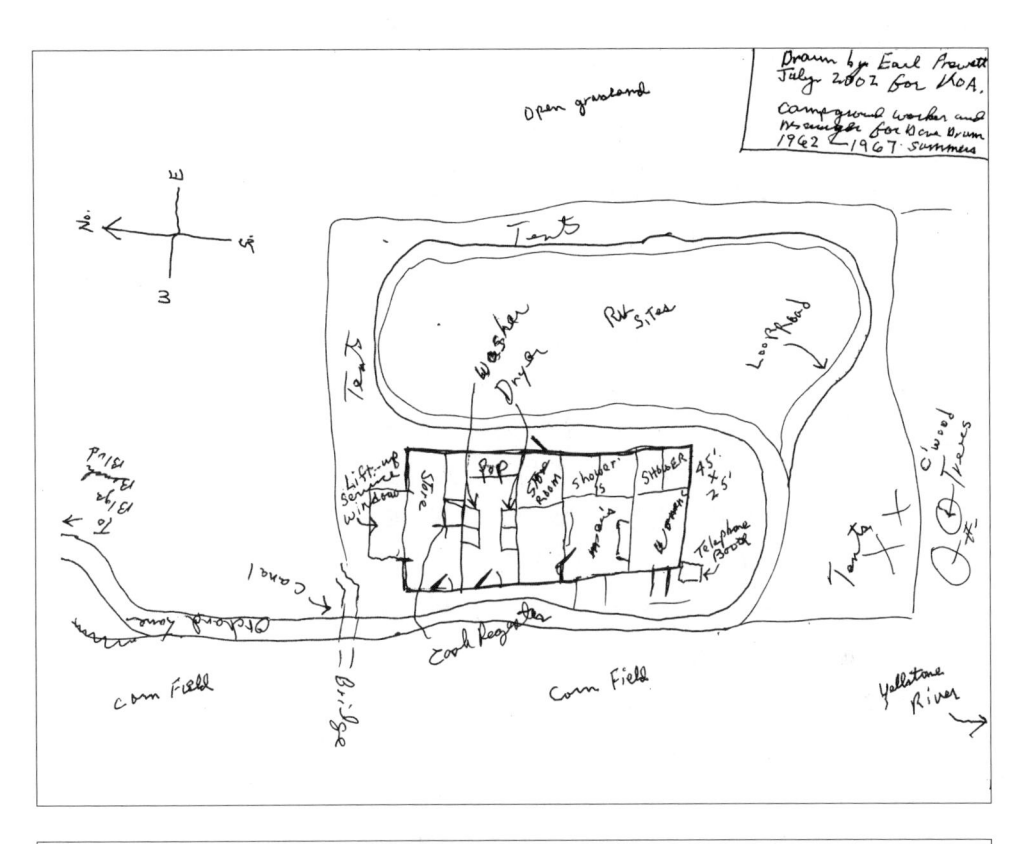

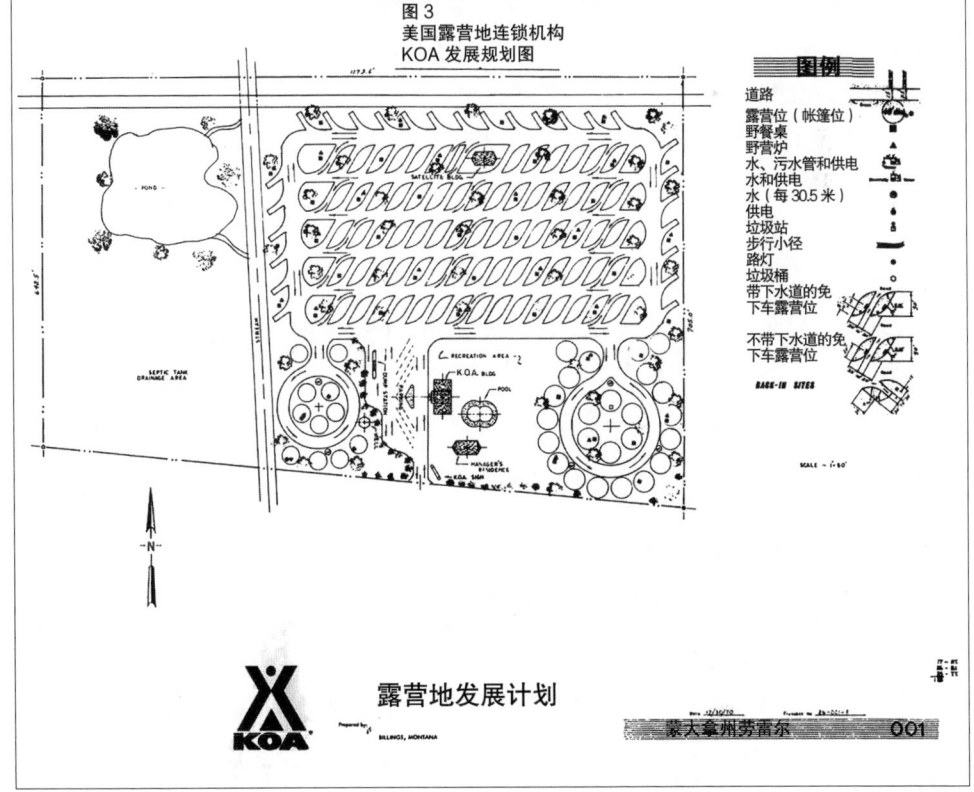

露营地发展计划

初的做法与 KOA 最近（相当阳光和乐观）的做法形成了鲜明对比，后者强调的是独特性，不管是在露营地内还是营地外。"请记住。这不是露营，是路营。"[37]

20 世纪六七十年代，KOA 与它效仿的连锁酒店一样，为名址录提供了一系列创新功能，如大量邮寄年度名址录、1-800 免费客服电话系统和信用卡预订功能，这些功能在其盈利方面发挥了重要作用。20 世纪 80 年代，许多第三方实体，如 ReserveAmerica 公司，也采用 KOA 的先进技术模式，通过新型的电话预订服务（收费）为露营者匹配合适的露营地，后来又推出了在线网络预订服务（收费）。ReserveAmerica 公司于 2001 年被美国网络公司（USA Networks Inc.，后更名为 IAC）收购，IAC 公司不同时期的投资组合中有 Expedia 和 TripAdvisor（旅游）等娱乐和服务业公司。该公司还持有 Live Nation（音乐会）的主要股份，这一收购表明露营已发展成为一种新的大众休闲形式，并成功与其他娱乐形式捆绑在一起。[38]Recreation.gov 网站最初由美国国家娱乐预订系统（National Recreation Reservation System，NRRS）管理，是后来加入露营行列的众多网站之一，提供所有联邦管理的露营地（国家公园管理局、美国林务局、土地管理局）的访问权限。

这种日益普及的先进虚拟基础设施无疑有助于将露营体验大众化。人们可以在线获得以往只能在露营现场获得的信息，甚至大多数情况下网上信息更全面。我们可以点击浏览各种私人和公共露营地的地图（通常在同一个网站上），获得有关各个露营地的详细说明和照片，付款也是在线进行。为了确保公平使用，一些全美最受欢迎的

➲ 2013

作者绘制的近 60 年时间轴，展示了全美各地 KOA 露营地提供的标准服务和设施的演变过程。

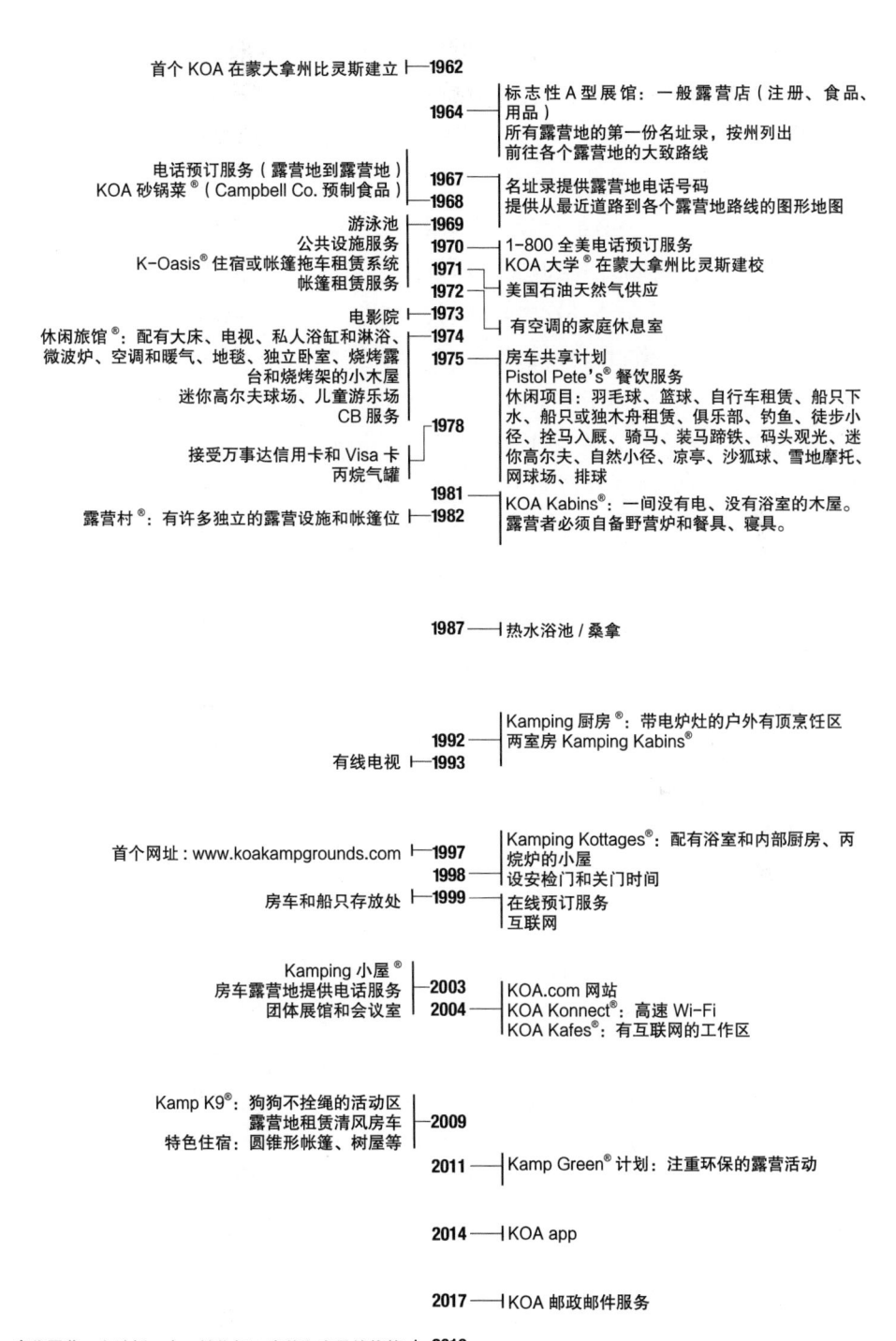

露营地

1962	首个 KOA 在蒙大拿州比灵斯建立
1964	标志性 A 型展馆：一般露营店（注册、食品、用品） 所有露营地的第一份名址录，按州列出 前往各个露营地的大致路线
1967	电话预订服务（露营地到露营地） 名址录提供露营地电话号码
1968	KOA 砂锅菜®（Campbell Co. 预制食品） 提供从最近道路到各个露营地路线的图形地图
1969	游泳池
1970	公共设施服务 1-800 全美电话预订服务
1971	K-Oasis® 住宿或帐篷拖车租赁系统 KOA 大学® 在蒙大拿州比灵斯建校
1972	帐篷租赁服务 美国石油天然气供应
1973	电影院
1974	休闲旅馆®：配有大床、电视、私人浴缸和淋浴 有空调的家庭休息室
1975	微波炉、空调和暖气、地毯、独立卧室、烧烤露台和烧烤架的小木屋 房车共享计划 Pistol Pete's® 餐饮服务
1978	迷你高尔夫球场、儿童游乐场 CB 服务 休闲项目：羽毛球、篮球、自行车租赁、船只下水、船只或独木舟租赁、俱乐部、钓鱼、徒步小径、拴马入厩、骑马、装马蹄铁、码头观光、迷你高尔夫、自然小径、凉亭、沙狐球、雪地摩托、网球场、排球
1981	接受万事达信用卡和 Visa 卡 丙烷气罐
1982	露营村®：有许多独立的露营设施和帐篷位 KOA Kabins：一间没有电、没有浴室的木屋。露营者必须自备野营炉和餐具、寝具。
1987	热水浴池 / 桑拿
1992	Kamping 厨房®：带电炉灶的户外有顶烹饪区 两室房 Kamping Kabins®
1993	有线电视
1997	首个网址：www.koakampgrounds.com Kamping Kottages®：配有浴室和内部厨房、丙烷的小屋
1998	设安检门和关门时间
1999	房车和船只存放处 在线预订服务 互联网
2003	Kamping 小屋® 房车露营地提供电话服务 KOA.com 网站
2004	团体展馆和会议室 KOA Konnect®：高速 Wi-Fi KOA Kafes®：有互联网的工作区
2009	Kamp K9®：狗狗不拴绳的活动区 露营地租赁清风房车 特色住宿：圆锥形帐篷、树屋等
2011	Kamp Green® 计划：注重环保的露营活动
2014	KOA app
2017	KOA 邮政邮件服务
2019	豪华露营：有地板、电、储物柜、床单和家具的帐篷

国家公园露营地需要提前6个月在线预订。因此，对热衷于露营的人来说，露营已成为一项全年无休、不分春夏秋冬的活动，既是真实的，也是虚拟的，既在地面上，也在想象中。[39] 把网上"露营"当作真正露营，一方面体现大众露营的梦想，另一方面也是对这种做法的讽刺——自然被商品化，露营就像点菜。但在2022年《纽约时报》的一篇评论文章中，作家兼登山家迈克尔·利维（Michael Levy）表示了担忧，他担心网上预订系统会对"历史上的边缘群体不利，近年来，公园管理局一直在努力吸引这些群体到全美国400多个公园里去"。[40] 利维引用了最近的一项研究，指出预订时高速互联网的重要性，而低收入群体不太可能使用高速互联网。[41] 对于许多计划露营的人来说，提前6个月制订计划也几乎是不可能的，因为谁知道未来会发生什么呢？

毫无疑问，互联网也在改变露营的体验。例如，科迪KOA于2000年首次引入数据端口，而如今，即便在美国最偏远的地区也能接收到手机信号。虽然高空轨道上的卫星不是露营地基础设施的一部分，但能让人们几乎可以在任何地方通信。例如，即使在美国西部最偏远的地区，露营者也可以与外界联系，不仅可以在YouTube、Facebook或Instagram上发布自己的所见所闻，还可以在野外的帐篷里收发电子邮件。[42] 无处不在的媒体越来越多，无疑使我们抛弃了将自然露营地视为荒野的老旧想法。

◐ 1970
《KOA Kampground名址录（1970—1971年版）》上的广告，"免费预订服务"。

◐ 2017
《想露营？这里有一个露营软件》，摘自2017年版《KOA露营地名址录》（*KOA Campground Directory*）。

露营者可享受美国和加拿大所有 KOA Kampgrounds 的免费预订服务

电话亭

想露营?

这里有一个露营软件

小结

在约翰·A.雅克勒和基思·A.斯卡勒看来，建造和维护营地的劳动不仅包含熟悉的家务劳动，还充满了陌生的挑战，这使得每一次新的露营之旅都是一次冒险。不过，如果露营过程中充斥着日常生活中的繁杂琐事，逐渐变成一种过于普通、过于熟悉的体验，会怎么样呢？也许正是在这种情况下，人们长久珍视的理想才会受到真正的考验，什么是露营什么不是露营的界限才会清晰地呈现出来。

对于不同的露营者来说，划定这些界限可能在很大程度是一个观念问题。以20世纪20年代的欧弗兰公园为例，很明显，现代的舒适露营地早已成为露营体验的一部分。在此期间，市政露营地安装了电灯，露营者不再需要在白天扎营，可以在路上停留更长时间。如今，原始露营者可能会对露营地有抽水马桶，或在几英尺（1英尺约等于0.3米）外就有露营过夜的邻居而惊叹不已，而其他露营者可能会对未来需要开车而不是徒步到达露营地，或者不需要在购物中心停车场的房车中过夜感到惊奇。事实上，沃尔玛在2001年宣布了将向全美各地的房车游客开放夜间停车场，这种盈利模式与20世纪20年代市政营地的运营类似。沃尔玛的一位发言人说："我们把房车游客当作购物者，他们需要很长时间才能下定决心是否消费。"[43] 开着价值20万美元的房车来到露营地，使用露营地提供的有线电视（现在已成为许多房车露营地的标准设施），在水泥台上观看棒球比赛，或者在露营地的野餐桌上通过无线网络发送电子邮件，这些都表明居家和外出之间的界限几乎完全消失了。此时此刻，露营所需的劳

🔺 **1966**
《野餐桌上的电视》，布鲁斯·戴维森摄，摘自《西部之旅》系列。

🔻 **2008**
在加拿大不列颠哥伦比亚省特勒斯渡口岛营地（Ferry Island Campground）上网的埃丽卡·怀特黑德（Eric Whitehead）。

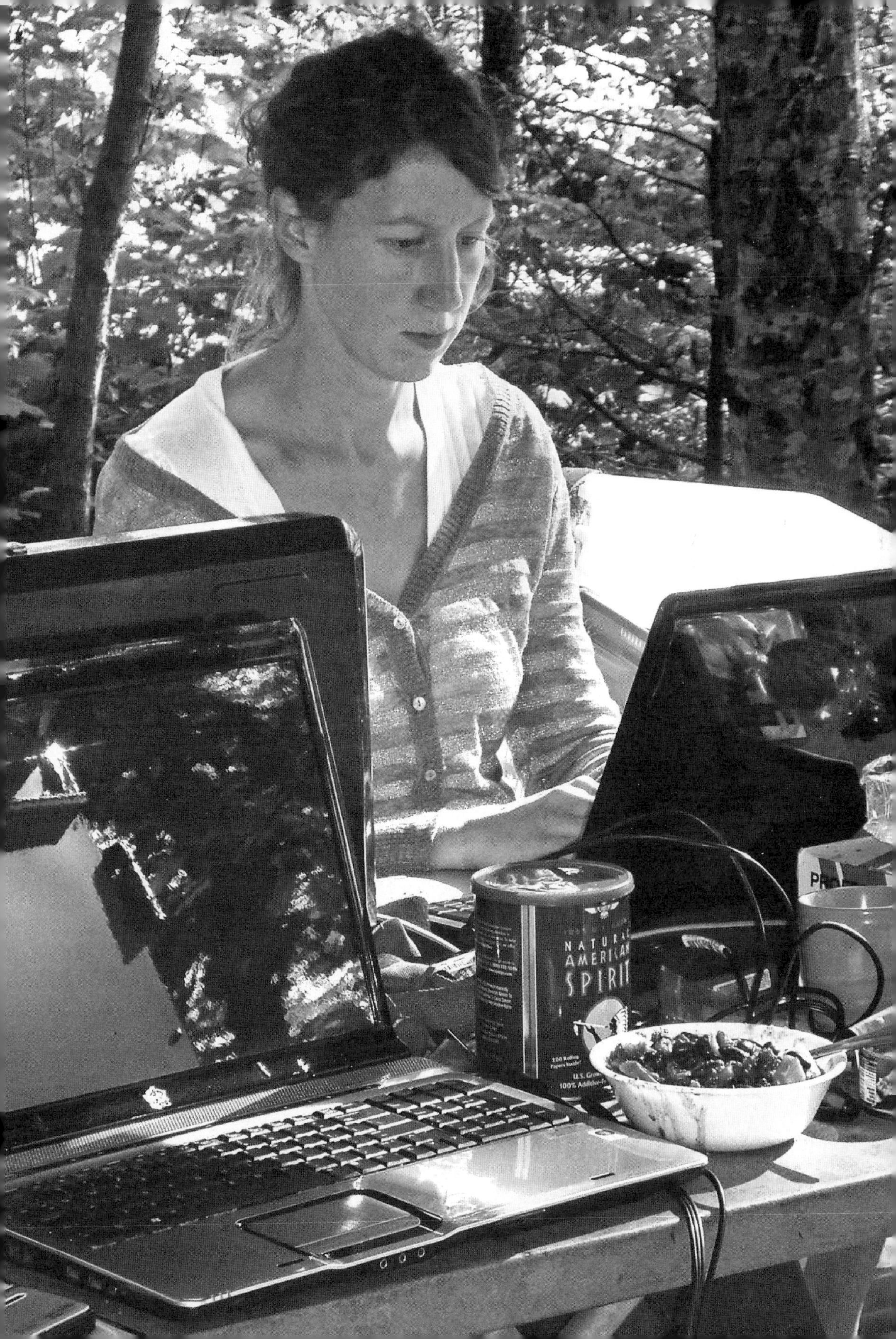
SPIRIT

动，或者更确切地说，露营所需的微乎其微的劳动，是否不再具有以往那种近乎神话般的色彩？又或者，不用劳动的露营也许已经成为一种新的露营形式，在越来越舒适的现代露营地里，露营者不再理会露营地设置的一些劳作模仿活动。但这……嗯，这也是露营。

◐ 2007
加拿大育空地区怀特霍斯的沃尔玛，吉姆·鲍勃·马隆（Jim Bob Malone）摄。停车场是过夜露营者的热门目的地，自2019年起，沃尔玛就在此地实施了停车禁令。

WAL-MART
ATISFACTION GUARANTEED
TIRE & LUBE
EXPRESS
Reitmans
SOURCE

荒野
土地

检测站

海

砂砾坑
（废弃）
（可能是休闲区的公厕）

拖车

公厕（已提议的）
水泵房

已提议的

私人区域

海堤池
E.L 3.2

S.W 海港
S.T 高速公路102

环线
B
公厕
（已提议的）

私人区域

堤露营地

公厕

环线
A

公厕

总部

砂砾坑

海军无线电大楼
（废弃）

地　图

> 无论露营地多么原始，都是城市的一种形式。[1]
>
> ——康斯坦特·纽文惠斯（Constant Nieuwenhuys）

露营地地图的使用时间很短。一旦它从办理入住手续的服务员手中转交给了到达的露营者，（即使）露营者用它来导航，去到预期目的地（该地区有数十个或数百个类似的露营位），地图通常就会被扔进垃圾桶。有心的露营者可能会再保留它一段时间，以便在晚上用来生篝火。不过，大多数人都不会留着地图，要不是因为露营地每年都发行成千上万份一模一样的地图，可能就不会有人再记得地图了。

露营过的人都会领到一张地图。地图以黑白印刷，大小通常为22厘米×28厘米，上面标明了有独立编号的露营位的位置、露营地内的道路

1941
缅因州阿卡迪亚国家公园海堤露营地（Seawall Campground）总体规划图，国家公园管理局制。

2012
《公园管理员为游客圈定露营位》，摄影师不详。弗吉尼亚州的谢南多厄国家公园，一名公园管理员为新来的露营者办理入园手续。

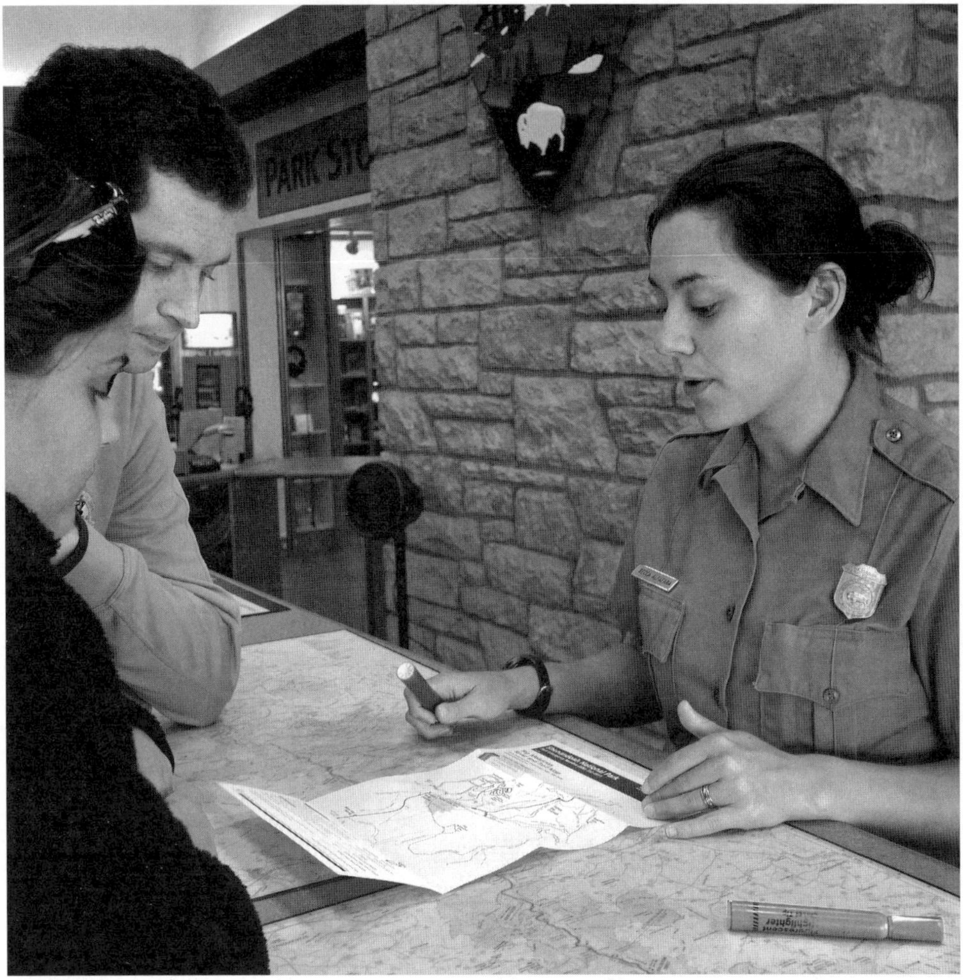

网和设施（如厕所、水龙头）。露营地地图不仅是绘制的图形，通常还会标明一些限制条件，如最长停留时间或每个营位允许露营的总人数。地图代表着一种契约，露营者支付使用费，同意遵守相关的规则，作为交换，露营者可以在指定位置露营。公园管理员会用鲜艳的荧光笔在地图上画圈，方便露营者查看。第一次来露营的人可能会对这种带有交易性质的体验感到不快。露营地的主要路口都设有指示牌，和酒店里指示牌的作用一样，还发地图是不是有点做无用功了？对许多人来说，露营代表着逃离喧嚣的城镇、逃离家庭和办公室的束缚、逃离可预见的规律性工作安排，而露营者刚刚抵达一个充满新的可能性的风景区（可以徒步旅行、游泳、烤棉花糖饼干），就要遇到更多的规则，这似乎是一种讽刺。

为什么几乎每个营地都会在露营者抵达时发放类似的地图？如前所述，营地地图受到关注的关键之一在于发行量很大，不过，这只是部分原因，人们关注它主要还是因为它在短时间内发挥的作用。露营者离开指定营位几个小时后，新的露营者才到达，所以地图可以灵活地通用，可以与露营地每天的进出节奏相匹配。从登记台那厚厚的一叠地图上拿下的每一份地图，都与发给其他露营者的地图相同，又不尽相同。

正如下文将要说明的，这些地图的基本特征部分源于20世纪30年代实施的露营地规划规范，所以露营地和营地地图最终看起来非常相似也就不足为奇了。但在绘制地图时，也要考虑预期目的和潜在受众，这一点十分重要。从这方面来说，地图在维护露营秩序方面发挥了不可否认的重要作用。实际上，营地地图采用了一致的图形，延

▶ 2014
亚利桑那州凯巴布国家森林 Ten-X
露营地地图，摄影师不详。

凯巴布国家森林

Ten-X 露营地

N

Ten-X 自然步道

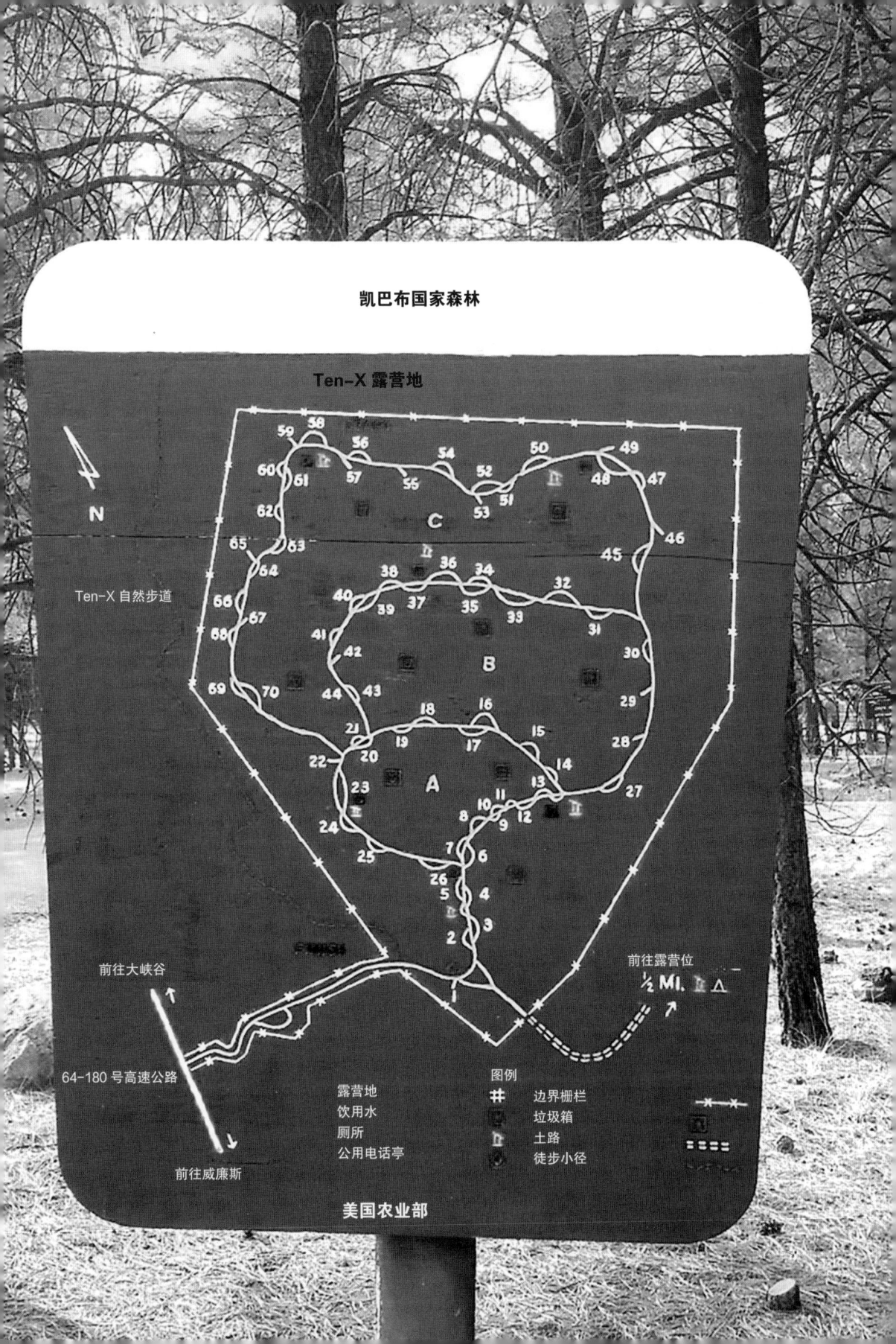

前往大峡谷

64-180 号高速公路

前往威廉斯

前往露营位

½ MI.

图例
边界栅栏
露营地 垃圾箱
饮用水 土路
厕所 徒步小径
公用电话亭

美国农业部

续了人们绘制图形的标准化惯例和规范。露营地图看起来都一样，部分原因在于人们期望露营者在不同露营地以同样的方式开展活动。值得庆幸的是，营地地图图形规范和标准的演变并没有以牺牲欣赏性和艺术性为代价，这将在下文对露营地地图历史的描述中阐明。

简易露营地

> 对于喜欢待在自己营地的人，我们专门开辟了一块空地，提供了充足的空间，他们可以互不干扰。[2]
>
> ——乔治·戈登·麦肯齐（George Gordon MacKenzie）

camp（营地、露营）一词最早出现在1888年版的约塞米蒂公园地图上，地图出现在《约塞米蒂：去哪儿和做什么：约塞米蒂谷入门指南》[①]一书中，该书由乔治·戈登·麦肯齐（1849—1922）以笔名"刘易斯·斯托诺韦"（Lewis Stornoway）撰写。[3] 该词还有其他口头名称，如道路（瓦沃纳路、约塞米蒂大道、亨特大道、莱克大道、森蒂纳尔大道）、小径、山顶（半圆顶、森蒂纳尔圆顶）、自然地标（默塞德河、米勒湖、约塞米蒂瀑布）、小村庄和酒店（斯通曼之家和巴纳德酒店）。

麦肯齐在书中介绍了那时山谷的特色。他在书中写道，默塞德河对面的村庄有"一个小教堂、一所学校、一家邮局、一家电报局、一家乡村杂货店……两个摄影室、一间铁匠铺、一间肉铺和

---

① 原书名为 Yosemite: Where to Go and What to Do: A Plain Guide to the Yosemite Valley。

◎ 2010
科罗拉多州落基山国家公园莫雷纳公园露营地地图（局部）。

地 图

莫雷纳公园露营地

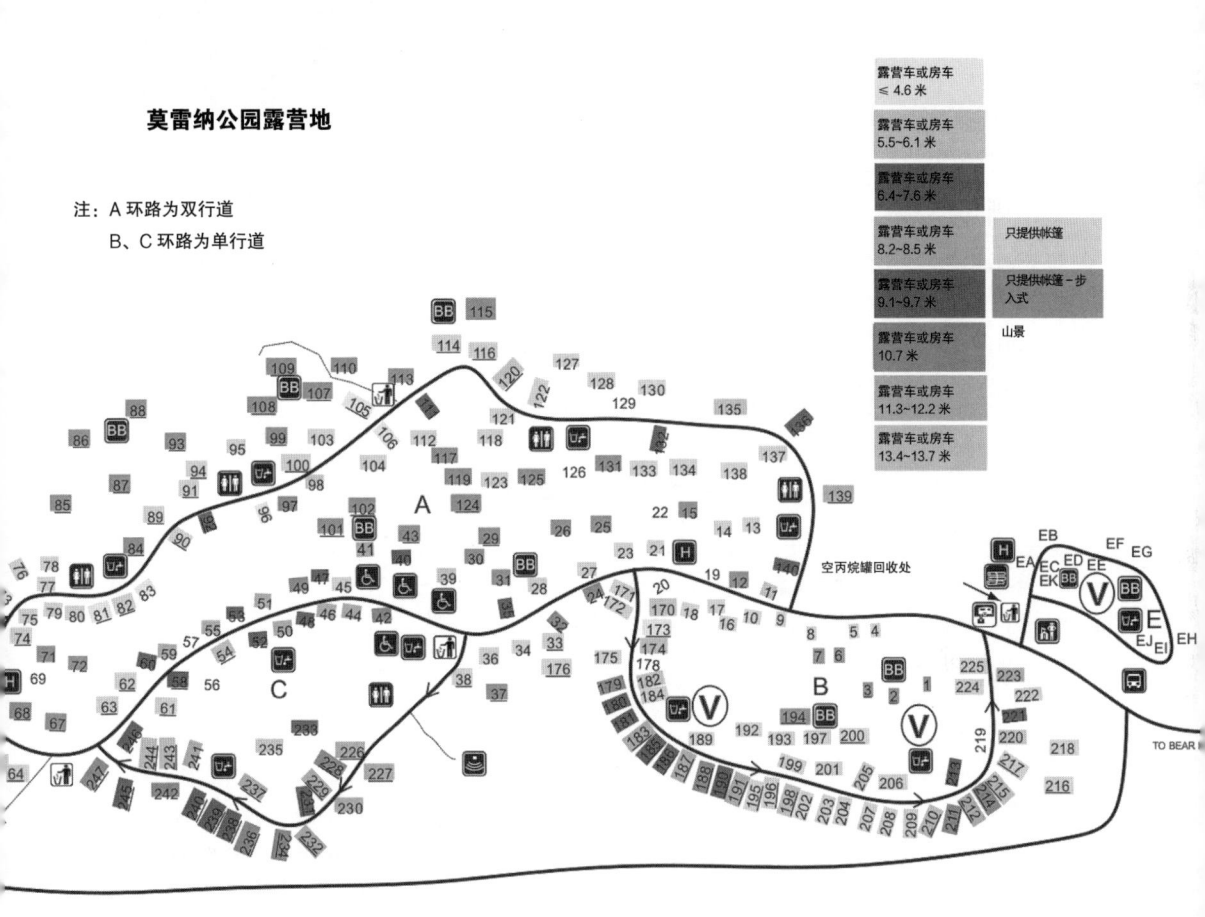

注：A 环路为双行道
　　B、C 环路为单行道

露营车或房车 ≤ 4.6 米	
露营车或房车 5.5~6.1 米	
露营车或房车 6.4~7.6 米	
露营车或房车 8.2~8.5 米	只提供帐篷
露营车或房车 9.1~9.7 米	只提供帐篷 - 步入式
露营车或房车 10.7 米	山景
露营车或房车 11.3~12.2 米	
露营车或房车 13.4~13.7 米	

空丙烷罐回收处

TO BEAR

143

一间木工房"。⁴ 营地（地图上标识 *CAMP* 的地方）位于村庄的东侧，与附近的建筑群截然不同。麦肯齐赞美这种营地可以为露营者提供与世隔绝的环境，"高大茂密的橡树可以遮挡阳光，幼云杉和雪松丛可以在一定程度上保护露营者的隐私"，同时他坚决支持露营地建在村庄附近，这样露营者可以很容易就从营地到达村里的"乡村杂货店，可以在店里买到他们可能需要的任何东西"。⁵ 地理学家斯坦福·E. 德马尔（Stanford E. Demars）的看法则相反，他表示新型营地对酒店的旅客也会有一定的吸引力，旅客认为这种新型营地为他们提供了以全新角度体验约塞米蒂的机会。麦肯齐在书中还对约塞米蒂谷进行了总结性描述，在总结中提到"州政府购买并搭建了许多帐篷，为来到约塞米蒂谷的基督教奋进旅行团（Christian Endeavor Excursion）提供住宿，后来州政府开始向其他公众出租这些帐篷"。⁶

与现代露营地的设施乱中有序不同，德马尔所说的露营地是各种东西的混合体，他称为"旅馆营地"。⁷ 事实证明，"旅馆营地"在黄石国家公园是成功的，自 19 世纪 80 年代中期以来，许多特许经营商一直在黄石国家公园经营露营地。⁸ 怀利永久营地公司（Wylie Permanent Camp Company）在其 1910 年版黄石公园小册子中承诺提供一种露营体验，这种体验听起来与现代露营体验极为相似，它"注重'露营'的所有情趣，能够消除所有露营过程中经常会出现的烦恼"。⁹ 公园内经营的众多营地中，怀利公司将典型营地描述为"'帐篷小屋'村……搭建在高高的木地板上，有框架和双层顶棚以确保干燥"，并配有"一整套卫生用具、一面镜子、舒适的野营椅、地毯等"。¹⁰

◑ **1900**
《槌球场——诺约河旅店》，摘自加州风景线作品集，摄影师不详。插图展示了同一时期在约塞米蒂和黄石国家公园经营的旅店营地。

◑ **1888**
《约塞米蒂地图》（局部图），刘易斯·斯托诺威绘，摘自《约塞米蒂：去哪儿和做什么：约塞米蒂谷入门指南》。*camp* 一词出现在冰川点和冰川大道的上方，位于最右侧。

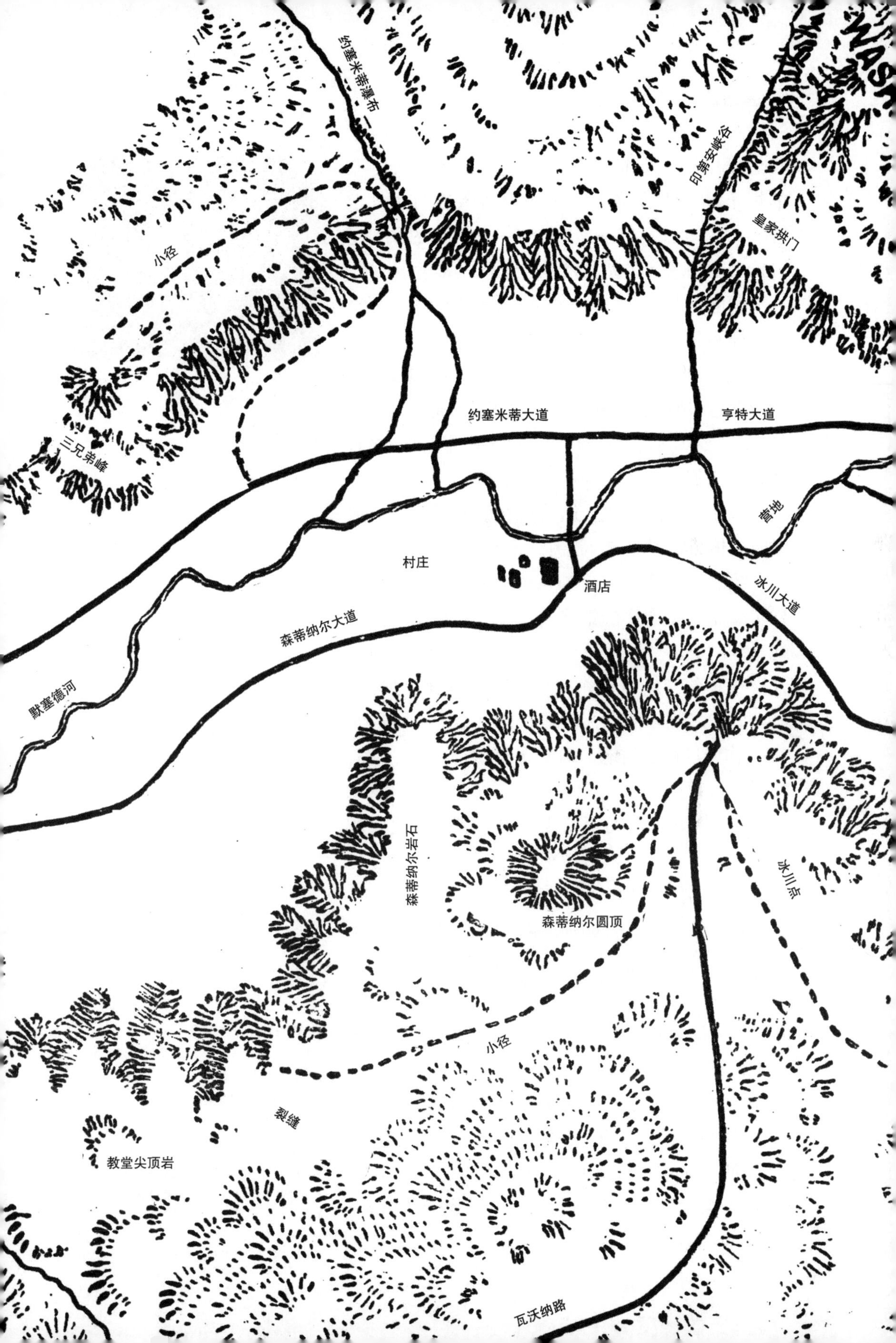
约塞米蒂瀑布
印第安峡谷
皇家拱门
小径
三兄弟峰
约塞米蒂大道
亨特大道
草地
村庄
酒店
冰川大道
森蒂纳尔大道
默塞德河
森蒂纳尔岩石
森蒂纳尔圆顶
冰川点
小径
裂缝
教堂尖顶岩
瓦沃纳路

小册子中进一步描述道，"帐篷还配备了烧木柴的炉子，'营地男孩'可以在早晚天凉时生火取暖。"[11] 怀利公司似乎预料到了一些有钱的顾客还可能会不满意，在提及床铺时强调，"这些床铺是一流酒店的床铺，干净、舒适、宽敞。"[12]

怀利公司宣传册中有大幅折叠地图，重点描绘了公司在整个公园内的永久营地和午餐站网，所有营地和午餐站都由一条环绕中部高原（Central Plateau）的环形公路连接。这张地图很有说服力，强化了人们的印象，即旅游景点附近有一系列网络化设施，反过来说，露营者在公园里的任何地方露营体验感都一样，没有什么新鲜感。50年后，另一家私营特许经营商KOA（美国露营地连锁机构）也采用了同样的策略，来宣传其在全美国各地迅速发展的数百个营地网。KOA公司每年的名址录中描绘了其在整个美国的网络地图，如今，潜在露营者在不同州之间旅行时，会选择附近的KOA作为过夜目的地，确信露营体验在每一站都相同。[13]

然而，怀利公司不仅仅是用文字来描述自己的服务。黄石公园六日游标准行程中，怀利公司安排了"结实、宽敞、舒适"的马车在各站之间接送游客，保障了公园内端对端的体验。由"经验丰富、文质彬彬的年轻人"担任车夫，配有"彬彬有礼、聪明伶俐"的工作人员，以及专门由女厨师准备的家常菜。[14] 怀利公司确实蓬勃发展起来了，据该公司报告，1909年为期3个月的旅游季中，公司共接待了7700名游客。这些数字意味着，怀利公司的天鹅湖营地（Swan Lake）、湖畔营地（Lake Camp）和峡谷营地（Canyon Camp）每晚能够容纳大约20名露营者，上间歇泉（Upper

⬆ 约 1885—1910
《怀利明信片系列之三：黄石国家公园怀利两室帐篷内部》，弗兰克·杰伊·海恩斯绘。

➡ 1910
黄石公园露营地地图，摘自怀利永久露营公司《黄石国家公园》，1910年版。

天鹅湖营地
罗斯福营地
诺里斯间歇泉盆地
硫黄温泉
峡谷营地
吉本午餐站
湖畔营地
下间歇泉盆地
中途间歇泉盆地
上间歇泉盆地营地
黄石湖
拇指午餐站
Little Quadrant
9900
Gray Pk.
10300
Terrace Mtn.
GOLDEN GATE
Rustic Falls
Swan L.
Bunsen Pk.
9100
Undine Falls
Wraith Falls
Garnett Hill
Crescent Hill
Yanceys
BARONETT BRIDGE
Junction Butte
The Pocket
Quadrant Mtn.
10200
Bannock Pk.
10900
Panther Cr.
Antlers Pk.
10200
BIG HORN PASS
Three Rivers Pk.
10400
The Dome
10400
Mt. Holmes
10400
Trilobite Pt.
Beaver L.
Grizzly L.
WILLOW PARK
Apollinaris Sprs.
Obsidian L.
Obsidian Cliff
Horse Shoe Hill
Storm Pk.
10000
Prospect Pk.
9300
Tower Fall
Folsom Pk.
9300
Tower Creek
The Landmark
8800
L. of the Woods
Amphitheatre Sprs.
CHRISTMAS TREE PARK
Mt. Washburn
10200
Dunraven Pk.
9700
Hedges Pk.
10000
Observation Pk.
9300
Roaring Mtn.
Twin Lakes
DEVIL'S FRYING PAN
Ink Pot
GRAND CANON
Grebe L.
Inspiration Pt.
Pt. Lookout
Tower Fall
Upper Fall
WEDDED TREES
PLATEAU
Gibbon Hill
8600
Paint Pot Hill
Virginia Cascades
Hot Sprs.
Otter Cr.
Gibbon Cañon
SECRET VALLEY
Terrace Sprs.
Gibbon Fall
80
Gibbon R.
Sulphur Mt.
HAYDEN VALLEY
CENTRAL PLATEAU
Trout Cr.
Mary L.
Perce Cr.
Spruce Creek
Elephant Back
8600
FORD
Sentinel Cr.
7252
Beach L.
Twin Buttes
Great Fountain Geyser
Excelsior Geyser
Dryad L.
NATURAL BRIDGE
Bridge Bay
Bridge Cr.
Mallard L.
Bee Hive
Giantess
Old Faithful
CRAIG PASS
SHOSHONE PT.
Sand Pt.
Rock Pt.
Kepler Cascades
CARRINGTON ID.
Pumice Pt.
DOT ID.
Bluff Pt.
Breeze Pt.
8345
West Arm or
Lone Star Geyser
Spring Cr.
Lost L.
Duck L.
Lakeview
Wolf Pt.
NORRIS PASS
Lake Geyser
Delusion L.

Geyser，黄石公园最热门的景点）的露营地可容纳更多露营者。[15]

空间组织

> 人们经常开玩笑说，假日的早晨，首个把汽车开出营地的露营者很可能会拆掉半个营地。这不无道理，因为人们通常会把帐篷绳索固定在最方便的物体上，如汽车保险杠。[16]
>
> ——斯坦福·E. 德马尔

直到1916年国家公园对机动车开放，露营地私人经营者的营业额才有增无减。虽然这意味着黄石公园内怀利永久营地这类公司的业绩会急剧下降，但这一决定为潜在露营者提供了一定自主性，令人欣喜。汽车露营者摆脱了旅行日程安排的束缚，现在可以按照自己的节奏旅行，制定自己的行程。因此，不仅游览公园变得更加灵活，汽车露营也让游览更加经济实惠。不太像怀利公司经营的酒店豪华营地，汽车露营更像现代露营。在自带帐篷、寝具、食物和烹饪工具的汽车露营者看来，露营与其说是为了满足好奇心，不如说是为了逃避现代住宿的昂贵费用。所以，1916年后，国家公园内露营需求迅速增加也就不足为奇了。在黄石公园，国家公园管理局指定怀利公司及其竞争对手肖鲍威尔公司（Shaw & Powell Company）在黄石公园公司（Yellowstone Park Company）的赞助下管理新的公共汽车露营地网。

通过当时的照片（第97页）可以了解到，这些汽车露营地的设置并不规范。怀利经营的永久

◐ 1931
《黄石公园》，乔·莫拉绘，黄石国家公园地图局部图，显示了钓鱼桥（Fishing Bridge）和峡谷交界处（Canyon Junction）的公共露营地。

峡谷交界处
钓鱼桥
黄石湖

性营地实施军事化组织模式，在整个旅游季都会设置一排排整齐固定的帐篷。与此不同，汽车露营地提供了大片开阔地，露营者可以自由地在任何空地露营。游客每晚只需花费 25 美分，就能使用卫生间、浴室、电、干净的饮用水。[17]

西拇指（West Thumb）露营地地图首次刊登于 1936 年版的《海恩斯新指南：黄石国家公园全套手册》(Haynes New Guide: The Complete Handbook of Yellowstone National Park)，呈现了那时露营地的变化情况。海恩斯指南于 19 世纪 90 年代首次出版，彼时已成为黄石公园游客体验的重要组成部分。弗兰克·杰伊·海恩斯（Frank Jay Haynes，1853—1921）在明尼苏达州圣保罗市执业，1884 年他获得了马默斯温泉（Mammoth Hot Springs）的特许经营权，出售特定照片，这些照片后来被收录进了海恩斯新指南中。与怀利公司或肖鲍威尔公司出版的薄手册不同，海恩斯指南并不仅供短暂使用，甚至在露营回家后很长一段时间里还可以查阅，是值得珍藏、定期重温的"宝典"。海恩斯的儿子杰克（1884—1962）是西拇指地图的绘制者，从 1912 年就开始绘制公园主要区域的参考地图。海恩斯的一大作品是 1936 年绘制的上间歇泉盆地地图，该地图地标众多，令人眼花缭乱。天然泉、池塘、调色盘和间歇泉（鲶鱼泉、宝石泉、突发间歇泉等）之间，散布着日益增多的商业设施，如商店、过夜住宿点（老忠实泉旅馆、老忠实泉小屋、公共汽车营地），以及位于战略要地的海恩斯照片店，游客可以在店里购买公园纪念品。[18]

海恩斯绘制的西拇指地图与上间歇泉地图收录在同一版本的指南中，在很多方面都很新奇。

➲ 1936
《上间歇泉盆地》，杰克·埃利斯·海恩斯绘，摘自《海恩斯新指南——黄石国家公园全套手册》，1936 年版。

上间歇泉盆地

公路 ━━━
小路 ━ ━ ━
比例尺：
0 1/8 1/4 1/2 MILE.

N 19°
TRUE NORTH MAGNETIC NORTH

间歇泉丘

- CAULIFLOWER GEYSER
- MIRROR POOL
- MADISON JUNCTION (J.M.)
- Firehole (Creek)
- CALTHOS SPRING
- GEM POOL
- BENCH SPRING
- IRON SPRINGS
- ARTEMISIA GEYSER
- SENTINEL GEYSERS
- FAN GEYSER
- OPS SPRING
- MORTAR GEYSER
- CHAIN LAKE
- ROCKET GEYSER
- BONITA POOL
- CONE
- GEYSER CRATER
- DAISY GEYSER
- COMET GEYSER
- INKWELL SPRING
- BASIN
- BLACK SAND POOL
- LIME KILN SPRINGS
- WITCHES CAULDRON
- SAWMILL GEYSER
- ORANGE POOL
- CRESTED POOL
- TORTOISE SHELL SPRING
- CASTLE GEYSER
- MAIN SPRING
- MORNING GLORY POOL
- RIVERSIDE GEYSER
- SPA GEYSER
- GROTTO GEYSER
- BIJOU GEYSER
- MASTIFF GEYSER
- CATFISH GEYSER
- GIANT GEYSER
- PURPLE POOL
- OBLONG GEYSER
- CHROMATIC POOL
- BEAUTY POOL
- WAVE SPRING
- ECONOMIC GEYSER CRATER
- CALIDA POOL
- TURBAN GEYSER
- GRAND GEYSER
- BULGER SPRING
- SPASMODIC GEYSER
- CHIMNEY CONE
- LIBERTY POOL
- CASTLE GEYSER
- LION G.
- LIONESS G.
- DRAGON GEY.
- BEEHIVE GEY.
- SOLITARY GEYSER
- BEACH SPRING
- DOUBLET POOL
- GIANTESS GEYSER
- BUTTERFLY S.
- SPONGE GEY.
- SPUTTERER S.
- CHINAMAN S.
- OLD FAITHFUL BATHS
- OLD FAITHFUL GEYSER
- THREE SISTERS SPRINGS
- HAMILTON STORE
- OLD FAITHFUL INN
- MUSEUM
- HAYNES PICTURE SHOP AND PHOTO FINISHING PLANT
- CAFETERIA
- STORE
- RANGER STA.

海恩斯非常细心地绘制了西拇指的路线网，区分了小径（虚线）、单行道和双行道（实线），同时还标注了其他地标（距离公园南入口 37 千米，距离老忠实间歇泉 30.5 千米）和停车场。他绘的图较为全面，还兼顾了建筑上的具体特点。例如，读者会注意到一些重要建筑的建筑足迹，这些建筑包括哈密尔顿商店（Hamilton Store）、护林站、当地自助餐厅，当然还有无处不在的海恩斯照片店。西拇指露营地占地近 2.4 公顷，面积比其他任何营地都要大，奇怪的是，它的图形并没什么与众不同，我们在地图上看到的只是一个圆角的空长方形，然而，地图上其他图形却十分精确，这表明，海恩斯本可以更细致地描绘露营地。西拇指露营地的空长方形与周围环境的图形不连贯，这实际上强化了人们对露营地与外部世界脱节的印象。

虽然海恩斯绘制的地图没有对西拇指营地进行特殊标注，让人感到奇怪，但这在当时并非完全异乎寻常。相反，它可能恰恰反映了当时人们对露营地空间规划的不重视。景观建筑师查尔斯·帕克·哈利根（1881—1966）在其早期关于露营地设计和规划的著作《旅游营地》（1925）中绘制了一幅标准规划图，图中展示了一种十分松散的空间规划方法。[19] 哈利根的开放式空间设计图里有一块已清除树木的区域、一条外围环形道路以及一个位于营地后方的支撑建筑（可能是洗手间），与杰克·埃利斯·海恩斯对西拇指汽车露营地的描绘如出一辙。换言之，海恩斯的露营地在三维空间中可能与地图上描绘的样子大同小异，即一个长方形的开放式围栏，游客可以在里面随意扎营。

⬆ **1924**
《汽车旅行营地的布局规划，配备车流量大时所需的设施》，摘自《大众机械汽车旅行手册》第一期（*Popular Mechanics Auto Tourist's Handbook No. 1*）。

⬆ **1936**
《西拇指区》，杰克·埃利斯·海恩斯绘，摘自《海恩斯新指南——黄石国家公园全套手册》，1936 年版。

地　图

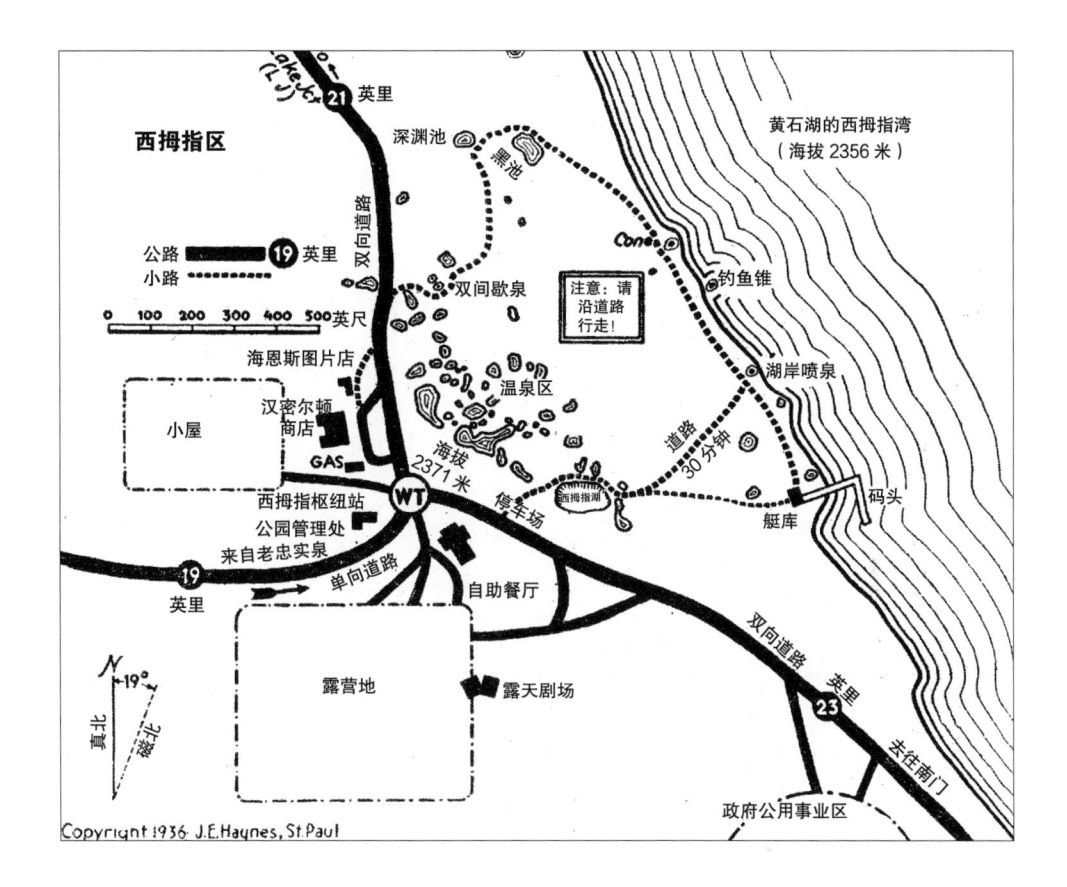

随着汽车露营日益流行，这些不规范的营地濒临淘汰。20世纪20年代的露营地拥挤不堪，汽车、帐篷和拖车随意摆放。朗氏父子在《汽车露营》（1923）一书中列出了2000个露营地的名址录，为当时席卷全美的露营热潮提供了具体的衡量标准，同时也让我们了解到全美露营地的情况。正如书中所指出，露营者在抵达露营地时可能会遇到各种不尽如人意的问题，有些露营地配备了电力、厕所、浴室和自来水等基础服务设施，而有些露营地则仅仅是提供了一个位于城镇边缘的空荡荡的棒球场，露营者在此只是收获了友谊而已。

美国农业部植物病理学家E. P. 迈内克首次详细阐述了机动车在新型汽车露营地绿树成荫的车道上行驶时可能会造成的危害。虽然汽车带来了种种问题，但迈内克还是意识到了它一定会在露营地出现，因为露营可能是逃避现代生活琐事的一种方式，而汽车则是实现这种逃避的手段。实际的营地与所描述的营地不同，迈内克认为，仅仅像杰克·埃利斯·海恩斯西拇指地图中所描绘的那样，让汽车将游客接送到露营地入口是不够的。他建议将车辆通行限制在一系列单向环形道路上，并在这些路边建立单个的露营位。这一解决方案与国家公园内的大型规划战略不谋而合，后者在区域内关键位置设立了许多单行道，以此疏导交通。如此一来，这些露营地的主干道就会因为没有来往车辆而修得更狭窄，从而减少对周围环境的破坏。如果露营者开车错过了目的地，只需在环路中绕回即可。迈内克还建议每个露营位设置"一条用于停车的停车支线"、一个固定的野餐桌和一个室外壁炉。[20] 与当时没有规划营位的露营地不同，专门设计的一个个露营位有助于

◯ 1925
《旅游营地规划平面图》，查尔斯·帕克·哈利根绘，摘自《旅游营地：乡村景观丛书第二辑》。

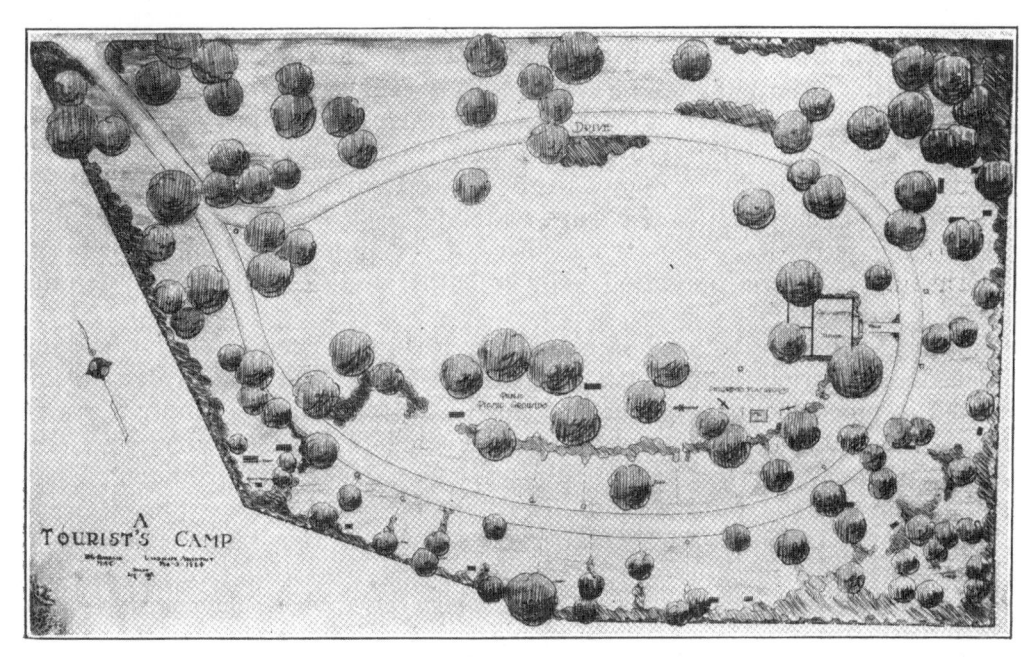

旅游营地规划平面图

整个露营地内保持一致的居住密度。此外，停车支线、餐桌和壁炉构成了永久性固定组件，它与帐篷、便携火源等游客带入的组件之间相互作用，有助于维持一种假象，让游客觉得自己在营地建设中发挥了关键作用，这一点很重要。各个露营位都有许多空间特征，不仅让人想起了熟悉的家，还反映了郊区的发展。正如历史地理学家特伦斯·杨所说，这种想象恰恰是（虽然有些讽刺）露营者逃亡之旅的终点。游客将车开往目的地露营位附近的停车支线，好像又回到了起点，因为他们行驶的道路与离家时的道路十分相似。[21]

迈内克是现在公认的现代露营地之父。他的开创性16页小册子《露营地政策》（*A Camp Ground Policy*，1932）以直白的写作风格和图解产生了相当大的影响力，部分原因在于，册子的出版恰逢大萧条时期国家公园和州立公园内旅游基础设施扩建。仅仅几年后，我们就可以从国家公园管理局1935年发布的约塞米蒂谷蓝图中瞥见迈内克建议的影子。虽然这幅图很小，无法显示单个露营位，但里面有沿着默塞德河的环形道路，一眼就能认出是迈内克的杰作。尽管这幅露营地地图并不常见，但它将迈内克对整个公园和露营地内端对端的道路网设想完美融合在了一起，因此值得一提。国家公园管理局的建筑顾问艾伯特·H.古德将带头制定下一个发展规划。古德的《公园结构与设施》第二版改名为《公园与休闲设施》（1938），他想为国家公园和州立公园内即将建立的各种设施提供通用设计规范，如维护建筑、船库、野餐桌、露营棚、公共厕所、篝火区、小木屋、旅店、露营地等的规范。[22]古德的著作是那时最权威的论述，书中有大量插图，包括精湛手

⬆ 约1935
华盛顿州芒特雷尼尔国家公园朗迈尔村露营地（Longmire Village Campground），摄影师不详。

⬇ 1932
《带单行道系统的规范露营地拟议布局》，E. P. 迈内克绘，摘自《露营地政策》。

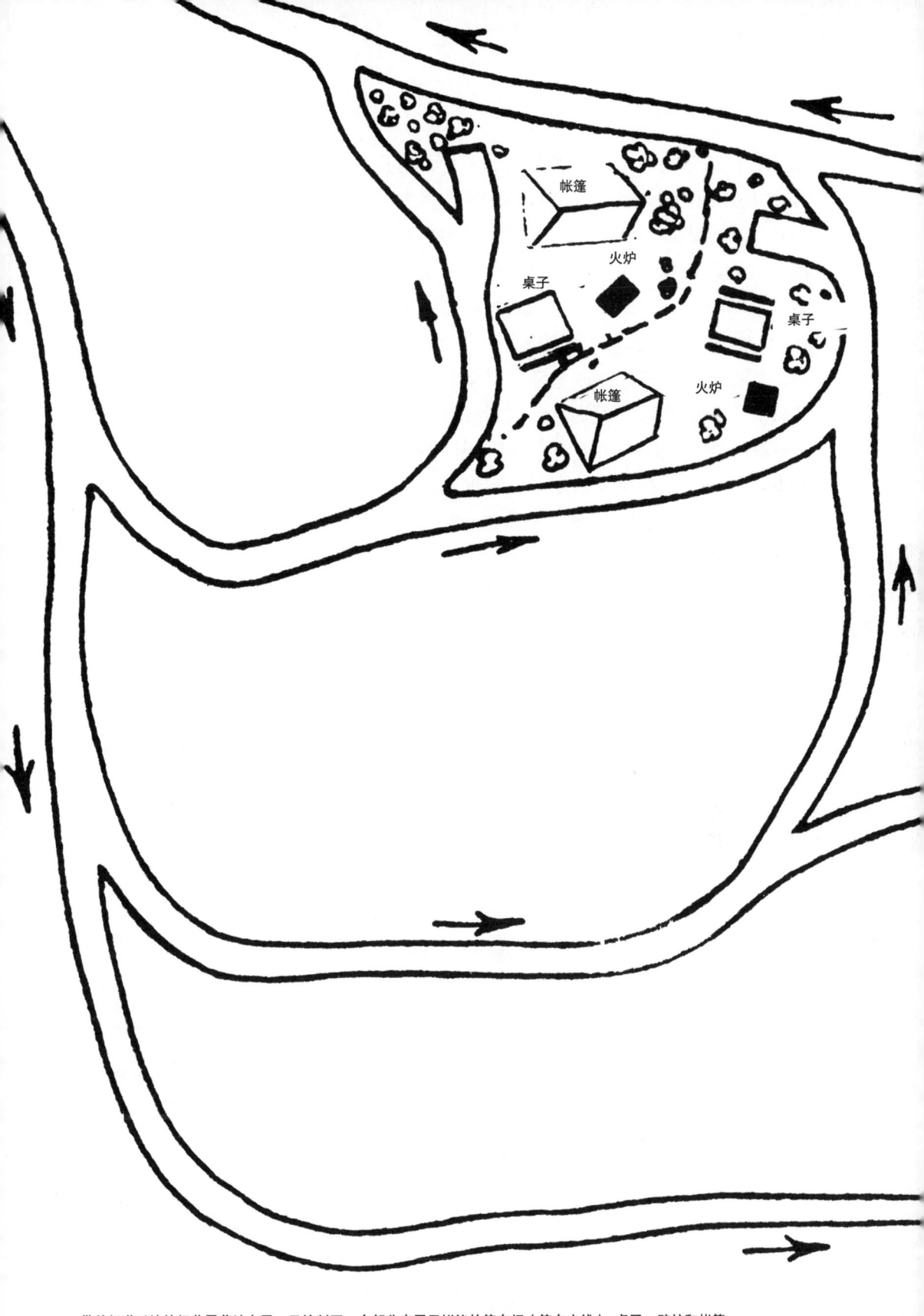

带单行道系统的规范露营地布局。只绘制了一个部分来展示拟议的停车场（停车支线）、桌子、壁炉和帐篷。

绘图、详细标注的尺寸和各种实地照片，阐释了如何根据当地限制条件、材料和建筑技术来调整总体规划原则。1935年，美国林务局为西部地区编制了露营地设计手册。这两本书无论是在美国内政部分支机构，还是在全美的民间资源保护队营地中，都发挥着实地手册的作用。[23]

尽管迈内克和古德做了许多与露营地有关的工作，但他们从未为各个露营地制定过详细的总体规划。他们各自提出了一系列通用指导原则，这些原则可根据特定露营地的需求进行调整。以下两个案例可以说明这种方法奏效。加利福尼亚州红杉国家公园管理员劳伦斯·法韦尔·库克（1900—1966）1932年为冷杉木露营地（第111页）绘制了一幅实地草图，该营地位于公园的圆草地附近，共有51个露营位，这幅图说明了在小范围内实施营地规范的相对非正式性。这幅封底草图的显著特点是对各个露营位进行了编号。这些数字是对露营地总体容量的简单评估，还是具体露营位的指定名称或地址？另一个例子是为大型营地制定的详细规范，如缅因州阿卡迪亚国家公园布莱克伍兹露营地的场地规划（1941年出版），该设计有3个组群，分别标注为A、B、C，内有迈内克在《露营地政策》一书中首次详细介绍的现已广为人知的环形道路和停车支线。[24]

从规划到地图

> 这种轻松的劳动，并不完全真实，也不完全沉闷……[25]
>
> ——乔·莫拉（Jo Mora）

◐ **1935**
地图局部图《营地——山谷》，国家公园管理局绘，描绘了加利福尼亚州约塞米蒂国家公园6号、7号、11号、12号、14号、15号和16号营地位置，作者突出了默塞德河。

◐ **1938**
《拖车营地单元K》，艾伯特·H.古德绘，摘自《公园与休闲设施》第三卷《有组织的过夜营地》。

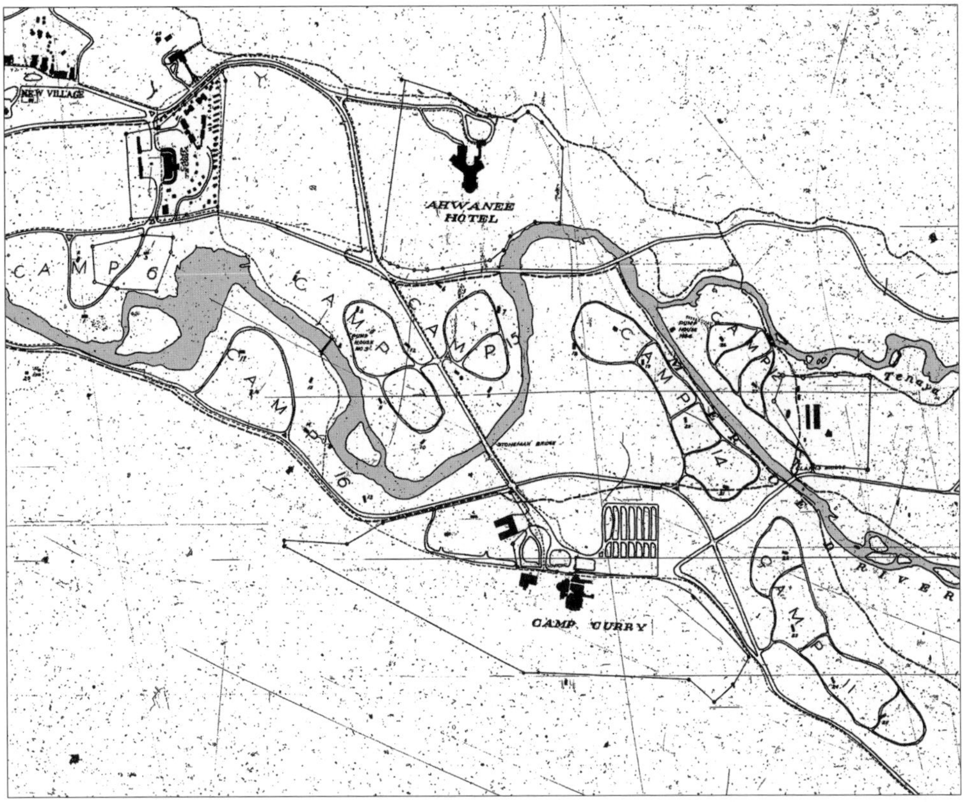
NEW VILLAGE
AHWANEE HOTEL
CAMP 6
CAMP 16
CAMP 15
CAMP 14
CAMP 11
CAMP CURRY
Tenaya
RIVER

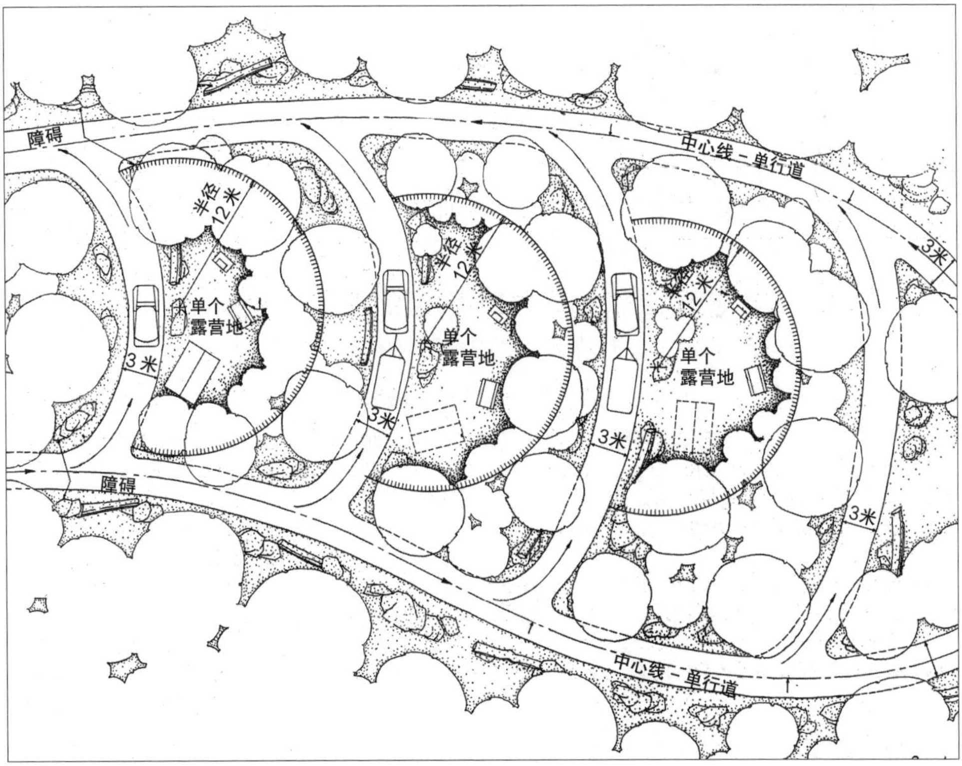
障碍
中心线－单行道
半径12米
单个露营地
3米
障碍
中心线－单行道

布莱克伍兹露营地与国家公园管理局根据规划，在三个主要露营地环路内一共设置了约450个露营位，开创了露营地规划空间复杂性的新高。迈内克的想法能否在如此大的范围内实施？答案部分在于后勤，部分在于空间，实施迈内克的想法意味着会有数以百计的汽车和拖车，有的停放着，有的来来往往。露营位之间的距离如何才能不影响私人生活？这些单个露营位的位置以及环形道路的弧线都需要根据当地地形进行仔细规划，以便形成平坦的道路和露营位。规划如此大规模的露营地，不可能像冷杉木露营地草图显示的那样采用松散的空间图。

为建造阿卡迪亚国家公园而制定的总体规划体现了技术性和高度专业性，根据这种规划建造的露营地，空间越来越复杂，规模越来越大，因此，不得不给新来的游客发放地图。可以肯定的是，地图这种新的视觉辅助工具与国家公园管理局制作的详细总体规划有很多共同之处。将阿卡迪亚国家公园布莱克伍兹露营地1941年的分级规划与同年新罕布什尔州多利·科普露营地（Dolly Copp Campground）的游客地图进行比较，便可知晓。

多利·科普地图是露营地最早的示意图之一，这种示意图如今已成为游客在新露营地登记入住时非常熟悉的地图。[26] 布莱克伍兹地图和多利·科普地图都有复杂的环形道路网和停车支线，这些都是现代汽车露营地的主干线。不过，这两幅图也有显著的不同之处。首先，读者会注意到多利·科普地图没有技术信息，如地形等高线和尺寸。现代露营者都知道，这并不罕见，因为地图绘制者通常将露营地视为一个由道路、露营位

↪ 1941
《布莱克伍兹露营地，阿卡迪亚国家公园总体规划的一部分》（局部）。

美国内政部：国家公园管理局

布莱克伍兹露营地，阿卡迪亚国家公园总体规划局部图

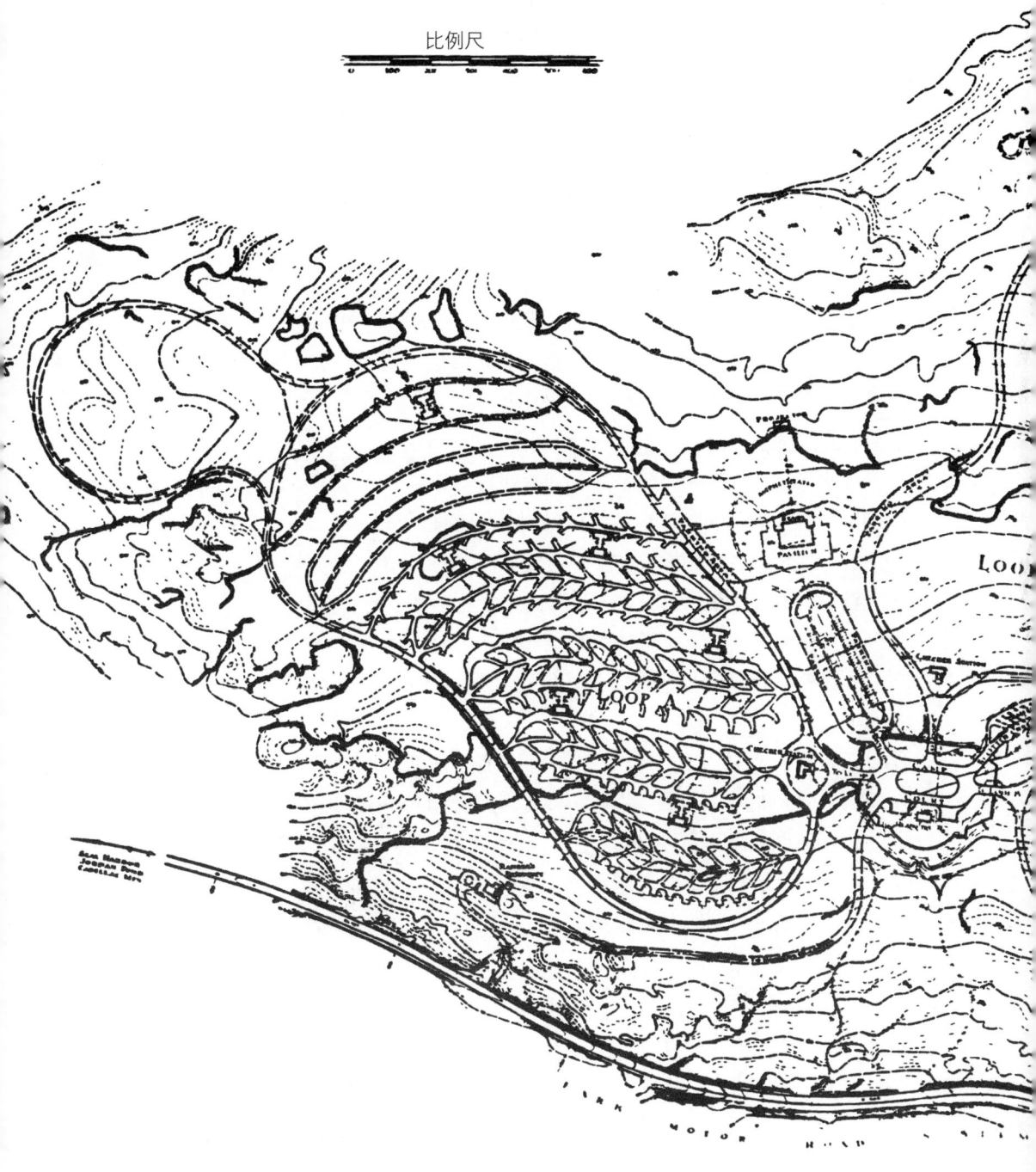

比例尺

和服务设施构成的系统，关注的是描绘其内部复杂性，而不是描绘露营地所处的物理环境。因此，无论真实与否，露营地都是以平坦地形为背景绘制的，没有树木。这种视觉上的稀疏感是一种重要的图形优势，因为这些地图与大型技术蓝图不同，可以用小得多的比例尺来绘制，而不会使分辨率有所降低。其次，多利·科普地图中的每个露营位都有编号。给露营位编号的做法在半永久性营地（如约塞米蒂的柯里营地）中已经实施了一段时间。如冷杉木露营地草图（第111页）所示，在拥有数百个露营位的大型露营地进行编号的好处不言而喻。给露营位编号还便于保存记录和随时了解露营地的不同居住者，因为每个人都在特定的露营位上。

对大峡谷南缘马瑟露营地（Mather Campground）在用地图的研究证实，多利·科普地图的视觉策略在过去75年中基本保持不变。除了地图上数百个单独编号的露营位外，读者还会很容易注意到露营地的平坦区域和机动车辆区——道路、停车支线（帐篷）和停车位（房车和拖车用），在地图上它们都被加粗加黑。事实上，这种重复环线的地图十分拥挤，几乎没有空间可以描绘任何背景物（如大峡谷）。每个露营位都承诺提供相同体验，且地图将露营地完全内化为一个自给自足的地方，露营地实际上与周围自然环境完全脱节。

标识和规范化

> 一幅世界语图片。[27]
> ——奥托·诺伊拉特（Otto Neurath）

➲ 1940
《多利·科普休闲区》，新罕布什尔州怀特山国家森林（White Mountains National Forest）绘。

云杉　森林

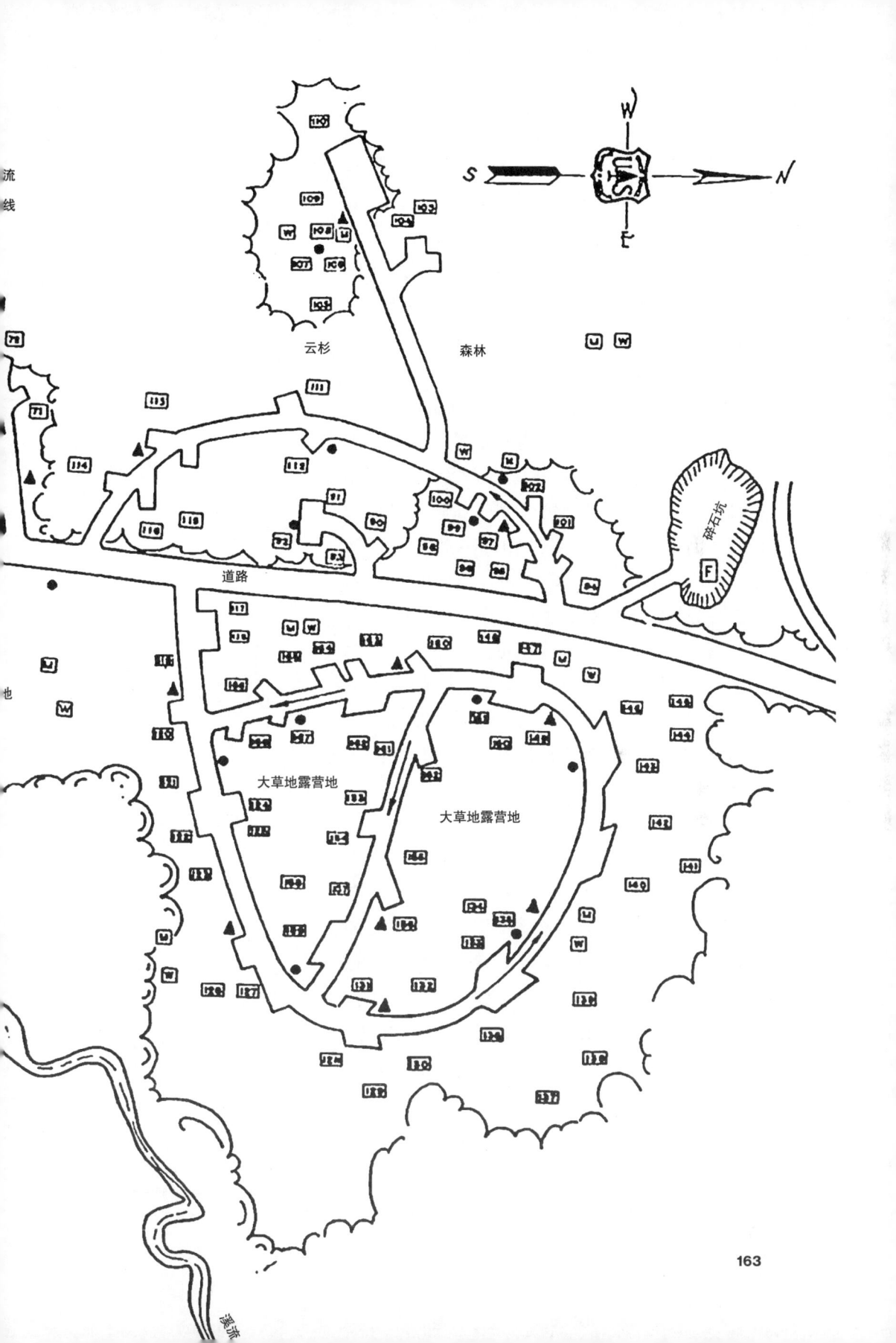

道路

大草地露营地

大草地露营地

碎石坑

163

露营地地图是黑白图片，大量印刷时既便宜又简单，1959年后，施乐公司（Xerox Corporation）引进了获得专利的新技术，印刷这种地图就更便宜更简单了。[28] 随后几十年里，复印机在美国人的日常生活中无处不在，因此营地地图看起来都非常相似，简言之，就是彼此的复制品。这是由多种因素造成的。首先，迈内克、古德等人在20世纪30年代制定的设计规范产生了规范化效应，对汽车露营地的标准化产生了深远影响。其次，露营文化对地图的需求越来越大，现在每个露营地都需要地图。最后，现代复印机（如施乐机）的复印技术有限，只能采用美国国家标准协会信纸（20.6厘米×27.9厘米）格式和最简单的灰度调色板。十分规范的露营地地图超越了空间和时间，即便是有经验的读者可能也很难区分不同露营地的地图，甚至无法区分20世纪80年代或60年代发行的地图与50年代发行的地图。尽管如此，在能够区分的情况下，如何使用这些地图仍然需要技巧和艺术。

谢南多厄国家公园（Shenandoah National Park）主要露营地的在用地图绘制得都很精妙，如大草地（Big Meadows）、阁楼山（Loft Mountain）、马修斯臂（Mathews Arm）等营地的地图，比其他大多数地图都漂亮。然而，洛基山国家公园莫雷纳露营地（Moraine Campground）的地图（第143页）用十个鲜艳的色条标出了不同露营位可容纳的拖车和房车最大尺寸，显得粗糙而杂乱。这4张地图都描绘了国家公园管理局的露营地，但功能性似乎并不是评价地图质量的唯一标准。

杰克·海恩斯（Jack Haynes）在自己绘制的黄石国家公园地图上花了很多心思，并在每幅图

◉ 2018
亚利桑那州大峡谷国家公园南缘马瑟露营地，国家公园管理局绘。

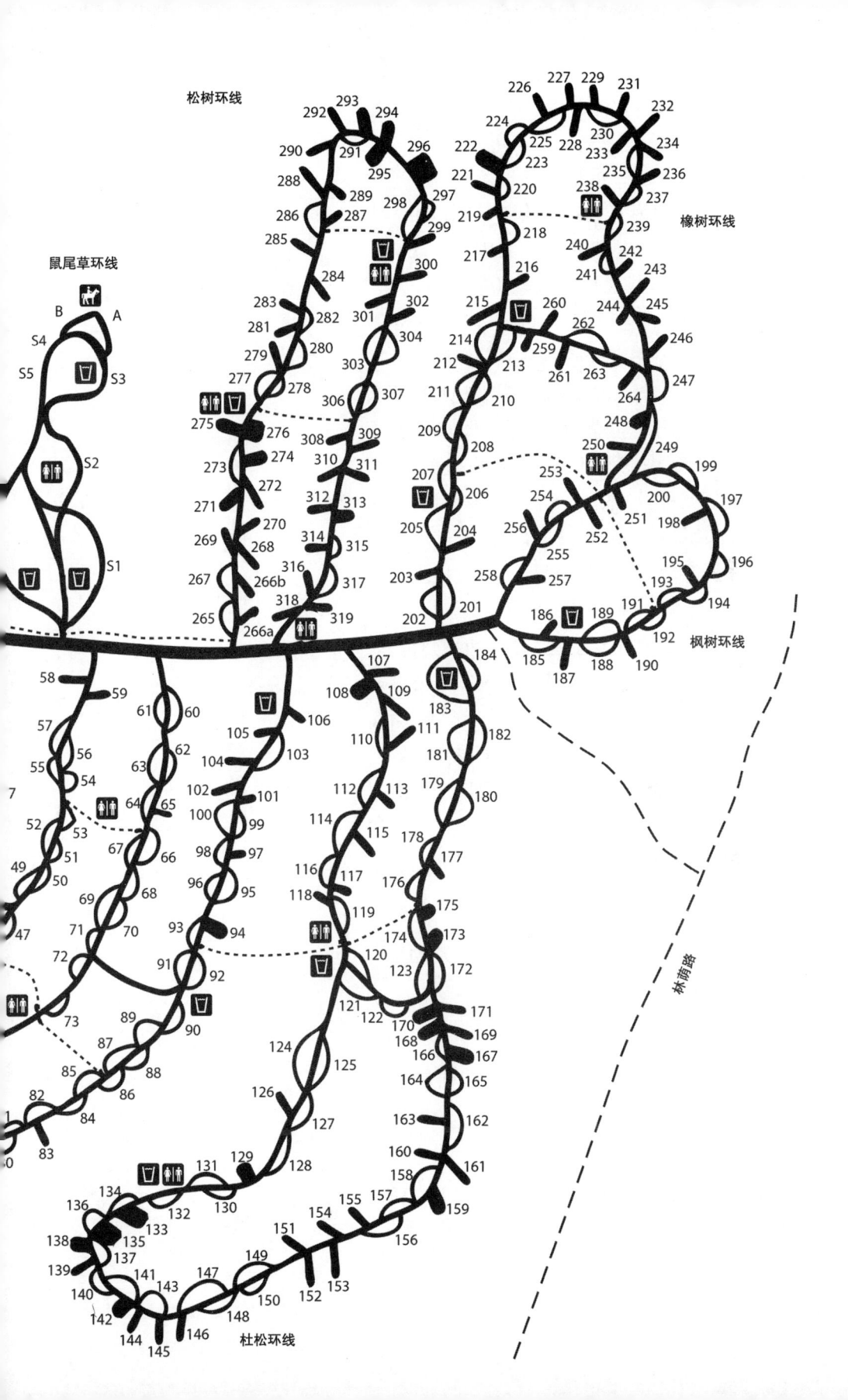

松树环线
鼠尾草环线
橡树环线
枫树环线
林荫路
杜松环线

底部署名。几十年来，海恩斯的地图获得了广泛认可，这不仅是因为其娴熟的绘制技巧，还因为顾客可以在公园各处的海恩斯礼品店买到这些地图。另外，现代露营地地图很少（如果有的话）属于个人或团体，如前所述，它们只能在特定地方使用，仅限于（并且只适用于）它们所服务的露营地。[29] 鉴于全美国范围内热门露营地规模不断扩大，地图的发行量也会逐步扩大（即使是在不知不觉的情况下）。露营地越大，发行量就越大。例如，俄勒冈州史蒂文斯堡州立公园露营地（Fort Stevens State Park Campground）有497个露营位。试想一下，旅游旺季该露营地每月会发出去多少万份地图？

大草地露营地和莫雷纳露营地之间的对比表明，目前还没有官方制图标准来规范国家公园露营地地图的绘制。事实上，直到20世纪70年代，国家公园管理局才开始印发新的通用制图标准，新标准中的图注和图例更为简洁，适用于其隶属的各单位（地方），包括公园、休闲区、历史悠久的小路、历史遗址、历史战场等。制图标准包括注记和各种国际符号，用于标注主要服务和便利设施。具体来说，注记和符号的使用可避免过多文字和重复描述产生的杂乱感。

很难想象在没有绘图规范的年代地图如何绘制，更不用说连图形都没有的年代了。事实上，20世纪20年代，维也纳设计师奥托·诺伊拉特（1882—1945）就开始推广使用对比鲜明的黑白剪影平面图。他创造了"isotype"一词，即"国际文字图像教育系统（International System Of Typographic Picture Education）"的首字母缩写，用来指代他所说的"世界语图片"，即一种他希望说任

➲ 2016
弗吉尼亚州谢南多厄国家公园《大草地露营地地图》，美国国家公园管理局绘。

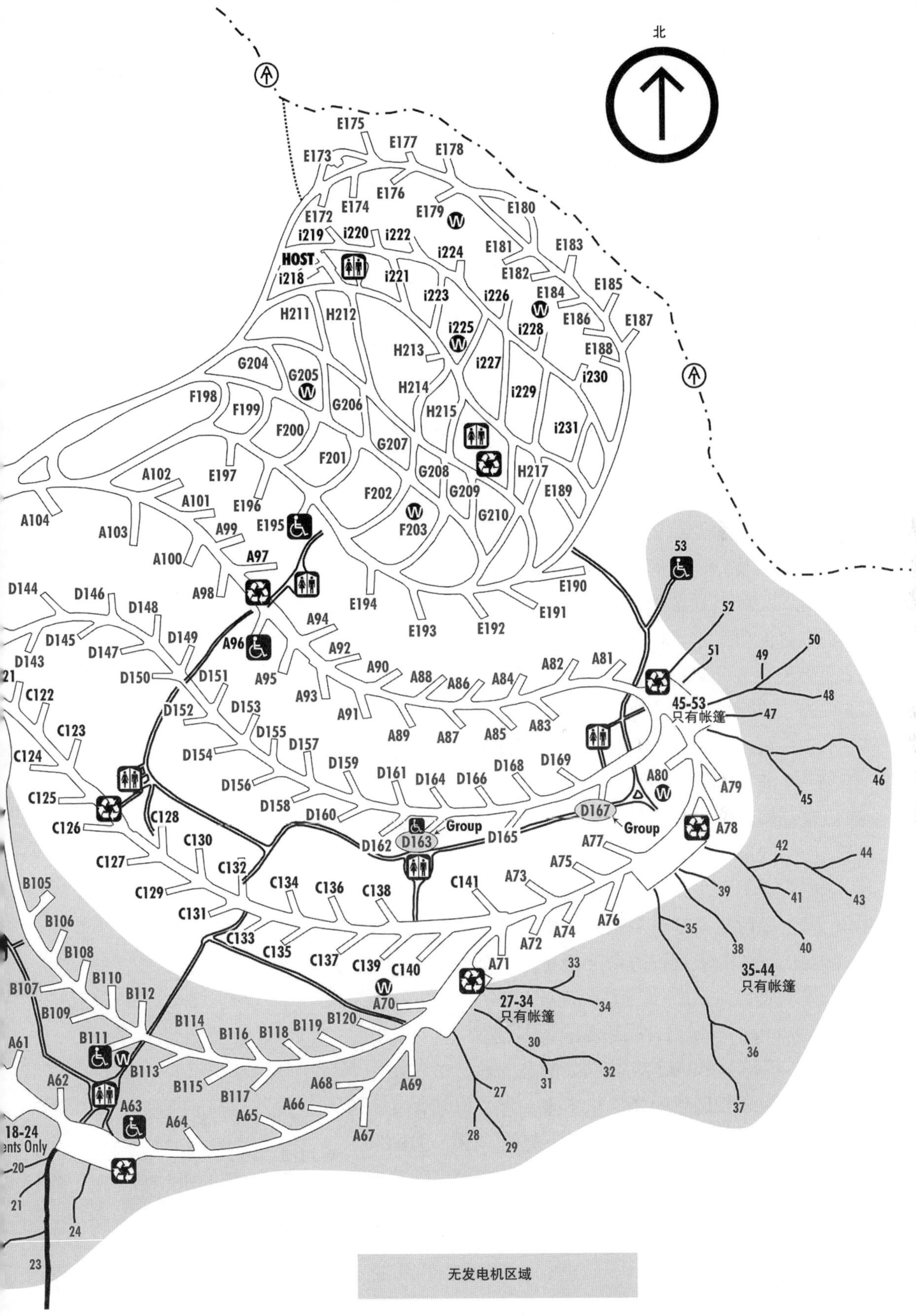

北
E175
E173
E177
E178
E176
E174
E172
E179
E180
i219
i220
i222
i224
E181
E183
HOST
i218
i221
i223
i226
E182
E184
E185
E186
E187
H211
H212
i225
i228
E188
H213
i227
G204
G205
i230
H214
i229
F198
F199
G206
H215
F200
i231
G207
F201
G208
H217
A102
E197
G209
E189
F202
A101
E196
G210
A104
A103
A99
E195
F203
A100
A97
53
E190
D144
A98
E194
D146
D148
E193
E192
E191
52
A94
D145
D149
A96
D147
D143
A92
50
A82
A81
51
49
A90
A95
D150
D151
A88
A86
A84
48
C122
A93
D153
D152
45-53
只有帐篷
47
A91
C123
D155
A89
A87
A85
A83
D157
C124
D154
D159
D161
D169
D168
D164
D166
46
D156
A80
A79
C125
45
D158
D160
D167
C128
Group
Group
C126
D163
D162
D165
A78
C130
A77
44
42
C127
C132
A75
C134
C136
C138
C141
41
43
A73
B105
39
C129
C131
35
A76
A74
B106
C133
A72
38
40
C135
C137
B108
C139
C140
A71
33
35-44
只有帐篷
B110
B107
B112
A70
27-34
34
只有帐篷
B109
B114
B116
B118
B119
B120
30
A61
B111
36
B113
32
31
A62
B115
A68
A69
B117
A66
27
37
A63
A65
A64
A67
28
29
18-24
ents Only
20
21
24
23
无发电机区域

何语言的人都能读懂的视觉信息体系。[30]20世纪70年代，美国平面设计协会（AIGA）和美国运输部（DOT）合作优化了诺伊拉特创造的这些图形标识。

　　这些标识代表着机场、自动扶梯、厕所、酒店、出租车、餐馆、酒吧等人们熟悉的设施，它们已经渗透到现代景观中，融入我们的日常生活。露营也不例外，洗手间、帐篷营位、房车营位、水龙头和垃圾站都有熟悉的标志，无论是经验丰富的露营者还是新手都能认出。美国国家公园管理局2018年公布的最新清单列出了至少265个标准标识，如专用设施的象形图，这些设施有防熊喷雾租赁站、防熊喷雾处理站、手机充电站、狗窝等。可以肯定的是，清单中的标准标识数量众多，说明了露营体验日益专业化，不再只有朗氏父子在《汽车露营》（1923）中列出的五项服务设施，即厕所、饮用水处、壁炉、电灯和浴室。

　　众多标识中最有特色的是帐篷的标识，它是一个实心等腰三角形，中间空出一个像三角形的较小开口。将帐篷作为露营标志这种近乎普遍的做法起源于一个多世纪以前。早期就有这种做法，如雷奥·坎贝尔（Reau Campbell）描绘的黄石公园上间歇泉盆地怀利营地就是这样，该作品出现在坎贝尔的《黄石国家公园新修订全套指南和描述手册》（*New Revised Complete Guide and Descriptive Book of the Yellowstone National Park*，1909）中。翻开这本书，我们可以俯瞰营地，虽然帐篷的标识与我们熟知的标识不太一样，但其含义不言自明。1931年，艺术家乔·莫拉（1876—1947）创作了一幅非凡的约塞米蒂国家公园地图，采用类似的方法描绘了默塞德河沿岸的公共露营地。[31]

➲ 1923
J. C. 朗和约翰·D. 朗编写的《汽车露营》中的名址录，重点介绍了科罗拉多州的露营地。

216 汽车露营

国家森林的大部分地区可供汽车通行，州或国家机构一直在修建更多道路。由于有大量房车到加利福尼亚州露营，该州现在可以说拥有全美国标识最多的山间公路。美国林务局为汽车露营者建立了大量露营地。

科罗拉多州

市政露营地

乡镇/城市名	是否免费	是否有厕所	是否有饮用水	是否有壁炉或火炉	是否有电灯	是否有浴缸或淋浴
阿拉莫萨	免费	有	有	有	有	
阿里巴						
奥尔特	免费	有	有	有	有	
伯绍德	免费	有	有	有	有	
博尔德	免费	有	有	有	有	有
布拉什	免费	有	有	有	有	
比尤纳维斯塔	免费	有	有	有		
伯灵顿						
卡农城	免费	有	有	有	有	有
罗克堡	免费	有	有	有		
夏延韦尔斯	免费	有	有	有		
科罗拉多温泉全天 25~50℃热水		有	有	Fuel	有	
格里德（2个公园）	免费	有	有	有	有	
克里普尔克里克	免费	有	有	有		
丹佛	免费	有	有	有	有	有
伊格尔						
弗拉格勒						

莫拉的作品充满了幽默感，展现了游客（不出所料，在这一时期，所有游客都是白种人）在约塞米蒂谷各处旅行的场景：露营者围着篝火做饭或在河边垂钓，情侣嬉戏打闹，汽车懒洋洋地爬上陡峭的斜坡，这看起来就是一个安全、舒适、风景如画的游乐场，约塞米蒂谷原本的面貌几乎看不到了。简而言之，这是一个被改造了的荒野。此外，地图中有非常多的标识，看起来各个目的地之间只有几步距离。莫拉于1904年首次造访约塞米蒂国家公园，此后他一直念念不忘，试图以调侃的口吻分享自己对该地的深刻了解：

　　约塞米蒂啊！真是美得让人屏息，庄严得让人不敢大声喘气。让我来给这壮观的画面加点"调料"，说不定能帮你把琐碎的生活调和得更有味道……好吧，如果说我描写的约塞米蒂能让你笑出声，那可能有点夸张，但就算我的描述不能完全真实还原那里的美，哪怕只用一点点不那么沉闷的轻松笔触，能给你带来一丝丝笑意，那我也会觉得我至少帮你对约塞米蒂的崇敬之情加了那么一点点"调料"。[32]

篝火
露营地
插头
火炉栅
木柴
砍柴
食物贮藏
发电机

小结

　　露营地虚拟旅游让您可以浏览、点击并挑选完美的露营位。让其他露营者去拥挤的地方，而您去发现隐藏的宝藏吧。[33]

　　　　　　——Campgroundviews.com

　　莫拉没有想到，帆布帐篷图形在代表整个露营体验方面会如此持久。潜在露营者通常会在Recreation.gov 和 ReserveAmerica.com 等网站上搜

⬆ **2018**
"NPS 地图要素：2018 年 5 月 14 日更新"，美国国家公园管理局绘。

⬆ **1909**
《坎贝尔的黄石公园新修订全套指南和描述手册》中的上间歇泉盆地地图，雷奥·坎贝尔绘。

地　图

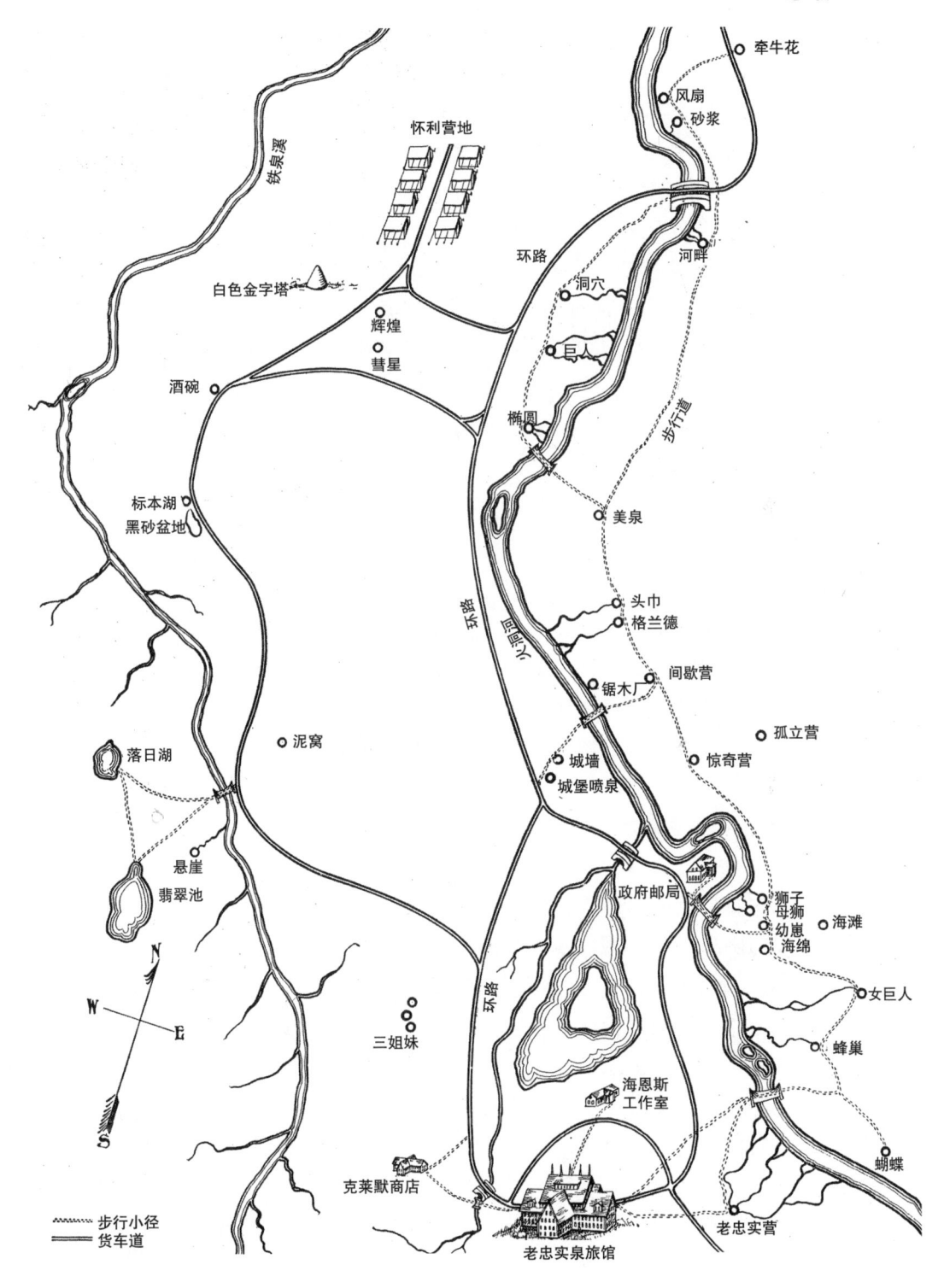

索露营地信息，对他们来说，一个帐篷标志就相当于一个具体的数据库，只需在帐篷图标上单击鼠标，就能获得特定露营位的信息，如照片、价格和设施（如供电供水服务）等信息。屏幕上散布着几十个甚至几百个可点击的帐篷标识，在线预订地图看起来与真实情况非常相似，似乎这里真的到处都是帐篷。每顶帐篷代表一个露营位，当然，也可能代表着在露营位搭建的一顶真正的帐篷。[34]

资深露营者深知，国家公园的热门露营地十分抢手，往往需要提前 6 个月预订。可点击的地图会不断更新，实时反映可预订的露营位。如果帐篷可预订，图标会以亮色表示；如果露营位已被预订，则图标颜色变暗。道路只是作为静态参考点。在线露营地地图采用相同的绿色背景、尖顶朝上大小相同的帐篷图标。这种网页设计标准建立了包括全州甚至全美的数字版图，取代了当地露营地地图及其古怪的图形，成为特有的艺术表现形式。

如果说地图是露营者初到营地时的定位工具，那么现在它可以帮助露营者在踏入营地之前就做出明智的选择。以前露营者会到营地与服务人员进行短暂的协商，而现在，这种协商跨越了时空，无须去到现场。露营者不再需要服务人员在打印好的地图上指点和圈定营位，而是自己在笔记本电脑屏幕或手机上点击地图，通常在舒适的家中就可以完成。他们可以像预订机票或体育场座位一样，露营前几天、几周或几个月，就在网上挑选满意的露营位。事实上，仅仅"点击"帐篷图标就能看到露营位的面貌。谁能想到露营可以如

➲ **1931 / 1941**
地图局部图《约塞米蒂》，描绘了默塞德河沿岸 6 号至 16 号的营地，乔·莫拉绘。与黄石公园的同类地图一样，1931 年的《约塞米蒂》也是素描图。后来约塞米蒂公园和柯里公司在 1941 年和 1949 年发行的版本中添加了色彩，并略作改动。不过，这幅地图对露营者的用处有限，因为无法根据它判断出营地的规模和容量。

CLOUDS REST
HALF DOME
LITTLE YOSEMITE
MOUNT BRODERICK
LIBERTY CAP
NEVADA FALLS
BASKET DOME
NORTH DOME
WASHINGTON COLUMN
VERNAL FALLS
MIRROR LAKE
ROYAL ARCHES
WOOF!
YOSEMITE FALLS
STABLES
HAPPY ISLES
FISH HATCHERY
CAMP 12
CAMP 14
CAMP 15
CAMP 17
CAMP 16
CAMP 6
CAMP CURRY
THE AHWAHNEE
GARAGE
CHURCH BOWL
ADMINISTRATION BUILDING MUSEUM STUDIOS POST OFFICE WILD FLOWER GARDEN
GAS
LE CONTE MEMORIAL
HOUSEKEEPING HEADQUARTERS
EL CAPITAN
RANGERS' CLUB HOUSE
GOV'T CENTER
OLD VILLAGE
CHURCH
YOSEMITE LODGE
INDIAN VILLAGE
EXTRA
TO TIOGA PASS AND BIG OAK FLAT
INSPIRATION POINT
TUNNEL
POWER HOUSE
THE DAM

此简单？有了像 CampgroundViews.com[①] 推出的这类创新功能，我们可以想象，导航 APP 将露营者直接引向预订的露营位，完全省去了露营者与露营地服务员的交涉，在精心安排的欢迎仪式中也无须再发放纸质地图。

↑ 2022
犹他州卡皮托尔礁石国家公园（Capitol Reef National Park） 弗鲁塔露营地六号营位车行图，摘自 CampgroundViews.org。

↑ 2014
Recreation.gov 预订地图，弗吉尼亚州谢南多厄国家公园大草地露营地。

① 一个专为露营地设计的系统，让人联想到谷歌街景（Google Street View）。

B110

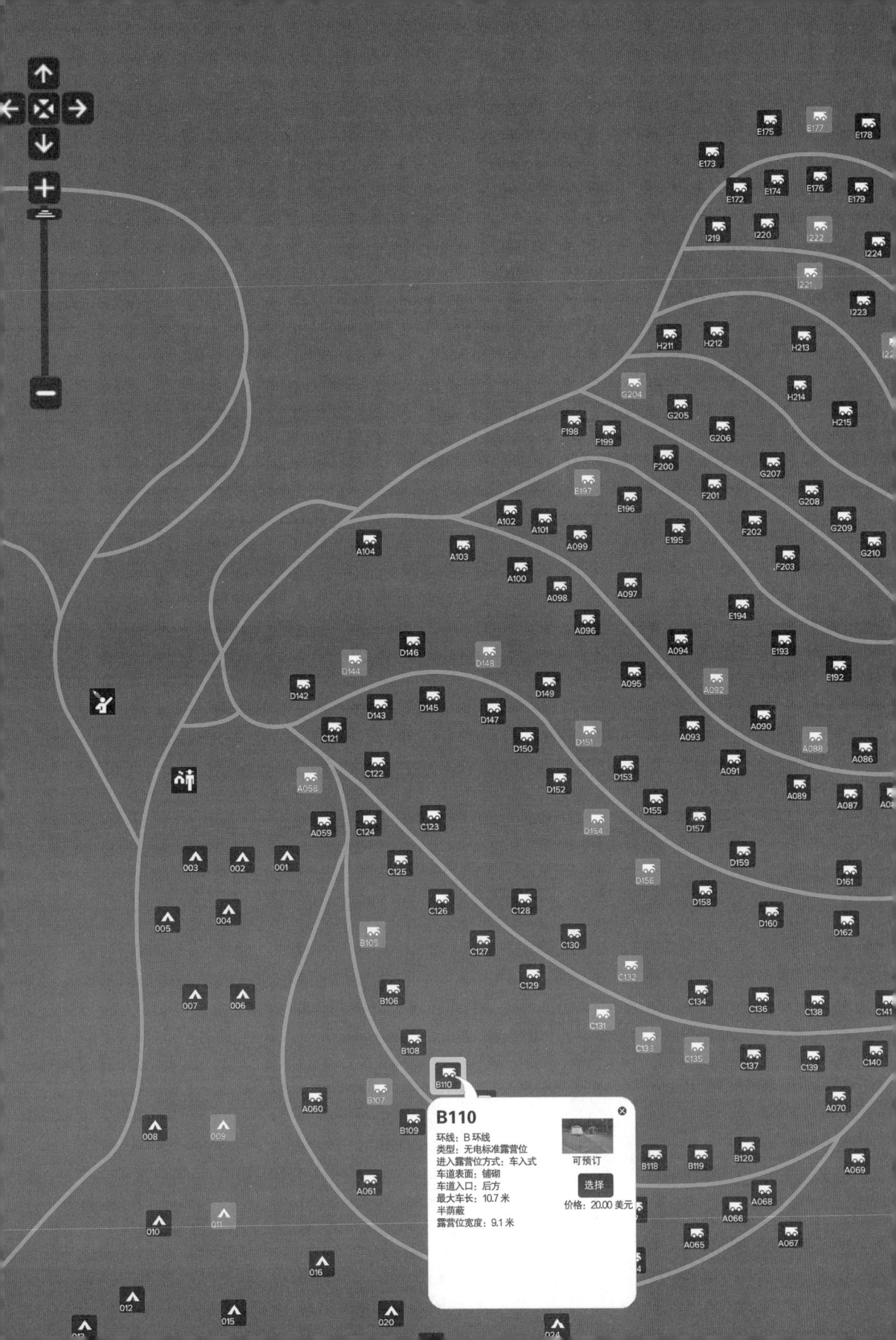

环线：B 环线
类型：无电标准露营位
进入露营位方式：车入式
车道表面：铺砌
车道入口：后方
最大车长：10.7 米
半荫蔽
露营位宽度：9.1 米

可预订

选择

价格：20.00 美元

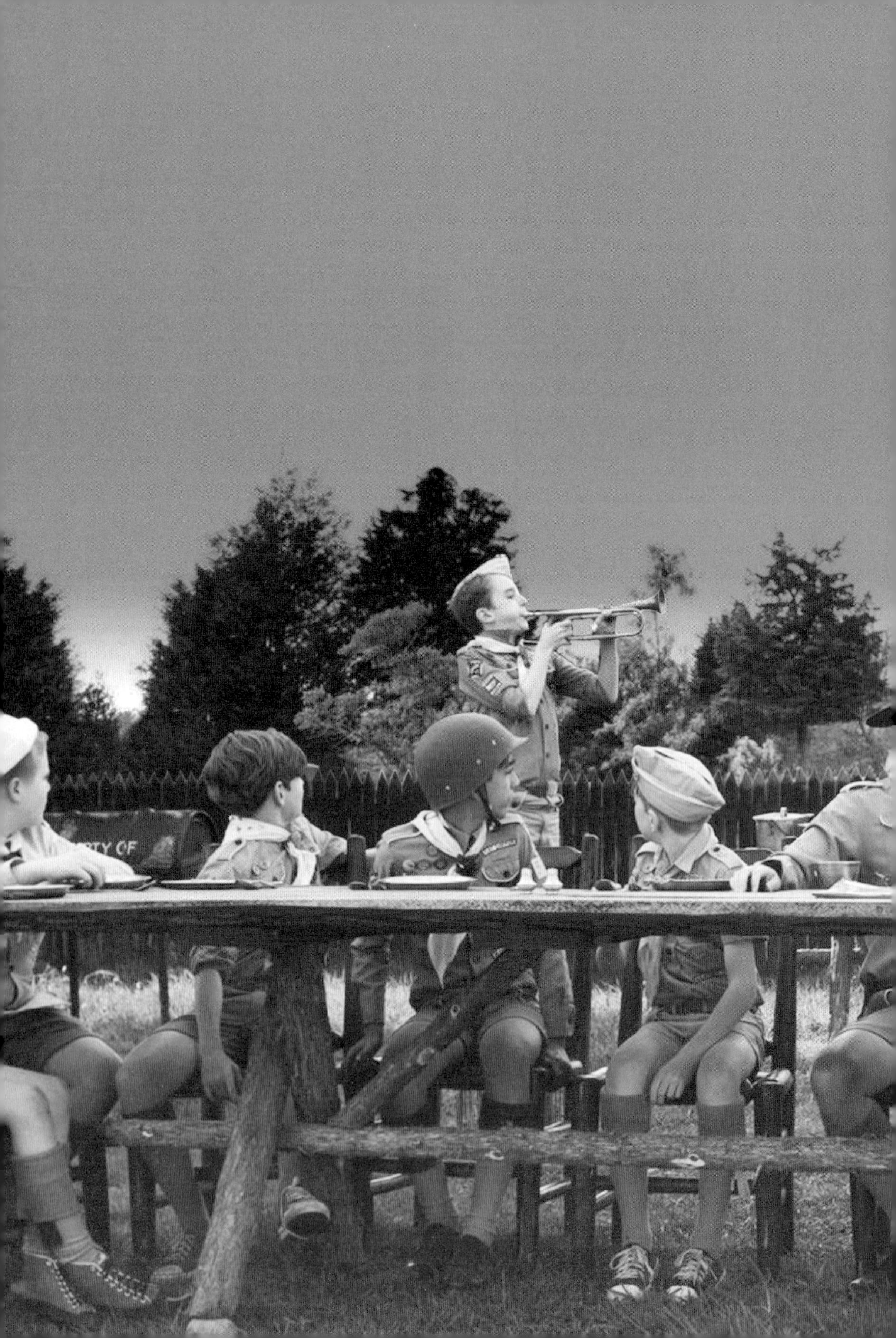
RTY OF

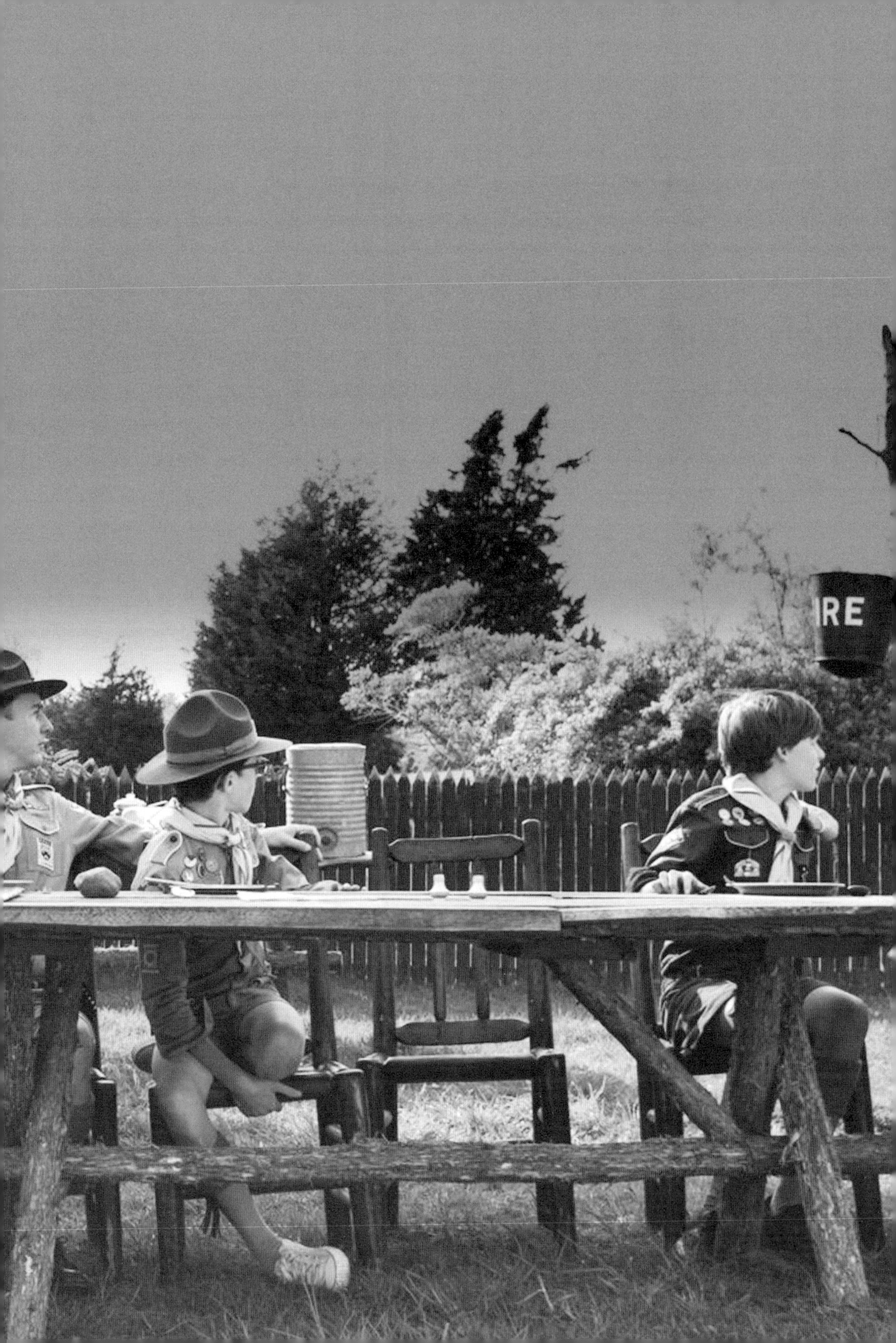
IRE

野餐桌

> 就像"八卦"或"啰唆"这些词一样,"野餐"是一个不好听的词……一个忙碌、自以为是的平庸词汇,它牺牲了所有尊严,却没能获得任何相应的轻松感。[1]
> ——奥斯伯特·西特韦尔(Osbert Sitwell)

野餐桌的设计可谓独具匠心,其框架由螺栓连接,螺栓将长凳和桌子连接在一起,形成了一个牢固的整体。野餐桌的结构非常简单,近一个世纪以来都没有人对其进行过任何重大改进。可以说,美国的每个公园、每个露营位都有野餐桌。甚至每个郊区后院几乎都有野餐桌。不过,野餐桌的无处不在也很容易让人把它忽略,对它视而不见。

现在,野餐桌不只是用来野餐,它还是开展任何户外活动的理想设施,能够让我们在同一张桌子上直面彼此、相互交流。2009年皮特·索萨

2012
爱德华·诺顿(Edward Norton)在韦斯·安德森(Wes Anderson)导演的电影《月亮升起之王国》(*Moonrise Kingdom*)中饰演童子军教官沃德(Ward)。

1911
锡达波因特的野餐林是1870年在俄亥俄州桑达斯基伊利湖(Lake Erie)半岛上开设的游乐园。

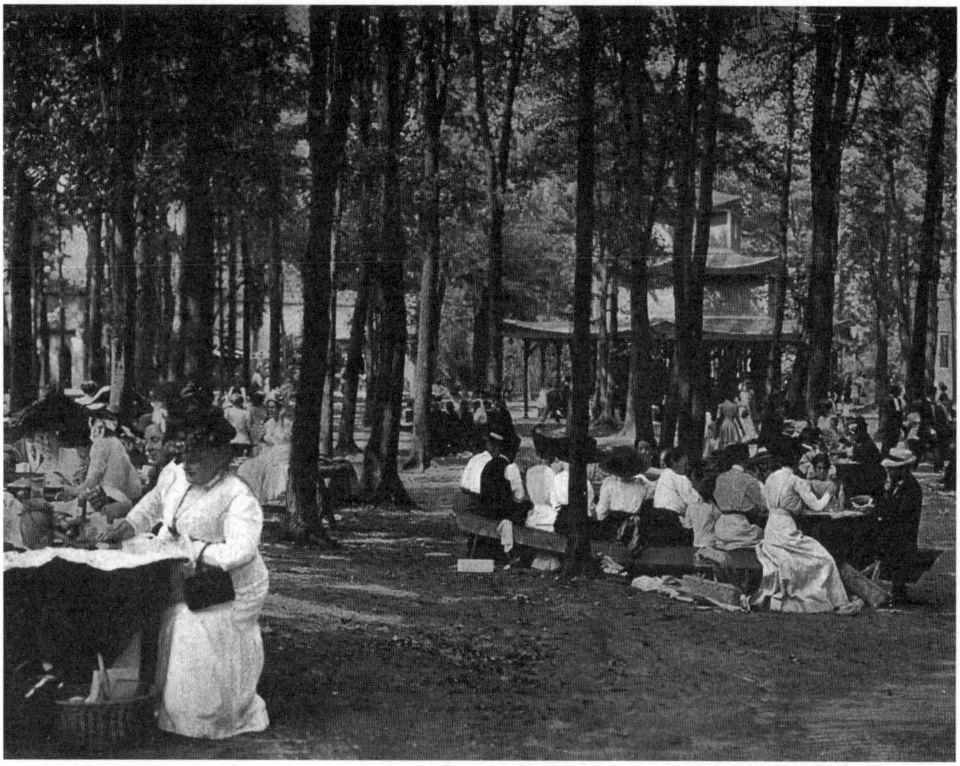

（Pete Souza）拍摄了一张照片，照片中时任美国总统贝拉克·奥巴马（Barack Obama）和国务卿希拉里·克林顿（Hillary Clinton）坐在在白宫院子里的大野餐桌旁，这似乎为日常的普通见面带来了新的意义。虽然普通民众都没有使用过这张桌子，但它却让人有一种强烈的熟悉感，仿佛我们都曾在那里坐过。事实上，这张面积超大的野餐桌似乎让位高权重的使用者看起来更平民化更亲切了。[2]

这些熟悉和丰富的特征使野餐桌成了美国的标志。在家得宝（Home Depot）网站上，我们可以从数百种型号的野餐桌中进行选择，价格从120美元到3700美元不等。[3]面对海量产品，我们如何挑选呢？既然所有野餐桌的结构都大同小异，价格又为何如此悬殊呢？几十年来，我们一直在使用别人挑选的野餐桌，比如洗车店、休息站、医院食堂等地的野餐桌，这些野餐桌的设计几乎完全一样，没有比较也就不存在失望。

就是这里

> 大自然没有给我们提供任何舒适的环境，她发动昆虫大军或冷空气、大雪、冰雹军队来对付可怜的躯体，不给任何喘息的机会，毫不留情。[4]
>
> ——沃伦·H. 米勒

就野餐桌的重量、体积和耐用性而言，其历史渊源是显而易见的。沃尔特·利维（Walter Levy）教授认为，野餐的经典形象是在精心挑选的草地上铺着毯子吃日间餐。[5]托马斯·科尔

◉ **2009**
美国总统贝拉克·奥巴马和国务卿希拉里·克林顿坐在白宫院子里的连体式野餐凳上，皮特·索萨摄。

◉ **2018**
图为电影《绿皮书》（Green Book）中的一个场景，彼得·法雷利（Peter Farrelly）导演，马赫沙拉·阿里（Mahershala Ali）（右）饰演爵士钢琴家唐纳德·雪利（Donald Shirley）博士，维戈·莫滕森（Viggo Mortensen）饰演他的司机托尼·利普（Tony Lip）（左）。

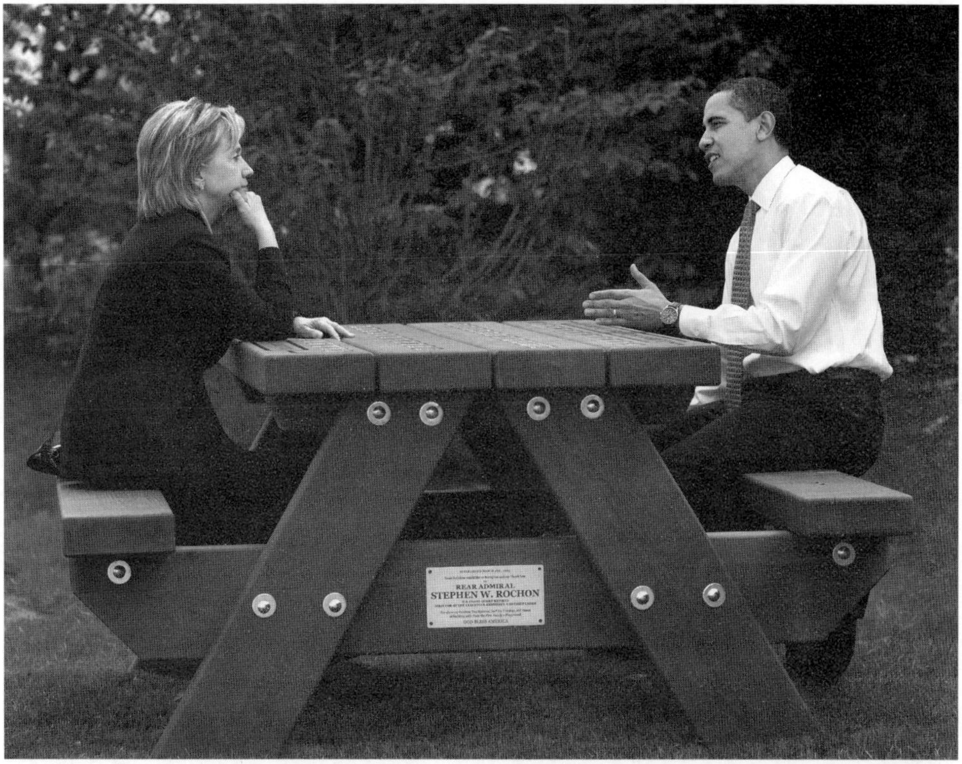
REAR ADMIRAL
STEPHEN W. ROCHON

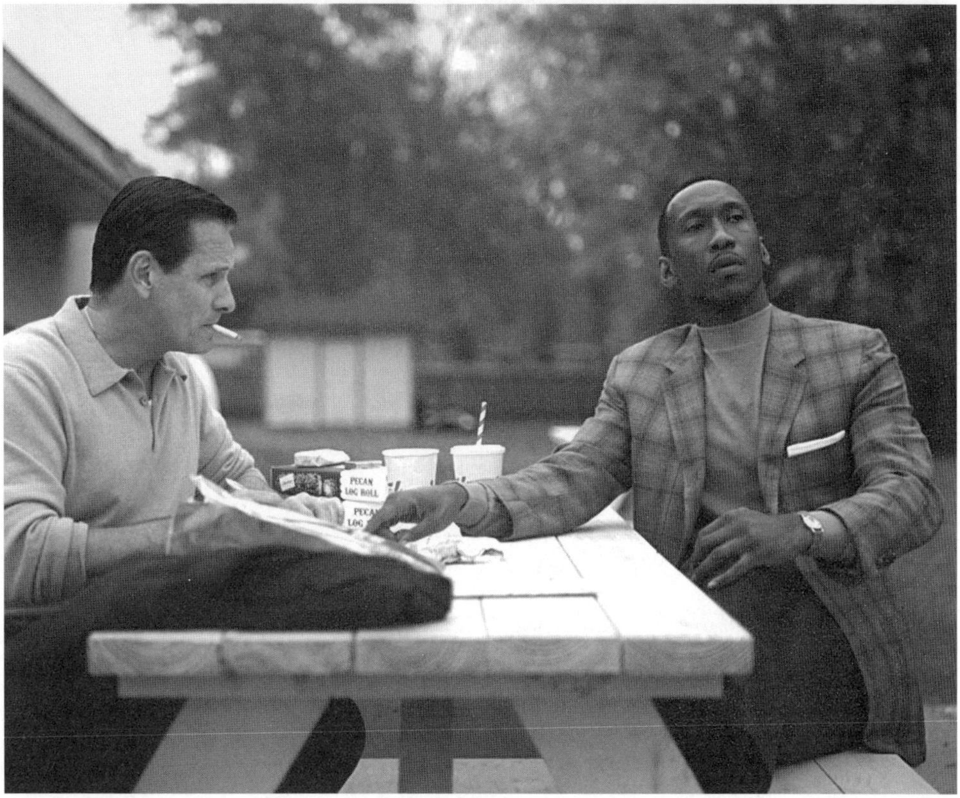
PECAN
LOG ROLL

（Thomas Cole，1801—1848）1846年创作的油画《野餐派对》（*A Pic-Nic Party*）是野餐的代表作之一，描绘了当时日益普遍的野餐场景，充满了维多利亚时代的气息，即"在大自然中享受一天的盛宴、娱乐，在人群中享受独处和自由。"[6]

就像露营要先在露营地支帐篷一样，到野餐地后，第一步是铺上野餐毯。有时野餐用品还没打开包装摆放好，野餐者还没坐定，就会有人果断地说："就是这里了！"尽管这一举动具有决定性，但也是暂时的。野餐结束后，野餐者只要把食物、盘子和用具收拾好，就能轻松把毯子从地上掀起来，抖掉上面的碎屑，叠好后放回食物篮子里，随后离开。

历史学家玛丽·埃伦·赫恩（Mary Ellen Hern）在《1840—1900年美国北部的野餐》一文中指出，"19世纪的礼仪作家推荐'帆布露营椅、垫子和地毯……它们给人们提供了舒适的座位……还能防止潮气透过薄薄的衣服袭来。'"[7] 毯子或地毯还起到了另一种作用，即成了狂欢者与大自然直接接触的桥梁与纽带。人们对地面的态度不仅反映了对舒适的渴望，也反映了对疾病的恐惧，以及19世纪时期人们对个人和环境卫生的日益关注。最近，斯坦福大学生物学家德博拉·M.戈登（Deborah M. Gordon）指出，"有野餐的地方就会有蚂蚁，因为蚂蚁随时随地潜伏着，准备在人们野餐时调集巢中的同伴出来觅食"。[8] 人们铺毯子，是试图在室外重现室内餐桌的布置，也是一种改造地面的行为，毯子起着桌布的作用，是可以摆放和享用美食的区域。

从查尔斯·埃姆斯（1907—1978）和雷·埃姆斯（Ray Eames，1912—1988）执导的电影《十

◎ **2005**
哈莱姆约依印花布（*Harlem Toile de Jouy*）（局部图），希拉·布里奇斯（Sheila Bridges）绘。布里奇斯是一位非裔美籍室内设计师，他的灵感来源于18世纪末期的法国印花布及其田园图案。布里奇斯认为，图中场景和在整块布中重复出现的另外5个场景，"讽刺了一些深深融入非裔美国人经历中的刻板印象"。

◎ **1846**
《野餐派对》，托马斯·科尔绘。

野餐桌

的次方》(*Powers of Ten*，1977)中，我们可以看到一对年轻夫妇在精心布置的近正方形毯子上野餐，毯子的色彩纹理和直角边缘与周围草地形成了鲜明对比。毯子成了一个小岛，一个可以躺着享用食物的地方。与科尔不同，埃姆斯的作品关注的是野餐本身的设置，而科尔(Cole)的作品以浪漫主义自然视角为基础(请留意第 183 页图片前景中的树桩)。野餐者及其食物、休闲活动都经过了精心安排，甚至服装也经过了精心挑选，以便与野餐地其他东西的色彩和质地相互搭配。电影的俯拍镜头非常逼真，如果说毯子好像略微悬浮在地面上，那么我们也悬浮在毯子之上，毯子的边缘几乎与图像框平行。可以肯定的是，现在用装有内置摄像头的小型无人机拍摄过视频的人或者看过此类视频的人都会对这种拍摄视角感到熟悉，但在 20 世纪 70 年代甚至谷歌地球(Google Earth)出现(2001 年)之前的几十年里，这种拍摄视角十分独特。随着镜头移开，野餐地点在草地的海洋中迅速缩小，公园边缘和芝加哥湖畔的其他主要城市地标开始出现。

是装备还是目的地？

> *在大自然中用餐，寻常的人也会被附上一种野性的元素。*[9]
> ——奥斯伯特·西特韦尔

现代冷藏箱已经在许多方面取代了方格毯子和食物篮子，成为最重要的野餐装备之一。冷藏箱装满了冰块、食物和饮料，通常非常沉重，不适合长途搬运，如从厨房搬到汽车后备厢，再运

◯ **1977**
查尔斯·埃姆斯和雷·埃姆斯执导的电影《十的次方》剧照。

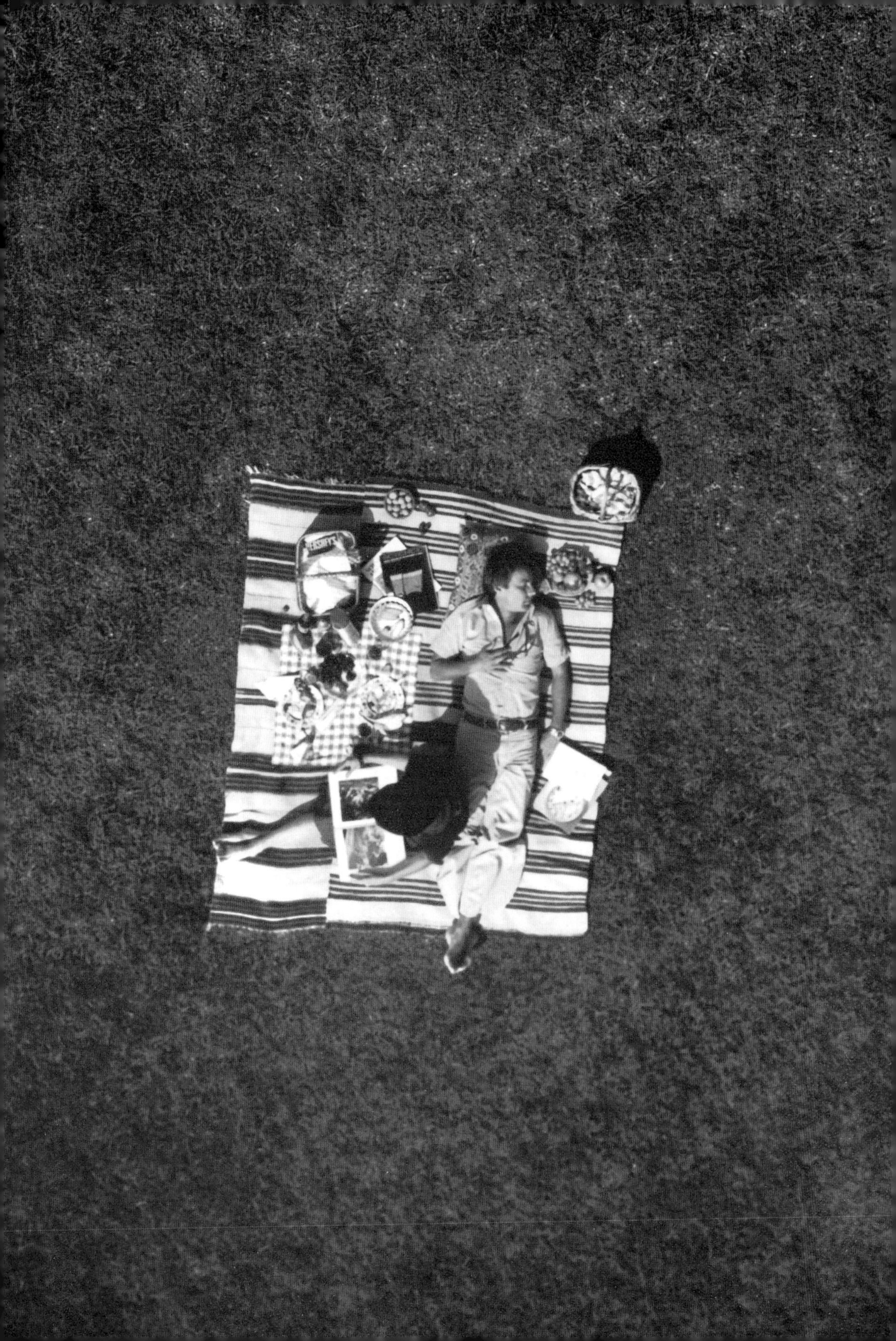
HERSHEY'S

到附近的指定户外地点。因此，通常将冷藏箱最终目的地的——野餐桌设在州立或国家公园停车场附近似乎是理所当然的。野餐桌是一种频繁使用的基础设施，日间活动专区内的野餐桌可供许多群体轮流使用。

野餐桌在公共景观中已经无处不在，现在看来，19世纪末期，把室内餐桌搬到户外的现象似乎也合乎常理。事实上，对于维多利亚时代的人们来说，将所有野餐食物从室内餐厅搬到室外，似乎是传统野餐的合理做法。为什么不把所有野餐用品，如桌布、用具、餐具、桌子、椅子等，连同食物一起搬走呢？1855年左右，艺术家杰尔姆·B.汤普森（Jerome B. Thompson，1814—1886）创作了油画《新英格兰森林里的野餐》（A Pic Nick in the Woods of New England），描绘了传统野餐的场景，室内装备临时搬到了室外。虽然这种做法无疑让野餐者拥有更舒适的野餐体验，但除非野餐地点离家很近，否则为了一顿野餐而搬运笨重的桌椅是非常不明智的。随着休闲活动的商业化和科尔曼野餐桌等便携式休闲装备市场的兴起，汽车露营装备市场也在不断发展壮大。如下文所述，一些现代野餐桌最早的专利设计旨在让餐桌能折叠起来运到野餐地点。当时野餐桌被视为是与食品篮和毯子等同等重要的装备。

19世纪末，随着野餐越来越流行，人们对野餐的需求越来越大，于是就有了名为野餐园的特定区域，里面配备了简易桌子和长凳，俄亥俄州桑达斯基的杉点（Cedar Point）游乐园里就有这种区域（第179页）。在玛丽·埃伦·赫恩看来，野餐园是"一种整洁的自然景观……虽然它可能有亭子、桌子、长凳和炉灶等人造休闲设施，但它

1900
图为艾伦（Allen）和兄弟博伊斯（Boyce）在澳大利亚萨顿森林（Sutton Forest）野餐，阿瑟·威格拉姆·艾伦（Arthur Wigram Allen）摄。巧妙的是，他们的食物篮可以打开，用来支撑桌面。

1924
林肯折叠家具公司（Lincoln Folding Furniture Company）的广告，摘自《汽车露营者与游客》，1925年3月。

约1855
《新英格兰森林里的野餐》，杰尔姆·B.汤普森绘。

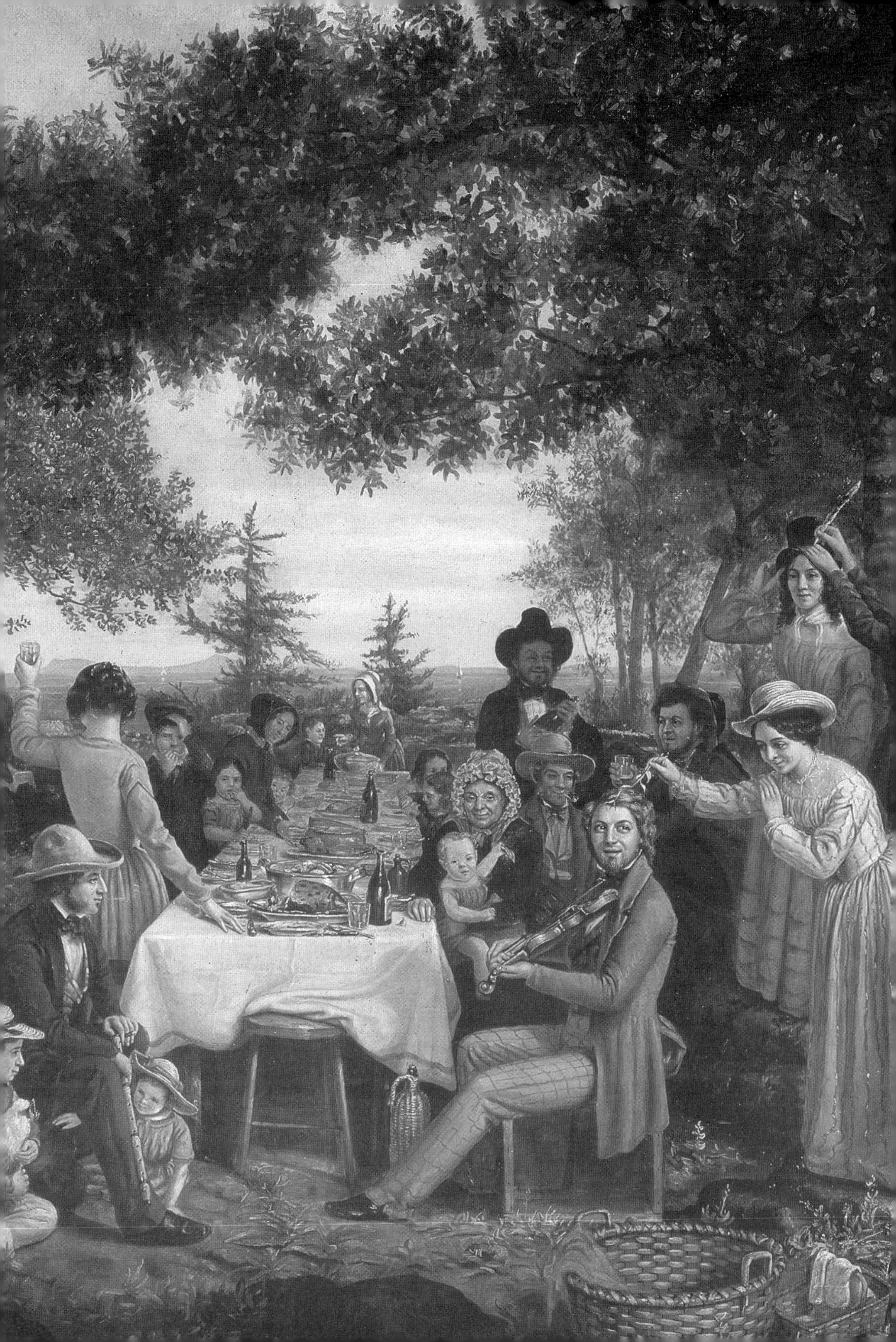

既不是城市公园那样的人造景观，也不是经过开发的游乐场所"。[10] 早期野餐园中的桌子由粗糙的木板制成，专为频繁使用而设计，桌子是固定的，桌脚深深插入地下，没有靠背的长凳代替了单张的椅子。如第179页插图所示，桌子已成为野餐园内聚会的场所，与其说是附属品，不如说是目的地。排列密集的桌子和长凳可以同时容纳几场聚会，这已经成为一种常态。赫恩指出，其他地方效仿了这些野餐园的做法，如纽约新帕尔茨的莫宏克山庄（Mohonk Mountain House）和国家公园等地。野餐园为人们提供了许多乐趣，不过，在《民权法案》1964年生效之前的几十年里，也难免受到种族歧视的影响。谢南多厄国家公园1938年的地图显示，当时的野餐园存在严重的种族隔离现象，如埃尔克瓦洛（Elkwallow）野餐园只供白人使用，而刘易斯山野餐园早在1935年就只接待非裔美籍游客。令人遗憾的是，即使在谢南多厄国家公园扩建成了功能齐全的露营地后，在1939年至1950年，该公园内也只有刘易斯山一个地方接待黑人游客。

沃尔特·利维（Walter Levy）指出，人们一直认为野餐是为期一天的活动，不需要过夜。[11] 那时越来越多热衷于露营的休闲爱好者被城市之外的荒野所吸引。1869年，威廉·亨利·哈里森·默里牧师出版了《荒野历险记》（*Adventures in the Wilderness*, 1869），讲述了他在阿迪朗达克荒野的露营经历，掀起了到阿迪朗达克旅游的第一波热潮。默里热情洋溢，近乎夸张地大肆宣扬在户外露营几周就能恢复健康的功效，并以一名健康欠佳的年轻人为例来说明：

第二天，他咳得没有那么剧烈和痛苦了。第

◐ **1938**
《弗吉尼亚州谢南多厄国家公园地图》，1938年，H.S. 特勒（Teller）绘，该局部图突出了"有色人种野餐地，刘易斯山"。

◐ **1924**
《加利福尼亚州斯托克顿的斯特里布利公园》（局部图），维克托·安德森（Victor Anderson）绘，作者突出了最右边的野餐地。

街道

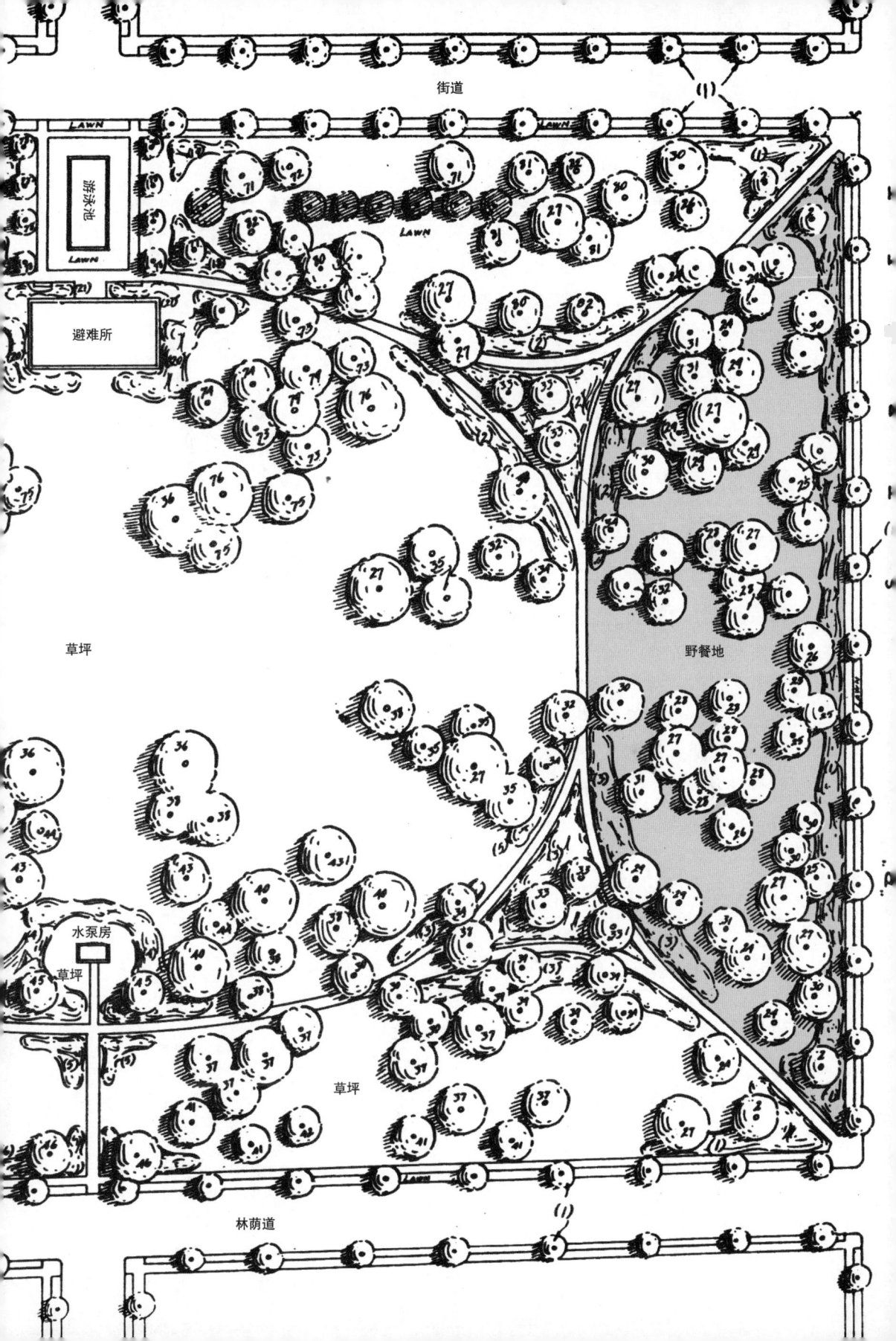

游泳池

避难所

野餐地

草坪

水泵房
草坪

草坪

林荫道

一周结束，他可以借助拐杖走路。第二周，他可以自己走路。第三周，他完全不咳了。从那以后，他的病情迅速好转。6月1日，他"加入"露营团队，导游将他拥入怀里……5个月后，他的体重增加了29千克，正如一起露营的人所说，他长得很结实。[12]

1886年乔治·培根·伍德（George Bacon Wood）拍摄了一张科尔登营地（Camp Colden）的照片，很好地说明了当时的情况。照片中两名露营爱好者坐在桌子旁，桌子由插入地下的柱子支撑着，另外两个人在用篝火做饭，背景是一个用树枝和树皮搭成的简易帐篷。对于这种临时餐桌，沃伦·H.米勒在《营地手工设施：现代实践与装备》①（1915）一书中评论道："露营装备资深商家对餐桌存在的必要性进行了大量研究，从长远来看，野餐桌非常重要。用原木和木板制成的餐桌……可以有效解决永久性营地的露营用餐问题，桌子两边各摆上一张原木长凳，就可以舒适、愉快地用餐了。"[13] 同样，探险家兼作家A.海厄特·维里尔提出，这种桌子"非常容易制作，只要将叉形木棍插入土中，在木棍上绑一个长方形框架，盖上桦条和树皮，或者将木棍或树枝紧紧绑在一起，或者在顶部拉上绳子，再用柳条、树枝或其他材料穿插。椅子和长凳也可以用同样的方法制作"。[14] 为露营而设计的临时餐桌，是直接由从营地周围取得的木材制成，这些木材也是搭建帐篷和生火的材料。露营最后一天，露营者会彻底拔营，把桌子直接扔进火里烧掉，几乎不留痕迹。

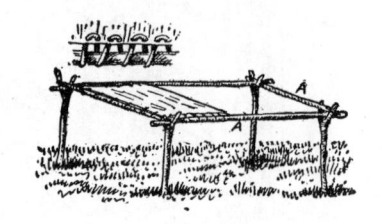

↑ 1917
A.海厄特·维里尔《露营手册》中的插图，描绘了在露营地制作简易家具的方法。

↑ 1886
纽约州科尔登湖（Lake Colden）的科尔登营地，乔治·培根·伍德摄。

---

① 原书名为 *Camp Craft: Modern Practice and Equipment*。

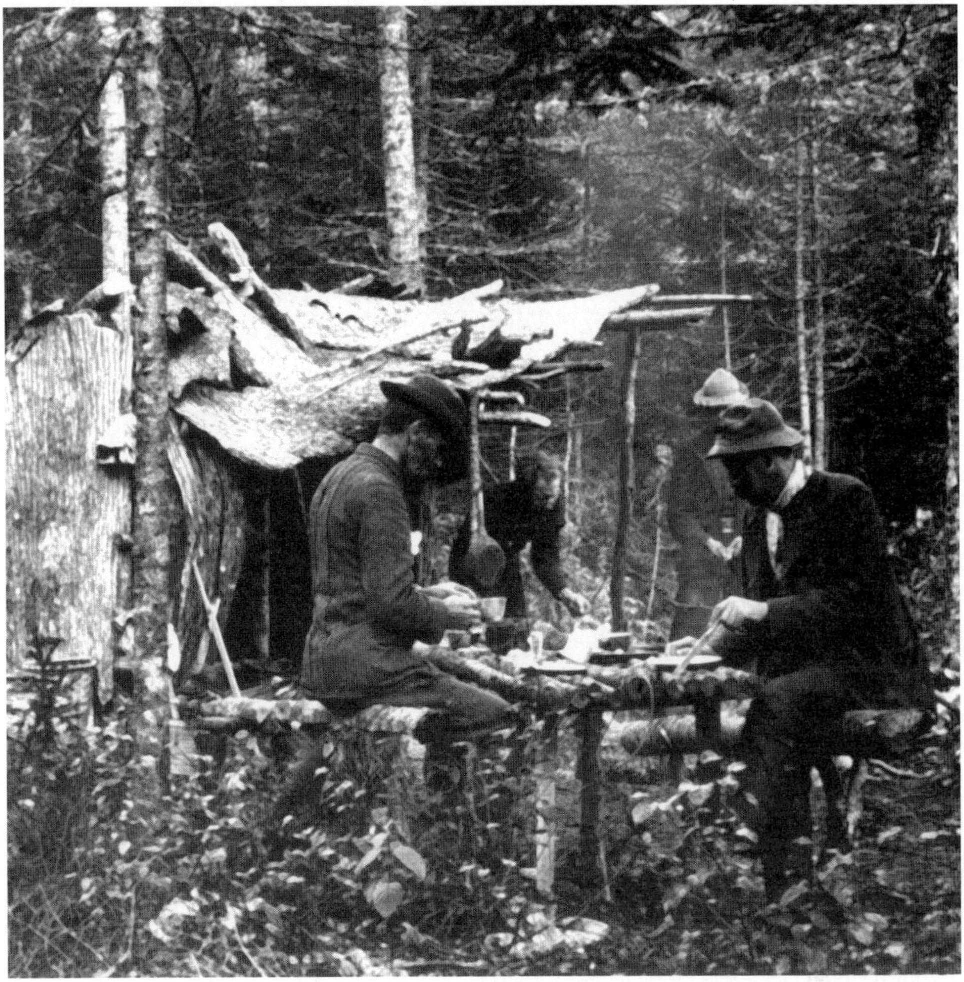

野餐桌设计

> 这种桌子有一个显著的特征，就是设有支撑物，以防倾覆。[15]
>
> ——艾伯特·H.古德

与20世纪之交野餐园中的野餐桌相比，现代野餐桌有两个主要特点，一是桌椅连成整体，二是非常稳定，几乎不会动摇。查尔斯·H.尼尔森（Charles H. Nielsen，1872—1945）1904年获得专利（美国专利769354号），开创了连体式桌椅设计的先河。尼尔森将自己的发明描述为"一种制造成本低、易携带、配有座位的桌子，最好是两边都有座位……专为野餐和其他类似的聚会临时使用而设计的"。[16] 在设计这种折叠式连体桌时，尼尔森首要考虑的好像是桌子的便携性。[17] 从图纸上可以明显看出，折叠后的连体桌差不多与早在19世纪出现的野餐毯一样扁平。

事后看来，尼尔森桌的便携性不如其在框架方面的创新性意义重大。尼尔森关注桌子的稳定性，表明尼尔森桌遵循了美国家具早期制造的惯例，如18世纪的锯木桌及其X形结构框架中交叉桌腿的制造方法。与大多数创意一样，尼尔森桌也会面临意想不到的挑战，这种一体式桌椅可能会导致桌子两边重量不平衡。《弗里斯科一家人》（*The Family Flivvers to Frisco*，1927）一书中的搞笑插图就说明了这一点，该书由记者弗雷德里克·范德沃特（Frederic Van de Water，1890—1968）所著，讲述了作者沿着林肯公路（Lincoln Highway）从纽约到旧金山的个人旅程。为解决桌子两边不平衡的问题，尼尔森建议用垂直柱子支

⇒ 1927
弗雷德里克·范德沃特《弗里斯科一家人》中的插图，W.J.恩赖特（Enright）绘。

野餐桌

我们仰面躺在倾倒的桌子旁,晚餐打翻在我们身上

撑每条长凳的两端，这意味着桌椅实际上有 8 个与地面接触的点，该做法有点多余。20 世纪 20 年代生产的同类桌子就有这种对角垂直支柱的笨拙组合，如丹佛著名市政汽车露营地欧弗兰公园的桌子。欧弗兰公园的 800 个露营位中，每个营位都有一张坚固的桌子，其长凳由对角垂直支柱支撑。

现代野餐桌的设计不断改进，最终去除了多余的垂直支撑。这种改进有两个不同来源，一个是哈罗德·R.贝斯福德（Harold R. Basford，1873—1954）1918 年获得的专利（美国专利 1272187 号），它是最接近现代野餐桌的设计。[18] 与尼尔森的设计一样，贝斯福德设计的野餐桌也是可折叠便携式的。如此一来，在流动性强的新时代，进行乡村旅行的汽车露营者就可以将餐桌与帐篷、寝具、灶具等装备一起打包上路。这一时期，随着休闲活动日益商业化，科尔曼公司、林肯公司等供应商纷纷涌入便携式休闲装备的新兴市场中。

尼尔森是首位将座椅、桌面和对角线结构整合成闲适、实用野餐桌的人吗？还是他仅仅改编了一个无记录的早期设计，使其便于运输？有证据表明，类似的野餐桌早在 1916 年就在美国林务局的鹰溪（Eagle Creek）露营地开始使用，鹰溪是美国建造的首个公共露营地。[19] 与尼尔森桌不同，鹰溪的桌子没有铰链，不过，从那时照片里拆解开的桌子，可以看出便携性实际上是设计桌子时主要考虑的因素。桌子部件可以在遥远的木工车间批量生产，再用平板卡车运到俄勒冈国家森林深处的偏远地区，如鹰溪，最后在各个露营地组装起来，这非常有意义。反过来看，不用时，这

↑ **1925**
丹佛欧弗兰公园露营地的野餐桌，摄影师不详。

↑ **1904**
查尔斯·H.尼尔森美国专利 769354 号中的示意图，展示了如何将桌子折叠以便运输。

No. 769,354. PATENTED SEPT. 6, 1904.
C. H. NIELSEN.
TABLE.
APPLICATION FILED SEPT. 28, 1903.
NO MODEL. 2 SHEETS—SHEET 1.

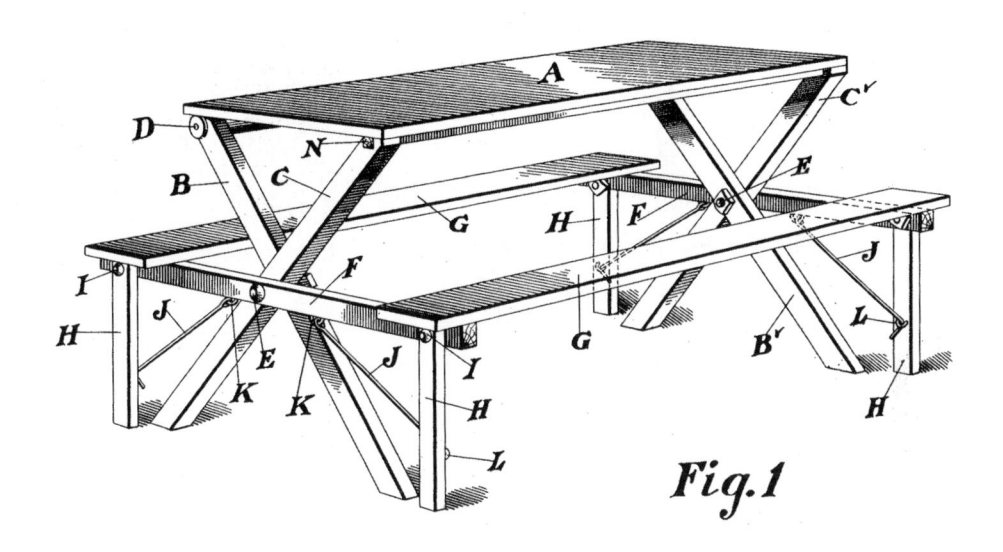

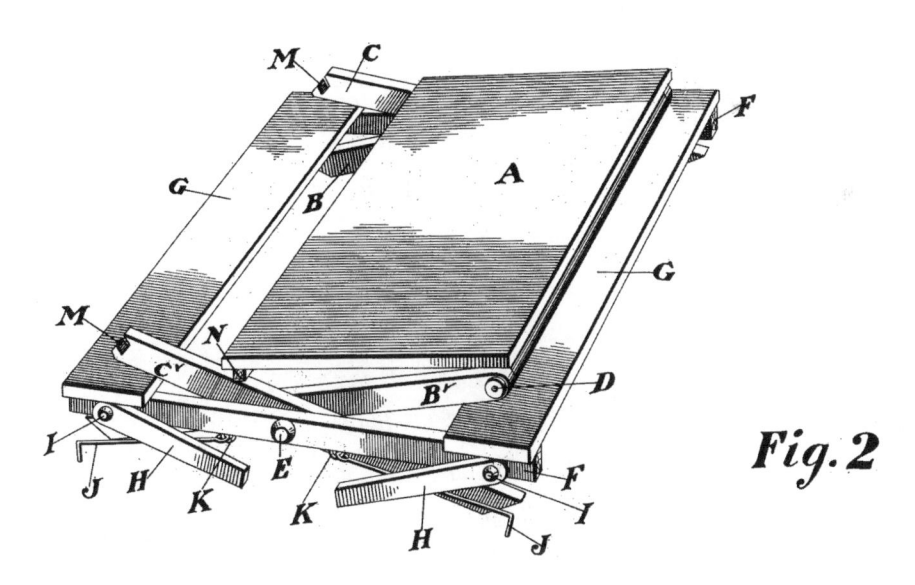

Fig.1

Fig.2

WITNESSES:
Albert Dick
A. Katherine Dick

INVENTOR
Charles H. Nielsen
BY
F. W. Hillard
ATTORNEY

些坚固的桌子也很容易拆卸和存放。凡是在当地五金店购买过木制野餐桌的人都知道,至今野餐桌仍然是在半组装后进行巧妙的"扁平包装"再销售。

激增

> 露营地实际上是一个"无顶小屋",里面的基本用品有车库、厨房炉灶、餐桌和寝具,并有足够的活动空间,不会造成不便。[20]
> ——E.P. 迈内克

1935年,美国国家公园管理局建筑顾问艾伯特·H.古德在《公园结构与设施》一书中指出,"人体骨骼伸展范围的平均值和体内铰链关节分布位置的一致性早已确定了野餐桌的一些基本尺寸"。[21] 在一定程度上讲,古德所说的桌面和座位宽度、二者之间的间距以及各自离地面的高度是正确的。然而,这种说法忽略了图纸和规格书在规范基本尺寸方面起到的作用。毫无疑问,尼尔森和贝斯福德各自的专利都提出了野餐桌设计的主要原则,但细心的读者会注意到,他们的图纸没有标注具体尺寸。1922年,在贝斯福德获得专利后,古德出版《公园结构与设施》前,国家公园管理局发布了一份名为《公共露营桌》(*Table for Public Autocamp*)的蓝图,首次规定了这些关键尺寸的大小。蓝图还提出了新的结构改进措施,即沿桌子主轴安装两组对角支撑,使桌子更稳定。该图纸的独特之处在于,它将桌子分解成了各种尺寸的部件,总共需要15块刨切木材,如用作桌面和座位的5.1厘米×30.6厘米木板、用作结构

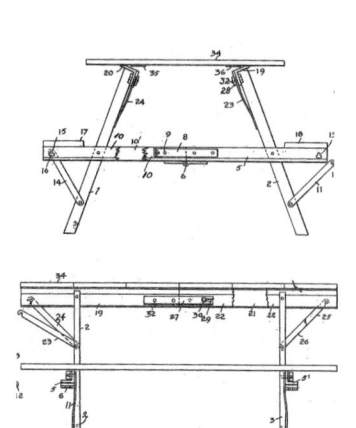

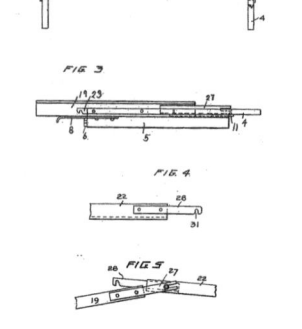

◐ **1918**
哈罗德·R.贝斯福德(Harold R. Basford)美国专利1272187号的示意图。虽然贝斯福德旨在将野餐桌设计成可折叠的,但其专利实际上包含了现代野餐桌的所有元素。

◐ **1919**
美国林务局,太平洋西北地区,俄勒冈州胡德山国家森林的野餐桌,摄影师不详。

美国农业部林务局

胡德山国家森林

I-Studies-Mt. Hood
Historical Information
General.

1930 年前在胡德山国家森林使用的野餐桌。1933 年后，Zig Zag CCC 营地制造了乡村风格的桌子。底片编号：43960A 和 43961A。

框架的 5.1 厘米 ×10.2 厘米和 5.1 厘米 ×15.3 厘米木板。图纸上甚至标注了结构螺栓钻孔的位置。

第一张野餐桌技术图纸由政府机构而不是尼尔森或贝斯福德等发明家绘制，这一点也不足为奇。图纸上标注了该设计"根据美国林务局桌子改造"，也许就是鹰溪最早使用的桌子？事实上，20 世纪 30 年代罗斯福新政时期，作为联邦和州立公园中露营地和野餐区的主要开发商，国家公园管理局、美国林务局和民间资源保护队在公共露营桌开发过程中发挥了主导作用。随着公共露营桌不断普及，使用规模不断扩大，我们不难理解，为何比起全美国市政独立营地的野餐桌设计，这种设计规范传播更广泛更具影响力，甚至比欧弗兰公园这种大型营地的野餐桌设计影响力更大。[22]

古德的《公园结构与设施》（1935）和《公园与休闲设施》（1938）由美国内政部和国家公园管理局出版，是当时的权威标准。这两本书图文并茂，附有作者大量的贴心注释，如野餐桌、壁炉、露营棚、厕所和露营地等基础设施部件的规格说明。与其他章节一样，野餐桌一章描述了几种不同设计，一些较为质朴，一些较为精致，同时描述了这些设计在全美不同公园应用的实例。刨切木材、粗锯原木或巨大石板制成的桌子气势恢宏，固定性是这种设计的重要特征。

E. P. 迈内克极为关注汽车带来的影响，其想法对露营位和露营地设计产生了巨大影响，他的建议成了现代露营地规划的基石。迈内克建议将汽车、火炉、帐篷和餐桌"明确固定"在露营位不同位置上，从而在这些关键基础设施之间形成非正式步道网。对于野餐桌的固定，迈内克特别提出"只考虑固定那种结构非常笨重、耗资巨大

◎ 1922
公共露营桌（根据美国林务局桌子改造）。

单位：厘米

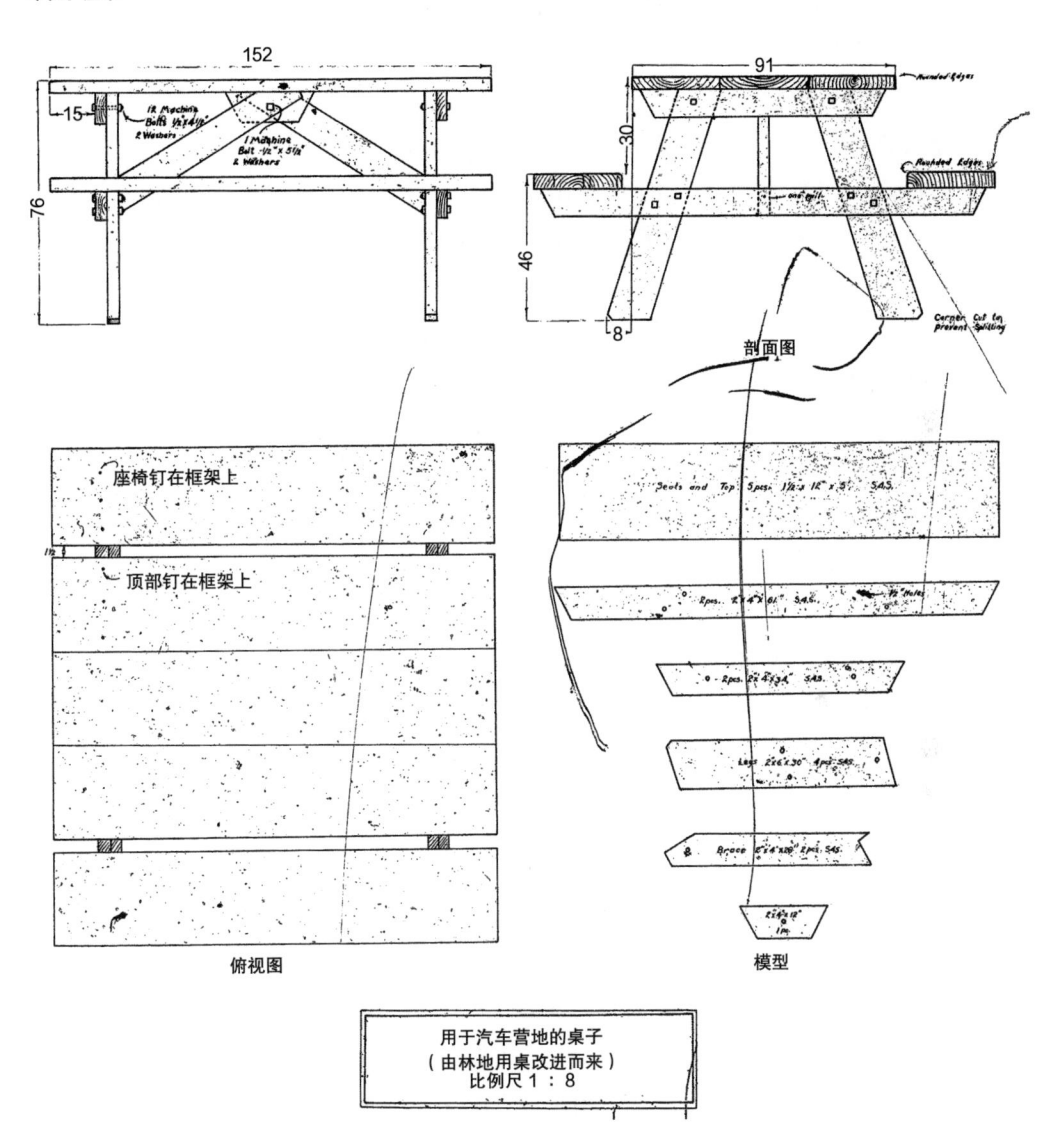

剖面图

俯视图

模型

用于汽车营地的桌子
（由林地用桌改进而来）
比例尺 1：8

的餐桌"。[23] 古德在《公园结构与设施》一书中也提出了同样的观点,"选定的露营地可以通过放置野餐用具、野餐桌或者其他更合适的设施来固定"。[24]

历史地理学家特伦斯·杨敏锐地注意到,迈内克这种将露营地视为"无顶小屋"的设想"包含了许多与郊区住宅相同的基本设施,如车库、厨房炉灶、餐桌和寝具,并有足够的活动空间,生活便利"。[25] 就在100年前,维多利亚时代的人们也有这样的想法,把用餐装备从室内餐厅搬到了室外。所以说,他们还没有完全放弃室内用餐的舒适感,在露营地使用合适的盘子、银制餐具、把毯子当作桌布,打造出可以摆放和享用饭菜的场所,尽量为野餐增添一些仪式感。到了20世纪30年代,家庭生活的全部装备,不仅是用餐,还有做饭和睡觉的装备,都搬到了室外。数百个家庭聚集在同一个露营地里,彼此相邻,进行着同样的活动。

小结

> 所有野餐桌结构可能相似,但风格却不会相同。[26]
>
> ——沃尔特·利维

虽然野餐桌的基本功能大体相同,但每张野餐桌就像每场野餐一样,往往可以通过许多大大小小的细节来区分。大的方面有:延长桌面长度,使其大于座位长度,以符合《美国残疾人法案》(ADA)的标准。小的方面有:金属桩更多、木板更窄、螺栓更大、餐桌和座位末端有无倒角等。

⊙ **1938**
《得克萨斯州博纳姆州立公园野餐桌》(第一幅图)和《怀俄明州根西湖州立公园野餐桌》(第二幅图),艾伯特·H.古德绘,摘自《公园与休闲设施》第二卷《休闲与文化设施》。

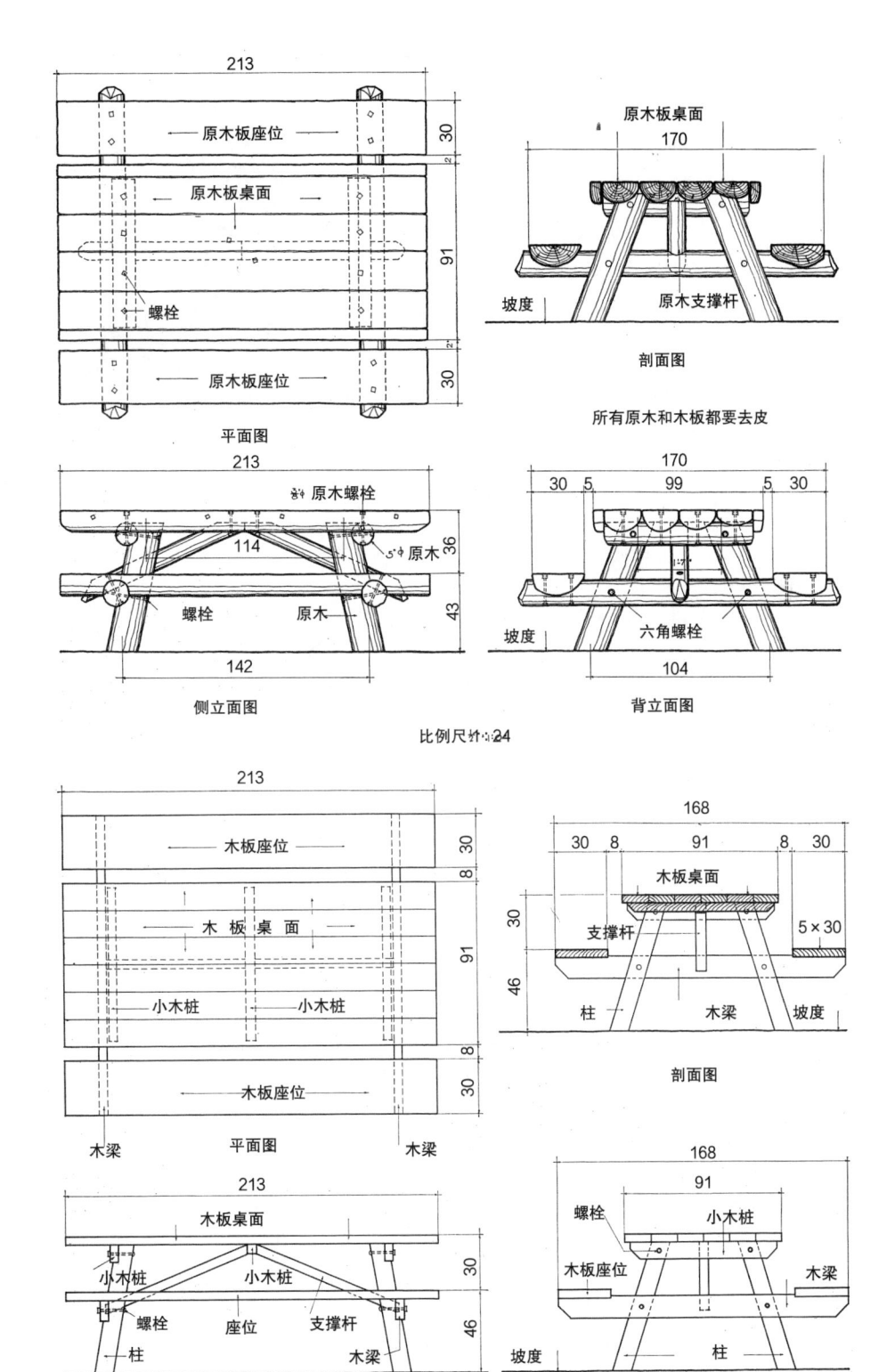

213
原木板座位	30
原木板桌面	91
螺栓	
原木板座位	30

平面图

原木板桌面 170

剖面图

所有原木和木板都要去皮

213
原木螺栓
114 36
螺栓 原木 43
142

侧立面图

170
30 5 99 5 30
坡度 六角螺栓
104

背立面图

比例尺 1:24

213
木板座位 30
木板桌面 91
小木桩 小木桩
8
木板座位 30
木梁 平面图 木梁

168
30 8 91 8 30
木板桌面
30
支撑杆 5×30
46
柱 木梁 坡度

剖面图

213
木板桌面
30
小木桩 小木桩
螺栓 座位 支撑杆 46
柱 木梁

侧立面图

168
91
螺栓 小木桩
木板座位 木梁
坡度 柱

背立面图

比例尺 1:24   单位：厘米

这些微妙的差异让我们认识到野餐桌具有适配性，这让野餐桌设计平中显奇、淡中有味。野餐桌是一个司空见惯却具有重要文化意义的物品，追溯其设计历史是一个奇特的过程，需要收集图纸和照片，注明绘制和拍摄日期，比较其特点。在时间的长河中回溯，野餐桌的关键特征变得越来越模糊，直到不复存在——这就是历史的开端。

现在我们开吃吧！

↑ **1965**
《坐在野餐桌旁的穿靴子女人》，布鲁斯·戴维森摄，摘自《约塞米蒂露营者》系列。

↱ **1932**
《新开辟露营场所的规范发展拟议计划》，E. P. 迈内克绘，摘自《露营地政策》。

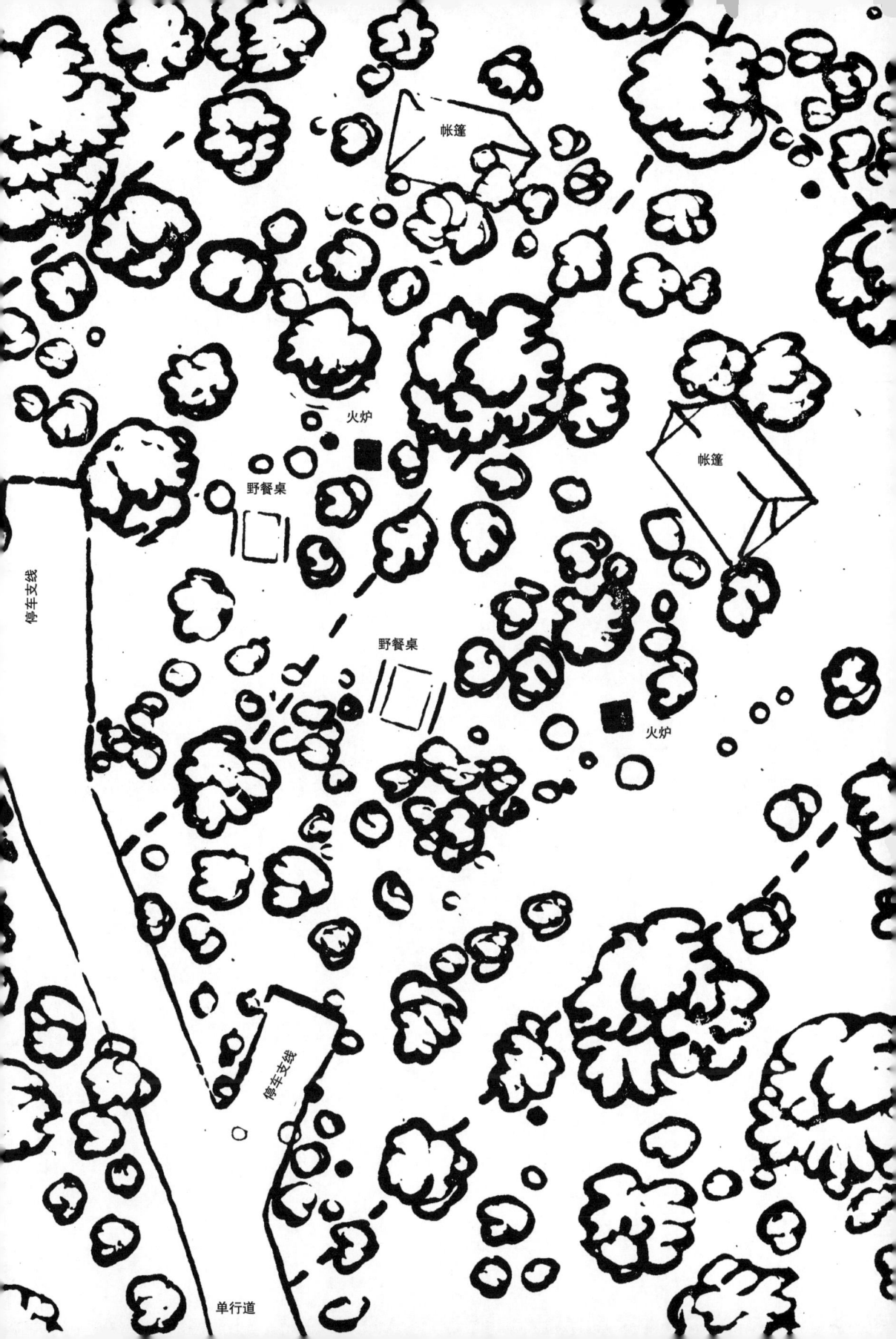

帐篷

火炉
野餐桌

帐篷

停车支线

野餐桌

火炉

停车支线

单行道

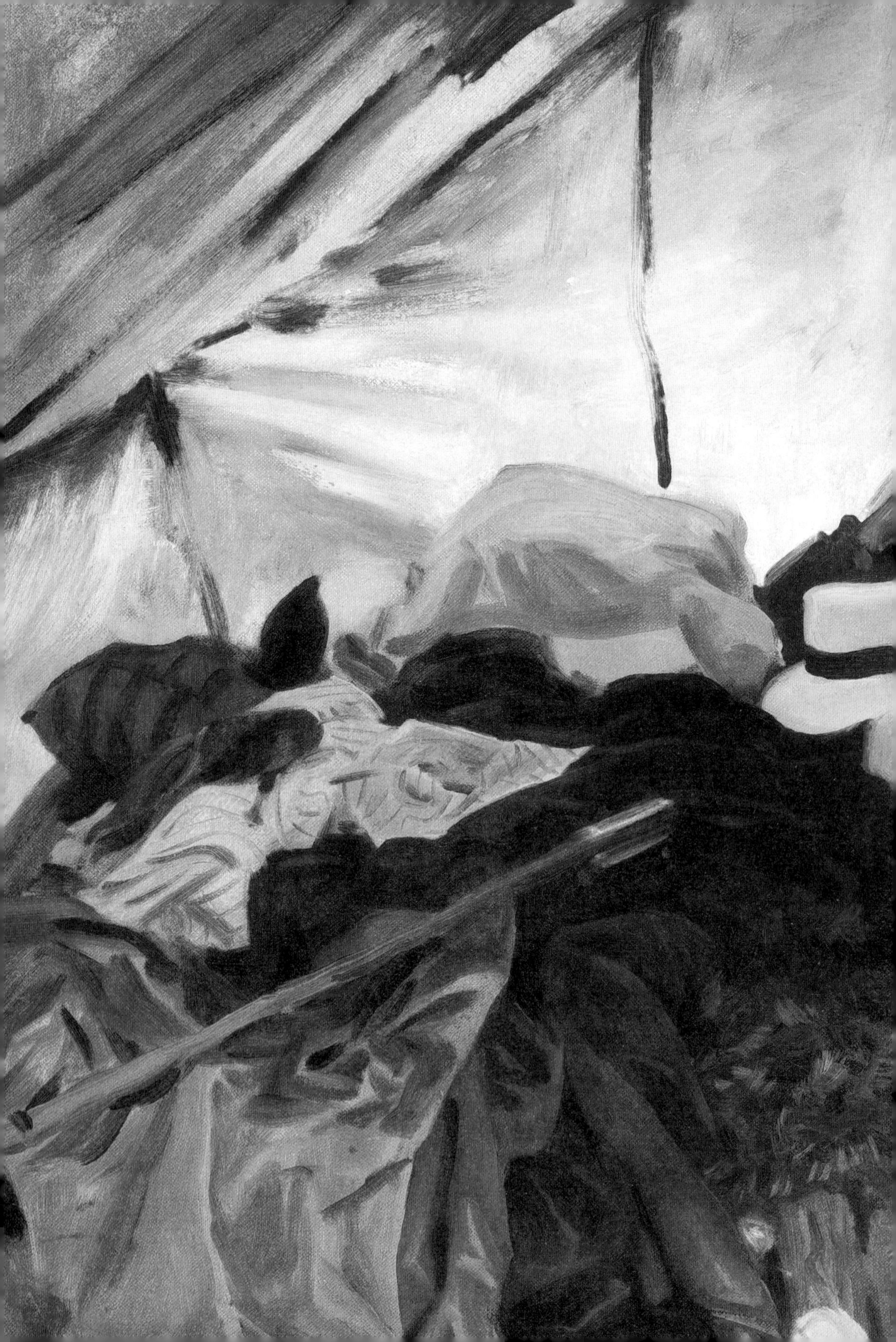

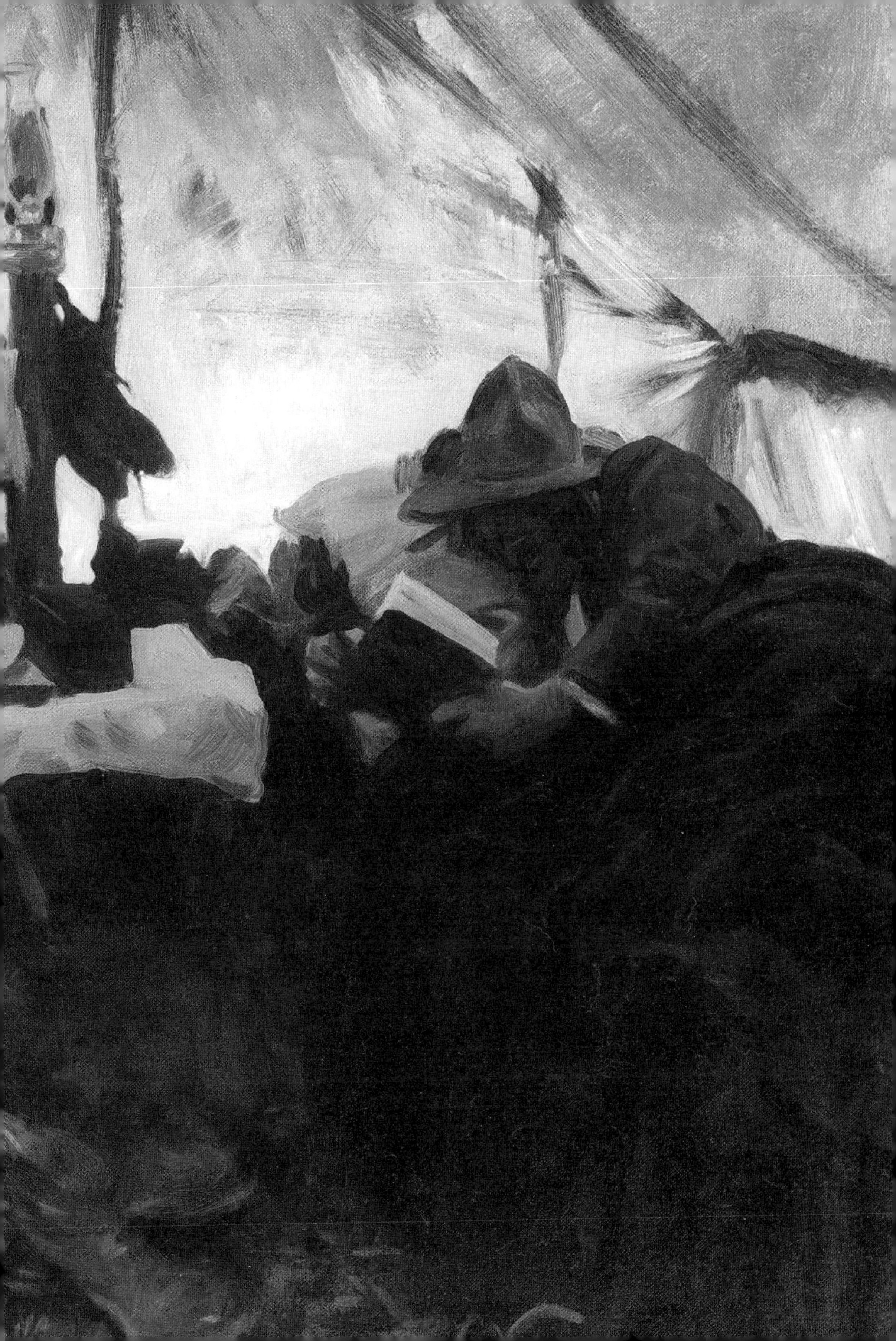

帐 篷

> 搭帐篷之前，露营地看起来多么大，多么开阔啊。[1]
> ——S.H. 沃克

露营的一大乐趣就是宣称自己拥有营地。著名的阿迪朗达克户外运动爱好者乔治·华盛顿·西尔斯（George Washington Sears，1821—1890），笔名"内斯穆克（Nessmuk）"，从附近砍来了铁杉，将粗帆布钉在铁杉柱上搭成了简陋棚屋帐篷，在描述该帐篷时他夸耀道，"这种帐篷……像我这样技艺娴熟的人只需花大约 3 个小时的时间就能轻松搭建起来"。[2] 100 年后，这项"轻松的工作"只剩下一系列精简熟练的动作，即把车停在指定露营地边缘，拿出冷藏箱、草坪椅、木柴箱、炉灶、锅碗瓢盆、装满衣服的行李袋、睡袋、床垫、枕头和帐篷。首先迎接露营者的是坚固耐用、饱经风霜的野餐桌和锈迹斑斑的火炉，

1916
《加拿大落基山脉的帐篷内部》，约翰·辛格·萨金特绘。

1920
《棚屋帐篷和篝火》，乔治·华盛顿·西尔斯绘，摘自《森林生活技能》，第 14 版。

《棚屋帐篷和篝火》

它们在一片光秃秃的土地上成了显眼的永久空间标记，吸引着露营者前行。毫无疑问，这个与地图标注的信息一致，有着停车木桩编号的空地就是露营者已经支付了合理费用的露营地。不过，在帐篷搭建起来之前，能否宣称自己真正拥有这块营地了呢？

帐篷是营地中最大的设施，在高大的帐篷拔地而起的那一刻，帐篷就开始发挥着许多重要功能。色彩斑斓的帐篷不仅是露营的标志，还是遮风挡雨、防晒防虫的庇护所。帐篷本身是由一些需要组装的部件（如木桩、支柱、绷绳、防虫网和防雨罩）组成的，所以搭建帐篷是一个程式化过程，在搭建帐篷的过程中，露营者不禁联想到，内斯穆克等前辈"抛起"或"立起"帐篷时劳作的情景。新搭起的帐篷是每一次露营开始的象征。"收工"或拆卸收起帐篷，意味着露营结束，并为下一位露营者腾出露营地。1955年设计师比尔·莫斯（1923—1994）设计的伞状弹出式帐篷（Pop Tent，美国专利2953245号）只需按下一个按钮，即可完全展开，达到直径2.1米的范围，就连内斯穆克也不得不承认，该帐篷确实具备帐篷的基本功能。[3] 所有驱动现代露营装备发展的创意——重量轻、体积小（用最小的体积做最大的帐篷）、效率高（搭建时间最快）、形状具有可预测性（在不同露营地，帐篷的外形永远不会改变）等，都未抛开"组装"这个概念，就连只需几分钟就能组装好的弹出式帐篷，也没能摆脱"组装"的过程。

钉出精确的矩形

先竖立前杆

钉出侧面和墙壁

↑ 1947
S. H. 沃克《露营之道》中的插图，说明如何搭建轻便帐篷。

↗ 约 1960
《搭建弹出式帐篷》，摄影师不详。帐篷的骨架像雨伞一样展开，几分钟内就能搭建完成。

帐 篷

扎根式 / 独立式

一顶临时帐篷，可移动的扎根礼物。[4]
——盖尔·希伊（Gail Sheehy）

艺术家查尔斯[①]·J. 希特尔（Charles J. Hittell, 1861—1938）的《狂风》[②]描绘了19世纪加利福尼亚荒野中令人不安的景象。不用说，事情并不顺利。图中右侧的一名男子正拼命拉扯帐篷帆布下的直立杆，防止帐篷被刮走。他双脚牢牢踩在地上，身体向右侧微微倾斜，努力往回拉，来暂时稳定住帐篷。要是他能再坚持一会儿就好了。

即使天气晴朗，保持帐篷稳定的力系也是复杂的，虽然情况可能不像这幅画中那么夸张。Tent（帐篷）源于拉丁语形容词tentus（拉伸），体现了在紧张状态下进行决斗的理念。帐篷由一系列部件组装而成，有些部件柔软半透明（织物、绷绳），有些部件坚硬笨重（柱子、木桩）。帐篷在运输时可以轻松压紧，在使用时又可以提供宽敞的空间。帐篷与地面牢牢相连，同时又向天空"推开"。木桩不仅有助于帐篷在内部张力和大风中保持稳定，而且是阻挡他人进入的临时性标志，等于告诉来来往往的露营者"此地已有人"。露营的最后一个早晨，露营者轻松从土里拔出木桩，折叠起帐篷，塞回帐篷包。露营地没有留下任何过往露营者的痕迹，他们让出了对这片土地的所有权。不难想象，野餐桌和火炉旁的那片土地已经被帐篷（可移动的扎根礼物）弄得千疮百孔。英国研究员兼毡房专家斯蒂芬妮·邦恩（Stepha-

---

① 又名卡洛斯（Carlos）。
② 原名为 *A Hard Blow*，1881。

◐ 1881
《狂风》，查尔斯（卡洛斯）·J. 希特尔绘。

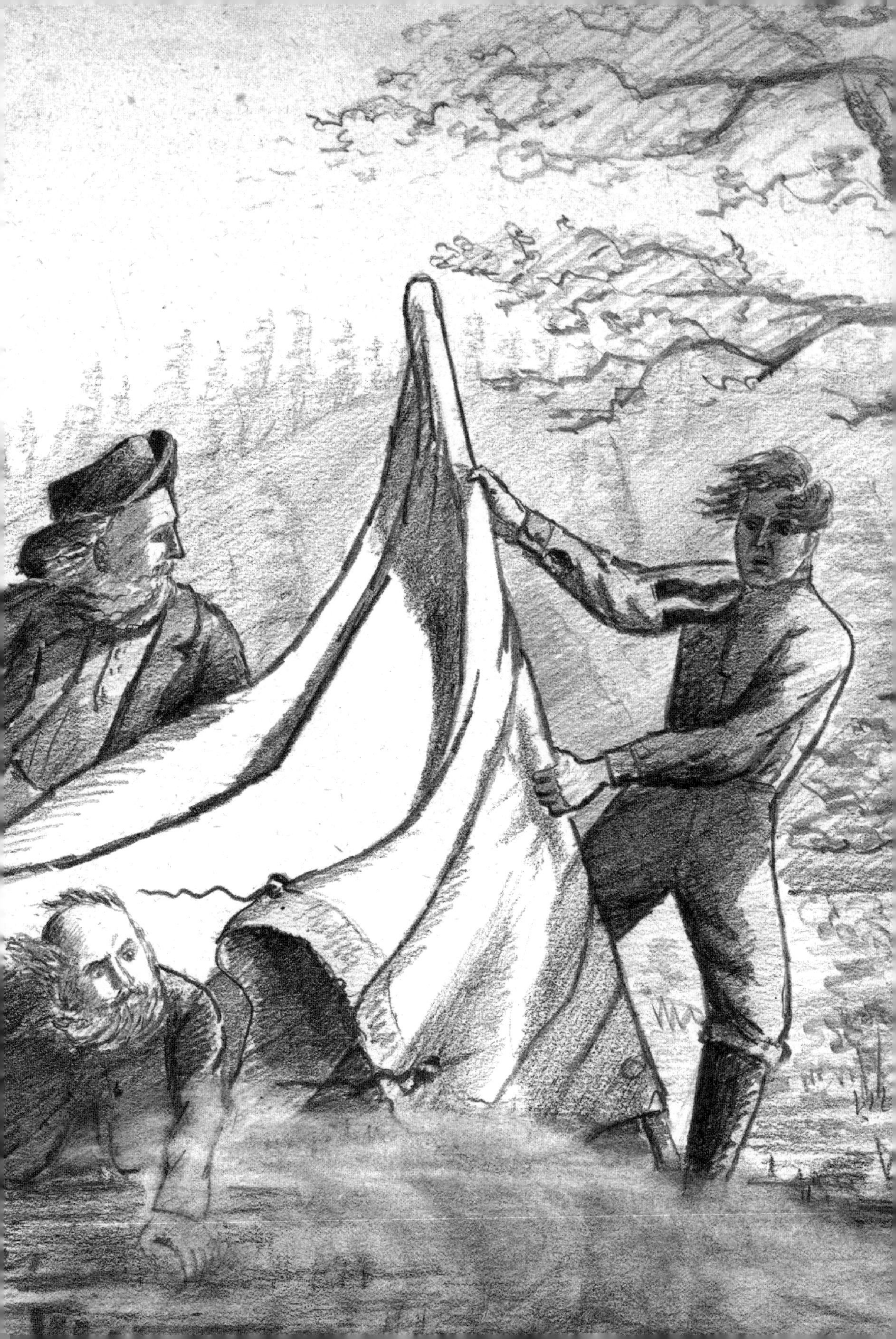

nie Bunn）认为，用来描述中亚游牧帐篷的术语"yurt"（蒙古包）很可能是对"jurt"一词的误用，在吉尔吉斯语和哈萨克语中，"jurt"意为"帐篷位""家园"或"祖国"。[5]

　　虽然帐篷几千年来一直保持相对不变，但 20 世纪人们对帐篷的设计进行了许多重要的创新。创新的关键在于，人们认识到需要在各个大大小小的帐篷设计创意之间寻求平衡，才能达到意想不到的效果。例如，夏威夷王国立法机关主席戈弗雷·罗兹（Godfrey Rhodes，1815—1897）所说的 18 世纪初期的中国军用帐篷至少要用 80 个单独的地钉来固定。[6]搭建这种帐篷需要耗费大量时间，这与帐篷作为野外临时住所的性质背道而驰。其次，就像土地测量员将旗帜插在地上以划定土地的界限一样，随着木桩的钉入，帐篷被固定，士兵的临时住所也就被固定了，木桩将帐篷牢牢地固定在地面上，要想迁移，就必须将帐篷完全拆开。最后一点，这种帐篷的设计没有考虑到帐篷表面张力的变化。天气变化，如日晒、风吹、雨打、温差，会使帐篷布收缩、膨胀、裂开和下垂。这种设计与希特尔绘制插图中的帐篷在许多方面不同，后者稳定性更好，能够应对各种天气。在各种创意间寻求平衡会不会失去什么呢？帐篷的设计成功与否并不是一个非此即彼的问题，如果简单地加以评判，就会忽略成功与失败间的辩证关系，即失败与成功相互依存、互为促进，共同推动着设计创新向前发展。

　　19 世纪引入的绷绳和滑动器可以让露营者在不改变木桩位置的情况下调节帐篷布的张力，事实上，滑动器一词本身就表明帐篷的稳定性需要不断调节。比尔·莫斯 1957 年设计的灵活双曲抛

在石头后方系绳子

在此处固定石头

拉出绳子并绑在木桩上

↑ 1976
《拉出》，马戈·阿普尔（Margot Apple）绘，摘自史蒂夫·富特曼（Steve Futterman）和马戈·阿普尔的《软房子》（Soft House）。

↑ 1920
《如何独自搭帐篷》，丹尼尔·卡特·比尔德绘，摘自《美国男孩的露营传说和森林生活技能手册》。

帐 篷

如何在沙质或潮湿土壤中固定帐篷

地面

地下剖面

如何独自挖沟

213

物面帐篷（美国专利3060949号）就很好地体现了这一点。莫斯没有沿袭罗兹示意图中对安全性的过度设计，而是建议将帐篷从地上解放出来。[7] 莫斯将帐篷固定在四个锚点上，节省了宝贵的安装时间，并且能让帐篷更灵活地适应位置变化。他发明的这种帐篷具有重要影响，与传统帐篷的直线几何形状不同，采用的是一组优美的悬链曲线。后来，这种帐篷以"伞翼机"（Parawing）注册了商标，这个商标意味着可飞行的帐篷。

不过，20世纪最重要、最令人吃惊的创新是下面这种帐篷的设计，无须木桩固定仍可以完全支起。有趣的是，这种先进帐篷与伞翼机帐篷的设计构想来源不同。确切地说，关键的改进在于，帐篷有了底面，露营者不再直接坐在或者睡在裸露的地面上。森林人帐篷（Forester Tent）是一个有趣的设计起点，这种极简的帐篷最早由沃伦·H.米勒设计，米勒是20世纪初期公认的美国著名作家和休闲露营倡导者之一。森林人帐篷被列入Abercrombie & Fitch公司1910年版的商品目录。这种帐篷通过帐篷钉固定在地上，帐篷里面是光秃秃的地面。当时帐篷都没有底面，因为这样可以为露营者减轻装备的重量和体积。戈弗雷·罗兹描述的那些帐篷可能也包含森林人帐篷。一般来说，罗兹描述的都是军用帐篷，但他说下面这句话时："他们只能以潮湿的地面为床，或者躺在潮湿的泥土中……至少可以说，这是一种对身体非常有害的做法。"[8] 很可能描述的是在森林人帐篷中的休闲露营者。为了改善这种情况，许多有心的露营者在帐篷里单独铺上一层防水棉布，并涂上油漆以降低湿度。另外，他们还在地上铺上松树枝，这在当时被称为"山鹅"。[9] 至于那些

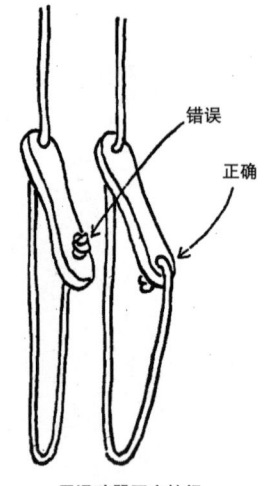

用滑动器固定拉绳

🔴 1940
《用滑动器固定拉绳》，德鲁斯·雷文（Druce Raven）绘，摘自《我们去露营吧》。

🔴 约1720
《中国士兵的帐篷》，戈弗雷·罗兹绘，摘自《帐篷和帐篷生活》（*Tents and Tent Life*）。

🔴 1962
灵活双曲抛物面帐篷，查尔斯·W.（比尔）·莫斯绘，美国专利3060949号。

帐 篷

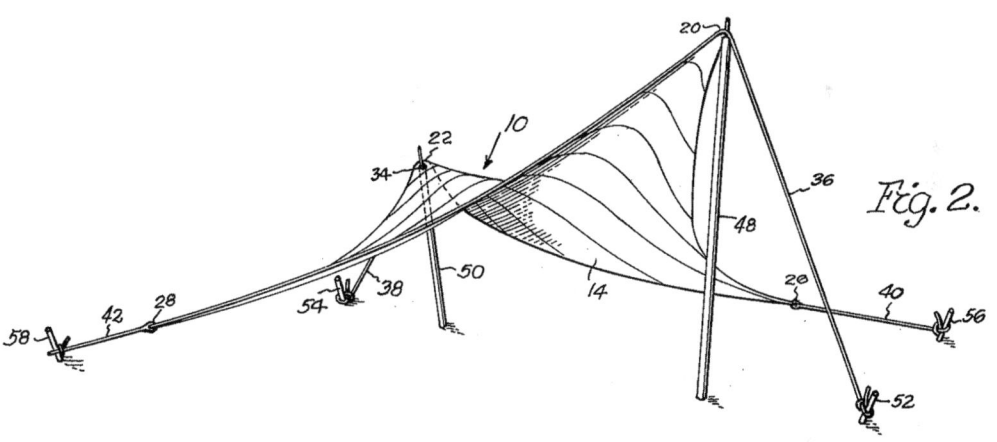

Fig. 2.

INVENTOR.
Charles W. Moss
BY Barthel + Bugbee
Attys

215

富裕的露营者，可以选择在相对永久性的营地过夜，如黄石国家公园怀利永久营地，在那里他们可以享受在木制平台上搭建的家具齐全的宽敞帐篷，就像是住在真正酒店的房间里一样，而不会有一般帐篷的不适感。然而，如果不搭建在坚固的木质平台上，帐篷就很容易漏雨、漏风、招虫，还会有蛇从帐篷与地面的缝隙中钻进来。为了解决这些问题，人们在帐篷下缘缝上草皮布，通常是一种 30 厘米宽的布条。这些布条在石块的重压下，在地面和帐篷壁交界处形成了"防风防虫的封条"。[10] 如果说草皮布有助于解决这些关键问题，那么 1913 年费迪南德·埃伯哈特（Ferdinand Eberhardt，1869—1956）获得的"帐篷与织物底面组合"①专利则将解决方案付诸实践，即发明了底面与篷壁完全缝合的一体式帐篷。[11] 但是，这种设计虽然提高了安全性，却也降低了舒适性。米勒设计的森林人帐篷没有底面和前门，十分轻便，而埃伯哈特设计的帐篷实际上是一个密封的织物茧，很难进行照明和交叉通风。

亚尔·莱因哈特·伦奎斯特（Jarl Reinhaldt Lönnqvist，1896—1972）是首位认识到有底帐篷这种结构具有发展潜力的人，他声称自己设计的帐篷"帐篷布完全由框架拉伸，无须用绳索和短桩固定"。这位芬兰发明家于 1932 年首次在英国为自己的设计申请了专利（英国专利 377831 号），并于同年在赫尔辛基将设计的帐篷以索普帐篷（Telttaliike Sopu）为名进行销售。[12] 索普帐篷可能是现代圆顶帐篷最古老的直系祖先，虽然拱形设

⊙ **1910**
《"Tanalite"森林人防水帐篷》，Abercrombie and Fitch 公司产品目录，1910 年版。

⊙ **1933**
弗兰克·H. 切利《露营》中的插图，描绘了一顶草皮布帐篷。

⊙ **1913**
"帐篷与织物底面组合"，费迪南德·埃伯哈特绘，美国专利 1057628 号。

---

① 原名为 Combined Tent and Ground Floor Cloth，美国专利 1057628 号。

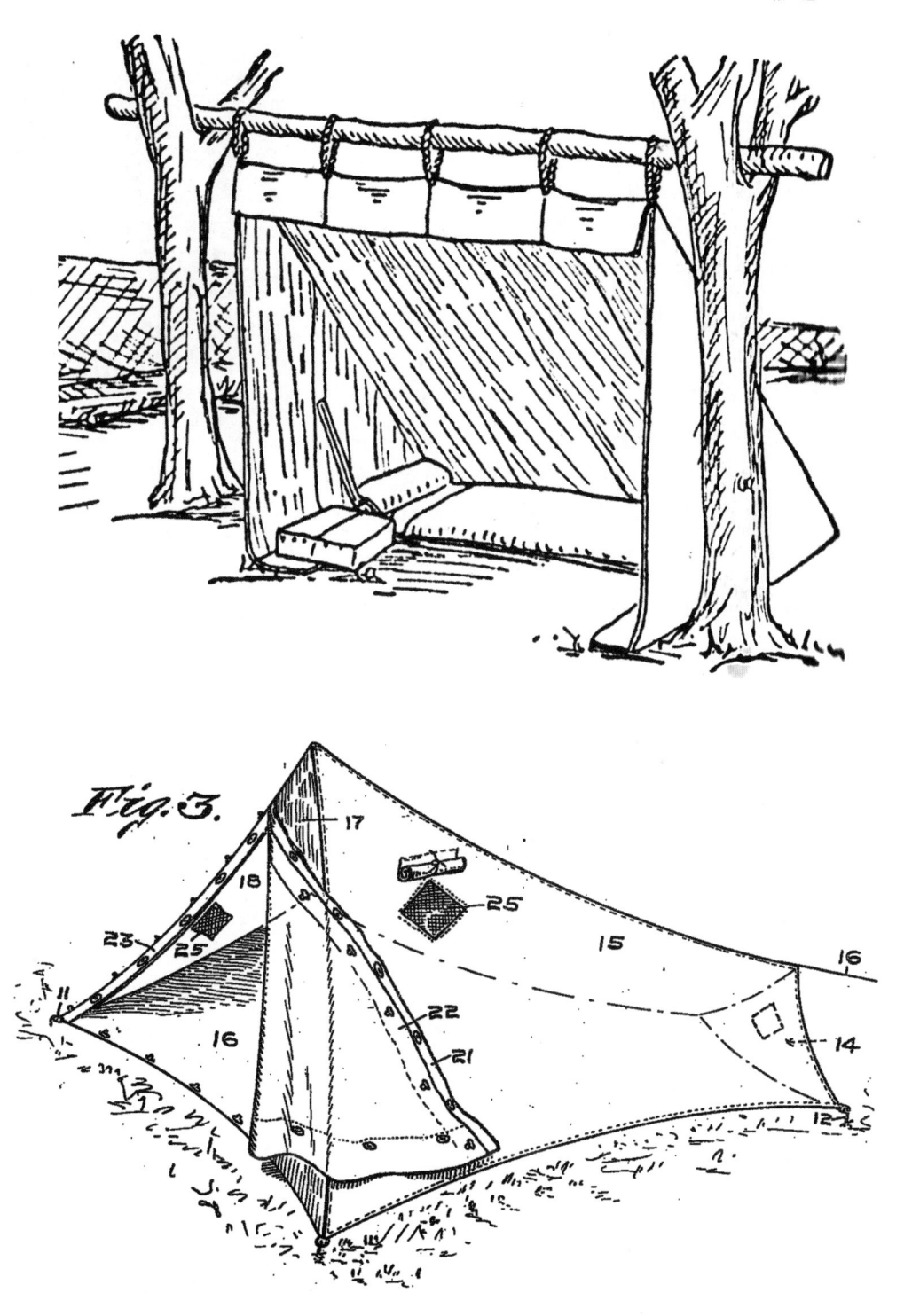

帐 篷

Fig.3.

计早就存在，但是在一成不变的 A 型帐篷仍然占据市场主导地位的时代，将帐篷设计成拱形仍然是一种创新。当时，人们可以用定型的弯曲木条搭建出类似拱形的帐篷，乔治·马斯顿（George Marston，1882—1940）为著名沙克尔顿南极探险队（1914 年组建）设计的帐篷就是这样搭建的。此外，还可以将细长有弹性的杆子的两端插入地下，形成弯曲的形状，如弗朗西斯·高尔顿[①]爵士在《旅行的艺术》[②]中描述的英国吉卜赛帐篷、1924 年版《大众机械汽车旅行手册》[③]中的帐篷采用的就是这种搭建方法。[13]伦奎斯特知道，弯曲的帐篷杆就像弓上弦一样，仅需一根绳子就能产生所需的拉力，防止弓伸直恢复原状。绳子越短，弓就越紧（也越高）。伦奎斯特将自己的设计想象成一个圆顶的四面帐篷，帐篷的顶端是一对拉紧的交叉弓相交处，他建议将这对弓的四端直接连接到帐篷底面的四角。厚重的棉质底面自然就会被拉紧，相当于产生了弦的拉力，因为底面四个角被两根拱形杆向外拉。此外，棉帆布良好的抗拉强度能够确保每次搭建帐篷时拱形轮廓都保持一致。最后，伦奎斯特建议将两根拱形杆穿入帐篷四壁外的狭长织物套筒，形成现在大家熟悉的穹顶帐篷。

有了索普帐篷的内部张力系统，伦奎斯特就创造了奇迹，即帐篷无须先拆卸就可以在露营地轻松移动。从法国建筑师欧仁·埃马纽埃尔·维奥莱-勒-杜克[④]描绘的吉卜赛营地、19 世纪在

---

① Francis Galton，1822—1911。
② The Art of Travel，1855。
③ Popular Mechanics Auto Tourist's Handbook。
④ Eugène Emmanuel Viollet-le-Duc，1814—1879。

↑ 1957
索普帐篷组装和成品图，摄影师不详。

↑ 1932
改良帐篷，莱因哈特·伦奎斯特绘，英国专利 377831 号。

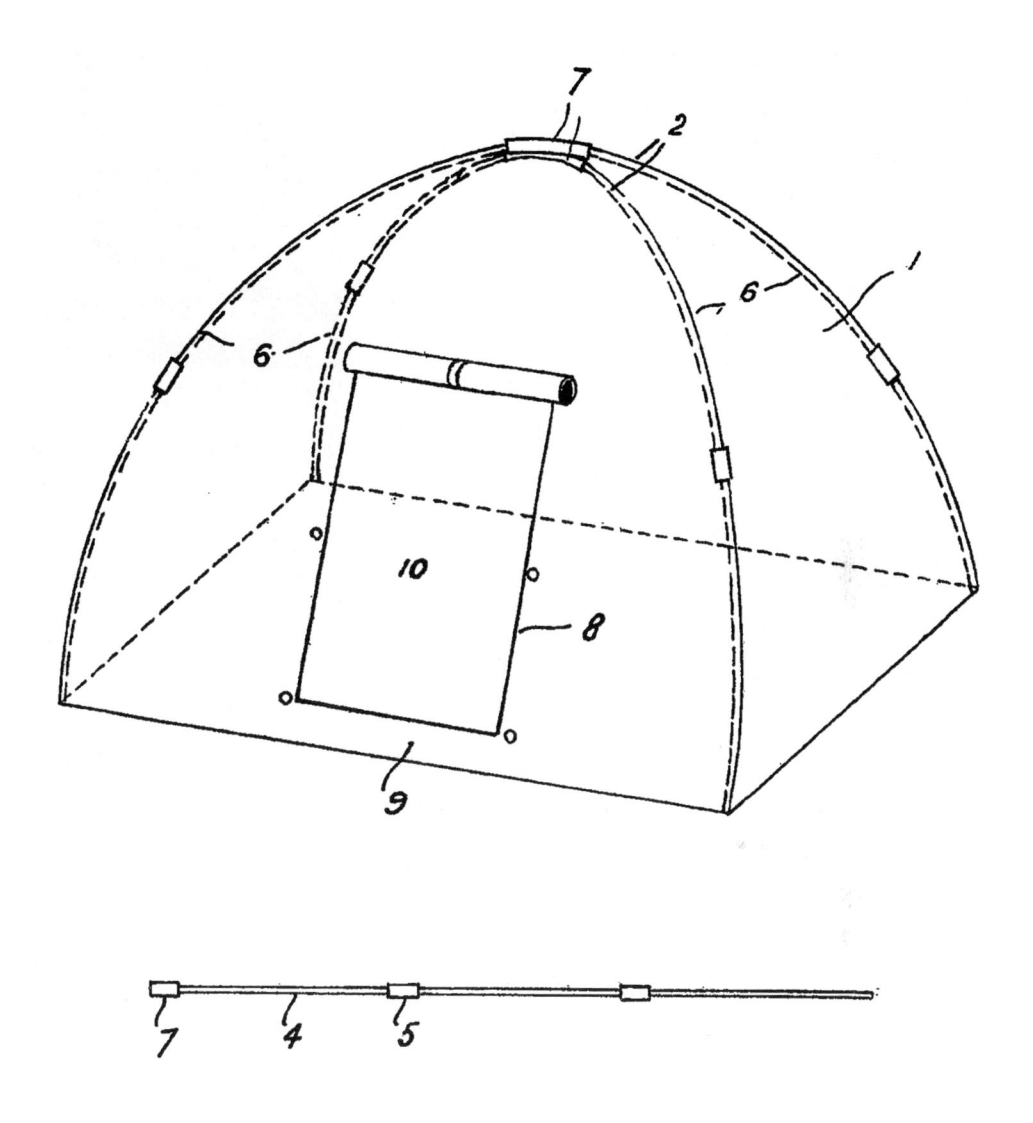

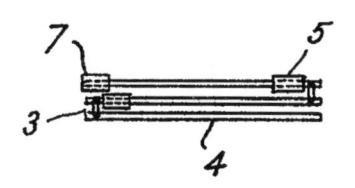

帐 篷

西部大草原上行驶的科内斯托加马车①中汲取灵感，只需再往前多想一步，就能构想出移动版帐篷，这种帐篷可以装上轮子，由汽车牵引，轻松进行远距离运输。[14] 就这样，帐篷和汽车的混合体（拖车）正式诞生了。在21世纪中叶出版的几期《大众机械》(Popular Mechanics) 杂志推动下，20世纪30年代在美国大地上行驶的16万辆拖车中，有近3/4是由工匠在周末自制的。[15] 到了20世纪末，市场上出现了由工厂制造的几种拖车。一些拖车，如小 W. B. 麦克唐纳（MacDonald）设计的拖车（美国专利2481230号），可以在运输过程中半折叠，到露营地后展开。另一些拖车，如 Kozy Coach 和符合空气动力学原理的清风房车，则是硬壳拖车，配备有功能齐全的厨房、厕所和浴室等设施。[16] 不久，好莱坞电影摄影师 J. 罗伊·亨特（J. Roy Hunt, 1884—1972）构想出了一种可以自行移动的现代房屋拖车。亨特设计并制造了一些使用福特底盘的车辆，即亨特房车（Hunt House Cars, 1935—1945），是现代房车最早的前身之一。

更紧凑、更轻便、更快捷

> 一个人背包里装的东西越少，他脑袋里装的东西就越多。[17]
>
> ——霍勒斯·凯普哈特

尽管帐篷的核心诉求是可移动，但直到19世纪末，帐篷仍然又大又笨重。虽然帐篷的棉帆布很厚重，但将帐篷撑离地面的帐杆才是决定帐篷

① Conestoga wagon，一种草原篷车。

⊙ 约1930
20世纪30年代菲亚特汽车上的屋顶露营帐篷，摄影师不详，车辆前部的梯子是通往高架帐篷的通道。

⊙ 1949
拖车，小 W. B. 麦克唐纳绘，美国专利2481230号。

Sept. 6, 1949. W. B. MacDONALD, JR 2,481,230
VEHICLE TRAILER

Filed April 8, 1946 6 Sheets-Sheet 2

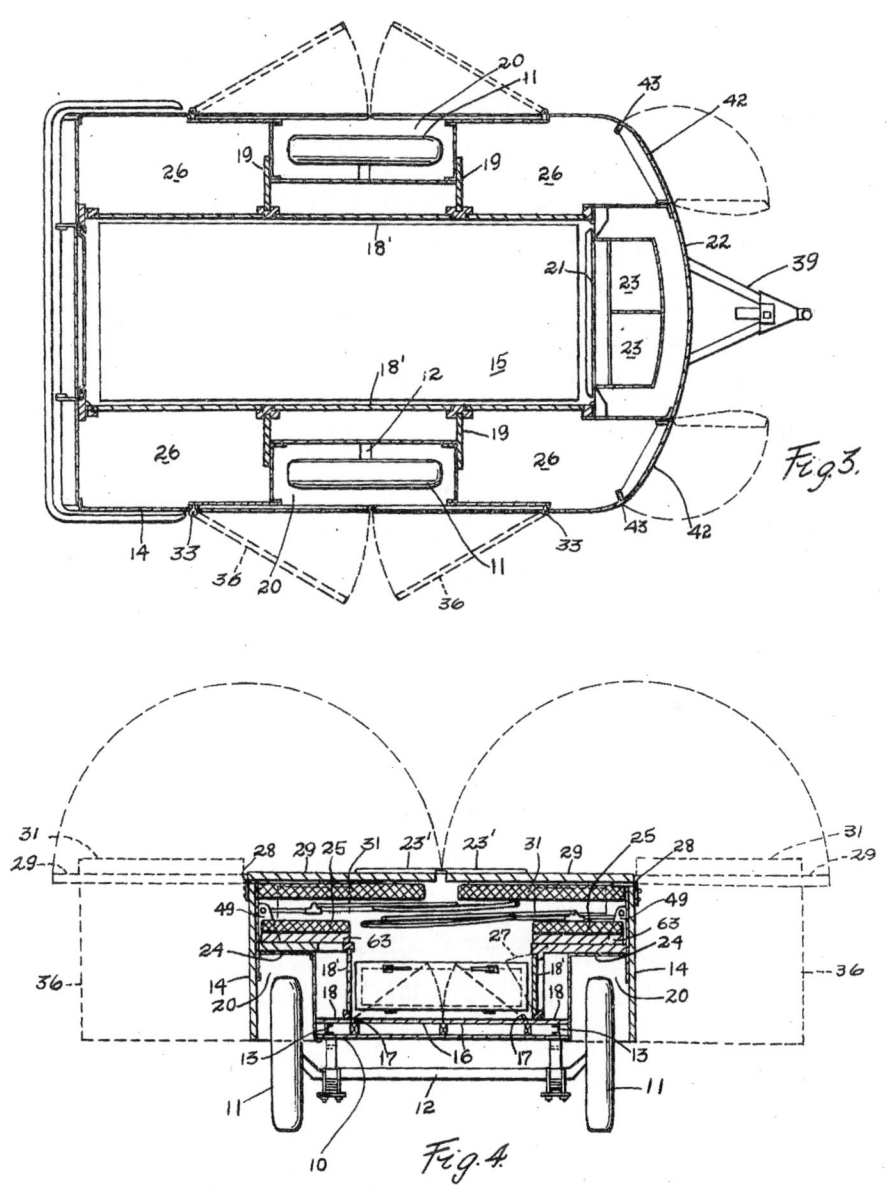

Fig. 3.

Fig. 4.

INVENTOR.
William B. MacDonald, Jr.
BY
His Attorney

是否便携的最关键因素。1867 年，邦联将军亨利·霍普金斯·西布利（Henry Hopkins Sibley，1816—1886）设计了西布利圆锥形帐篷（美国专利 14740 号），帐篷十分宽敞，可容纳 12 人，中央的帐杆至少高达 6.1 米，令人印象深刻。[18] 此外，E. M. 哈顿（E. M. Hatton）在《帐篷大全》（The Tent Book）（1979）一书中指出，据说 17 世纪印度苏丹人的狩猎营地非常奢华，多达 60 头大象、200 头骆驼、100 头骡子和 100 名男子组成的商队在此驻扎。[19] 哈顿说，运输分两个独立车队进行，车队称为 peiche-kanés（先行的房屋），其中一个车队保持"比另一个车队先行一天的路程"，这样做的目的是在一天结束时，能为头领及其随行人员准备好过夜宿营地。[20] 当然，这也让人联想到 KOA（美国露营地连锁机构）的承诺，在其遍布全美的数百个露营地中，露营者在其中任何一个露营都能获得同样的体验。

具有讽刺意味的是，索普这样的帐篷变得越来越轻、越来越紧凑、越来越容易安装、越来越容易运输，汽车的运输能力却越来越高。对于开着越野车来露营地的现代露营者来说，运输笨重的露营装备似乎并不像 100 年前那样令人忧虑。事实上，19 世纪末期徒步深入森林的休闲露营者就非常重视装备的便携性。沃伦·H. 米勒鼓励当时的露营爱好者"永远不要携带任何你可以用手边材料轻松制作的东西进入森林"。[21] 如约翰·辛格·萨金特（John Singer Sargent，1856—1925）1916 年创作的水彩画《营地与瀑布》（Camp and Waterfall）所示，露营者可以在两棵大树之间系一根粗绳，作为临时横梁；可以用营地附近的枯树枝作木桩；还可以砍伐小树作支撑物。提及搭建

◐ 1921
埃隆·杰瑟普《汽车露营手册》中的插图，描绘了汽车和帐篷的混合体，这就是现代房车的前身。

帐 篷

两个斯托尔（Stoll）倾斜单人帐篷，一个带床，另一个用作客厅。

森林人帐篷所需的木杆时，米勒说："在美国，我从未见过5分钟内无法在树林中找到这3根杆子的情况。"[22] 霍勒斯·凯普哈特则建议，紧急情况下，露营者可以用步枪当帐杆。[23] 作为极简主义的典范，凯普的金字塔形乔治帐篷仅靠一棵树就可以悬挂起来。[24]

　　20世纪帐篷设计领域最具革命性的技术突破并非由呆板的商业机构主导，如科尔曼公司或一些20世纪中叶的同类机构，而是由年轻无畏的登山者主导，他们在20世纪90年代创立了北面（North Face）、山脊（Sierra Designs）、A16和杰斯伯（JanSport）等主打品牌。登山探险者所面临的挑战比米勒和凯普哈特所描述的要极端得多，他们不仅要面对瞬息万变的天气和刮过狭窄裸露岩壁的狂风，还要精心策划前行登顶的路线，必须将所有物资（如帐篷、睡袋、衣物、食物、燃料）都打包背在身上登顶。事实上，在上述主打品牌创立前的整整一个世纪，这种登山的极简化潮流就已经开始了。英国登山家爱德华·怀伯尔（Edward Whymper，1840—1911）因1865年首次登顶马特峰①（Matterhorn）而闻名于世，是这些登山开拓者中的佼佼者。

　　在《1860—1869年阿尔卑斯的攀登》②一书中，怀伯尔描述了他专为登顶马特峰设计的4人帐篷，楔形的帐篷由4根白蜡树长杆支撑，长杆成对搭在帐篷两侧，形成倒V或剪刀形。登山者设计帐篷的一个重要考量是便于安装。每对长杆最高点附近用一个螺栓连接，可以轻松地进行铰链式开

《乔治帐篷》

⦿ 1957
《乔治帐篷》，霍勒斯·凯普哈特绘，摘自《露营与森林生活技能》，第18版。

⦿ 1916
《营地与瀑布》，约翰·辛格·萨金特绘。

---
① 阿尔卑斯山脉中最后一个被征服的主要山峰。
② *Scrambles Amongst the Alps in the Years 1860 - '69*，1871。

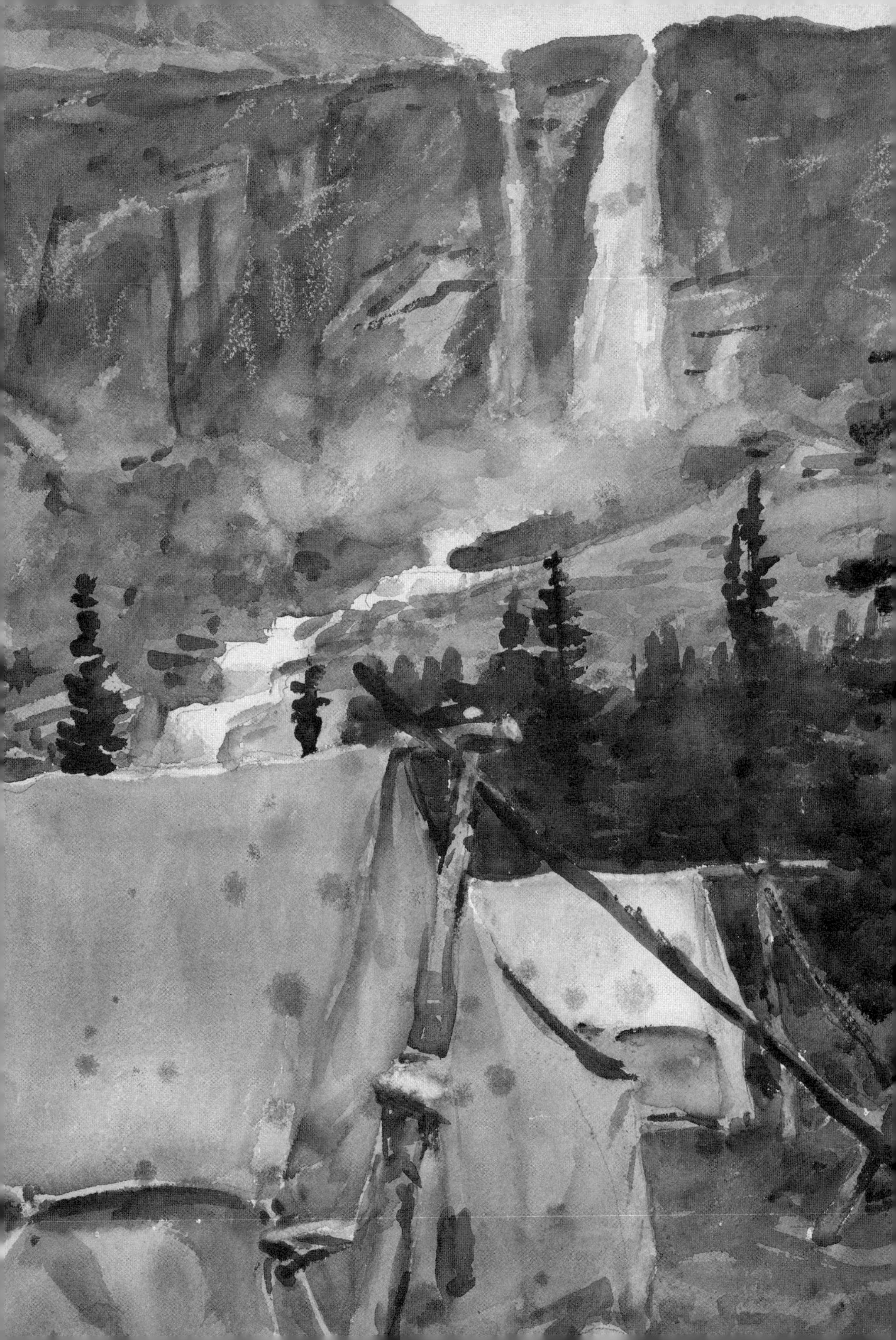

闭，帐篷布则一直牢牢钉在这些杆子上。这种帐篷"可以在3分钟内由两个人展开并搭建起来，这一点在极端天气下非常重要"。[25]帐篷杆的长度十分关键，"非常著名的帐篷搬运工"吕克·梅内特（Luc Meynet）建议卷起的帐篷相对长度约为1.8米。在怀伯尔登顶马特峰时，来自布勒伊（Breuil）的梅内特曾帮助他搬运帐篷。[26]同时代的登山活动中，相似结构的帐篷仅重1.4千克到2.3千克，而梅内特肩负的帐篷重达10.4千克，是在尽量减少能耗的登山活动中隐性能耗的一个典型例子。

托马斯·海勒姆·霍尔丁（Thomas Hiram Holding，1844—1930）是英国裁缝和自行车运动爱好者，可能是早期解决重要的重量和体积问题的佼佼者和创新者。1897年，他开始了为期3天的爱尔兰自行车之旅。怀伯尔登山时帐篷是由梅内特搬运的，所以未实地体验过自己发明的帐篷重量。霍尔丁则喜欢亲力亲为，所有物品都自己用自行车驮着。他设计了一个约312克重的楔形帐篷，帐篷由日本丝绸制成，由位于前壁和后壁的两根细立柱支撑。[27]霍尔丁最重要最持久的贡献在于将这些结构杆分段，使其更易于运输，"这些结构杆搭在自行车下叉上时，几乎感觉不到"。[28]他设计的第一种巧妙长杆类似于折叠尺，木条之间用铜铆钉和铜环固定，形成一根"稳固得如同一体"的支柱。[29]后来，霍尔丁又提出将长杆分成短节，各节首尾相接，相接处用钢圈加固。1910年版的Abercrombie & Fitch产品目录宣传了一种由空心管制成的76.2厘米伸缩段，神奇的是，伸缩段的设计长度可达3.66米，这表明霍尔丁的想法已经深入人心，并将很快成为行业标准。[30]

⬆⬆⬆ **1871**
《我的帐篷搬运工——驼背》，爱德华·怀伯尔绘，摘自《1860—1869年阿尔卑斯的攀登》。

⬆⬆ **1926**
斯托尔户外装备《实用营地装备》（*Practical Camp Equipment*）中的插图，"所有尺寸的Clear Space帐篷都配有一个拱形支架袋和一个帐篷提袋"。

⬆ **1969**
一名露营者正在行进，帐篷绑在"背包"顶部，摄影师不详。

⬆ **1871**
《高山帐篷》，爱德华·怀伯尔绘，摘自《1860—1869年阿尔卑斯的攀登》。

《高山帐篷》

当然，这并不意味着在收帐篷过程中不会遇到挑战。事实上，将各个部件收集起来与拆卸部件同等重要。部件越多，就越容易散落在露营地各处，甚至丢失。此外，要把大量松散的部件分门别类地装起来也是一个难题。加拿大的詹姆斯·H. 布莱尔（James H. Blair，1881—1955）在尝试设计一种易于清洁且可拆卸的射击步枪枪杆时，也遇到了类似难题，他想出了一个巧妙的方法，用一条链子将拆卸下来的各个枪杆空心管状部件串联在一起。[31] 这样，枪杆就能始终保持完整，零件不易丢失。几十年后，哈里·H. 哈斯泰德（Harry H. Harsted，1897—1945）发明的可折叠天线于 1945 年获得了专利（美国专利 2379577 号），成为现代帐篷杆的真正鼻祖。[32] 和布莱尔一样，这位芝加哥发明家也采用了多段式方法，他用弹簧长线圈和螺丝钻来调节内部绳索的张力。绷紧绳索时，各段连接在一起，形成一条坚固的直立杆。松开绳索时，杆子会变得更加灵活，可以弯曲。完全松开绳索后，杆段可以拉开，折叠在一起，便于储存或运输。

了解帐篷的折叠性和灵活性这种双重特性是理解现代帐篷设计的关键。如前文所述，索普帐篷所使用的帐篷杆不再像霍尔丁本人所设想的那样，直线连接底面和顶棚，而是交叉放置形成弧度拉开帐篷的高度和宽度。现代帐篷杆内部是高弹性尼龙和橡胶蹦极绳，外部是铝、碳纤维或玻璃纤维制成的空心管，长度长、重量轻、结构紧凑，而且非常灵活。例如，具有重要影响力的椭圆形帐篷（Oval Intention）设计灵感来源于建筑师

↑ 1897
《在康内马拉骑自行车和露营》，托马斯·海勒姆（T. H.）·霍尔丁绘，描述了霍尔丁和两个朋友的第一次露营之旅（1897 年）。

↗ 1908
托马斯·海勒姆（T. H.）·霍尔丁《露营者手册》中的插图，描绘了将拆卸的帐篷杆装入提包的情景。

→ 1908
《折叠板条》，托马斯·海勒姆（T. H.）·霍尔丁绘，摘自《露营者手册》。

↘ 1945
可折叠天线，哈里·H. 哈斯泰德绘，美国专利 2379577 号。

帐 篷

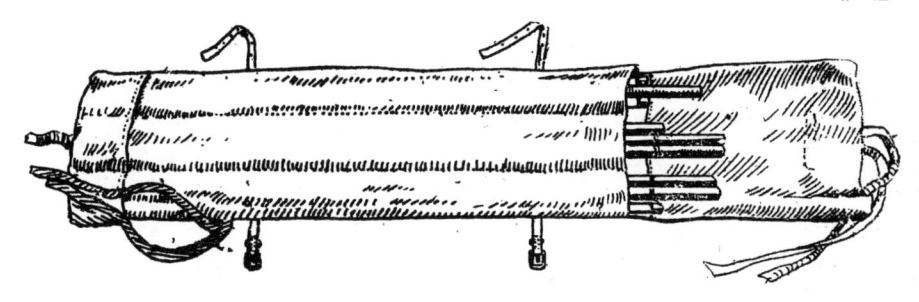

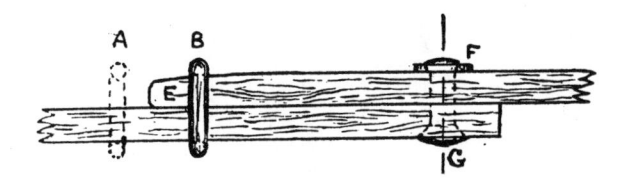

折叠板条

图Ⅴ是拉开的折叠板条，折叠后共68.6厘米。

紧密折叠在一起的接头示意图。

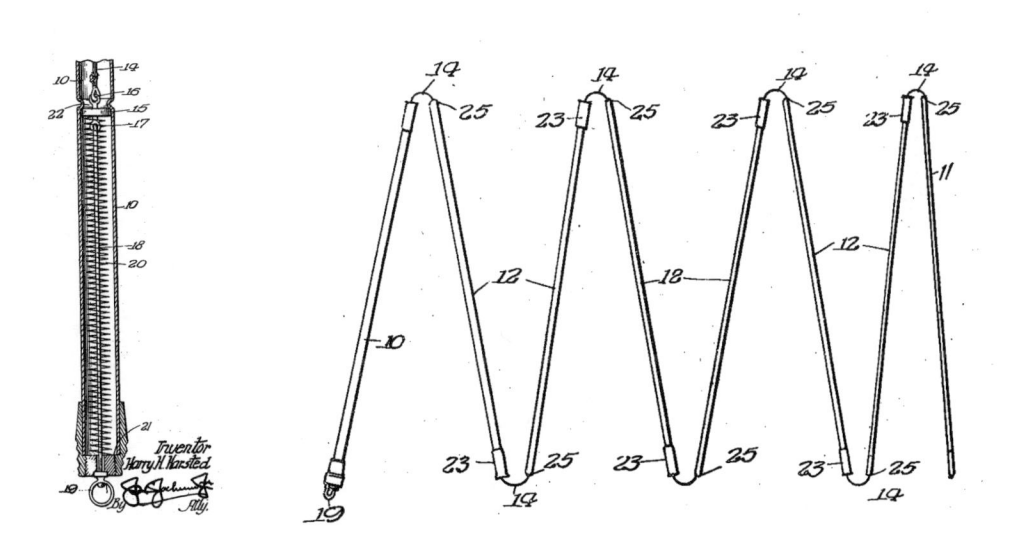

R. 巴克敏斯特·富勒①的测地线圆顶建筑，1975年由北面公司销售，是一种由 3 组铝合金杆或称"魔杖"构成的登山帐篷，最长的杆可达 4.6 米，可弯曲成 1.1 米高的弧度。³³

织物和环境

> 即使我们造不出和蚕丝一样或者更好的黏性物质，也应该可以制造出一种类似的黏性合成物。³⁴
> ——罗伯特·胡克（Robert Hooke）博士

从霍尔丁对露营装备轻便简洁的独到见解，可以看出他是一名出色的裁缝。帐篷与服装之间的相似之处十分奇妙，值得进一步思考。它们需要同样的材料和工具，如布料、线、按扣、拉链、缝纫机等。霍尔丁甚至在《露营者手册》②中提供了一种类似衣服打样的帐篷图样，体现出他关于轻型帐篷的设计理念。像做衣服一样，帐篷各个组成部分的图样平铺在布料上，按图画出形状，然后裁剪下来，最后进行缝合。虽然帐篷的尺寸比任何衣服都要大，但事实上，按照霍尔丁的方法，做帐篷比做最简单的衬衫或裤子都容易得多。用这种方法，首先你能制成一整块帐篷布，然后再用几条长厚布带将它包边加固，就完成了一个真正的帐篷。

现代露营者通过了解帐篷的这些制作方法，可以洞悉帐篷制作工艺在过去 100 年中是如何演变的。现代圆顶帐篷是复杂的三维结构体，用最

➲ 约 1970

图为北面缝纫室，墙上挂着北面公司著名的椭圆形帐篷（中间，上方），布鲁斯·汉密尔顿（Bruce Hamilton）摄。

---

① R. Buckminster Fuller, 1895—1983。
② 原名为 *The Camper's Handbook*, 1908。

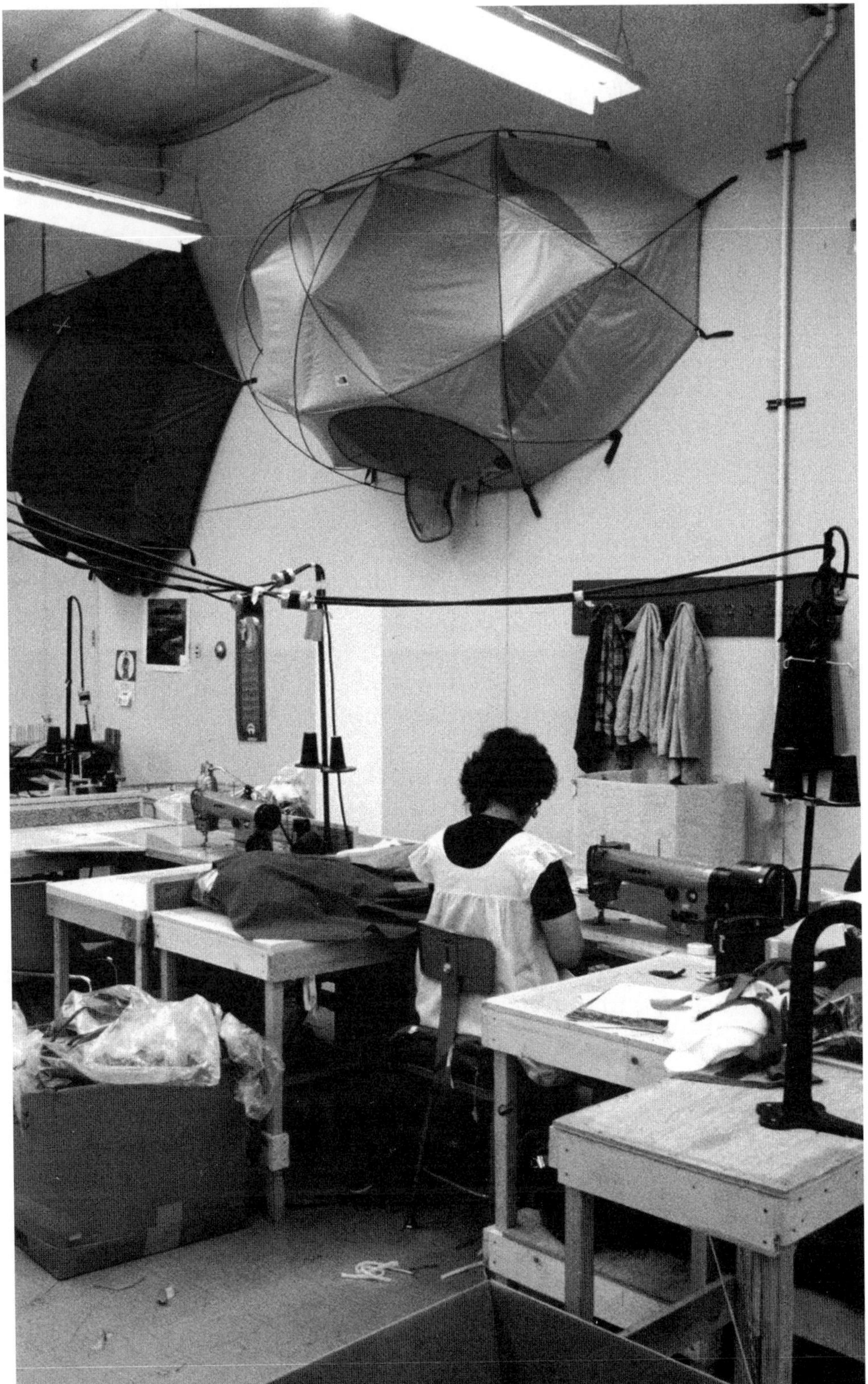

先进的建筑建模软件进行设计，并由资深裁缝精确组装。的确，过去霍尔丁书中所颂扬的那种DIY精神已经几乎不存在了。50年间，就连在霍尔丁看来超乎寻常的索普帐篷松垮的四面帐篷壁，也被北面椭圆形帐篷挺括紧绷的帐篷表面取代了，这种帐篷壁是用至少31块单独布料制成的。[35] R.巴克敏斯特·富勒发明了革命性的测地线帐篷（美国专利2914074号），该帐篷暗含复杂的三维应力分布难题，他解释，自己是在按照这个原理"裁剪构成帐篷的几块布料"。[36] 提及组装帐篷时，这位多产的发明家用了"裁剪"一词（该词已引申为行业技术术语），来描述将穹顶分解为一系列离散表面然后再组装在一起的过程，该过程实际上运用了建筑构造学原理。帐篷制作确实具有建筑学上的意义，著名弹出式帐篷的设计师比尔·莫斯认为"接缝是在帐篷表面即兴创作的富有诗意的雕塑画"[37]，这句话无疑启发了德国著名建筑师弗赖·奥托（Frei Otto，1925—2015）。事实上，整个帐篷的制作都离不开严谨的裁缝，就连最轻便的高科技背包帐篷的帐杆如今都被改造成了充气织物管，需要裁缝缝制。[38] 我们在织物制造领域中不断探索，从简单的制作裤子到制造织物"建筑"，已经迈出了一大步。

除了制作流程相似，帐篷和衣服在功能上也有相似之处，该相似处早在20世纪初就激发了霍尔丁等人的想象力。与其把帐篷打包成一个紧实的卷，捆绑起来运输，不如在帐篷不用于过夜时，把它当作衣服来穿，这样有助于减少麻烦事和减轻重量。威廉·S.福克纳（William S. Faulkner，1868—1945）1902年的发明（美国专利703245号）是这一想法的早期实例，他发明的是一个可

◐ 约1970
图为R.巴克敏斯特·富勒参观北面时站在早期圆顶帐篷下，布鲁斯·汉密尔顿摄。

◐ 1908
扁平的"A"形帐篷，托马斯·海勒姆（T. H.）·霍尔丁绘，摘自《露营者手册》。

◐ 1959
《测地线帐篷》，R.巴克敏斯特·富勒绘，美国专利2914074号。

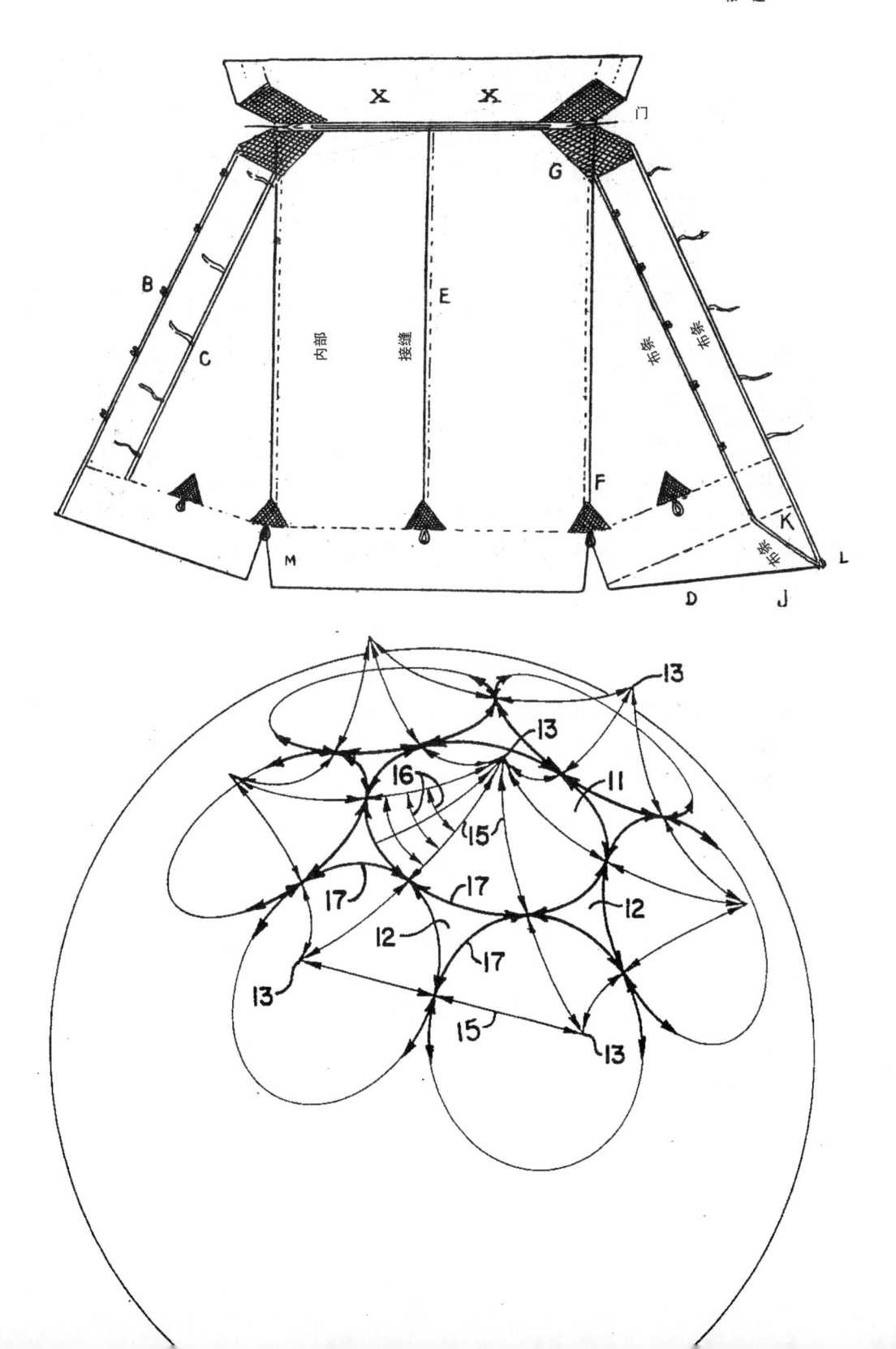

帐篷

以兼做披风的帐篷。[39] 这种帐篷侧面有一个装有挡板的小孔，露营者穿着它走路时可以从小孔中伸出头。仔细研究当时的许多发明会发现，福克纳的发明只不过是该领域越来越多的疯狂设计之一，那时的每个设计都很荒唐、不切实际。奥地利工业巨头伊西多·毛特纳（Isidor Mautner，1852—1930）就曾提出将自己的帐篷改装成一件大衣（美国专利535066号），大衣的袖子像通风管道一样笨拙地从两侧伸出。[40] 类似地，弗兰克·H.戈切（Frank H. Gotsche，1864—1951）发明了一种西布利圆锥形帐篷（美国专利901802号），帐篷的10块三角形面板上有纽扣和扣眼，可以拆卸下来，组装成低矮的地帐，或者组装成披风。[41] 虽然这些想法在当时都没有在商业上获得成功，但至少有一点会让福克纳等人感到欣慰。像北面这样的帐篷制造商沿袭他们的设计理念制造的帐篷在安伊艾（REI）大型商场中随处可见。有些人可能认为这是由于北面的品牌影响力大，但其实是帐篷材料的原因。从材料的角度来看，帐篷和雨衣几乎没有区别。事实上，大多数露营装备使用的材料都差不多，如现在的帐篷、夹克、衬衫、裤子、睡袋、背包、收纳袋，甚至鞋子，都主要由合成纤维制成。

几个世纪以来，帐篷都是用山羊毛、毛织物、丝绸或棉花等天然纤维制成的，长期以来一直以阴暗肮脏"著称"。约翰·辛格·萨金特创作的水彩画《加拿大落基山脉的帐篷内部》①是一幅罕见的描绘世纪之交帐篷内部环境的插图。为帐篷装上门帘、窗帘、草皮布并将底面全部铺好，无疑

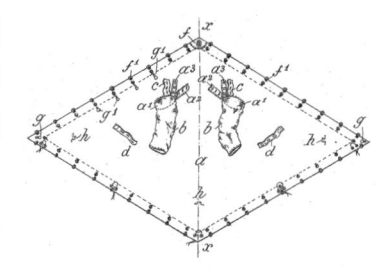

---

① *Inside a Tent in the Canadian Rockies*，1916（第204–205页）。

◐ 1895
伊西多·毛特纳用帐篷改装的大衣，美国专利535066号。

◐ 1902
兼做披风的帐篷，威廉·S.福克纳绘，美国专利703245号。

No. 703,245.   Patented June 24, 1902.
W. S. FAULKNER.
SHELTER TENT HALF AND PONCHO.
(Application filed July 16, 1901.)

(No Model.)

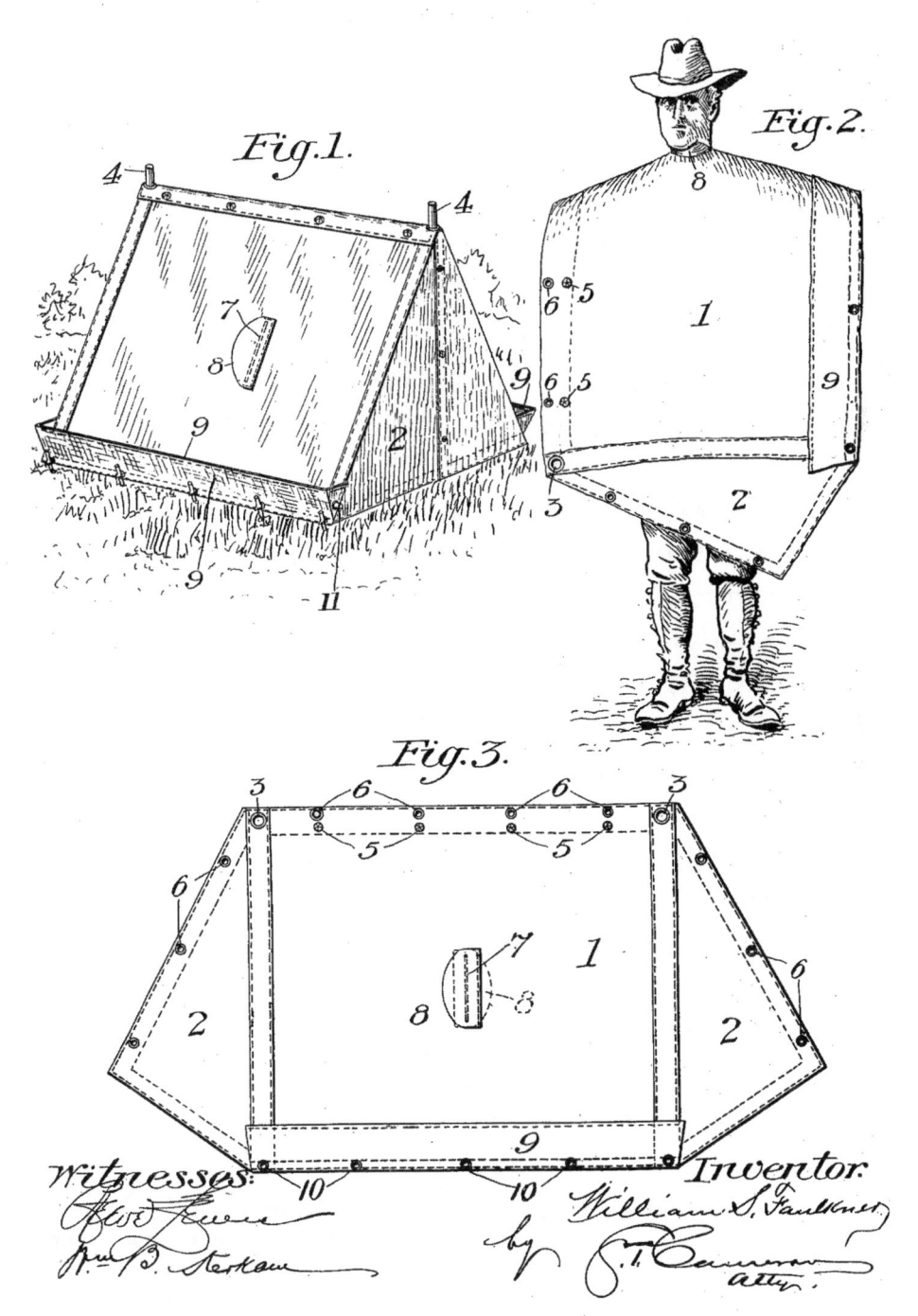

Fig. 1.

Fig. 2.

Fig. 3.

Witnesses:

Inventor.
William S. Faulkner
by _____ Atty.

有助于确保其内部不受讨厌的虫子和蛇侵扰。此外，蜡、油漆和其他化学品（均为防火、防雨和防腐的有用材料）的使用大大增加了帐篷的重量和密度，使其无法排出露营者睡觉时呼出的湿气。阴暗帐篷内的浓烈臭味好像从辛格的水彩画中散发出来一样。密闭的帐篷阻挡了外面的景色和光线，帐内空气潮湿，充斥着长时间不洗澡和不洗衣的臭气。这肯定是一个糟糕的休息场所。

建筑历史学家雷纳·班纳姆的观点让我们重新审视这种糟糕的帐篷。他认为，帐篷是一个动态的环境系统，在该系统中，许多随时需要微调的既矛盾又统一的目的，如遮阳、挡风、避雨、保暖、保护隐私等，它们之间保持着微妙的平衡。[42] 此外，帐篷和衣服之间的比较让我们深受启发。经验丰富的露营者每次出行都会有策略地准备各种衣物，如吸汗的基础层衣物、各种保暖的厚衣服、防风或防雨的外衣。随着天气好转，露营者会依次脱下这些衣物，放回日用背包。露营老手会告诉你，准备三四件薄薄的衣服比准备一件较厚的保暖衣服要好，因为穿多层衣服，露营者可以根据气温和天气的变化增减衣服。

合成纤维为设计师设计多层互补帐篷提供了机会，设计师不再关注沉重、阴暗、肮脏、单层的棉帆布帐篷。化学家华莱士·休姆·卡罗瑟斯①1933年发明了尼龙，随后杜邦公司于1938年申请了专利（美国专利2130948号），尼龙对人们的日常生活各个方面都产生了巨大影响，应用涉及牙刷、服装、窗帘、地毯、露营装备等多个领域。[43] 1940年5月，第一股尼龙丝袜热潮退去，杜

◐ 1969
《帐篷的环境性能》，雷纳·班纳姆绘，摘自《温和环境中的建筑》。

---

① Wallace Hume Carothers, 1896—1937.

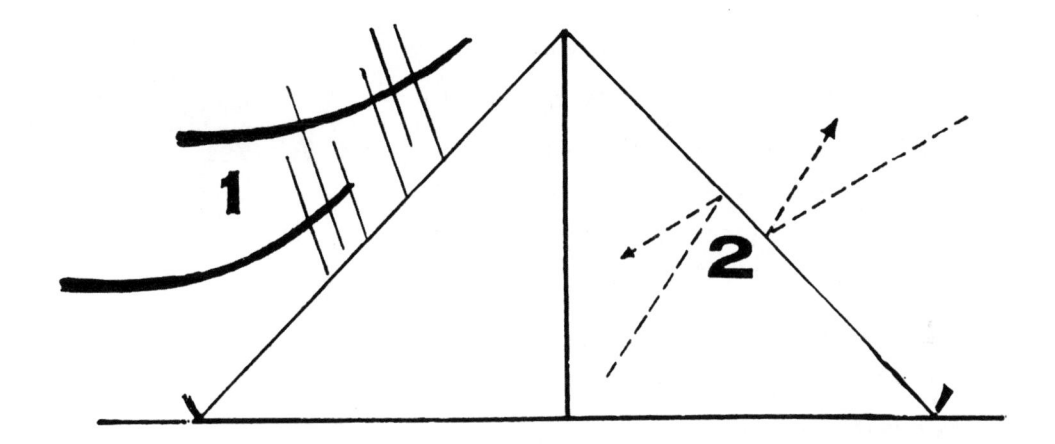

帐篷的环境性能：
1. 帐篷膜可挡风防雨；
2. 反射大部分辐射，保暖，反射太阳热量，保护隐私。

邦公司将其所有合成纤维业务转向为战争提供物资，尼龙早期应用于基本军事装备中降落伞和帐篷的制造。苏珊娜·汉德利（Susannah Handley）博士在《尼龙：时尚革命的故事》①一书中写道，杜邦将尼龙应用到了众多装备中，如绳索、轮胎帘子线、帐篷、制服、蚊帐、防水布、吊床、织带、轰炸机机鼻、鞋带等。44 合成纤维有很多优点。尼龙这种合成纤维结实、耐腐、速干、防缩、不易燃，而且比棉花或丝绸轻得多。不过，尼龙的透气性不好，因此只用尼龙改造老式帐篷会带来一些严重问题。

从1943年版的《杜邦杂志》（DuPont Magazine）中我们可以看到，早期用尼龙做的军用帐篷与战前帐篷大同小异。战后最早用尼龙制作的帐篷和以前一样依然是单层的，如比尔·莫斯的弹出式帐篷、尤里卡公司（Eureka，位于纽约宾厄姆顿）的Draw-Tite流行帐篷等。45 创新者（如奥克·努丁②）需要改进这些潜在缺点，推出新帐篷样式。努丁是瑞典的一名徒步旅行者，1960年创办了户外装备公司北极狐（Fjällräven），和100年前的怀伯尔等户外运动爱好者一样，他参与研发的创新型徒步旅行背包也早早取得了商业成功。1964年，北极狐公司推出了热帐篷（Thermo Tent），被认为是现代双层帐篷的鼻祖。46 努丁巧妙地将帐篷布设计成两层，来满足不同功能。第一层是高透气性尼龙防虫网，它与防水底面相结合，形成帐篷的永久内核。47 晴朗的夏夜，可以单独使用第一层，主要是防晨露和讨厌的蚊子。天

① Nylon: The Story of a Fashion Revolution，1999。
② Åke Nordin，1936—2013。

↑ 1943
尼龙帐篷里的美国士兵，摄影师不详，摘自《杜邦杂志》，1943年4月至5月。

↗ 1957
露营地的装备，载于富兰克林M. 雷克（Franklin M. Reck）和威廉·莫斯（William Moss）合著的《福特旅行车生活宝库》（The Ford Treasury of Station Wagon Living）（局部图），摄影师不详。雷克和莫斯指出，这些装备包括"7顶帐篷、5艘船和45件专为营地舒适度和户外娱乐而设计的物品！"

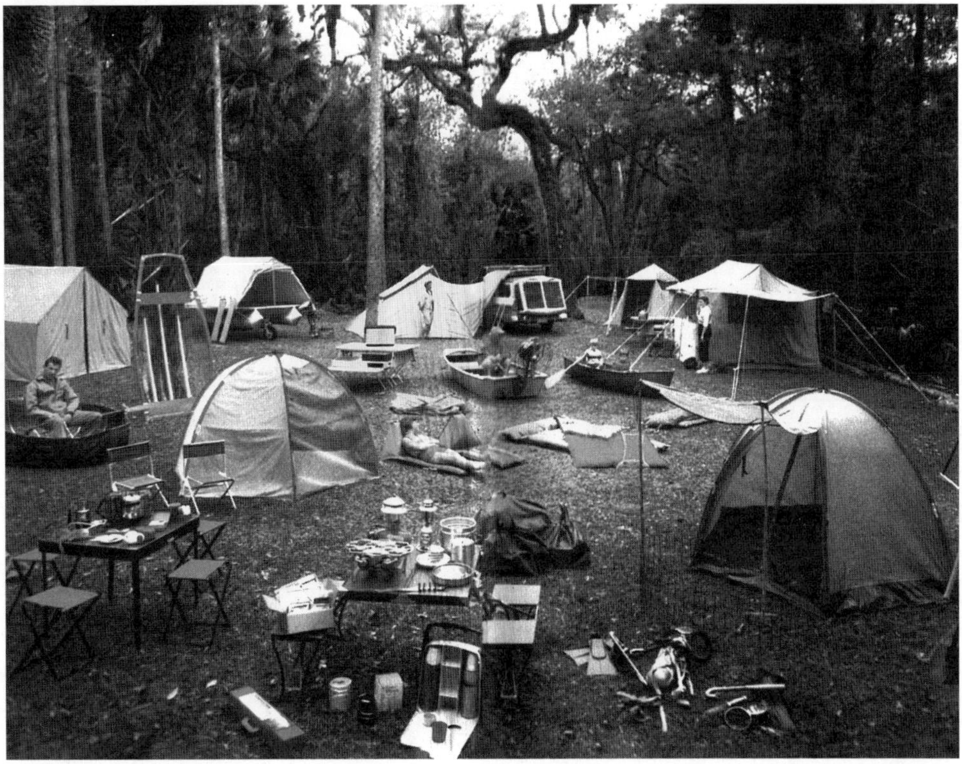

气寒冷或下雨时,努丁建议在第一层上方几英寸（1 英寸为 2.54 厘米）处悬挂一层较厚的尼龙防雨布来防寒防雨,同时促进空气流通,保持内部干燥。热帐篷一上市就立即获得了成功,同年晚些时候,斯堪的纳维亚探险队远征格陵兰岛,使用的正是热帐篷,该帐篷经受住了极端环境的考验。

小结

> 合成材料的故事就是自然与技艺之间永恒竞争的故事。[48]
> ——苏珊娜·汉德利

双层四季帐篷只是露营这个多层系统的最外层,目的是给露营者提供一个舒适的环境。这个系统从贴身的衣物开始,到温暖的羽绒睡袋、充气床垫、帐篷防渗底面,一直到帐篷结束。我们很容易想象到露营者轻手轻脚进出各层系统拉拉链时发出的咔嗒声。走近防虫网就会看到在帐篷里睡觉的露营者。帐篷不仅能保护露营者,还是露营者聚集的纽带。露营的社会性正是从帐篷开始的。

⇧⇧ 1923
用窗纱制作的帐篷,摄影师不详。

⇧ 1910—1913
《四月乘雪橇,天黑后露营》,爱德华·阿德里安·威尔逊（Edward Adrian Wilson）绘。威尔逊的素描是在 1910—1913 年英国南极探险（又称特拉诺瓦探险）期间创作的。他在罗斯冰架遇难,后来人们在其遇难地发现了这些画作。

⇩ 1967
北极狐 Thermo G66 型帐篷的宣传插图。请留意帐篷外部的防雨布（虚线框内的灰色区域）和内部的尼龙防虫网。

帐 篷

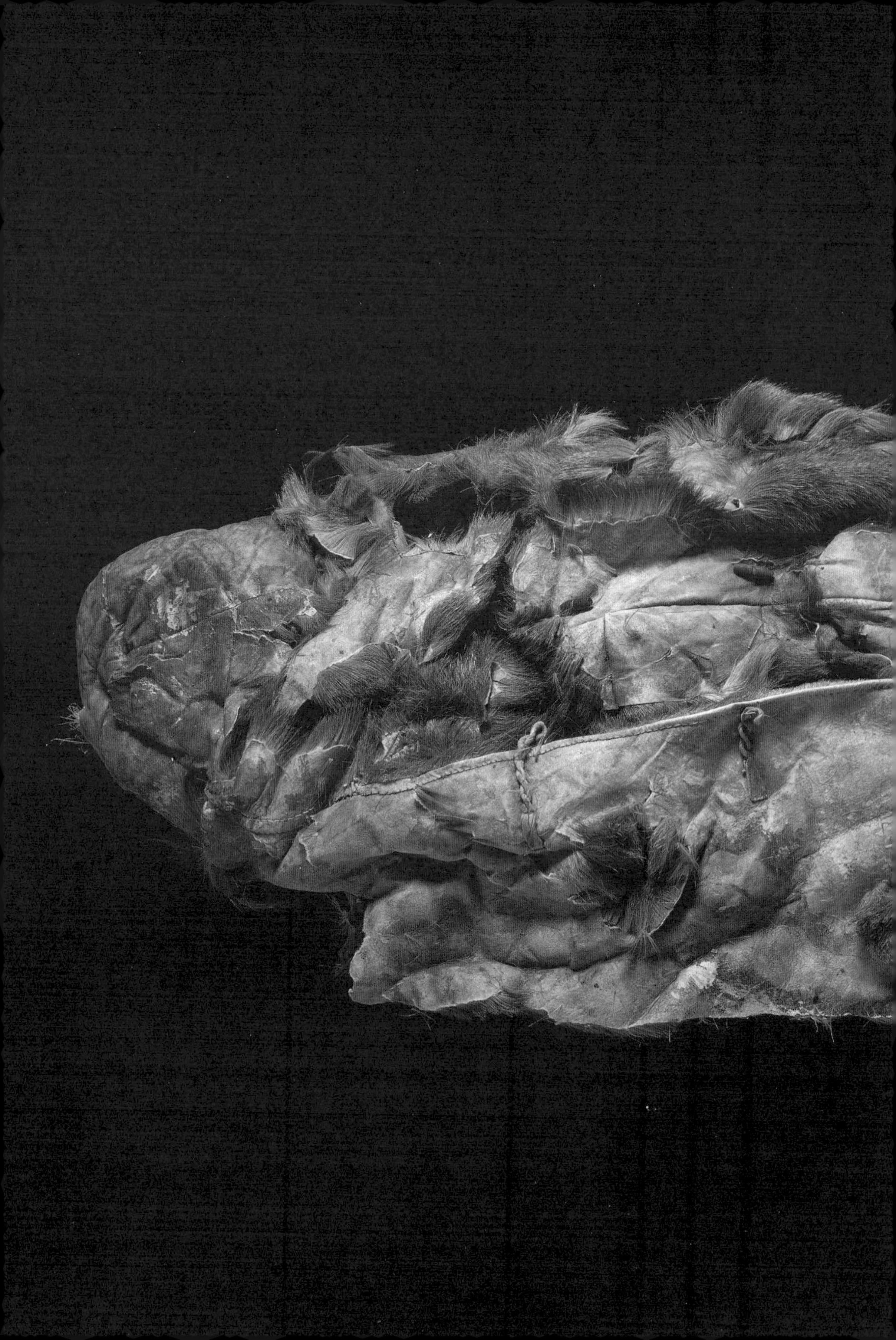

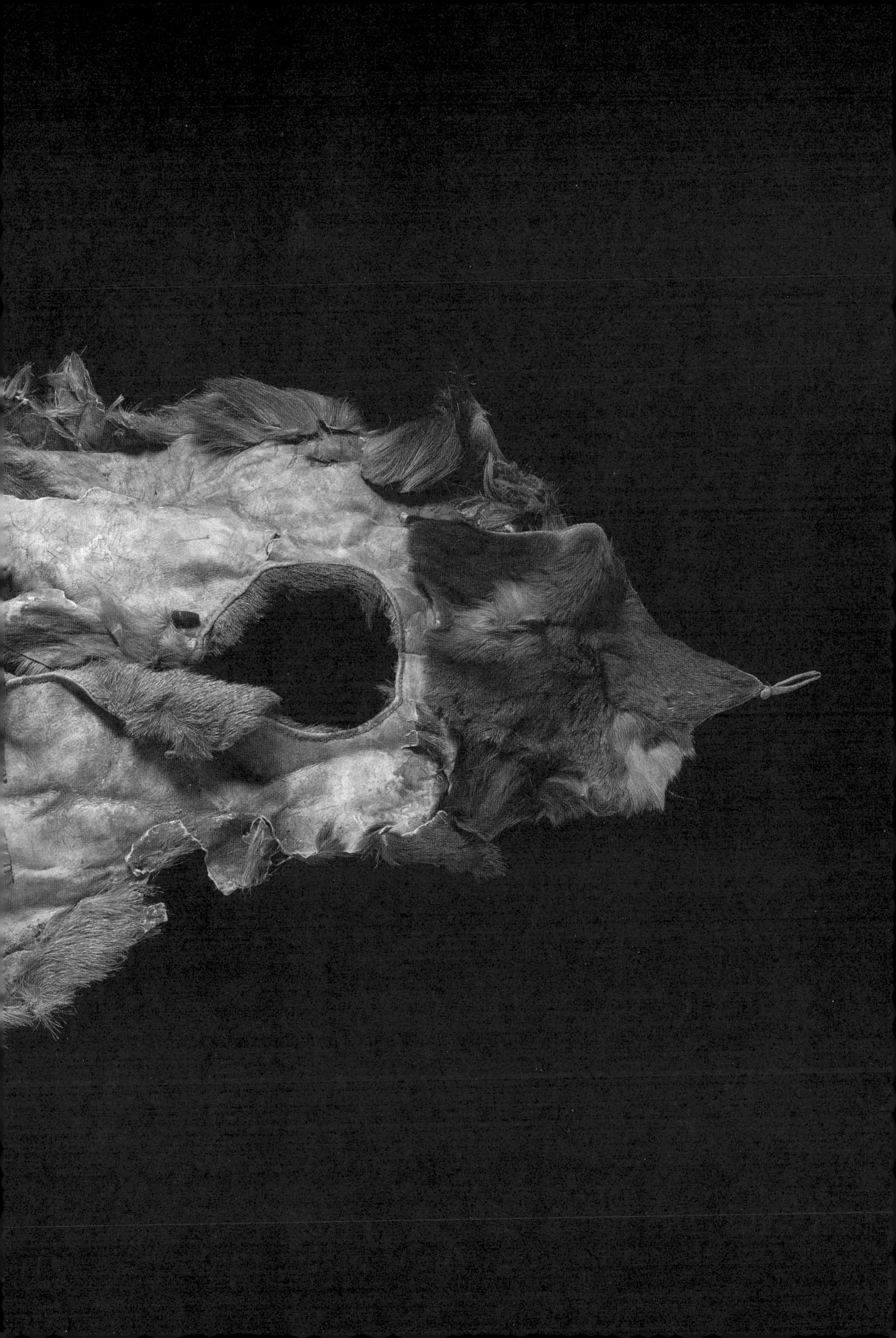

睡 袋

> 让我们再次尝试使用睡袋——一个误入歧途者的可恶发明。[1]
>
> ——埃默森·霍夫（Emerson Hough）

睡袋一词最早出现在 19 世纪中期北极探险家谢拉德·奥斯本[①]和罗伯特·麦克卢尔[②]爵士的回忆录与演讲中，但这一名称并没有随之广泛传播。[2]从 19 世纪中期一直到 20 世纪，作家和专家对这种熟悉装备的称呼有多种，如睡麻袋（1856）、粗毛毯袋（1860）、毯子袋（1871）、结实的亚麻布袋（1872）、背包袋（1872）、农民袋（1872）、旅行毯（1876）、旅行睡袋（1903）、睡口袋（1908）和被子袋（1918）。[3]这些名称交替使用，说明睡袋的功能、设计以及对那些精力旺盛的露营者来

约 1881—1884
图为驯鹿皮睡袋，格里利探险队（Greely Expedition）在格陵兰岛西北部埃尔斯米尔岛探险时使用。

1871
《毯子睡袋》，爱德华·怀伯尔绘，摘自《1860—1869 年阿尔卑斯山间的攀登》。

---

① Sherard Osborn，1822—1875。
② Robert McClure，1807—1873。

睡 袋

《毯子睡袋》

说，它是否很有必要，仍尚未完全明确。即使一个世纪以后，作家约翰·斯坦贝克（John Steinbeck）仍然对睡袋持怀疑态度，他说："一个人如果不喜欢睡在房间里温暖舒适的床上，而是喜欢睡在疙疙瘩瘩的松树枝上或者睡在像用石膏做出的睡袋里，那他要么是个疯子，要么就是个可恶的骗子。"[4]

在睡袋里

如果你想体验艰苦生活，可以在星空下铺上毯子过一夜。第二天晚上你就会想回到舒适温暖的床上。[5]

——弗兰克·A.贝茨（Frank A. Bates）

斯坦贝克的观点自然有道理，但将睡袋与室内舒适的床相提并论似乎并不公平。霍勒斯·凯普哈特称，能有"一张便携的好床"对露营者来说是最重要的。[6]凯普哈特是露营领域的权威专家，在他看来，露营者在户外睡眠时依然想拥有床（现代家居中最笨重的部件之一）的期望，表明他们露营时在尽力创造居家时的舒适条件。美国独立战争期间，在纽约州斯凯勒维尔（Schuylerville），彼得·甘斯沃尔特（Peter Gansevoort）将军向乔治·华盛顿赠送了一张折叠"床"，这种床就是早期将床与露营联系起来的一个例子。我们很难想象它那极薄的床垫在温暖或寒冷的天气里会很舒服，更不用说携带的问题了。[7]阿迪朗达克露营者为了追求更质朴的露营体验，将沉重的木桩打入地下，在木桩之间绑上横杆，再用细绳系上支撑架，临时搭建了简易木床。19世纪，一些富

↑ 约1885
亨利·帕特里克·马里（Henry Patrick Marie），罗素·基洛（Russell-Killough）伯爵（1834—1909），比利牛斯山脉早期探险爱好者，摄影师不详。

↗ 1908
《睡袋，背面和正面》，托马斯·海勒姆·霍尔丁绘，摘自《露营者手册》。

↗ 1903
《沃尔斯利睡袋》，威廉·帕斯科（William Pascoe）绘，摘自哈里·罗伯茨《徒步旅行手册》（*The Tramp's Hand-book*）。

睡袋

《睡袋的背面和正面》

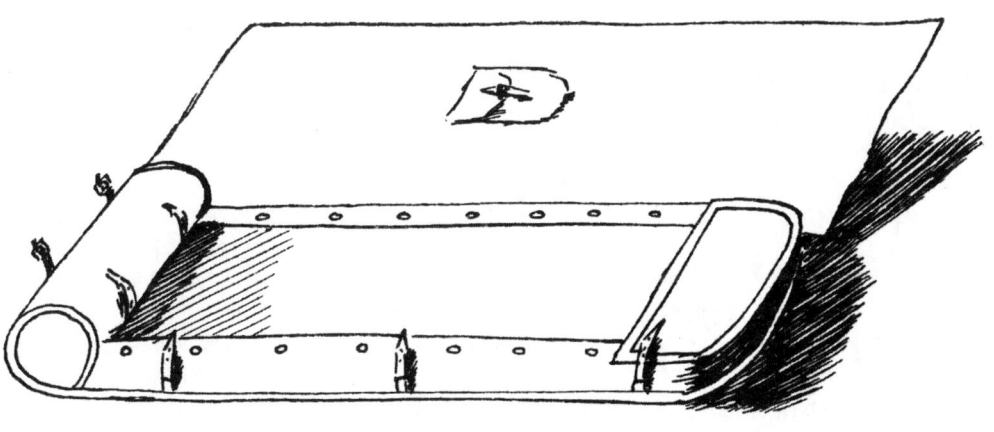

《沃尔斯利睡袋》

裕的游客想要跳出国家公园大酒店提供的舒适环境，寻求更刺激的露营体验，但不需要像上面说的一样亲自搭建木床。一些永久营地，如黄石公园的怀利营地和约塞米蒂的库里营地，让游客有机会在帐篷里睡在真正的床上。这些营地的帆布大帐篷搭建在坚固的木制平台上，帐篷内配置有带真正床垫的床，以及柴火炉和阅读椅，有些还有书桌和梳妆台。这种新型帐篷更像不久后出现在路边的汽车旅馆，在这种帐篷里露营，露营者除了要带衣物，无须携带其他任何物品。[8]

如今，现代式睡袋已经取代了凯普哈特所说的便携床，成为过夜露营的主要装备。在布满灰尘的旧睡袋里扭来扭去，即使是在客厅的硬木地板上，孩子们也会有一种异于睡在床上的兴奋感。睡袋是如何在如此短的时间内发展成如今的模样的呢？就如同早在19世纪中叶奥斯本和同伴们在一个寒冷的早晨"卷起（他们的）床铺，或者更确切地说是卷起睡袋"一样，我们也必须把我们的思绪卷回到睡袋这些词和关于睡袋的构想出现前的时代。只有这样，我们才能了解，为什么要将让人恢复精力的"睡眠"活动从"床上"挪到"袋子"里。[9]

奥斯本和麦克卢尔的新想法具有独创性，但这并不意味着在户外睡觉是件新鲜事。专门研究中亚毡房的社会人类学家斯蒂芬妮·邦恩注意到，自中世纪以来，中东、阿富汗、中亚、高加索和东欧的游牧民族就一直穿着名为"kepeneks"的羊毛长斗篷。[10] 这种斗篷由一整块强缩羊毛制成，既是长外套，也可用于睡觉。作家兼研究员玛琳·朗（Marlene Lang）指出了这种斗篷在极端天气下的用途："牧羊人想睡觉时，会把斗篷的肩部

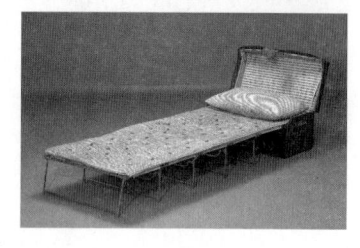

↑ 约 1775
乔治·华盛顿在美国独立战争期间使用的折叠床。据美国亨利·福特博物馆资料显示，该床由亚麻布、棉布、铁、钢、皮革和黄铜制成。

↗ 1915
黄石国家公园怀利帐篷内部，摄影师不详。

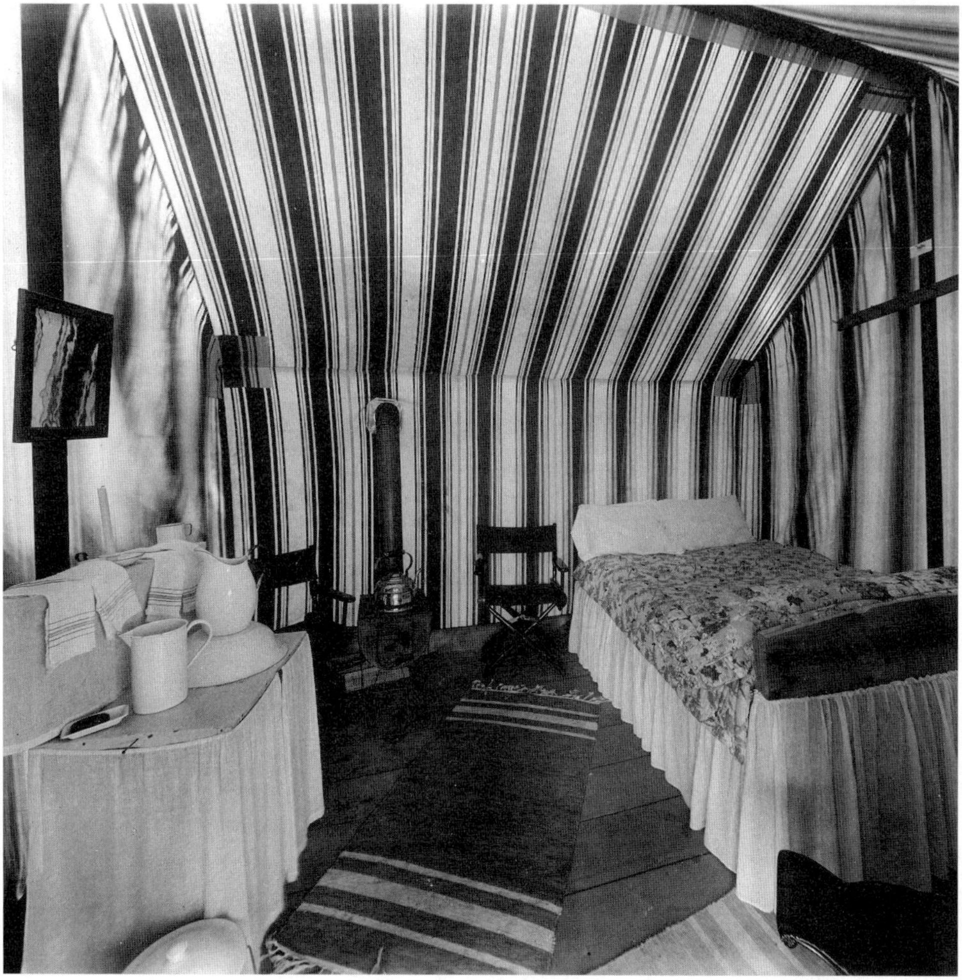

或兜帽盖在头上，然后把斗篷卷在身上。'只有狗和驴才知道你在那里！'"[11]

kepenek 斗篷按尺寸精心剪裁，与现代木乃伊式睡袋一样非常贴身，但二者有一个重要的区别。穿上 kepenek 斗篷的牧羊人可以四处走动，照看羊群，但钻进木乃伊式睡袋的露营者却暂时无法走路。20 世纪 20 年代的汽车露营作家埃隆·杰瑟普曾说："一旦钻进睡袋，你就被捆住了，怎么翻滚也无法挣脱。"[12] 轻巧便携是睡袋的优点，缺点是无法移动。法国登山者皮埃尔·艾伦（Pierre Allain，1904—2000）在推出单只"象脚"时，可能就考虑到了无法移动的问题。"象脚"是一种大羽绒"袜子"，让人联想到孩子们双脚套在袋子里跳来跳去的情景。艾伦是个极简主义者，认为几盎司（1 盎司约为 28 克）的重量就能决定登山的成败。他认为传统睡袋和"羽绒服"①一样只能保护身体上半部分。想到夜晚睡觉时登山者可以穿着"羽绒服"为上半身保暖，他建议使用"象脚"来为双脚和双腿保暖。[13]

"象脚"让我们注意到，一体式睡袋在现代人的观念里是多么根深蒂固。如今，我们很难想象睡袋不能容纳整个身体。如果艾伦的创新在于大大缩减了睡袋重量和体积，那么挪威探险家弗里乔夫·南森（Fridtjof Nansen，1861—1930）的创新在于 1888 年首次穿越格陵兰岛时设计的睡袋增加了容量，这一项不同寻常的创新也值得称赞。艾伦的睡袋又小又轻，南森的睡袋又大又重，二者并排放在一起是一道亮丽的风景线。南

⊙ 2013

图为土耳其贝伊谢希尔的牧羊人在羊毛毡斗篷里给一只刚出生的小羊取暖，塞伊特·科尼亚利（Seyit Konyali）摄。

---

① 澳大利亚化学家、登山家乔治·芬奇（George Finch）1922 年为登珠峰设计的一件大衣是人类第一件羽绒服的雏形。

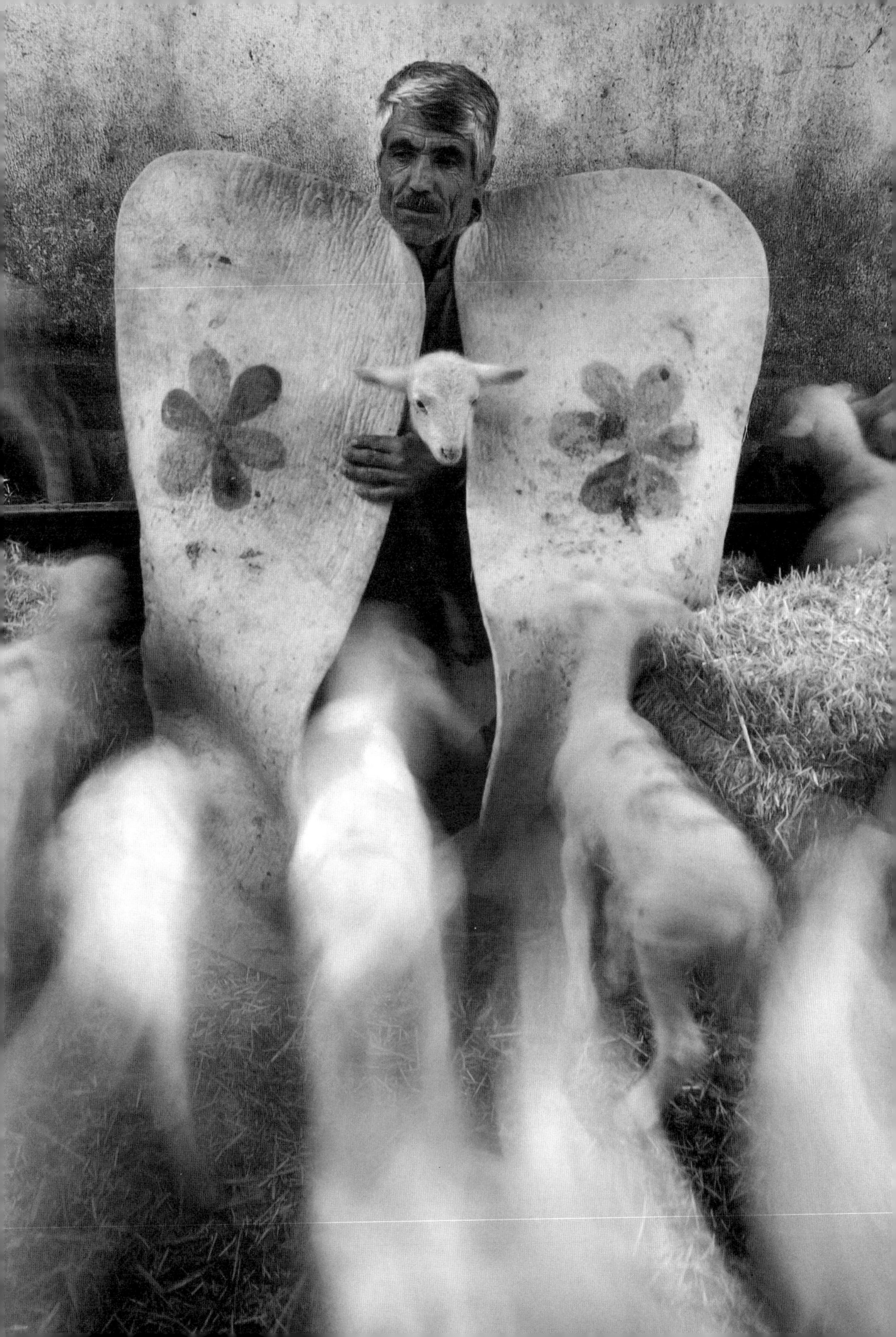

森担心当时流行的羊毛睡袋不够保暖，这种睡袋主要由古斯塔夫·耶格[①]博士的卫生毛纺系统公司[②]等提供，于是设计了两个用驯鹿皮制成的大睡袋，每个可以容纳 3 个人（第 254 页）。与单人睡袋相比，南森设计的多人睡袋既能减轻每个人的装备总重量，又能提高露营者的舒适度，"因为 3 个（露营者）可以互相取暖"。[14] 挪威卑尔根的皮草商设计的每个睡袋都和一个房间那么大，可以容纳多个人。有这样一个睡袋，露营者就不用惧怕 –45℃的低温了。

内部 / 外部

睡袋像塑料袋一样，热气难出，寒气难进。[15]
——克劳德·P. 福代斯（Claude P. Fordyce）

在格陵兰岛探险时，南森和队友在睡袋里度过的每一个夜晚可能都很难熬。厚实的袋盖和结实的系带封住了睡袋的入口，能够使睡袋内一整晚的热量损失降到最低，但是，睡袋的毛皮非常厚，几乎密不透风，睡袋内的人呼吸产生的湿气无法排出袋外。阿普斯利·谢里·加勒德[③]曾参加罗伯特·福尔肯·斯科特船长[④]的英国南极探险队（又称"特拉诺瓦探险队"，1910—1913），在提及自己的睡袋时说："麻烦实际上是从睡袋开始的，因为外面太冷了，根本无法一直开着一个孔用来呼吸。整整一夜，我们被封闭在睡袋里，随着睡

---

① Gustav Jaeger, 1832—1917。
② Sanitary Woolen System Company。
③ Apsley Cherry-Garrard, 1886—1959。
④ Robert Falcon Scott, 1868—1912。

◐ 约 1930
图为皮埃尔·艾伦的全身防风雨外衣（又称"完整系统"），P. 达尔迈（Dalmais）摄，摘自雷蒙德·加谢（Raymond Gaché）《登山运动》的"露营装备"一章，1935 年。

◐ 约 1930
皮埃尔·艾伦"完整系统"中的羽绒装备有夹克、"象脚"和拖鞋，薄薄的充气床垫和防水外壳使整个系统更加完善，摄影师不详。

253

袋里的空气越来越污浊，我们的呼吸也越来越急促。"[16]

读到这些令人吃惊的句子，我们可以料想到南森也曾面临过类似的困境。将袋子完全密封以抵御寒冷，起初是有道理的，因为这样可以使睡袋内部迅速变暖。然而，随着时间的推移，里面的人可能会窒息，因为他们会被迫吸入刚刚呼出的二氧化碳。另外，睡袋因汗水和沉重的呼吸而变得潮湿，当打开睡袋盖呼吸急需的（同时又是冰冷刺骨的）新鲜空气时，又会导致睡袋结冰。谢里·加勒德认为，"我们的身家性命都在……这些棘手的'棺材'里"，这句令人费解的话概括了早期睡袋奇特的混合特性。睡袋既可以是维持生命的装备，也可以是致命的陷阱。[17]

20 世纪 50 年代末，作家兼户外运动爱好者哈维·曼宁①与户外装备供应商格里·坎宁安②在《顶峰》(Summit)杂志上的争论广为人知。第二次世界大战后的 10 年里，曼宁试图正面（字面上）解决这些问题。他对战斗机飞行员的形象记忆犹新，建议露营者戴上呼吸管/防毒面具，这些装备能够将露营者呼出的气体输送到一个装有无水氯化钙的袋子中，以此吸收多余的水分。[18]虽然从技术上看，这种想法在许多方面都是可行的，但露营带来的身心愉悦却被完全破坏了。而身心愉悦正是阿迪朗达克·默里在《荒野历险记》(1869) 中所呼吁的："醒来！空气中弥漫着荒野的芳香。清晨，芬芳的微风迎面拂来。有香味的树胶从头顶的树枝上滴落，东方的天空染成了赤褐色、橙色

---

① Harvey Manning，1925—2006。

② Gerry Cunningham，1922—2010。

● 1888
《睡袋里的半个探险队》，弗里乔夫·南森绘，摘自《首次穿越格陵兰》。

● 1988
带呼吸管罩和防风盖的睡袋，美国专利 4787105 号，詹姆斯·G.菲利普斯（James G. Phillips）和戈登·K.斯科特（Gordon K. Scott）绘。该专利让人想起了哈维·曼宁在《顶峰》(Summit)杂志上首次介绍的呼吸管/防毒面具睡袋。

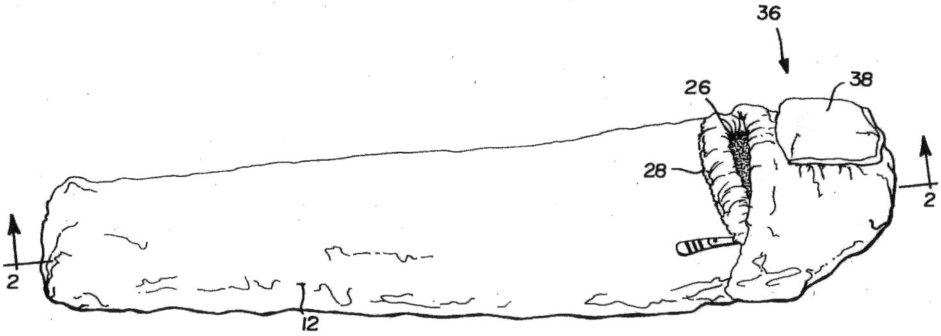
36
38
26
28
2
2
12

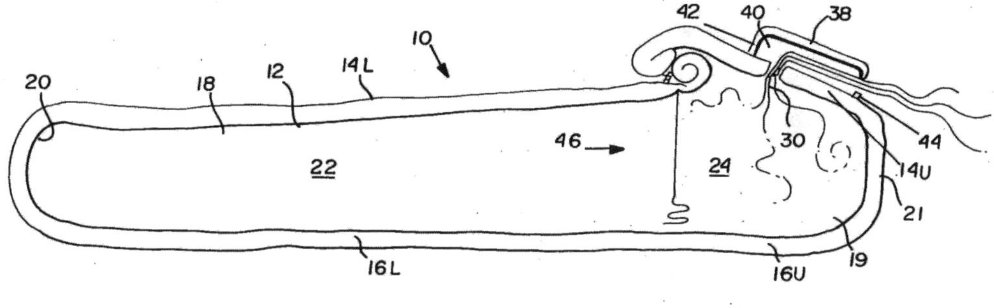
42
40
38
10
20
18
12
14L
46
22
24
30
44
14U
21
19
16L
16U

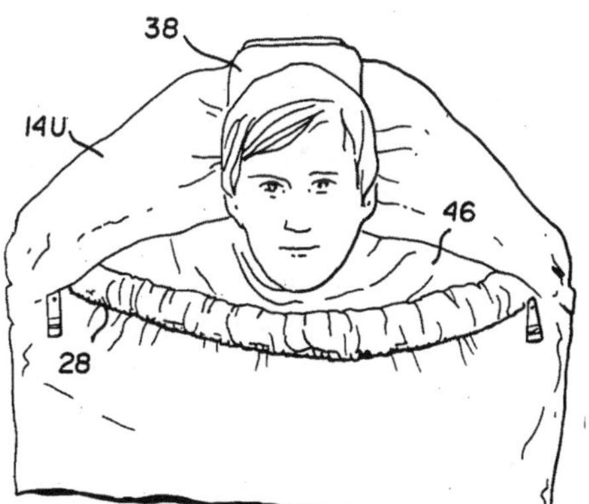
38
14U
46
28

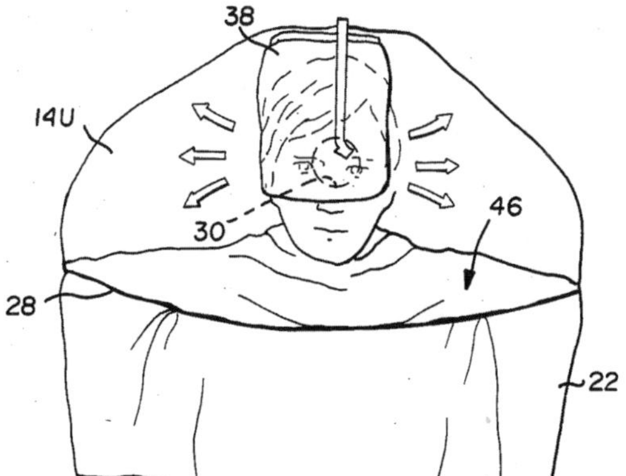
38
14U
30
46
28
22

和金色。"[19] 即使这种装备能够保证有最温暖的环境，但如果什么都闻不到，露营还有意义吗？

曼宁是华盛顿美洲狮登山队（Cougar Mountaineers）队长，该队是一群朋友和登山爱好者组成的群体，他们把"伊瑟阔高地（Issaquah Alps）"当作大本营。对曼宁来说，靠自己实现构想，无疑是天方夜谭。[20] 仔细解读曼宁和坎宁安在几期《顶峰》（Summit）杂志上的争论就可以发现，曼宁似乎一直在挑战坎宁安的技术专长，一心诱导坎宁安将自己关于新型睡袋的离奇设想变为现实。[21] 曼宁的构想确实代表了一个重要观点，即调节睡袋内部与外围气体间复杂的交互作用，是（且将一直是）设计创新的关键和持久因素。英国剑桥大学史考特极地研究中心的档案里，有一张关于命运多舛的特拉诺瓦探险队照片，照片中的士官埃德加·埃文斯①和汤姆·克林②正在小心翼翼地修补毛皮睡袋，十分感人。[22] 现在再看这张照片，我们不难发现，他们过于细致的缝补会导致睡袋太过密闭。汗水和呼吸会造成睡袋潮湿，他们缝制的厚毛皮保暖效果会大大降低，换句话说，"包装"得太严实可能并不是一件好事。

让我们跳出"袋子"来思考问题，设想一种不同的模式，在这种模式中，人们可并不只是简单地蠕动着身体进出睡袋。相反，让我们想象一下，在将保暖材料裹在身上的动态过程中，身体与材料相互接触、互相作用。19世纪，登山家爱德华·怀伯尔在高海拔地区露营时，十分青睐简洁、体积小的羊毛毯子（第245页）。将自己裹进

↑ 1911
图为海军士官埃德加·埃文斯、汤姆·克林跟随罗伯特·福尔肯·斯科特船长在英国南极探险（1910—1913，又称特拉诺瓦探险）期间缝补睡袋，赫伯特·乔治·庞廷（Herbert George Ponting）摄。埃文斯于1912年2月17日在从南极返回途中遇难。

↱ 约 1890—1918
图为因纽特（Inughuit）睡袋，摄影师不详。据史密森尼学会资料记载，1897年，明克·华莱士（Mink Wallace）及家人随北极探险家罗伯特·E.皮尔里（Robert E. Peary）从纽约回到格陵兰岛。大约在1910年后，华莱士得到了图中的睡袋。

① Edgar Evans, 1876—1912。
② Tom Crean, 1877—1938。

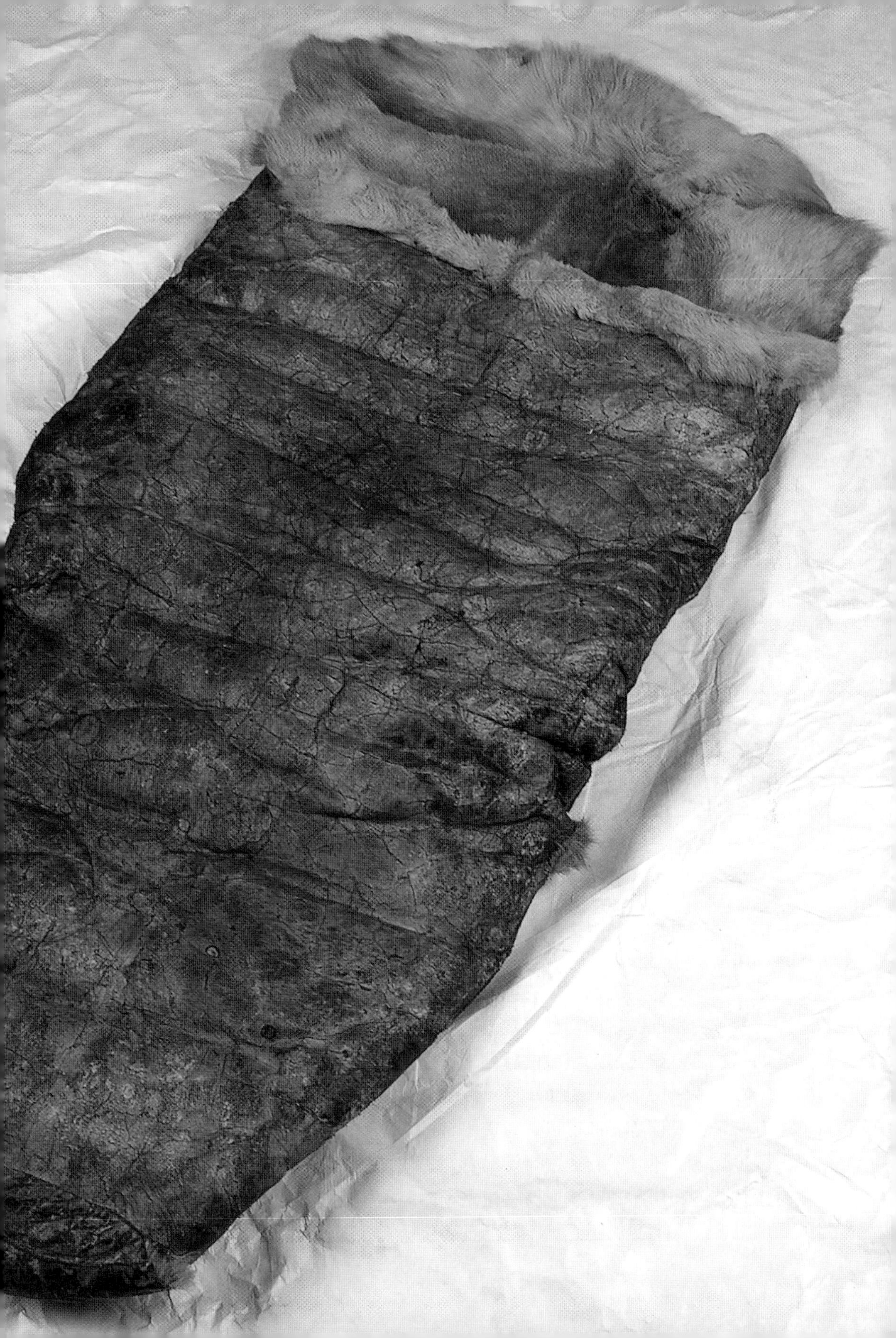

毯子是一件非常简单的事情，而霍勒斯·凯普哈特却进行了枯燥可笑的技术指导，对此怀伯尔嗤之以鼻。凯普哈特208个字的叙述确实错综复杂，读完全文可能比完成这一任务还要费时：

> 要想用毯子把自己裹得严严实实，可以先躺下，将毯子盖在身上，抬起双腿，膝盖不要弯曲，先将毯子的一边平稳地塞到腿下，然后再将另一边塞到腿下。抬起臀部，用同样的方法将毯子的两边平稳地塞到臀部下方。再将毯子的远端折叠在脚下。然后将毯子的其余边用相似的方法一上一下绕在肩上。当你独自完成这件事后，会发现自己在一个"茧"里。将毯子翻转到身后，背对毯子站立，将毯子的右角紧贴在右腋下，使三角形垂在身前，并牢牢固定在那里。然后用左手将毯子从后面拉过左肩，紧贴颈背，再从前面垂下。这样，毯子左边的一角就会拖在你面前的地面上。快速甩动它，将这一角甩到右肩上，让它垂到背上，靠毯子自身的重量挂在那里。现在你被裹起来了，但右臂是空闲的，可以瞬间脱掉毯子。[23]

凯普哈特直到1917年还在撰写关于毯子的文章，这表明当时睡袋尚未完全成为露营的主要装备，而这距离睡袋首次出现已经过去了近50年。这是否意味着睡袋仍然是无畏探险家的专利？普通露营者会发现睡袋的用处吗？平心而论，较之缝制的睡袋，如威尔士纽敦的普赖斯·琼斯公司于1876年发明的热门Euklisia毯，传统的羊毛毯子有一个重要优势，即可以在白天平铺晾干。另外，传统毯子还可以卷成一个简易背包，用来携带露营装备和用品。睡袋成为主流之前，经验丰

◐ **1947**
《折叠毯》，S.H.沃克绘，摘自《露营之道》。

睡 袋

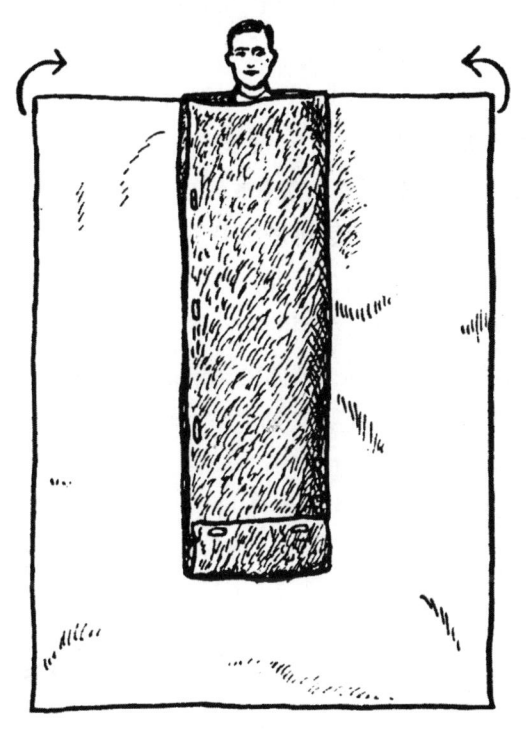

《折叠毯》

富的户外活动爱好者就开始高度重视这种关键装备的灵活性。他们认识到，一个好的睡袋还必须易于穿脱，有良好的透气性，能够调节内部温度。考虑到这些方面，户外活动爱好者建议采用一系列临时紧固件，将折叠毯子变成牢牢贴在身上的睡袋，即使露营者晚上在帐篷里滚来滚去，睡袋也不会脱落。例如，古斯塔夫·耶格博士很早就因生产一种驼毛绒毯包而声名鹊起，这种绒毯包的边缘有许多纽扣，整个绒毯包可以放在坚固的保护盒内，保护盒在露营者睡觉时可以当作枕头。沃伦·H. 米勒则设计了一种配备弓弦扣、弹簧扣和搭扣的混合型睡袋，并在其《营地手工设施》（1915）中进行了描述。埃隆·杰瑟普在著作《顺利度过假期》①中设计了一种类似的睡袋，特点是将一条毯子纵向折叠，并配备一连串可以绑在一起的成对带子。

这些重要改动发生的同时，拉链也刚好首次申请了专利并实现商业化。罗伯特·弗里德尔（Robert Friedel）是《拉链：新奇的探索》②一书的作者，他指出，最早的拉链专利是惠特科姆·L. 贾德森（Whitcomb L. Judson, 1846—1909）1893年申请的。[24] 不过，目前我们看到的拉链样式，是由宾夕法尼亚州米德维尔无钩式纽扣公司（Hookless Fastener Company）创始人吉迪恩·桑德巴克③发明的。他将可分式扣④描述为"两根柔性纵梁……通过安装在两根纵梁上的滑动凸轮装置来打开和封闭，装置向一个方向滑动时可打开纵梁，

---

① *Roughing It Smoothly*, 1923。
② *Zipper: An Exploration in Novelty*, 1994。
③ Gideon Sundback, 1880—1954。
④ Separable Fastener，美国专利 1219881 号。

◉ 1907
《纯驼毛睡袋》，古斯塔夫·耶格绘，摘自《健康与文化》。

◉ 1923
埃隆·杰瑟普《顺利度过假期》中的插图，描绘了一个用毯子折三次并用系带固定的睡袋。

睡　袋

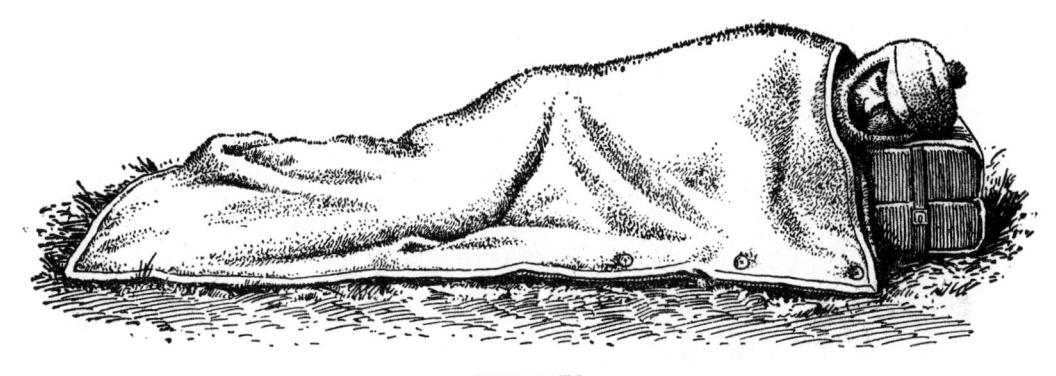

《纯驼毛睡袋》

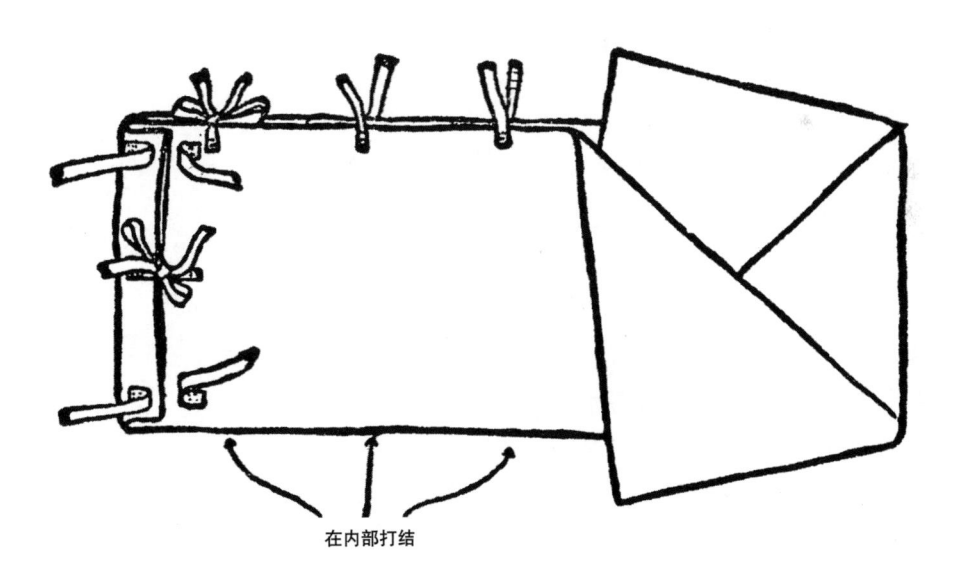

在内部打结

261

向相反方向滑动时可封闭纵梁"。[25] 桑德巴克设想，这种装置可以取代纽扣、按扣、搭扣、领带、系带和其他临时紧固件，用于裤子、外套、手套和鞋子等各种衣物，但他没想到自己的发明在 20 世纪的普及如此之广，影响如此之大。从背包到电脑包，从裤子到夹克衫，一个人一天要拉多少拉链？桑德巴克于 1917 年获得专利后不久，詹姆斯·菲尔德公司（James Field Company）就开始销售菲尔德 Autokamp 帐篷（1925 年），帐篷的纱门是用无钩式纽扣固定的。两年后（1927 年），理想寝具公司（Ideal Bedding Company）开始销售装有无钩式纽扣的睡袋（第 265 页）。

现在回过头来看，可以肯定地说，桑德巴克的这项开创性发明之所以取得成功，至少部分原因是它起了一个响亮的新名字——拉链（zipper），灵感来源于工业家 B. F. 古德里奇（B. F. Goodrich, 1841—1888）发明的装置中齿轮转动时发出的咔嗒声。桑德巴克的发明，最初叫作无钩式纽扣（Hookless Fastener），听起来又长又拗口，比如"嘘——你牛仔裤上的无钩式纽扣开了！"。这么好用的东西，难道不应该说起来也简单快捷吗？数百次的机械缝合被拉链转换成简单的"吱 – 吱 – 吱 – 吱"声，并且拉链的抗拉强度与缝合得最好的接缝不相上下。用两个手指捏紧拉头，沿着反方向拉到底，就能瞬间神奇地拉开拉链。虽然我们早已不再关注拉开拉链这一"神奇"的操作，但早期的商业广告还是致力于阐释这一过程。例如，无钩式纽扣将菲尔德 Autokamp 帐篷的网"拉到一起，就像缝在一起一样"。[26] 如今，zipper 一词缩减成了 zip，这种表述更为通俗，同时也能够体现拉链的全部特性。不管往下拉还是往上拉，

◐ **1917**
可分式纽扣，吉迪恩·桑德巴克绘，美国专利 1219881 号。

G. SUNDBACK.
SEPARABLE FASTENER.
APPLICATION FILED AUG. 27, 1914.

1,219,881. Patented Mar. 20, 1917.

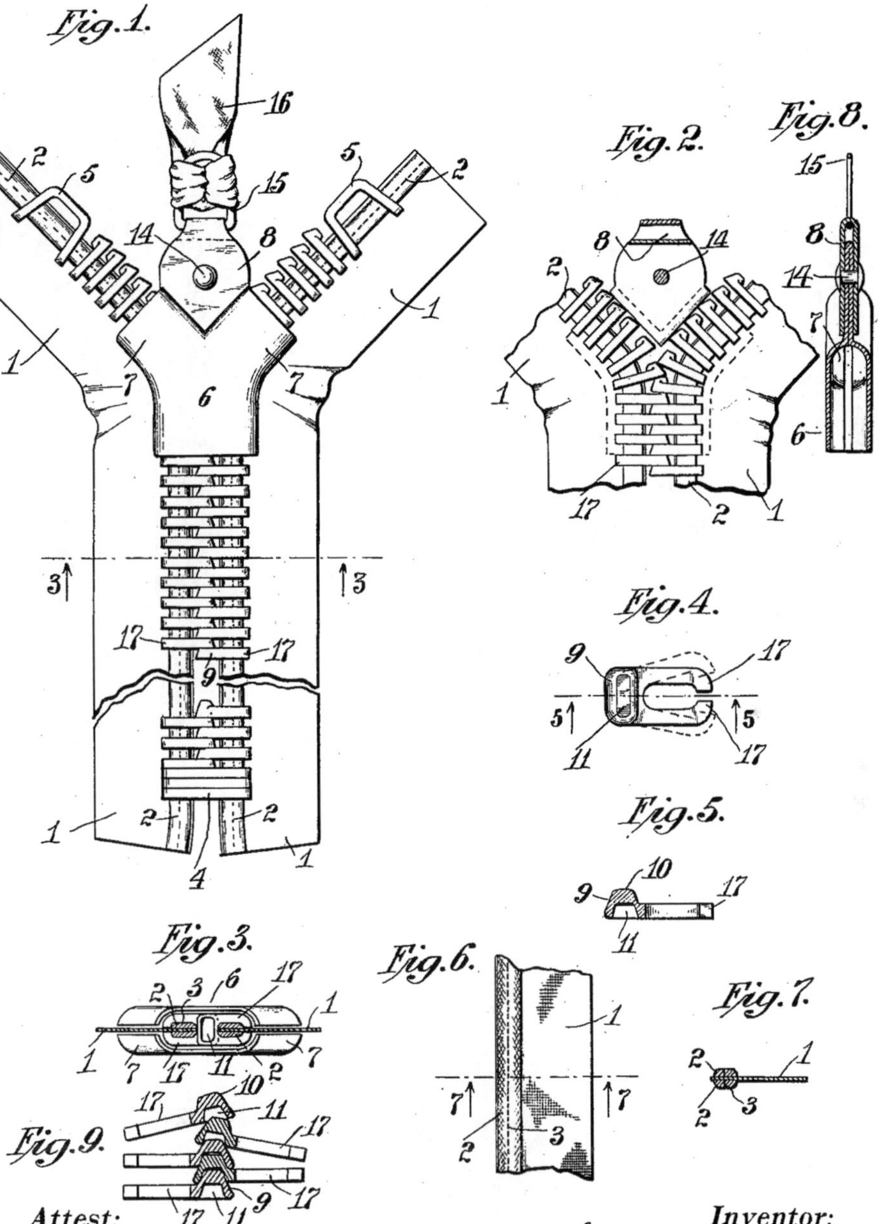

Attest:
E. B. Mitchell
J. D. Connolly, Jr.

Inventor:
Gideon Sundback,
by Edwards, Sager & Wooster
Attys.

拉链发出的声音都一样，zip（拉链）既表示打开又表示关闭（我们用夹链袋装食物时，会叮嘱别人"拉拉链！"），还能够体现运动方向（拉索）和拉拉链的速度（迅速开合）。

毫不夸张地说，拉链是睡袋上最重要的创新，它标志着睡袋终于成了主流。有了拉链，谁还有时间去扣沃伦·H.米勒睡袋上的无数个环扣，绑无数条系带呢？纽约州罗切斯特理想寝具公司宣传它们的理想牌睡袋时说，"在你使用理想牌睡袋时，不用爬进去，而是像上床睡觉一样……只需将拉头往脖子那一拉，这样一个简单的动作就能把睡袋关紧"。[27]现在很难想象还会有睡袋不配备拉链，现代睡袋至少有两条长尼龙拉链，一条顺着睡袋边缘，拉起后就将使用者包裹在里面，另一条在底部，便于空气流通，紧急情况下，如半夜急需上厕所时，露营者还可以拉开拉链，露出双脚，站起来，在夜间摇摇晃晃地跑向厕所。如今，最先进的深冬探险睡袋是一种木乃伊式睡袋，在胳膊处多配了两条拉链，露营者的手臂可以轻松进出睡袋。零售价为840美元的Nemo Canon-40睡袋就是这种。使用者打开拉链后，可

↑⬅ **2020**
Nemo Canon-40睡袋，已于2020年停产。

➋ **1927**
《为什么不准备一个方便使用的睡袋》，摘自《登山者》，1927年12月。

睡　袋

为什么不准备一个好用的睡袋

　　理想牌睡袋采用拥有专利的无钩式纽扣，这绝对是超前的。在你使用理想牌睡袋时，不用爬进去，而是像上床睡觉一样……只需将拉头往脖子的方向一拉，这样一个简单的动作就能把睡袋关紧。

　　理想牌睡袋用羽绒、羊毛或木棉制成，价格和保暖效果各不相同，可满足各种需求。*在旅行之前立即下订单吧。*

"更好的被子将是理想的。"

　　用羽绒、羊毛或木棉制成的理想牌被子都是在您下单后根据您的家具风格和预算精心设计的。这是真正实惠的，是替换旧床垫和羽绒被的理想方式。

只要一个电话我们就到——马上拨打电话吧！
理想寝具有限公司

松树街 1119 号　　　　　　　　　　　　　　　　　　主街 4617 号

以伸展双臂，身穿睡袋坐起来，进行基本的日常活动，如阅读或打理便携式火炉。Nemo Canon-40 睡袋的兜帽完全遮住了露营者头部，只在嘴、鼻子和眼睛周围设置了一个烟囱式排气口。头部带有管状领口，像高领毛衣一样，将面部前面的热空气聚集起来，提高保暖性。[28]

保暖、衬垫、缓冲

森林是穷人的外套。[29]

——瑞典俗语

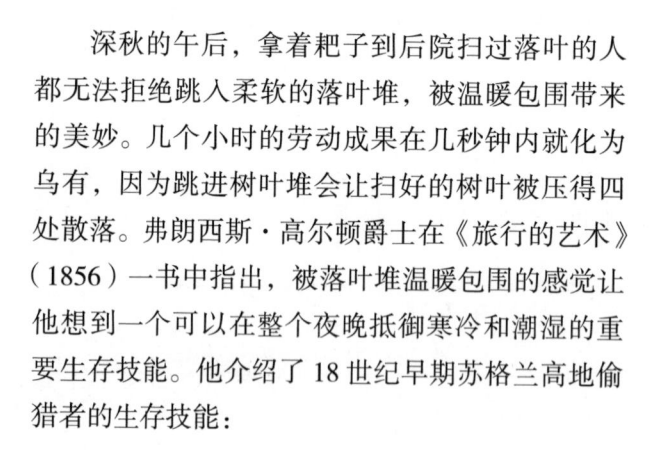

深秋的午后，拿着耙子到后院扫过落叶的人都无法拒绝跳入柔软的落叶堆，被温暖包围带来的美妙。几个小时的劳动成果在几秒钟内就化为乌有，因为跳进树叶堆会让扫好的树叶被压得四处散落。弗朗西斯·高尔顿爵士在《旅行的艺术》（1856）一书中指出，被落叶堆温暖包围的感觉让他想到一个可以在整个夜晚抵御寒冷和潮湿的重要生存技能。他介绍了18世纪早期苏格兰高地偷猎者的生存技能：

他们砍下大量石楠，将其中一部分铺在地上作为床铺，除一个人外，所有人都并排躺下，在中间给未躺下的人留出空位。这个人的任务是在大家躺下后给他们盖上被子，然后把剩下的石楠树枝铺在被子上。完成这些任务后，他就钻进同伴为他留出的空位里。[30]

19世纪的阿迪朗达克户外运动爱好者、作家兼向导乔治·华盛顿·西尔斯，也就是人们熟知

◐ 2013
图为枯枝落叶堆简易"睡袋"，罗宾-布利斯·瓦格纳（Robin-Bliss Wagner）摄，露营作家丹·怀特在加利福尼亚州圣克鲁斯县的一次研讨会上进行过展示。

◐ 1860
插图由弗朗西斯·高尔顿绘，摘自《旅行的艺术：荒野中的策略和计谋》，第三版，描绘了18世纪早期苏格兰高地偷猎者临时搭建的"睡袋"。

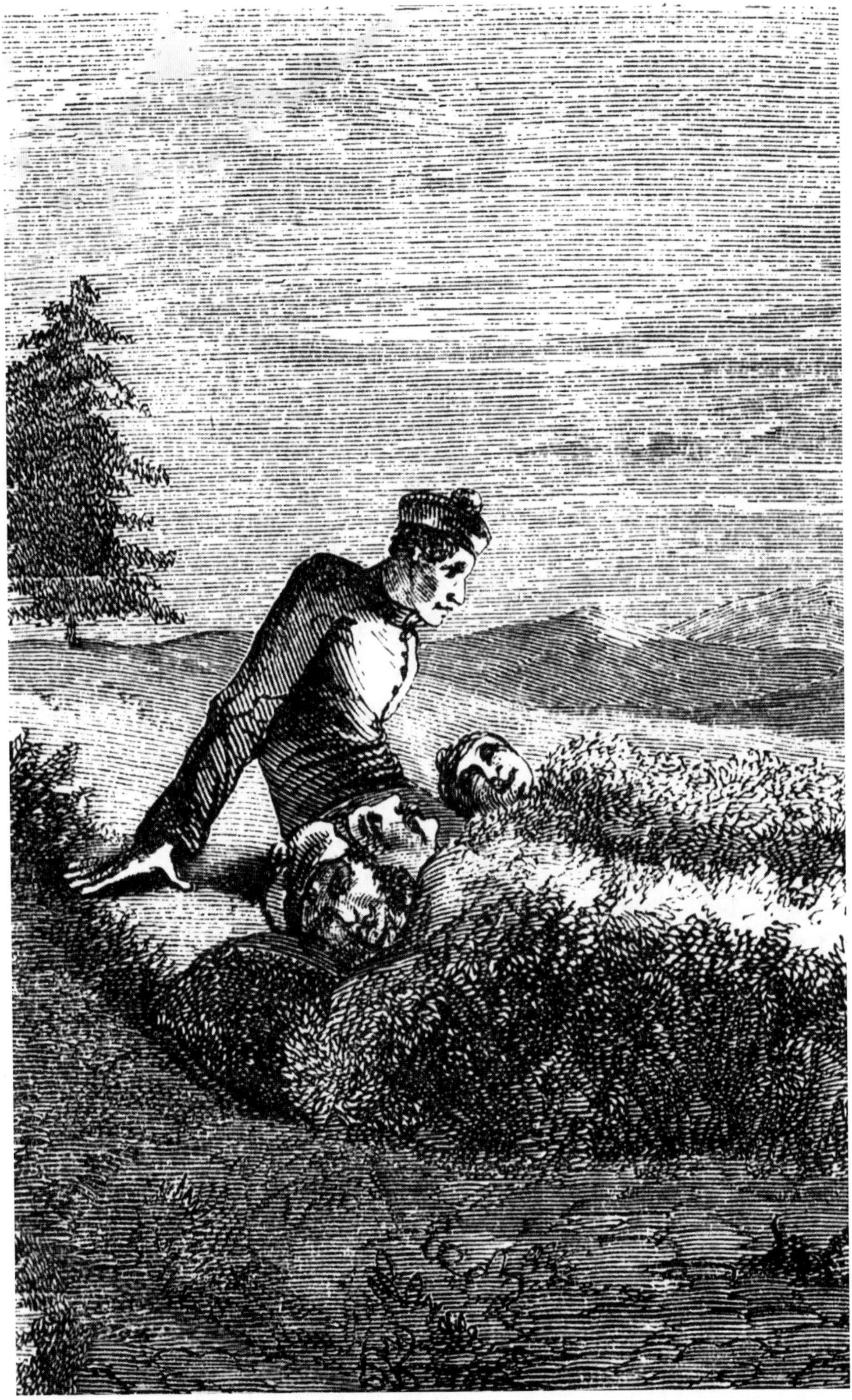

的尼斯穆克（Nessmuk）指出，用树枝和 4 根原木围成的床有许多明显优点。一层层树枝形成了一个柔软的垫子，可以让旅行和劳作一天后疲惫不堪的身体得到休息；一层层树枝还可以防止身体直接接触冰冷的地面，同时隔开寒气。[31] 这种用树枝铺成的简易床不仅有保暖性，还有缓冲作用。现代睡袋需要配备充气床垫和充气枕头才具有缓冲功能。在特别寒冷的夜晚，即使是厚厚的树枝床也无法防寒，高尔顿建议采用更极端的方法，即在刚刚熄灭的篝火灰烬下方挖个洞钻进去。[32]

有别于当时传统的探险睡袋，这种低技术含量的"睡袋"是露营者在营地周围就地取材临时建造的简易"睡袋"。不过，像弗里乔夫·南森和罗伯特·福尔肯·斯科特这样的北极探险家，或者像爱德华·怀伯尔和皮埃尔·艾伦这样的登山家，都别无选择，只能搬运睡袋、便携炉、口粮等大量探险装备，因为他们无法在营地找到赖以生存的物资。对他们来说，帐篷里的睡袋就如同用树枝、草皮和树皮搭建的露营棚中的高尔顿简易床一样。

高尔顿是英国的一位博学家，优生学之父，于 1909 年被封为爵士。他猜测，现代睡袋的前身其实并不是麦克卢尔、南森等人制作的厚鹿皮探险袋，而是 19 世纪早期德国农民用亚麻布做成的简易麻袋，这种麻袋里面装满树叶或干草，使用时"把脚放进去，把袋口拉到腋下"即可。[33] 这种奇妙的装置同样具有上述重要的保暖功能和缓冲功能。此外，还能用麻袋把营地周围的树叶收集起来，防止树叶散落，就像用袋子收集路边的草坪碎屑一样。早上离开营地的时候，将"保暖材料（树叶和干草）"从袋子里倒出来，留在营地，就只剩下一个薄薄的袋子，很容易就能卷起来带

◒ **1960**
一名男子（站立者）在用羽绒填充睡袋，其他人则站在一旁准备密封睡袋，摄影师不详，摘自《顶峰》（Summit）杂志，1960 年 6 月。

◒ **1925**
《卡波睡袋》(Kapo Camp Equipment)，摘自《汽车露营者与游客》，1925 年 5 月。

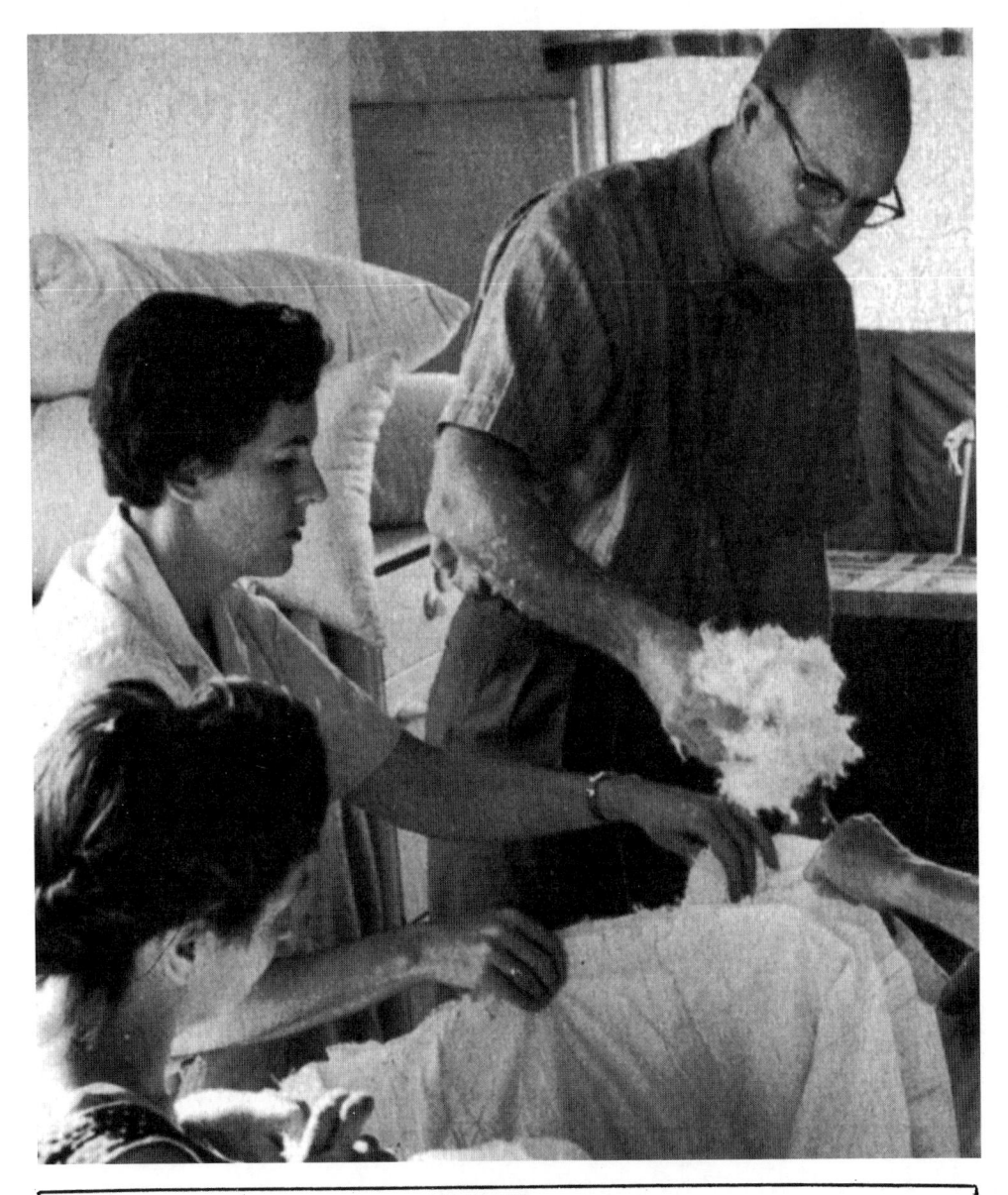

卡波睡袋

睡袋装满了卡波"木棉",防潮、防虫、轻便、容易打包,既能保暖又能隔热。

户外睡眠装备

救生装备

船枕和靠垫

汽车坐垫

雪橇垫

椅垫等

露营床垫规格 76 厘米 x198 厘米,91 厘米 x198 厘米,122 厘米 x198 厘米,缝制起来容易卷起,重量 2.3~4.1 千克,O.D. 布,美国国家娱乐协会(National Recreation Society)认证。

睡袋规格 76 厘米 x198 厘米,外侧橡胶布,内侧 O.D. 布,带有可拆卸的木棉衬垫,脚部有衬垫口袋,顶盖可防风雨。

卡波用品有限公司,马萨诸塞州波士顿特拉弗斯街 80 号

欢迎来信咨询产品目录、价目表和离您最近的经销商名称。

到下一个营地。

高尔顿可能没想到，这种最原始的"睡袋"与现代睡袋竟然非常相似。为了满足睡袋的便携性、封闭性和保暖性，睡袋制造商发现可以使用更轻、可压缩性更强的保暖材料来替代厚重的毛皮和羊毛毯。例如，19世纪90年代，挪威纺织品制造公司 Ajungilak 公司就推出了一种影响力巨大的内衬木棉[①]新型睡袋。1892 年，英国登山家艾伯特·马默里（Albert Mummery，1855—1895）提出使用绒鸭的羽绒填充睡袋，这种材料因超强保暖性和高度可压缩性而广泛用于维多利亚时代的棉被中。[34]优质羽绒的体积可膨胀至自身的 900 倍，在此过程中羽绒间会存储大量空气，形成空气墙，达到良好的保暖效果。简单比较一下各种睡袋，就能发现，过去 125 年间睡袋的重量发生了巨大变化。19 世纪的典型探险睡袋重 8.2~9.1 千克，由毛皮制成，密密麻麻的毛紧贴人体，将体内散发出的热量锁在睡袋里。而保暖性能与之相当的 Nemo Canon-40 羽绒睡袋重量仅为 2 千克，约为前者的 25%。[35]

使用蓬松的保暖材料确实给睡袋的设计带来了独特的挑战。首先，这些保暖材料，比如木棉，尤其是羽绒，价格昂贵，不能像树叶和干草一样使用一次就丢弃，需要固定在睡袋里。其次，这些材料本身也需要防水防潮，因为一旦遇水或受潮，保暖性就会大打折扣。像俄罗斯套娃[②]的嵌套一样，现代睡袋本质上是一个多层系统，包含两个独立的袋子。里面的（保暖）袋子包裹着露营

---

① 一种从木棉果实中获得的棉状纤维。
② 一种木制玩具，通常由 7~8 个木偶组成，由大到小依次套入，可分可合。

➲ **1976**
《五种羽绒构造》，马戈·阿普尔绘，摘自史蒂夫·富特曼和马戈·阿普尔的《软房子》。

睡　袋

5 种羽绒构造

1. 缝制型

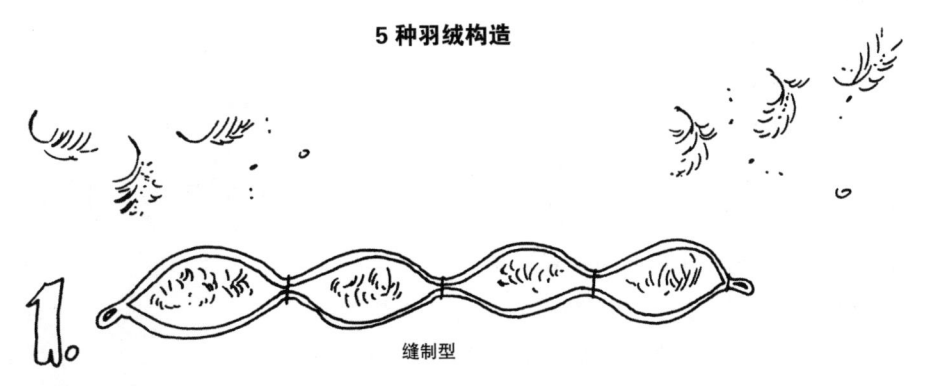

2. 方格型

3. 斜方格型

4. 重叠"V"管型

5. 双层被子型

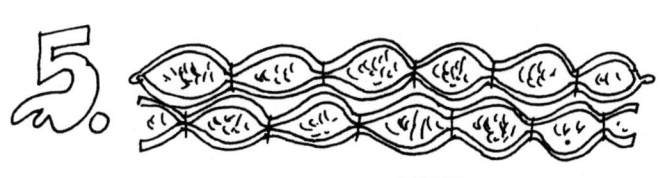

者，外面的袋子是一个稍大的（御寒）外壳，它们之间填充着一层保暖材料。将里外两层缝合后再在上面缝制出一个个"车缝格"，这样就可以固定住蓬松的材料，防止堆积。这种工艺可以根据需要在不同部位填充不同绒量。通常情况下，需要填充更多绒量的部位有：与外界空气持续接触的睡袋顶部、膝盖处、小腿处和脚部。膝盖、小腿和脚位于睡袋的下半部，皮埃尔·艾伦试图用"象脚"来保护这部分。

一向追求完美的艾伦构想出一种集防水、缓冲和保暖于一体的睡袋。以俄罗斯套娃为灵感，艾伦对睡袋的保暖、防水、防寒系统进行了升级，增加了一个充气垫和一个防水层。防水层既可以将整个睡袋包裹起来，又可以单独用作长及膝盖的雨衣（防风衣），与"象脚"搭配使用。艾伦发明的这种睡袋称为 Sac-Bivouac 睡袋，从图中我们可以看到穿着这种睡袋的露营者头显得非常小，人像个小小的玩偶嵌在笨重睡袋里。

艾伦 Sac-Bivouac 睡袋的显著特点是增加了一个充气垫，在这之前的睡袋从未配备床垫。内斯穆克调侃道，他"经常观察到，树桩、树根和小石头有一种反常的行为，会擦伤不熟悉树林者的身体"。[36] 和内斯穆克一样，足智多谋的阿迪朗达克露营者（或其向导）懂得如何利用松散的树枝，或用细绳编织成架子，搭建简易床架，躺在上面，身体远离潮湿阴冷的地面，十分安全。高尔顿指出，"'3.6千克'重的刨花就可以把床变得很舒适，用一把普通的辐刨，在3个小时内即可从原木上刨下这么多刨花"。[37] 没有充足时间（或没有辐刨）的露营者怎么办？埃隆·杰瑟普认为，50张报纸也能做成一张吸引人的床垫，这种巧妙的

○ 约 1930
皮埃尔·艾伦的"完整系统"中，四时皆宜的外层下设有一层充气床垫，摄影师不详。

○ 约 1930
皮埃尔·艾伦的"完整系统"或称 Sac-Bivouac 睡袋的剖面图，显示了羽绒部件、充气床垫和防水外层三层结构。

睡 袋

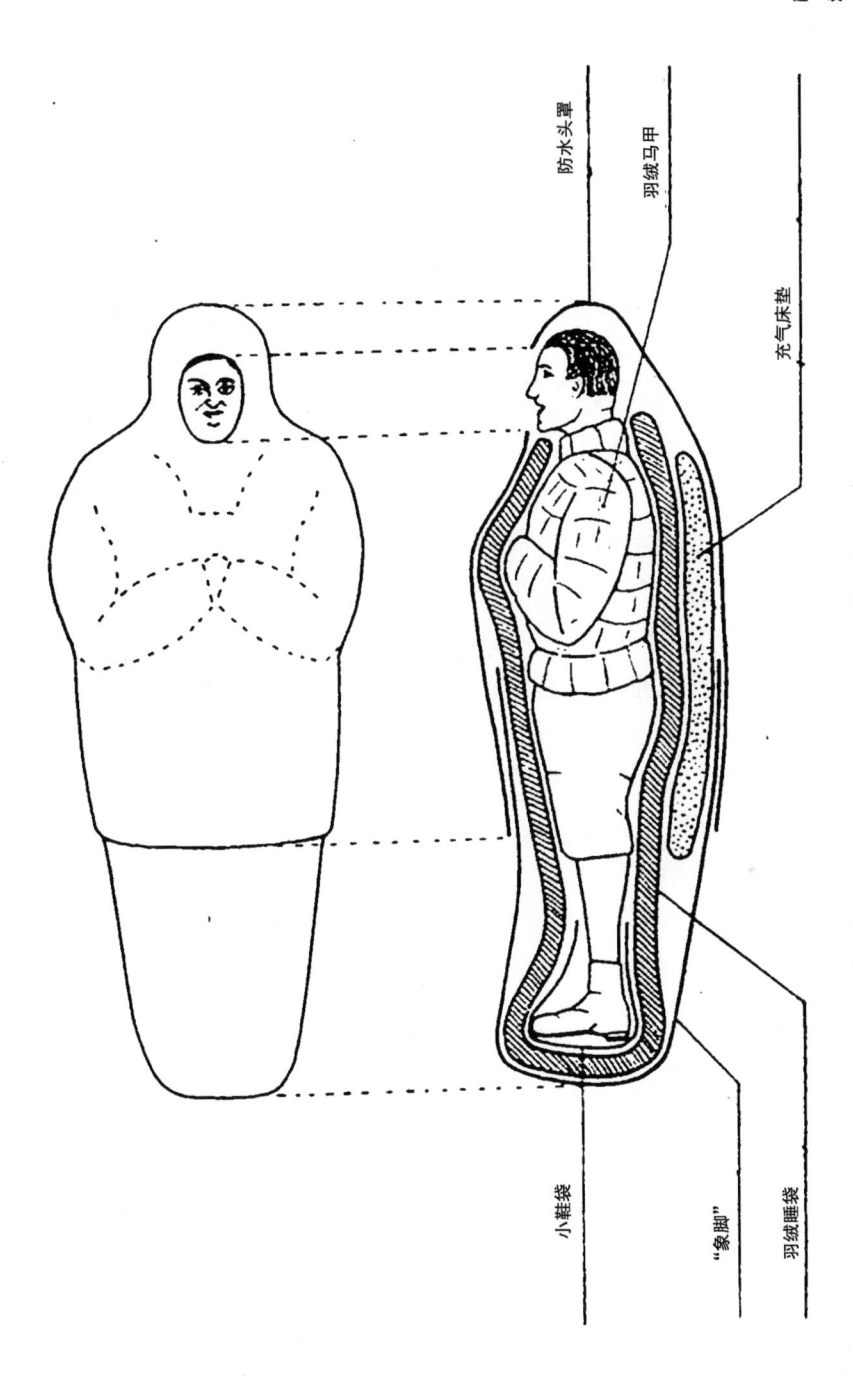

防水头罩
羽绒马甲
充气床垫

小鞋袋
"象脚"
羽绒睡袋

Sac-Bivouac 睡袋

循环利用远远早于现代人对回收的关注。[38] 随着时间推移，汽车逐渐使露营装备的重量成为次要问题，因此许多 20 世纪的汽车露营爱好者去露营时都会把旧弹簧床垫绑在车顶上，这让我们联想到许多人想把舒适的家搬到露营地。但这并不是说，将笨重的睡袋逐渐改造成更轻便、紧凑、保暖的露营装备过程中，床垫制作技术没有提升。

20 世纪 20 年代，首次出现汽车露营，露营者把弹簧床悬挂在车侧，把类似吊床的装备悬挂在车内（第 104 页）。气垫床的历史可以追溯到 15 世纪，但是直到多层睡袋出现时（19 世纪），第一批气垫床才进行商业化生产，其实这一点不足为奇，制作充气床垫又何尝不是制作一种"睡袋"呢？只不过里面填充的不是木棉或羽绒，而是空气罢了。[39] 事实上，1898 年《哈珀周刊》①为机械织物公司②的"完美床垫"做广告时，称"床垫和坐垫的现代填充物是空气，而不是毛发"。[40]

当时技术不断进步，充气床垫同时满足了多种需求。1823 年，苏格兰化学家查尔斯·麦金托什③首次申请了一种织物防水方法的专利，即将橡胶溶解到煤焦油、石脑油中的方法。这一方法不仅应用于现代雨衣制作，还广泛应用于露营装备中。游记作家兼医生克劳德·P. 福代斯（Claude P. Fordyce，1883—1953）说，"防水地布对于帐篷的作用就像地板对于房屋的作用一样，可以阻挡灰尘、害虫、潮气和风。在寒冷潮湿的天气里，防水地布不仅保障了健康，还大大提升了舒适度"。[41] 埃德温·华莱士（Edwin Wallace）的《阿迪朗达克

---

① *Harper's Weekly*。
② Mechanical Fabric Company。
③ Charles Macintosh，1766—1843。

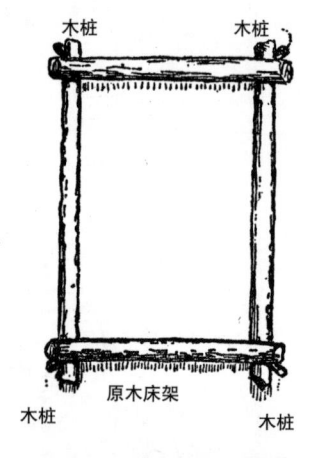

木桩　　　木桩

原木床架

木桩　　　木桩

叠放的树枝

（版权保护）
由几个可拆卸部件组成，这些部件都是在森林里露营必需的

（版权保护）

⬆⬆ **1913**
《原木床架》，欧内斯特·汤普森·西顿绘，摘自《森林生活技能手册》。

⬆ **1875**
《获专利的新型 *Camp Lounge*》，埃德温·R. 华莱士（Edwin R. Wallace）绘，摘自《阿迪朗达克出游指南和萨拉托加斯普林斯旅行手册》《斯克伦湖》《卢泽恩、乔治和尚普兰湖》《奥萨布尔鸿沟》《千岛群岛》《马塞纳斯普林斯》和《特伦顿瀑布》。

➡ **约 1512**
木版画《从军》，弗莱维厄斯·维盖提乌斯·雷纳图斯（Flavius Vegetius Renatus）制，描绘了一个充气床垫。

C iij

出游指南》①中所画的便携式折叠床 Camp Lounge 与一些睡袋的外壳一样，使用了宽条防水织物。而用橡胶制成的麦金托什（Macintosh）睡袋也具有气密性，被认为是理想的充气睡袋。1890 年，马萨诸塞州雷丁的充气床垫和靠垫公司（Pneumatic Mattress and Cushion Company）率先生产了麦金托什睡袋。此后，PVC 橡胶和现代合成材料的使用极大提高了充气床垫的使用效能。在夜间，人们再也不用像使用老式充气床垫时需要经常起来为塌陷的床垫充气。现代充气床垫具有非凡的独创性，不再需要任何辅助设备充气。Therm-a Rest 公司推出的自动充气泡沫垫②最早于 1975 年由 Cascade Designs 公司申请了专利，它采用了一种高度可压缩的独特泡沫，这些泡沫装在一个密闭的尼龙套筒内，吸入空气时缓慢膨胀。[42] 露营者只需打开充气阀，就能看到床垫慢慢成形。泡沫垫重量之轻让使用者惊叹不已。新款 Thermarest NeoAir XLite 床垫的重量不到 0.45 千克，而之前的床垫，如 19 世纪的"完美床垫"、便携式军用折叠木床，则重达 4.5~6.8 千克。

然而，即使是在新型合成材料时代，现代技术也永远不可能超越自然。先进的三季和四季睡袋都是天然与人造的完美结合，既使用天然的羽绒来保暖，又使用防水、透气和速干效果好的合成材料，如尼龙（1938）和戈尔特斯（Gore-Tex，1976），来制造外壳、拉链、弹力绳和缝线。

第二次世界大战期间，军工生产需求量急剧增长，尼龙制造商杜邦公司③和零售商埃迪·鲍

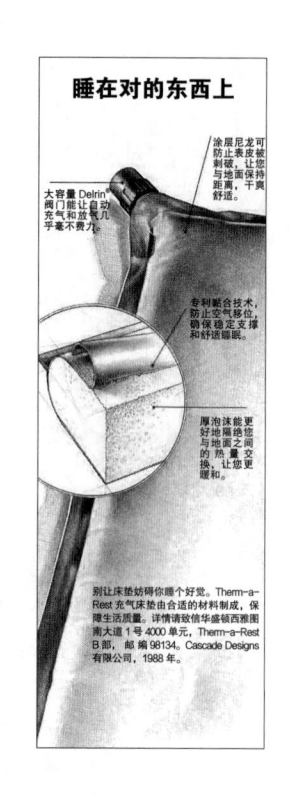

① *Descriptive Guide to the Adirondacks*，1875。
② 美国专利 3872525 号和 4149919 号。
③ 生产帐篷、降落伞、派克大衣、睡袋。

睡在对的东西上

1989
"睡在对的东西上"，摘自《背包客》，1989 年 3 月。

1979
自动充气床垫制作方法，詹姆斯·M. 利（James M. Lea）和尼尔·P. 安德森（Neil P. Anderson）绘，美国专利 4149919 号。在这项专利申请中，利和安德森竭力为一种机械压力机申请专利，这种压力机能够将 Therm-a-Rest 床垫的开孔泡沫与外层防渗塑料涂层面料黏合。

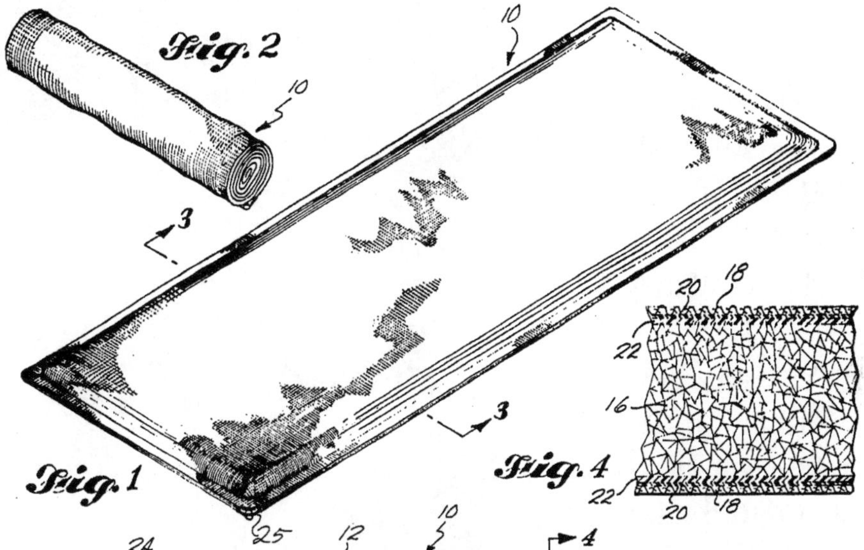

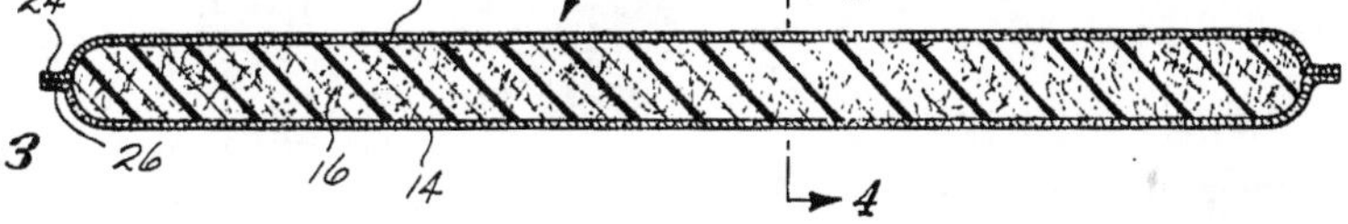

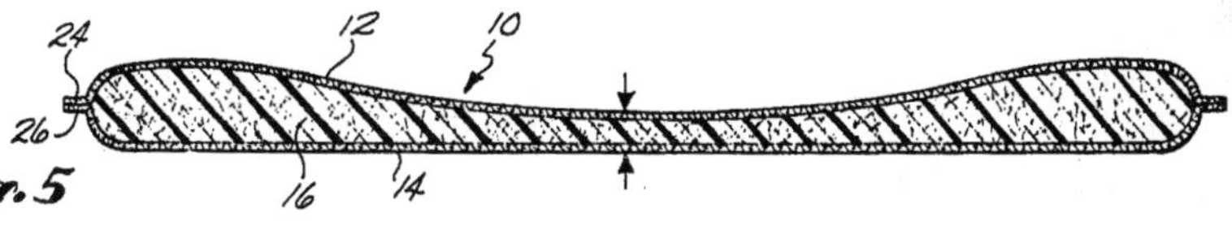

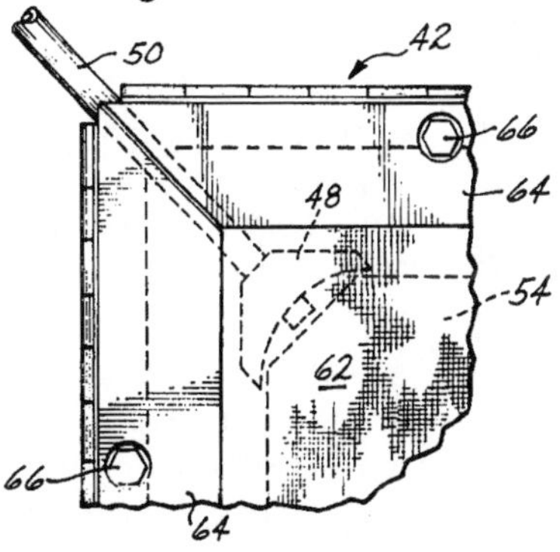

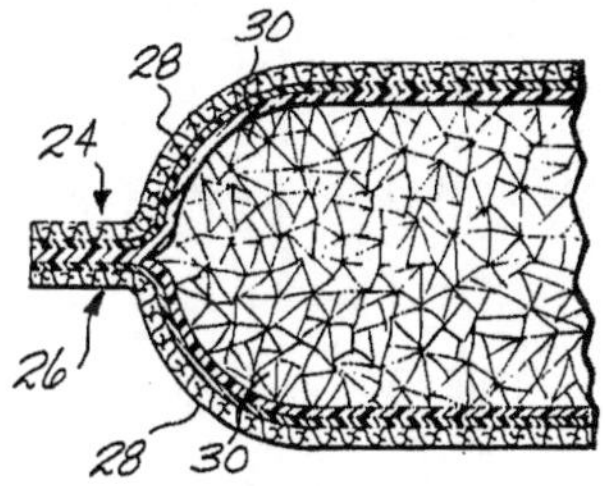

尔①因此赚得盆满钵满。
1876年，普赖斯·普赖
斯·琼斯爵士②与苏联军
队也签订了一份合同，合
同规定生产6万条热门
Euklisia 毯，但是随着苏军
的战败，大量 Euklisia 毯
滞留在了琼斯手中。后来，
他将这些毯子分销到了世
界各地，反而让他取得了
成功。哈维·曼宁在《背
包旅行：一步一个脚印》③
一书中指出，第二次世界
大战期间，美国陆军制造
了数以万计的羽绒睡袋，
其中包括 M-1942 型睡
袋。[43] 战后，20 世纪 60 年
代崛起的户外用品公司，
如安伊艾、山脊牌、巴塔
哥尼亚、Gerry、Eastern
Mountain Sports（EMS）等
纷纷加入睡袋行业。

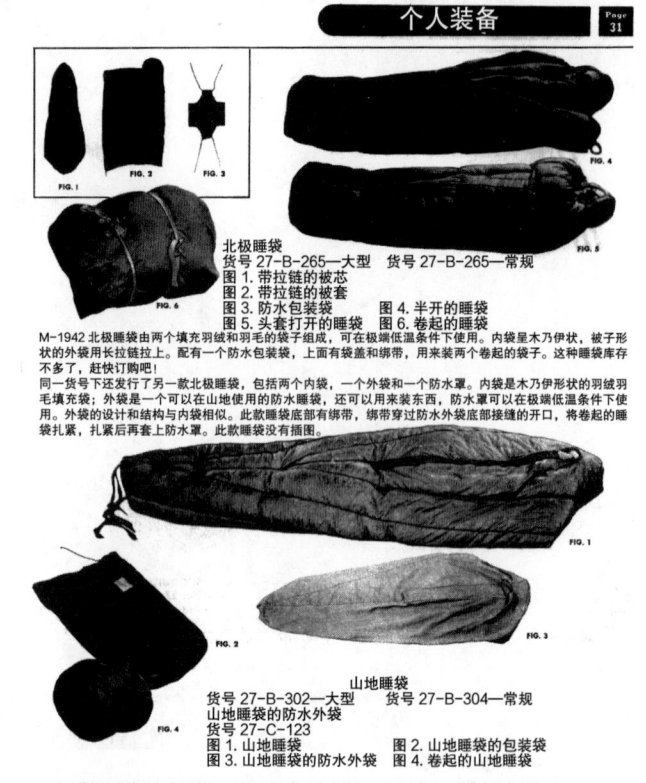

杜邦公司、鲍尔、特别是美国军方认为，现
代睡袋导致需求与材料供给十分不对称。这种设
计将合成材料和天然材料结合在一起。尼龙，从
理论上讲，是一种无穷无尽的可再生资源，而
羽绒却不可再生。不可再生的羽绒不仅用来填充
睡袋，而且还是制作夹克、冬装、枕头、被子甚

① Eddie Bauer，生产 B-9 羽绒服。
② 威尔士企业家，普莱斯·琼斯公司创始人。
③ *Backpacking: One Step at a Time*，1972。

1943
《军品目录——入伍男子的服装和装备》中的样页。M-1942 睡袋采用了最厚实的保暖材料。

1942
M-1942 北极睡袋内的标签，鲍勃·劳（Bob Law）摄，该睡袋由俄勒冈波特兰欧文（Irving）公司为美国陆军制造。

DON ASHMUS,

For use upon MATTRESSES
Oregon State Board of Health

Nº 352313   ALL NEW MATERIAL

Materials Used in Manufacture
State kind, grade and exact weight of each material

40% GRAY GOOSE DOWN 40% 灰鹅绒
60% GRAY GOOSE BODY FEATHERS 60% 灰鹅羽毛

Size	Net weight	Style No.	Order No.
Cover	Kind		Grade

Manufactured for **U. S. ARMY**   Address
Manufactured by
IRVING & CO., INC.   **PORTLAND, ORE.**

至床垫的热门材料。那么，为满足我们对物品更新、更轻、更暖的追求，所需要的大量羽绒是从何而来呢？为解决这个问题，促使人们另寻保暖材料。[44] 尽管在太空时代有许多为此开发的合成羽绒，如聚热球保暖棉（ThermoBall®）、新雪丽保温棉（Thinsulate®）、超柔软拒水性超细纤维（PrimaLoft®）、自热能科技（Omni-Heat®）、气候盾牌填充棉（Climashield®）等，但是它们却始终无法吸引大量露营者和露营装备爱好者。[45] 合成羽绒最重要的优点是干得快，不像天然羽绒一潮湿保暖性就会大打折扣。不过，用合成羽绒制成的背包还远不够轻便舒适，将来或许会得到改善。一些公司，如在20世纪70年代初就已经声名鹊起的巴塔哥尼亚公司，一直开展修补和回收的业务，目的是延长装备的使用寿命。巴塔哥尼亚公司的"旧衣新穿"计划回购或修补顾客的旧装备。回购的旧夹克可能会被完全拆解，布料重新织成新面料，羽绒则用来填充全新的睡袋。[46] 如今，那些同时是动物保护主义人士的露营者可能不会再去安伊艾或EMS等商店，而是去当地的军品店购买廉价的老式睡袋，如M-1942、ICW（中度寒冷天气）或ECW（极端寒冷天气）。[47] 这种超越时空的行为，无疑会让艾伯特·马默里和乔治·芬奇感到些许欣慰。他们俩一个多世纪前首次将羽绒应用到户外装备，当时的他们没有意识到，经济全球化过程中，好东西永远不够用。

◉ 2020
巴塔哥尼亚公司的回收羽绒，蒂姆·戴维斯（Tim Davis）摄。该公司声称，在欧洲，用过的坐垫、被子、枕头和其他难以出售的物品都会运到法国的一家羽绒回收商处，在一个大型真空吸尘器前切开后，吸尘器将羽绒吸进去。羽绒经过混合、分类、清洗、高温消毒，运往巴塔哥尼亚的工厂缝制成新产品。

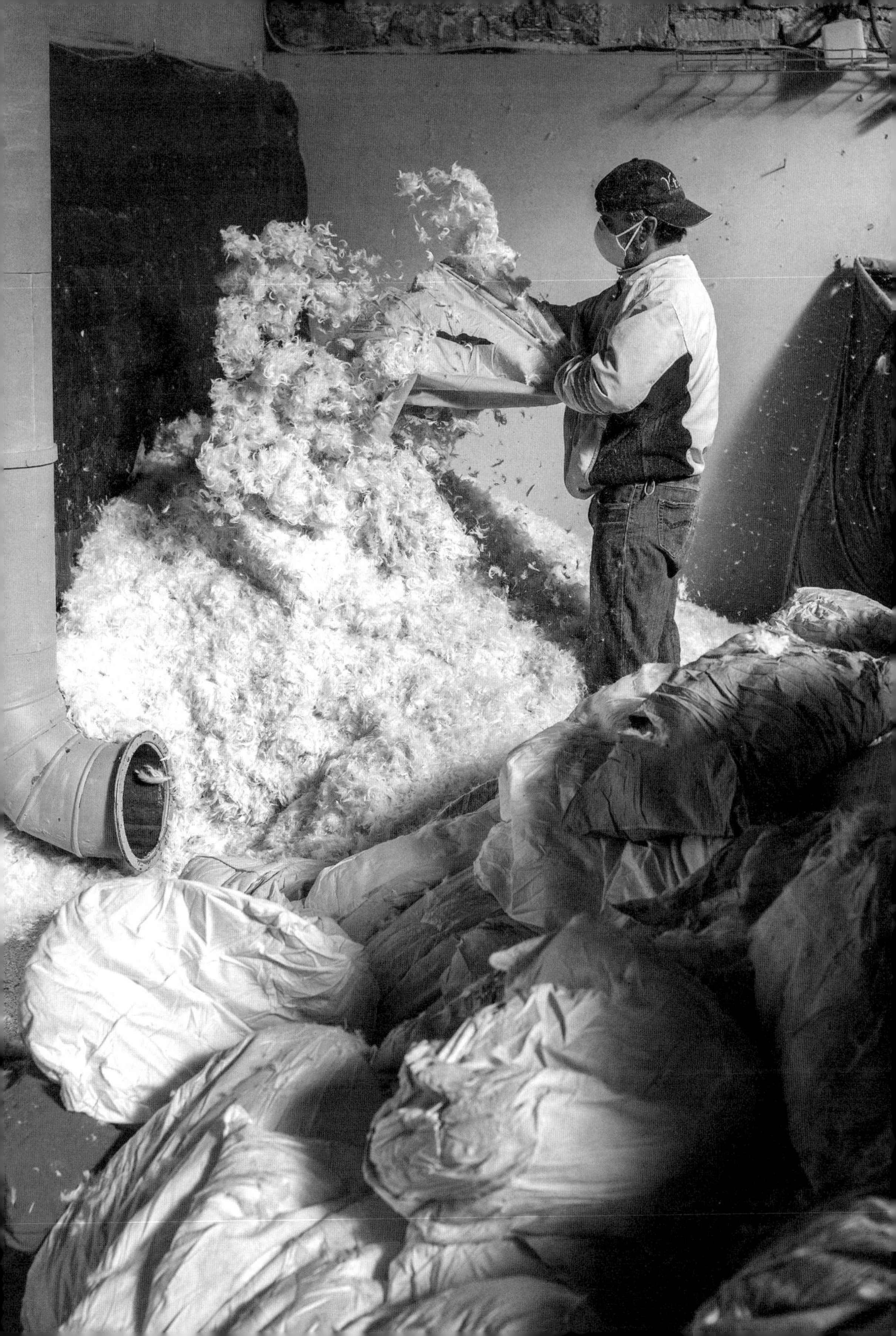

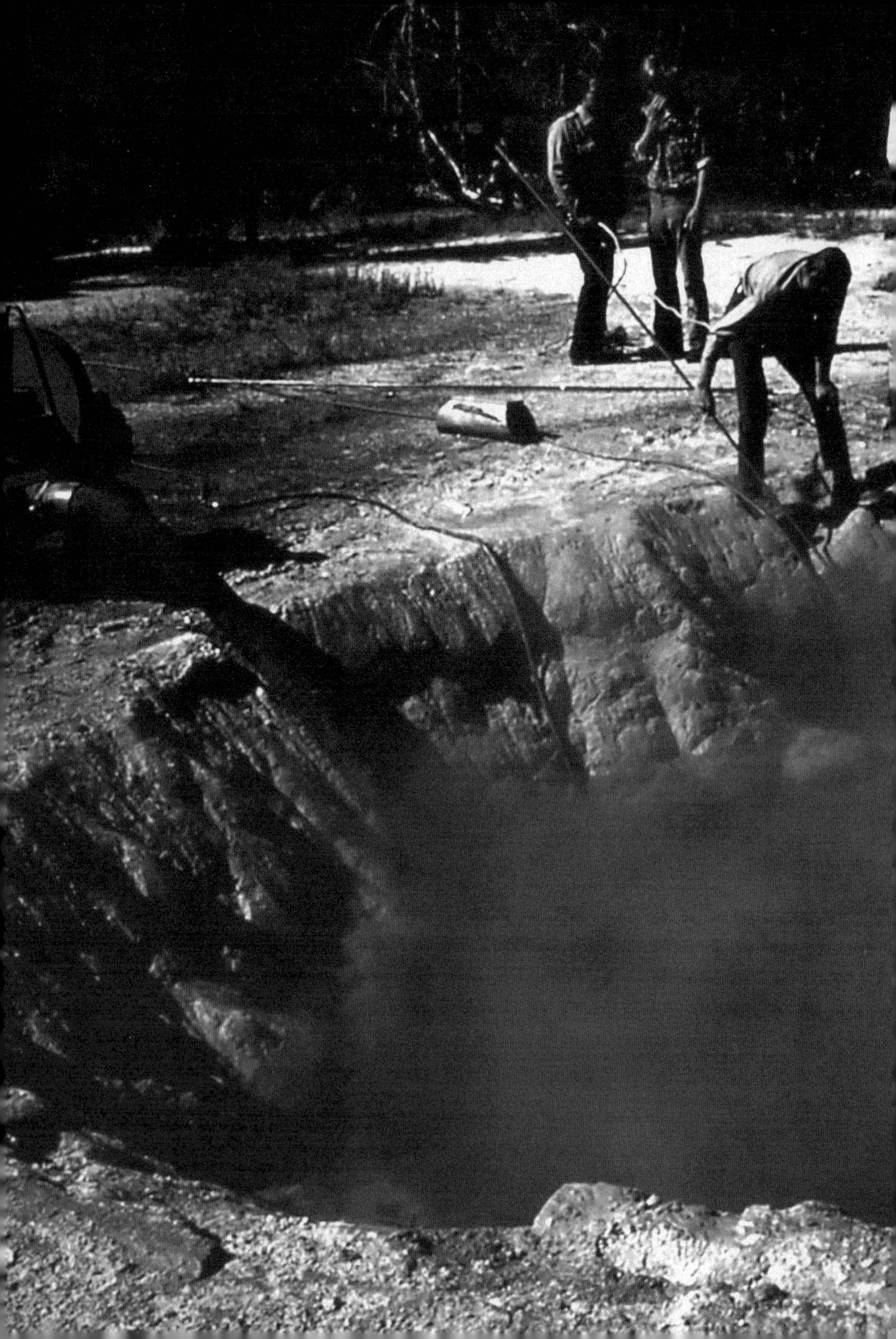

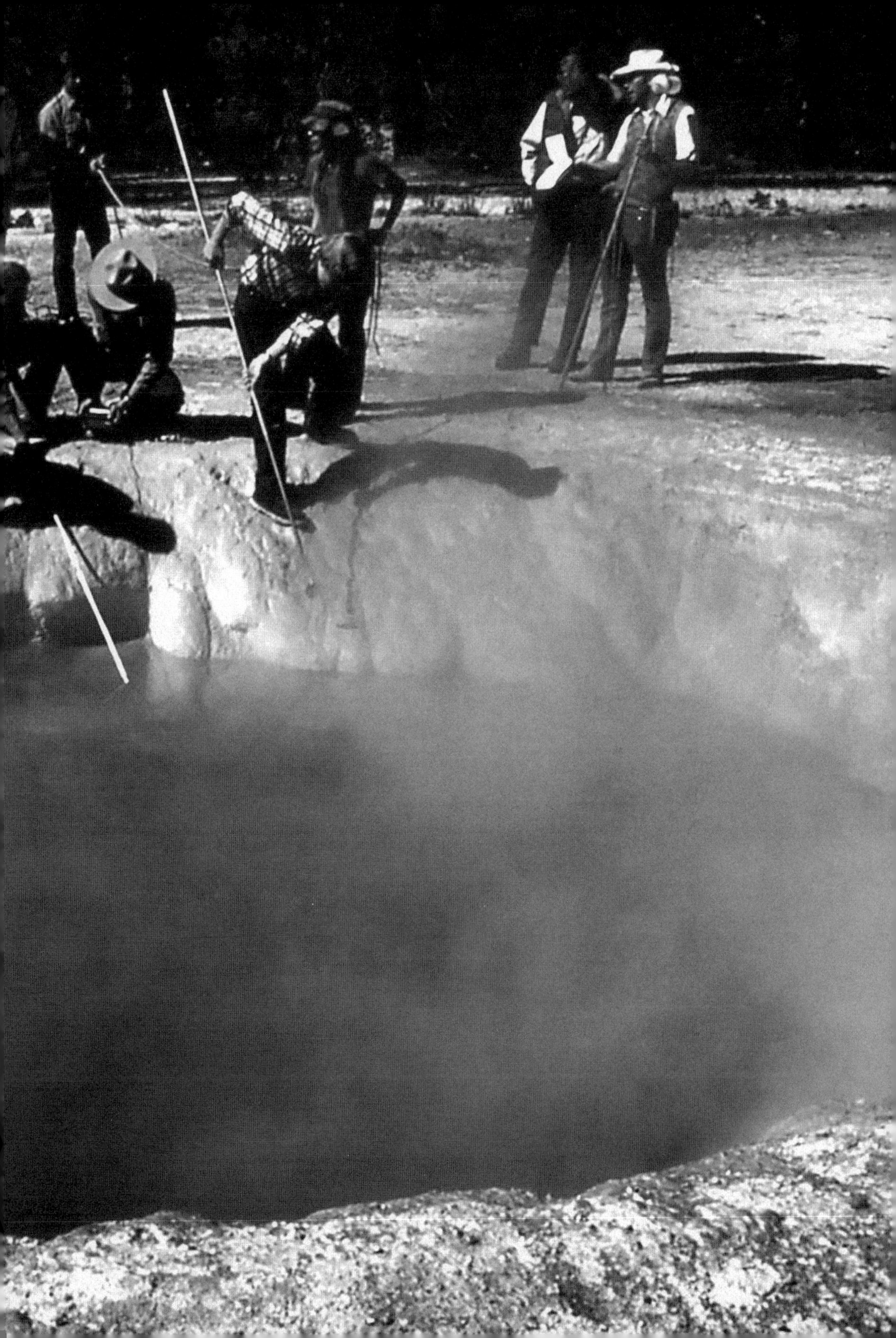

垃　圾

> 除非说露营代表着竞技精神，否则比起 1200 万名汽车露营者在这片自由土地上所做的事情，匈奴人入侵罗马看起来就像是供青少年阅读的童话故事。[1]
>
> ——弗兰克·E. 布里默

解决垃圾的方法似乎很简单——用熊。黄石国家公园建立（1872）不久，游客制造的食物垃圾就越来越多。公园管理者迅速采用了现场处理的新方法来处理这些垃圾。他们临时搭建了一个专供熊使用的"午餐台"，在这个木制平台上，公园里饥肠辘辘的熊可以尽情享用堆积成山的食物垃圾。19 世纪末，这一广受游客欢迎的日常活动使"午餐台"成了一个与约塞米蒂国家公园火瀑布齐名的旅游景点。附近很快就建起了看台，容纳对这一可怕景象着迷的大批游客。[2]

19 世纪末，威斯康星州的弗兰克·卡彭特

1975
图为清洁怀俄明州黄石国家公园牵牛花池（Morning Glory Pool），丹·英（Dan Ing）摄。

1933
加利福尼亚州拉森火山国家公园，民间资源保护队营地垃圾场，阿特·霍姆斯（Art Holmes）摄。

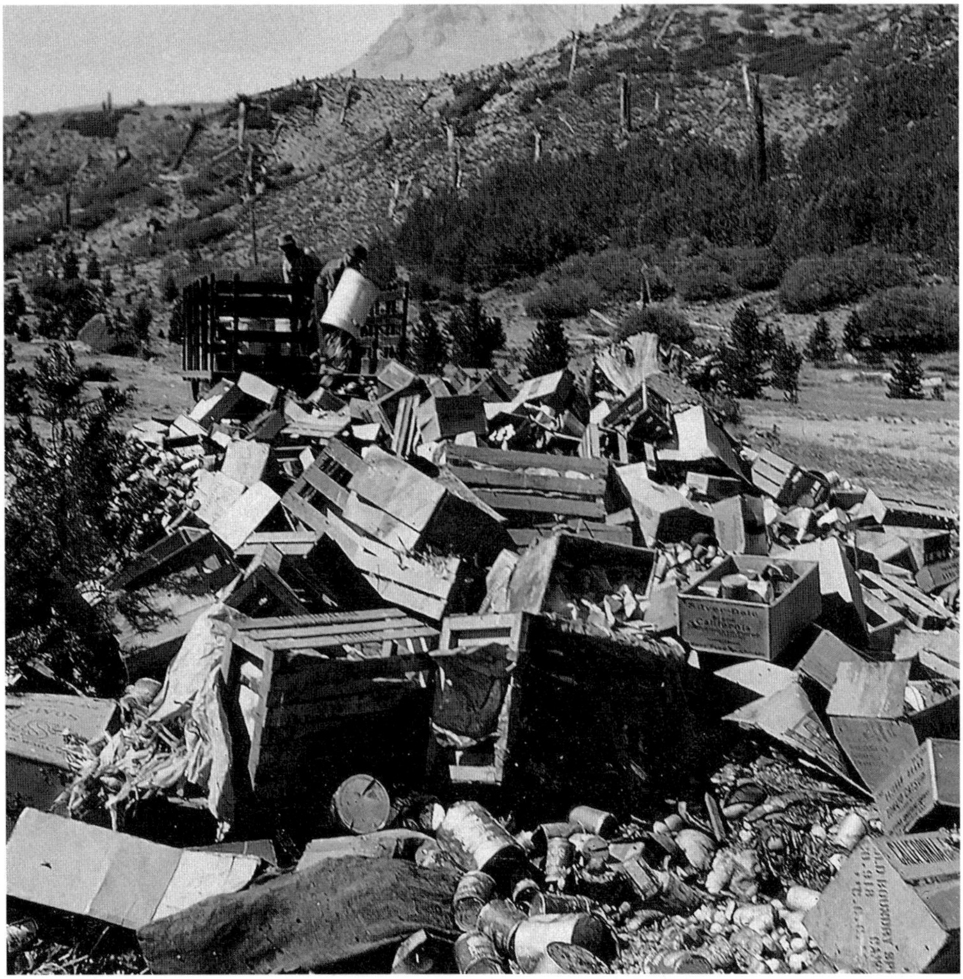

（Frank Carpenter）游览黄石国家公园时，目睹了这一壮观的景象，但在《间歇泉地区的奇观》①中他没有描述这一景象，而是描述了另一项令人震惊的活动，即老忠实泉洗衣日活动。由于受够了手洗连日旅行穿脏的衣服，公园的游客偶然想到了把间歇泉这一标志性地热景观当作洗衣机来使用：

> 我们听到了准备就绪的隆隆声，水面随即上升了几英尺。休斯敦（Houston）先生下令将我们的衣服抛入水中。衣服沉入水底，很长时间不见踪影，我们开始感到不安……下一秒，随着一阵急促的轰鸣声，间歇泉"爆炸了"，衣服、夹克等脏衣物交织成了各种各样的形状，飞到一百多英尺高的地方，随后伴随着溅起的水花落入水里。水流退去，我们把衣物捞出来，发现……洗得又干净又漂亮。[3]

这里是一个唾手可得的伊甸园，它不仅能激发灵感，还能娱乐大家，甚至还能帮助人们做一些琐碎的家务。卡彭特热情洋溢地总结，"大自然……一直在做无偿的展览，即使周末也不间断"。[4]

如本书所述，建造和占领营地会带来无尽乐趣，开阔的空间，沙沙作响的树叶，明亮的星空，组装和拆卸装备时令人兴奋的咔嗒声、拉链声和嗖嗖声，跋涉一整天后喝的冷饮，用篝火烹饪美食时散发出的浓郁烟熏味等，都是乐趣所在。然而，频繁露营也带来了一系列不良后果，如食物残渣和废弃的纸板、塑料、金属容器随处可见，人体排泄物冲入溪流，树木遭到砍伐或受到露营者带来的昆虫和疾病侵袭，引发森林火灾，土壤

➲ 约 1921—1935
《熊用午餐台》，摄于怀俄明州黄石国家公园，摄影师不详。

---

① *The Wonders of Geyser Land*, 1878。

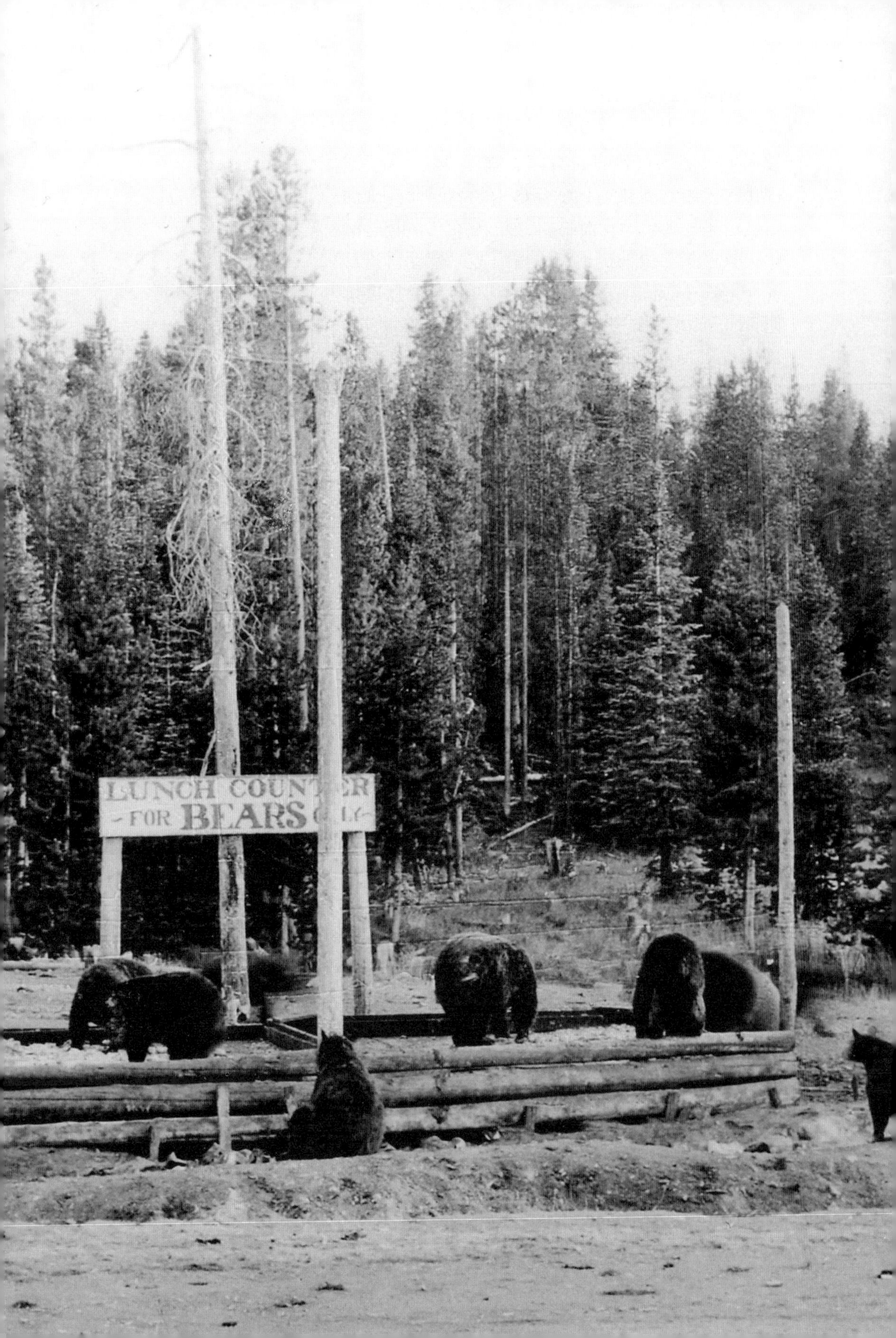
LUNCH COUN
FOR BEARS

被压实，灌木被汽车、卡车、拖车、房车掠走。现代露营爱好者认为，学会尽量减少露营带来的不良后果是现代露营面临的重要挑战。20世纪80年代兴起了"包进包出，不留痕迹"运动，凯瑟琳·迈耶（Kathleen Meyer）的《如何在树林里排便：一种寻找失落艺术的环保方法》[①]是这一时期最具有代表性的指导手册，如今已出至第四版。但是对于在19世纪撰写露营手册的作者来说，他们有的读过"熊的午餐台"和"简易洗衣店"的故事，有的甚至目睹了这些场景，他们把这些做法写入指导手册，实际上是一个错误的开始。因为"午餐台"和"简易洗衣店"的做法表面看起来有益，实则危害极大。这些做法持续不断地进行着，实在令人不安。更有甚者，一些为熊安装午餐台的黄石公园管理者竟然把旅馆和露营地的废弃垃圾视为宝贝。熊成了垃圾的消费者和不知情的表演者，观看表演的游客也觉得自己为动物生计做出了贡献。游客产生的垃圾（和他们的负罪感）随着"午餐台"表演而消失得无影无踪，他们没有认识到这种做法会产生长期负面影响，这种负面影响在几十年后人们才清楚地认识到。20世纪50年代，国家公园管理局不仅关闭了熊的午餐台，开始使用垃圾焚烧炉处理垃圾，并且开始对往间歇泉乱扔"垃圾"的行为处以最高5000美元的罚款。即便如此，在很长一段时间内，熊也没有得到合理的管理。公园里的熊肆无忌惮地游荡在车流中、露营地里和垃圾堆旁，寻找垃圾吃，这些垃圾不得不被放在厚厚的钢制储物柜中，或者加固的垃圾桶中。

[①] *How to Shit in the Woods: An Environmentally Sound Approach to a Lost Art*，1989。

➲ **约 1946**
怀俄明州黄石国家公园，游客坐在看台上观看午餐台上的灰熊进食，摄影师不详。

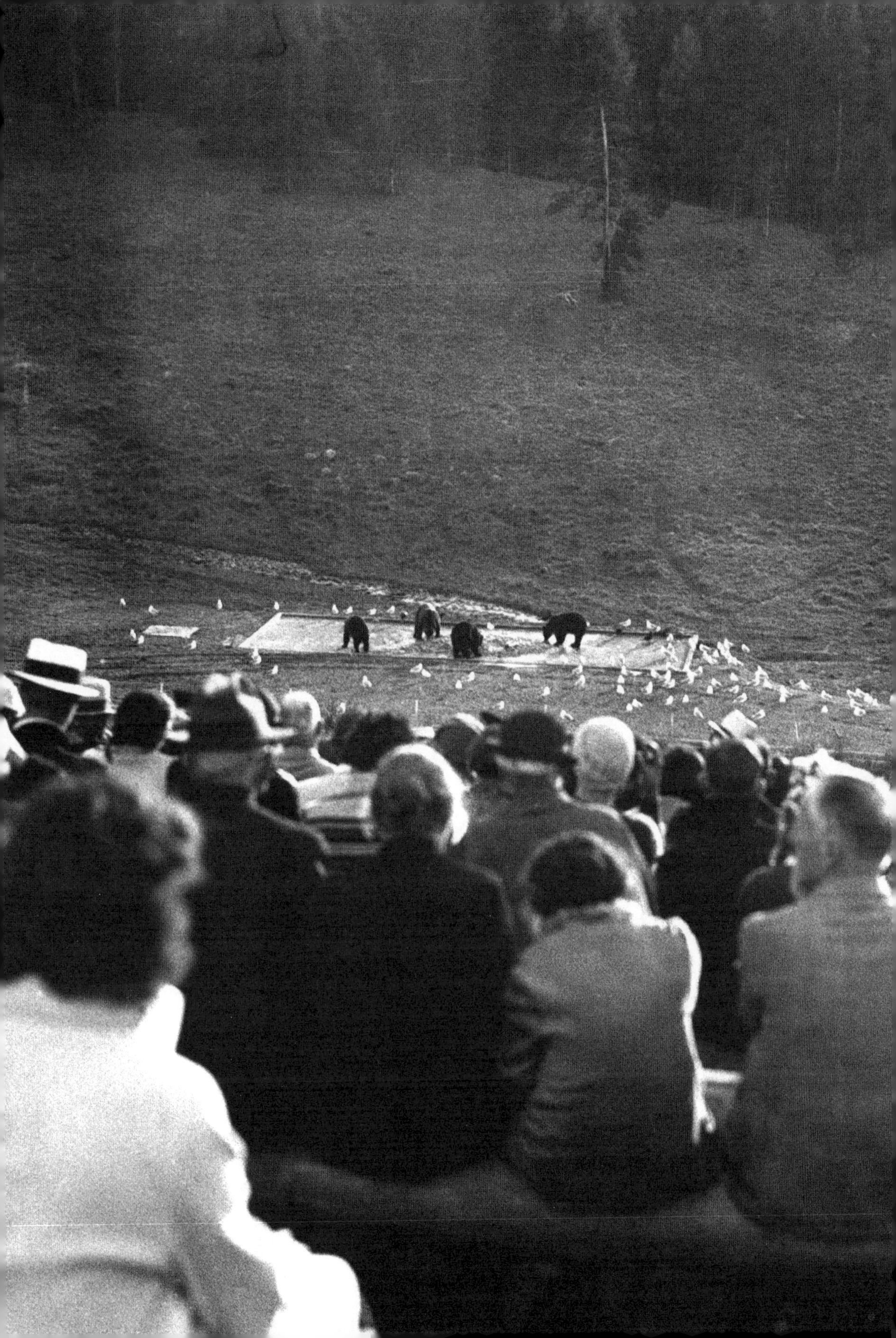

地面之上

> *我们生活在锡罐时代，就像远古时代的野兽在地球上留下记录一样，锡罐如今也在地球的每一个地层中都留下了不朽记录。*[5]
> ——科妮莉亚·詹姆斯·坎农（Cornelia James Cannon，1876—1969）

乱扔垃圾的现象不仅仅发生在国家公园。1913年开通的林肯州际公路几年后就变成了一条垃圾路，如同地理学家兼景观史学家约翰·A.雅克勒（John A. Jakle）所描述的那样，一条"充满垃圾和泔水的小路……路上全是露营者丢弃的锡罐、奶酪皮、威士忌酒瓶等，这些垃圾与路标一样已成为道路的标志"。[6]那时，汽车露营者最喜欢带罐装食品，到处都是丢弃的锡罐。他们被称为"锡罐游客"，驾驶的汽车被称为锡罐［经济实惠的福特T型车由此得到了"铁皮莉齐"（Tin Lizzie）的称号］。

事实上，"锡罐游客"一词是对随意破坏环境的汽车露营者的一种讽刺。1919年，詹姆斯·M.莫里森（James M. Morrison）在坦帕市郊的德索托公园（De Soto Park）成立了锡罐游客协会（Tin Can Tourists，TCT），一年举行两次集会推广露营道德规范，冬季在佛罗里达州，夏季在密歇根州。该协会目的在于通过分发安东·L.韦斯特加德①的《美国汽车协会汽车露营官方手册》②、弗兰克·E.布里默的《汽车露营》（1923）等书籍，来引导露营者增强仍在萌芽中的环保意识。为了洗白"垃圾无处不在"的文化污名，TCT会员自豪而又挑

---

① Anthon L. Westgard.
② *Official AAA Manual of Motor Car Camping*，1920.

◎ 1960
《清理后山，砸罐子》，摄于加利福尼亚州雷斯湖，摄影师不详。

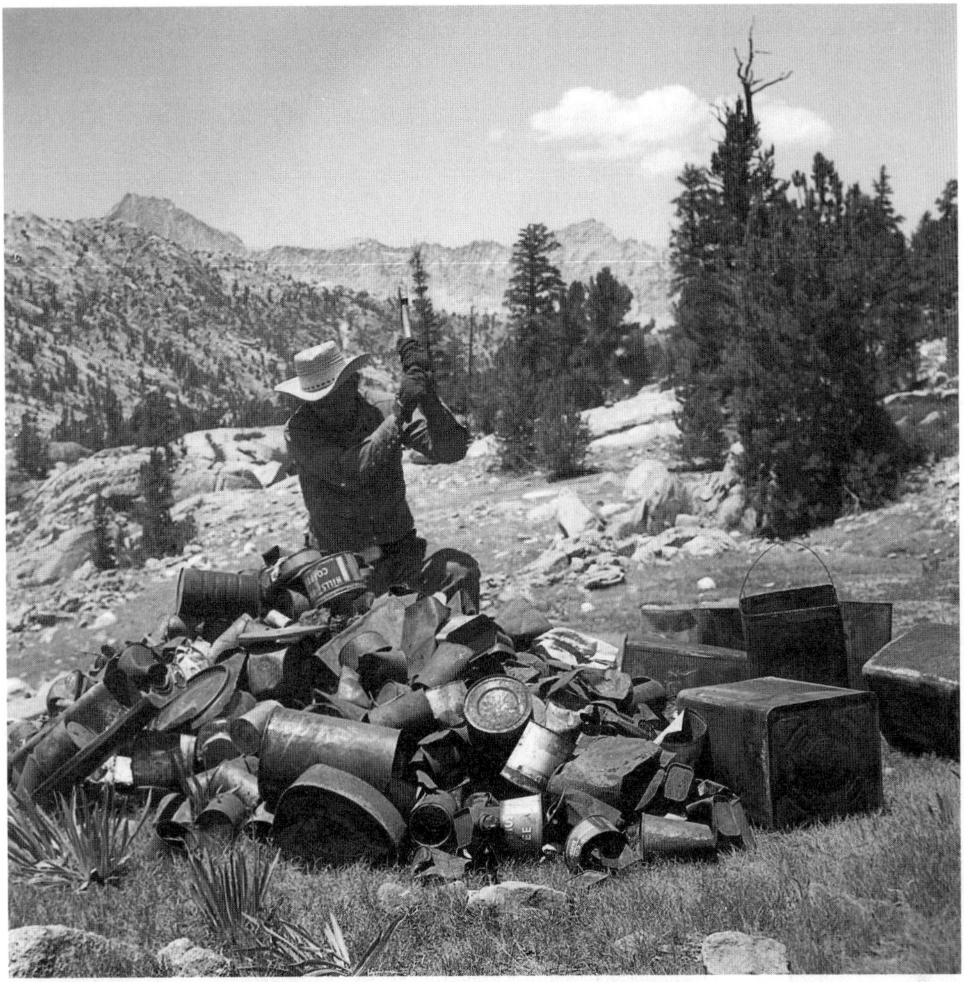

畔地将锡罐固定在汽车的散热器盖上,以此作为会员标志。

塑料的广泛使用和回收利用出现之前,金属和玻璃一直是最重要的食品包装材料。科妮莉亚·詹姆斯·坎农很早就指出,金属和玻璃耐久性非常强,这些垃圾在露营者离开营地很久后都不能降解(金属需要 50~100 年,而玻璃则需要 4000 年),因此这两种包装材料特别不受待见。具有讽刺意味的是,人们虽然不用锡罐装食品了,却发明了放大版的锡罐来装垃圾(当然也包括大量废弃锡罐)。《旅游营地》(1925)一书的作者查尔斯·帕克·哈利根认为垃圾桶是"保持营地整洁卫生"的必备品。[7] 现代露营者往往会忽略早期露营时没有垃圾桶这个事实,就像现代露营地的必备设施,如野餐桌,在露营之初的几十年里都未出现。

垃圾桶是法国律师欧仁·普贝尔(Eugène Poubelle,1831—1907)发明的。1883 年,他在巴黎全市强制推行使用封闭式容器处理垃圾。法国人以普贝尔的名字给垃圾桶命名,即 poubelle,这既可以说是对他的喜爱也可以说是嘲笑。遗憾的是(也许不是),英语中没有与 poubelle 对应的词,trash can(垃圾桶)是两个词,trash can 就是装垃圾的桶,而不是说这个桶(can)是垃圾。垃圾桶坚固耐用,有很多好处,如大型金属垃圾桶可以全年在户外使用而不会坏损,偶尔被车撞到也无大碍。垃圾桶放在露营地固定位置,这样,每天有计划地用垃圾车收集垃圾就变成了相对简单的任务(随后可以将垃圾桶内的垃圾倒入垃圾焚化炉或埋入垃圾填埋场)。垃圾桶厚重的盖子有助于防止臭味扩散,在有熊的公园还可以"防熊"。

20 世纪上半叶,塑料和尼龙等现代合成材料

↑ 1987
怀俄明州黄石国家公园防熊垃圾桶,吉姆·佩科(Jim Peaco)摄。

→ 1935
《营地垃圾桶》,摄于加利福尼亚州拉森火山国家公园曼扎尼塔湖营地,摄影师不详。

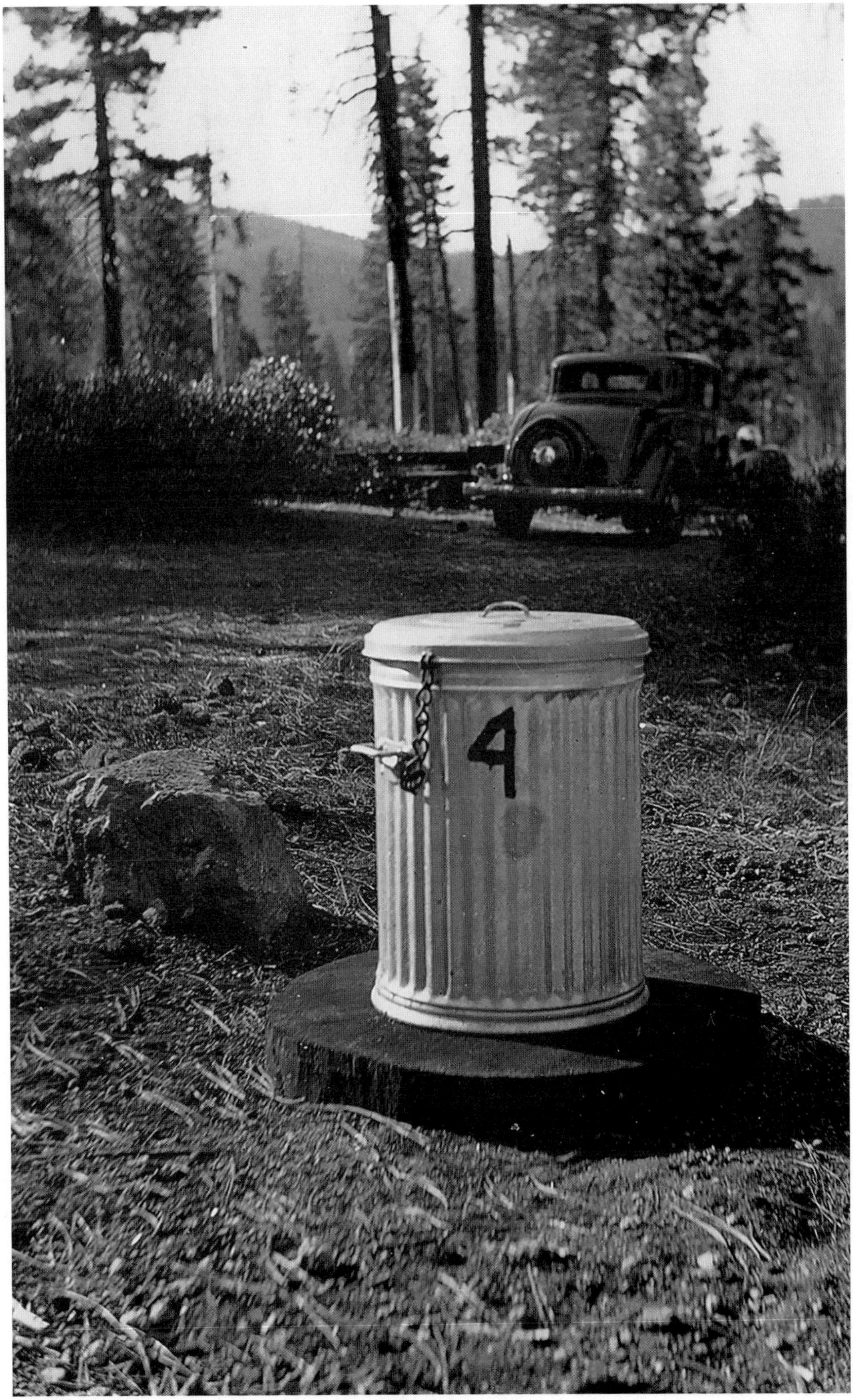
4

的出现，进一步改进了这些简陋的垃圾处理系统。1951 年，加拿大发明家哈里·瓦西里克（Harry Wasylyk，1925—2013）与美国联合碳化物公司员工拉里·汉森（Larry Hansen）共同发明了垃圾袋，是一种放在垃圾桶内的弹性防水聚乙烯内衬。装满垃圾后，将垃圾袋的开口端（顶部）系上后取出，垃圾袋外表面仍然干净，不会弄脏垃圾桶。这样一来，垃圾桶里就不会每天都有干巴的碎屑和残留的臭味。在众多以新奇现代合成材料为原料制作的高科技露营装备中，垃圾袋十分不起眼，但有一项特殊的创新非常引人注目，即大容量的单层 WAG 袋。这种垃圾袋由抗穿刺、可生物降解的塑料制成，其中含有少量由美国国家航空航天局（NASA）开发的便便粉，可减少臭味，每个垃圾袋还带有一些卫生纸和洗手液，以便在如厕后进行清洁。[8] 在没有冲水设施或化学马桶的偏远地区探险的徒步旅行者常带着 WAG 袋寻找垃圾桶，现代遛狗者对此也非常熟悉，因为他们总将宠物便便袋别在狗绳上，寻找垃圾桶。

地面以下

> 保护我们的荒野、野生动物和我们自己，最好是养成认真处理排泄物的习惯，即挖一个对环境无害的坑，把排泄物埋起来！[9]
> ——凯瑟琳·迈耶

散文家兼文化地理学家 J. B. 杰克逊（J. B. Jackson，1909—1996）将 19 世纪描述为伟大的"卫生觉醒"时期，这一时期，人们首次从科学的角度确定了水源污染与霍乱等致命疾病之间的联系。[10] 污染问题不仅在于城市河道中的污水，还在于人类对自然环境的破坏。在谈及 20 世纪初的

↑ **2020**
图为犹他州长峰荒野（Long Peak Wilderness）天梯口的 WAG 袋售卖亭，亚历克斯·施密特（Alex Schmidt）摄。

↑ **2022**
原装"WAG 袋无处不在"马桶套件，由总部位于蒙大拿州的 Cleanwaste 公司制造。

“无处不在”马桶套件
GO anywhere toilet kit®
The original WAG BAG®
原装
GO safe GO clean GO anywhere
安全
清洁
无处不在
Good for multiple uses
适合多种用途
Gels and deodorizes 32 oz. of liquid and solid waste
可对 32 盎司液体和固体废弃物进行凝胶化和除臭处理
Turns Liquid to SOLID
可将液体变为固体
Contains NASA–developed super-absorbent
含有 NASA 开发的超强吸水剂

早期露营地时，霍勒斯·凯普哈特用夸张的语言表达了对污染的担忧，他说："我看到大自然中的一个花园，一个理想的疗养胜地，几个月内……变成了令人憎恶的瘟疫区，伤寒和痢疾在这里肆虐。"[11]

人体排泄物、风向、溪流的流向和地下水位的深度都是影响露营地选址的关键因素。根据常识，露营地应远离异味，不能有排泄物，更重要的是要远离致命细菌。20世纪约塞米蒂谷露营地大规模扩张时，考虑的就并不仅仅是壮丽的景色，而是将露营地建在上游，这样就不会受到从约塞米蒂小屋等旅游场所排入默塞德河的大量人体排泄物的影响。这让人们清醒地认识到，每个露营地实际上都与周围环境有着密切联系，无论人们走了多远，都无法摆脱周围环境的影响。[12]

露营的流动性和探索性让露营地成了一个临时居住地，但这绝不意味着一批批的露营者不会在此留下痕迹。凯普哈特说的地下掩埋法是抽水马桶和WAG袋出现之前处理人类排泄物的最佳方法。在《露营与森林生活技能》（1930）一书中，他介绍了一种简易厕所，只需在营地不远处挖一条0.6米深的地沟，排泄后填上一层土，就能消除每次新粪便产生的恶臭，并有助于加速细菌分解。如果是在树林深处相对固定的露营地，可以用捆起来的树枝在坑上临时搭建简易便椅。

随着露营日益普及和规模不断扩大，大量新来的游客在几小时前才腾出的空地上安营扎寨，不得不对之前的厕所进行改造，以满足日益增长的需求。它们首先被改造成混凝土衬砌的坑或"地下储藏室"厕所，又被改造成抽水马桶（通到大型化粪池）和房车厕所。根据重力定律，排泄物会保持着向下的轨迹流动的，但这只是一

◎ 1930
《营地厕所》，霍勒斯·凯普哈特绘，摘自《露营与森林生活技能》，第四版。

垃 圾

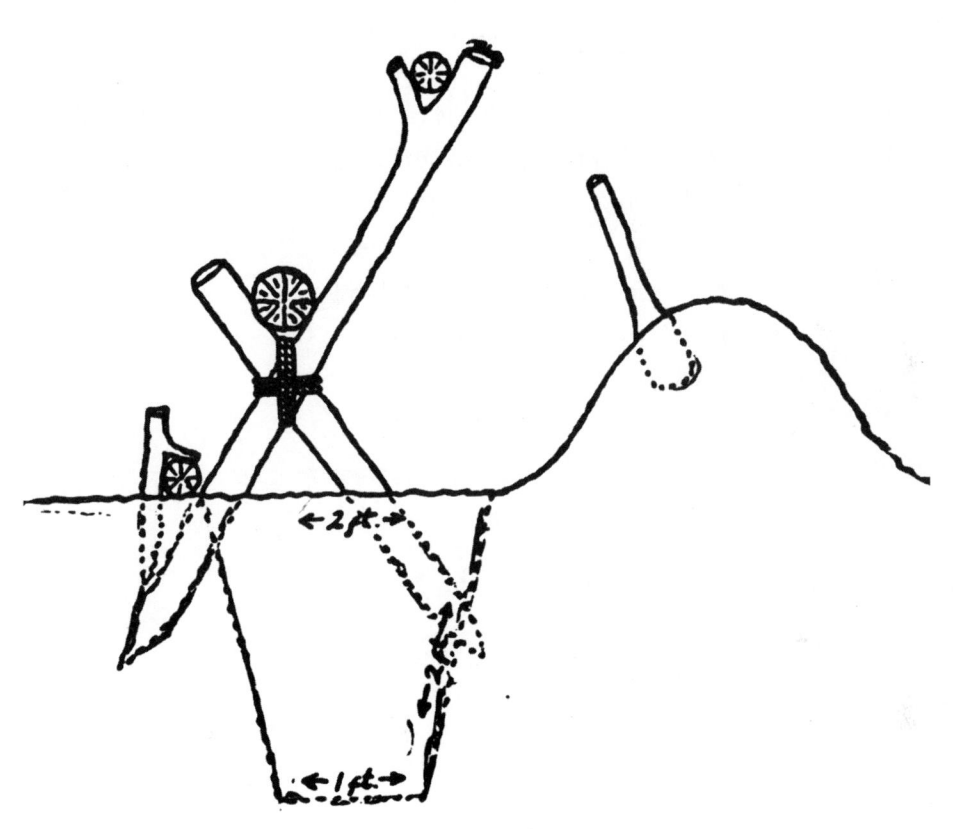

简易厕所

百年营地——看得见的露营文化

定程度上保持，因为和茅坑一样，新型厕所的基础设施也在地下。然而，基础设施内的排泄物并不像在茅坑里一样永远留在原地，而是需要定期抽出。

在当前离网露营、WAG袋和尿液吸收固化剂盛行的时代，出现了一种新的露营模式。资深的露营者会将露营产生的垃圾，如废弃的包装和食物残渣，像打包露营装备一样打包带出森林。现代房车给露营者带来了很大便利，房车配备了大型淡水贮罐、灰水（水槽、浴缸、淋浴器的废水）贮罐、黑水（污水）贮罐、汽油贮罐、发电机和大型电池，无论是在公路上还是在沃尔玛停车场露营，房车露营者都可以完全依靠车内设施享受几天露营时光。但是数天后，露营结束，他们开着房车离开时仍需带走产生的垃圾。

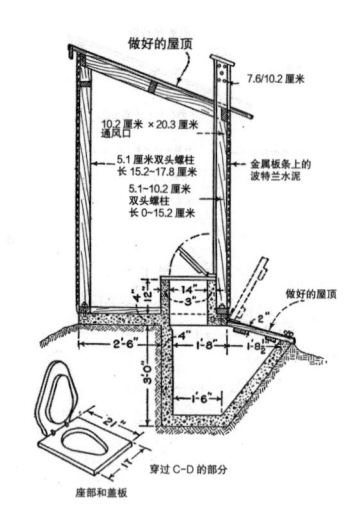

小结

> 美国的城市就像獾洞，垃圾环绕……居民几乎因垃圾而窒息。我们使用的所有东西都装在盒子、纸箱和大箱子里，也就是我们非常喜欢的包装里。我们扔掉的东西堆积如山，远远多于我们使用的东西。[13]
> ——约翰·斯坦贝克

非专业的露营者相信大自然的分解能力，他们不再就地取材，而是带来了最新的小玩意儿和预先包装好的饭菜（这些产品的碳排放量往往较大）。斯坦贝克认为，正是在露营地，繁杂的包装让"我们看到我们的生产力多么蓬勃，好像浪费才是衡量生产力的指标"。[14]现代人试图通过露营来逃离现代生活的束缚，然而去露营时，装备与垃圾也紧随其后。帐篷、充气床垫、睡袋、

⇧ 1924
地下储藏室厕所设计图，摘自《大众机械汽车旅行手册》，第一期。

⇨ 1925
《标准化粪池》，国家首都公共建筑和公园办公室绘。

298

垃圾

单位：厘米

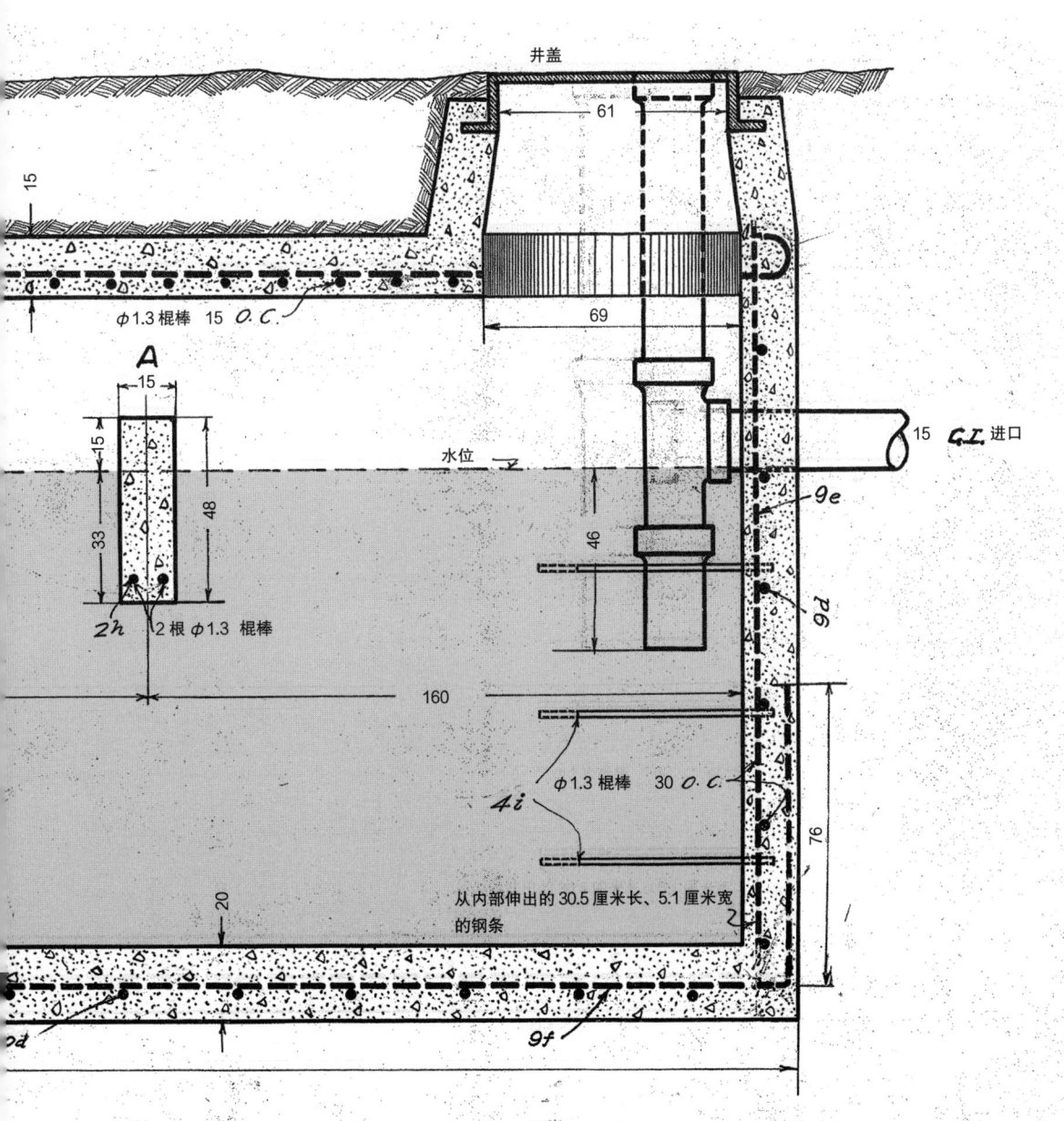

井盖

φ1.3 棍棒　15 O.C.

A

水位

2根 φ1.3 棍棒

φ1.3 棍棒　30 O.C.

从内部伸出的30.5厘米长、5.1厘米宽的钢条

G.I. 进口

轻便炊具、废燃料罐、皱巴巴的地图，甚至现代生活的记忆都来到了露营地，仿佛又回到了家中！

◎ 1970
怀俄明州黄石国家公园麦迪逊路口露营地垃圾站，摄影师不详。

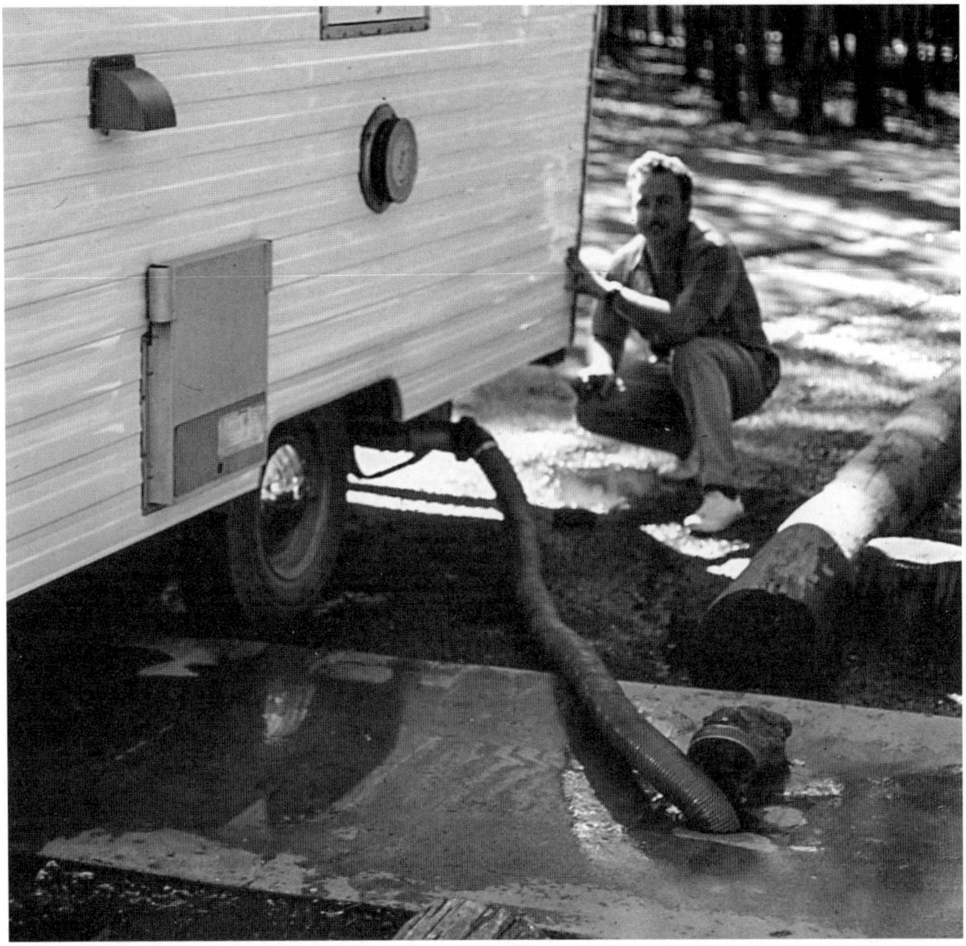

后　记

> 我们别无所求，露营时有了火炉、帐篷、折叠家具、灯具、气垫床和冰盒，就能享受家一般的舒适生活。[1]
> ——富兰克林·M.雷克和威廉·比尔·莫斯

关于我的第一次露营，我印象最深的是那张地图。

2000年6月下旬，我在到达怀特河前驶离了44号公路，这里距离南达科他州的荒地国家公园只有几英里。当时我正在进行为期一个月、路程达1.6万千米的公路旅行，途经纽约、芝加哥、盐湖城、拉斯维加斯和奥斯汀，横跨美国西部。我把那次旅行和参观20世纪六七十年代艺术地标[①]的计划告诉了朋友谢里（Sheri），她把她的帐篷和

---

① 如迈克尔·海泽（Michael Heizer）的《双重否定》（内华达州欧弗顿）、罗伯特·史密森的《螺旋形的防波堤》（犹他州罗泽尔角）、南希·霍尔特（Nancy Holt）的《太阳隧道》（犹他州卢辛）、唐纳德·贾德（Donald Judd）的《奇纳蒂基金会》（得克萨斯州马尔法）等。

◐ 2011
2011年6月22日，作者在黄石国家公园麦迪逊露营地D环路153号露营位。

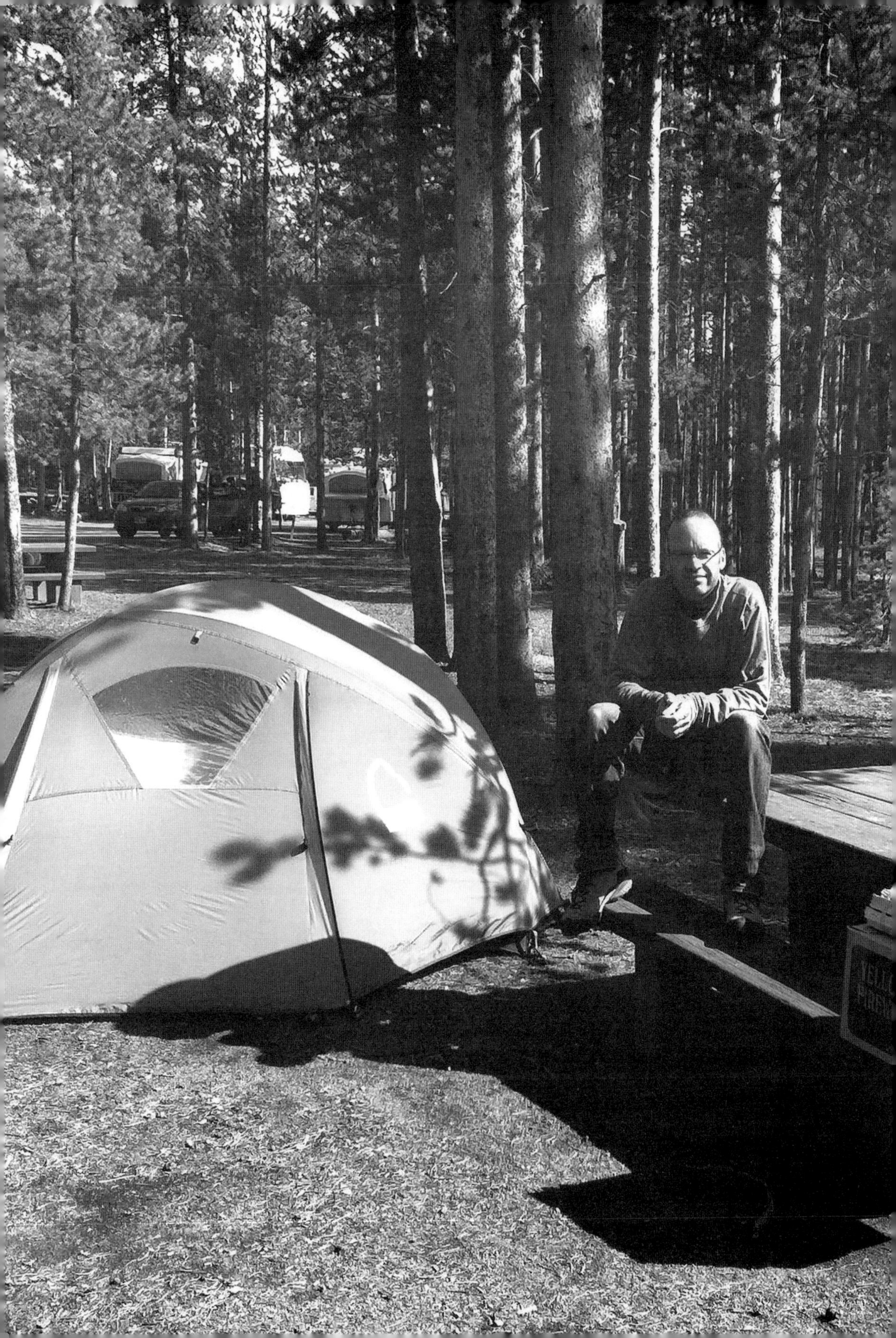

睡袋借给我。在我看到远处隐约可见的KOA（美国露营地连锁机构）标志时，我想起了这些装备，它们已经在我的汽车后备厢里待了几个星期，一直没拿出来。旅途中，我一直光顾廉价汽车旅馆，如果能在KOA休息一下，岂不是很好？

对露营的期待让我感到既刺激又不安。童年时我曾和童子军一起露营，但这次是我第一次独自露营。我准备好了吗？我有足够的装备来完成这次露营吗？一顶帐篷和一个睡袋似乎就是我所需要的，换言之，我需要的是一个住处和保暖装备，对吗？也许还需要一些白天开车时吃剩的点心？

KOA的主楼是一个多功能混合体，既是登记大厅，又是礼品店和便利店。一进大门，就有一位服务员接待了我，我告诉他今晚的露营计划，支付了20美元的费用，并领取了一张露营地地图。他用一支打开的马克笔指着地图上的长方形建筑说："这是我们所在的位置，"又说道，"你的露营位就在这里。"然后用蓝色马克笔标出近路，并画了一个大大的圆圈。

我以为自己可以在露营地随意寻找一个安静阴凉的地方，但服务员却为我安排了目的地。他告诉我，KOA位于怀特河沿岸，118~122号露营位最好。这是否意味着至少有122个单独的露营位？我是建筑师出身，对场所的空间规划很感兴趣，这些场所不仅包括建筑物，还包括更大的景观。地图显示，这里有房车营位和帐篷营位、浴室、游泳池、迷你高尔夫球场和不拴绳狗狗区，地图上甚至还标出了街道的名称。这一切让人感觉露营地像一个小村庄。这是我第一次来KOA，我承认自己有点惊讶，同时也很好奇，所有露营地都是这样吗？

118~122号露营位只有几户人家，我本能地想

➲ 2000

图为2000年6月29日作者领到的KOA露营地地图、餐厅菜单和停车证。最近一个周日下午，我翻箱倒柜地寻找旧材料时，欣喜地发现我保留了这一重要证据。

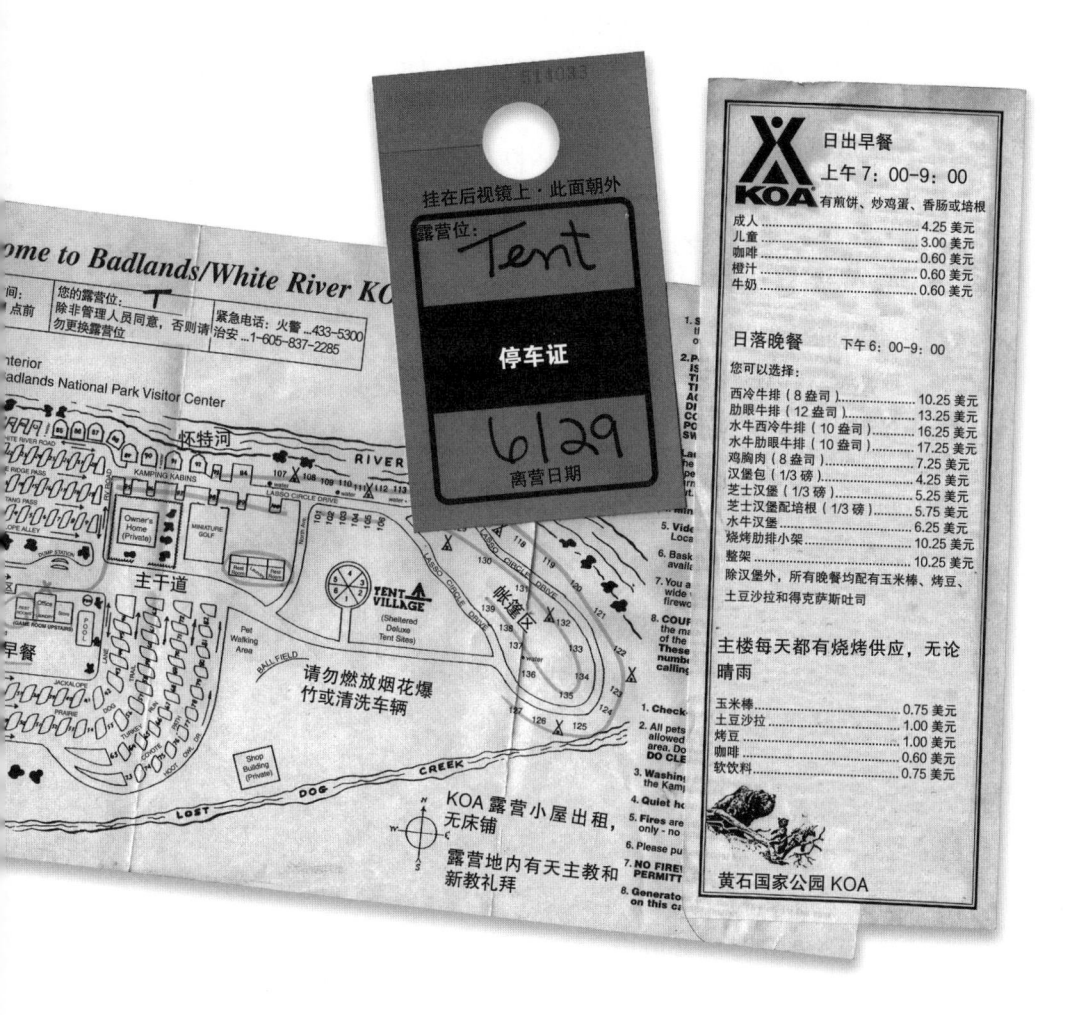

后 记

找一个远离他人帐篷的地方，于是把车停在了野餐桌旁的一块地上。我的邻居显然比我准备得更充分，他们有草坪椅、一个大帐篷、火炉和冷藏箱，他们那辆敞开后车门的小货车就像一个储藏室。我读着帐篷的组装说明，尽量让自己看起来很随意，就像以前组装过一样。邻居开始在营地上做饭，孩子们争先恐后地抢着从烤架上拿下来的第一根热狗，此时，我才恍然大悟，原来我对露营考虑得这么少，准备得这么不充分。过去几周，我一直住在汽车旅馆里，在附近快餐店以及加油站和高速公路上家庭友好型餐厅就餐。在这里，在我的营位上，我没有食物、没有炊具、没有餐具，也没有任何可以生火的东西。有那么一瞬间，我希望他们会注意到我，请我过去吃点东西，可是他们没有。我注意到 KOA 商店里有冷盘、面包和调味品，但我还是想做自己熟悉的事情，于是我开车离开营地，沿着公路行驶了几英里，来到附近的南达科他州因蒂里厄，吃了一个汉堡，在天黑前回到了露营位。我在营地四处走了一会儿，想悄悄偷看房车里的情况，甚至还在 KOA 主楼后面的洗衣房洗了一堆衣服，我注意到有露营者在 KOA 主楼用免费电话端口上网。我回到车上，拿起笔记本电脑，发送了几封电子邮件，感觉像是我走遍了半个地球，有一个真实的故事要讲一样，充满了自豪感。在坚硬的地面上好好睡了一觉后，我被清晨的第一缕阳光唤醒，早早起了床。我收拾好东西（没花多少时间），在便利的 KOA 食堂狼吞虎咽地吃了一叠煎饼，然后出发去荒地徒步旅行。

我没有再回到我的露营位，但那是我时常想起的地方。[2] 距离第一次独自露营已经过去20多年了，从那时起，我去过许多形形色色的露营地。虽然其中有些经历令人难忘，但这并不能说

⭡ 2001
山脊牌 Meteor Lite CD 帐篷组装说明。虽然我早就不看说明了，但自从20多年前我买了这个帐篷以来，这张纸就一直叠得好好的，放在储物袋里。

后 记

我真的有那么喜欢和热爱露营。当然，每到一个地方，我都会比先前更快更自信地搭起帐篷。一路上我确实欣赏到了一些壮观的场景，如阿卡迪亚国家公园斯库迪克森林露营地的H09步入式露营位（2015年）、犹他州羚羊岛州立公园布里杰湾露营地的BB04露营位（2002年）、乌因塔·瓦萨奇·卡什国家森林云杉露营地上环路的046号露营位（2002年、2003年）等。20年里，我和妻子洛丽（Lori）享用了许多真正的美味佳肴，然而，我却始终有一个挥之不去的念头。露营时，我常常觉得自己只是一些程序化场景中的演员或旁观者，这些场景包括借助露营地地图找到自己的露营位（是的，事实证明总是有地图的），搭建帐篷，第二天早上拆除帐篷，第二天晚上重复这一系列操作。我们周围的露营者可能会做更多事情，如生火、做饭、悠闲地坐在草坪椅上。不同露营地的流程（他人的和我们的）没有太大变化。

那么，所有神秘感和刺激感都去哪儿了呢？起初，我很好奇拥有更多装备是否会提升我的体验感，于是我购买了头灯、枕头、水瓶和露营毛巾。我在想，这些装备是会让我成为一个更好的露营者，还是只会让我看起来像一个更好的露营者？

我知道你一定在想："如果你不是狂热的露营者，甚至谈不上喜欢露营，那你为什么要写一本关于露营的书？"我一直在回想第一次露营的情景，回想走进KOA主楼、驱车前往露营位、在露营地内行走时的陌生感。我认为，当时我心里更多的是震惊，我对露营的期望，即一种主要由荒野和生存的文化叙事引发的心理想象，与实际体验之间存在显著差异。我在KOA和其他露营地所体验到的露营，与许多人想象中的露营仪式、场景和声音几乎全然不同，后者与讲述西部地区定

↑ 2017

2017年7月15日，缅因州阿卡迪亚国家公园，斯库迪克森林营地，9号步入式露营位。

307

居者的电影描述的露营文化类似。这些人想象的露营是在开阔的夜空下，盖着厚厚的毯子入睡，听着噼噼啪啪的火焰声，闻着烤肉的香味，旁边有一壶咖啡摇摇晃晃地放在燃烧的原木上。虽然我从未有过类似经历，但这种期望与实际体验之间的奇怪差异深深吸引着我，促使我去探索规范的地图、编号的营位、马克笔、洗衣机、便利店、互联网、露营邻居的目光。本书就是我长期以来对露营进行思考的结晶。在这个过程中，我不断变换角色，有时从一名普通露营者的角度来思考，但更多时候是从观察者角度，带着最初在 KOA 的经历，"重温"并仔细探究、比较和分析周围环境。2011 年，我应邀前往蒙大拿州比灵斯的 KOA 总部进行调研，并采访了 KOA 主要领导。那年夏末，我结合简短的网上史料（关于露营地，后来是野餐桌），将一些采访到的观点写下来，内容深受好评，表明了实际上我可能正在做一些有意义的事情。之后不久，我又举办了题为"925000 个露营位：美国露营体验的商品化（2013—2017）"的地图、示意图和史料展。在研究助理利兹·格拉德斯（Liz Grades）的帮助下，我设法估算出了全美露营位的数量，该数字至今仍让我感到震惊。此后，我出版了第一本书《三十四个露营地》(*Thirtyfour Campgrounds*，麻省理工学院出版社，2016 年），书中记录了我所游览的全美热门露营地。我使用的"游览"一词并不严谨，因为我并没有真正踏入这些营地，而是从在线预订网站（如 recreation.gov 和 reserveamerica.com）上下载营地里每个露营位的照片。我认为，这 6500 张照片放在一起，就能为网上购物者和露营者逐步呈现出露营地的特点。这些照片按露营地编号升序排列，系统地揭示了每个露营地的行政管理原则，以及驾驶环路和地址的坐标系。

◐ **2016**
岛屿公园休闲区露营地的半离网露营位，该营地位于加利福尼亚州桑格的派因弗拉特湖（Pine Flat Lake），由美国陆军工程兵团管理。这些图片在 https:// www.recreation.gov 下载。

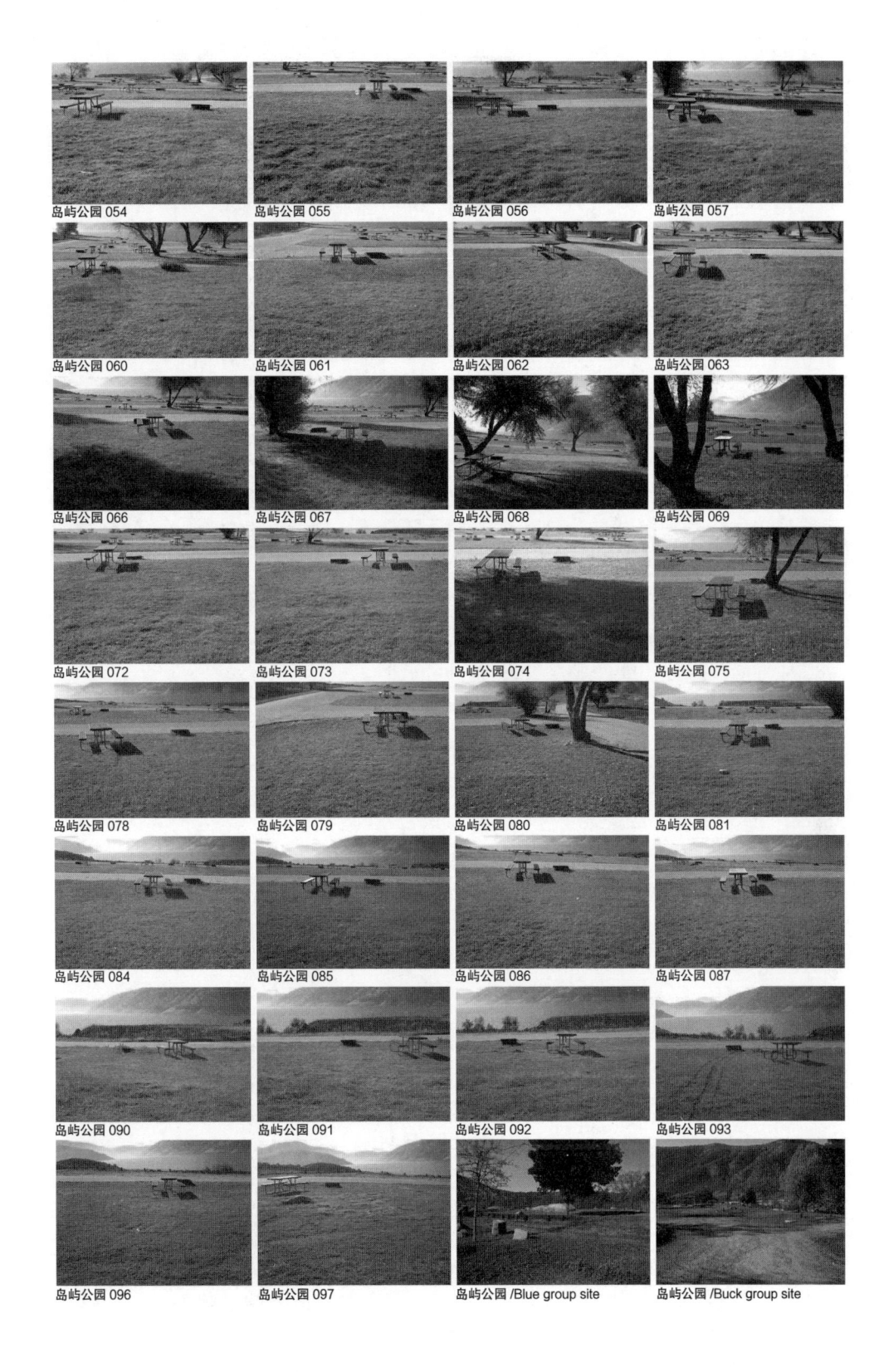

岛屿公园 054	岛屿公园 055	岛屿公园 056	岛屿公园 057
岛屿公园 060	岛屿公园 061	岛屿公园 062	岛屿公园 063
岛屿公园 066	岛屿公园 067	岛屿公园 068	岛屿公园 069
岛屿公园 072	岛屿公园 073	岛屿公园 074	岛屿公园 075
岛屿公园 078	岛屿公园 079	岛屿公园 080	岛屿公园 081
岛屿公园 084	岛屿公园 085	岛屿公园 086	岛屿公园 087
岛屿公园 090	岛屿公园 091	岛屿公园 092	岛屿公园 093
岛屿公园 096	岛屿公园 097	岛屿公园 /Blue group site	岛屿公园 /Buck group site

那时我收到了朋友兼同事埃米莉·扎恩格尔（Emily Zaengle）的邀请，她邀请我在纽约卡泽诺维亚艺术驻留期间[①]设计并打理一个自己的小型露营地，这让我感到十分惊喜。在卡泽诺维亚的四年里，我承办了"在艺术公园露营"活动。我设计的露营地可能是全州最小的，里面设有4个独立的露营位，中间是社交中心（有篝火、阿迪朗达克椅、浴室），占地42公顷。艺术公园从早到晚开放，已开放整整一年，我计划从一种新的角度向露营者介绍露营，让他们有更丰富的体验，同时能够提供独特机会，让露营者可以在纽约中部这片美丽、令人沉醉的土地上度过两天不受干扰的时光。露营者在打理自己的露营位、与同伴和其他露营者沟通往来的同时，自己也成了公园艺术的一部分，也就是说，露营者和营位构成了一道独特的风景线，就像我在KOA荒地扎营时第一次看到的那样。

就这样，从南达科他州到纽约的漫长旅程暂时结束了。这段旅程中，我们所信赖的山脊牌Meteor Lite双人帐篷经受住了考验。将双人帐篷的三根长杆组装起来，再穿入尼龙布，这些活动依然充满魅力。我希望本书会是我们日后重温的资料，在每一次露营中为我们揭示露营的复杂、讽刺和收获。

↑↑ 2019
"在艺术公园露营"活动的露营地地图，2019年6月。

↑ 2019
"在艺术公园露营"活动的露营地配备了野餐桌、标牌、椅子、独轮车，甚至还有手电筒，这些都涂成亮蓝色，以便于识别。照片由本书作者提供。

→ 2017
《在艺术公园露营》，2号营位位于艺术家玛格丽特·拉邦蒂（Margaret LaBounty）的雕塑作品《中心》（Center）附近。照片摄于2017年6月，由本书作者提供。

---

① 通常指艺术或对外交流机构邀请艺术家，一定时间内在新环境进行思考、研究和创作。

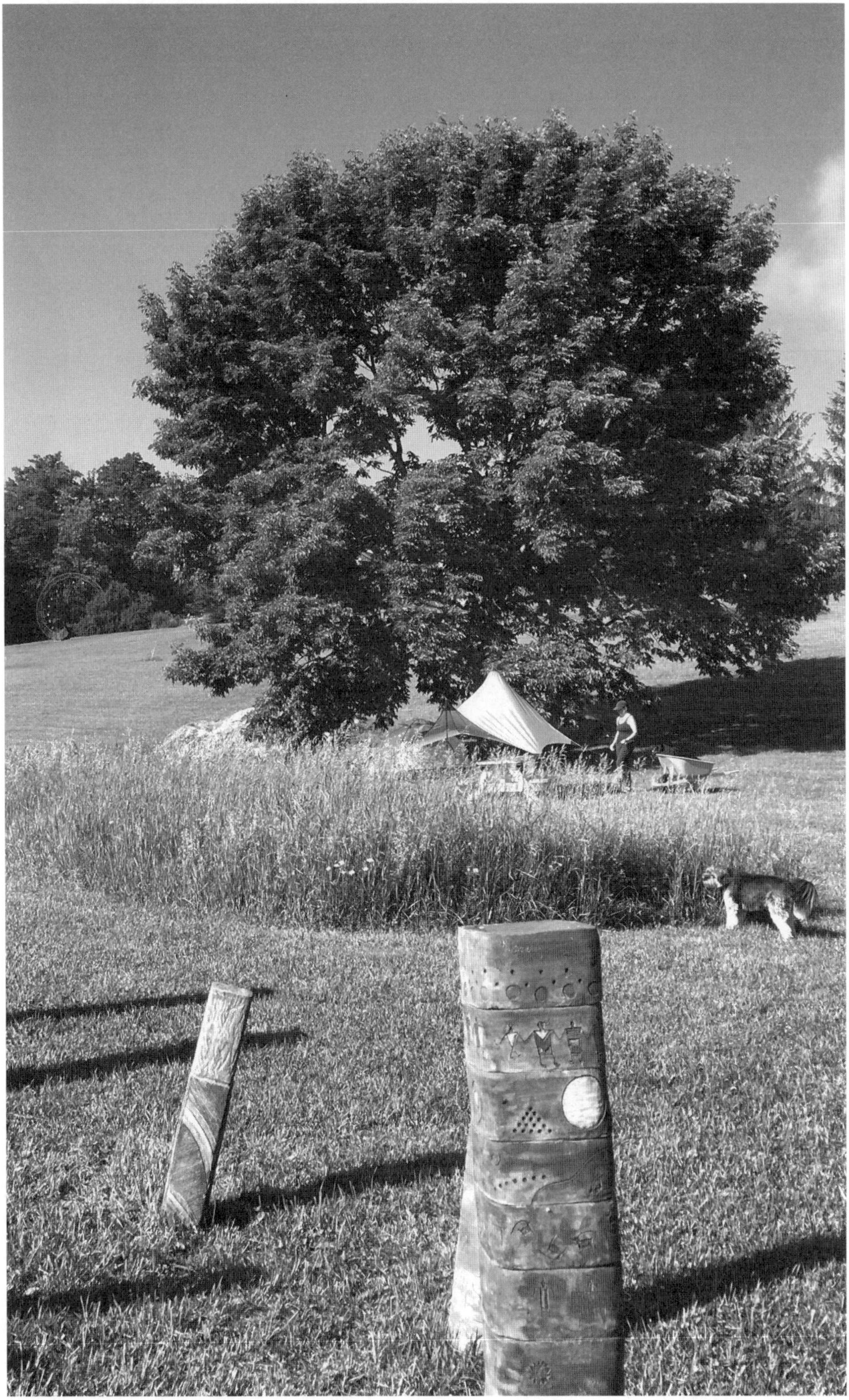

致　谢

> 我们不是侵占场地，而是展现场地。
>
> ——罗伯特·史密森，"朝着航站楼发展"

我特别感谢我的前同事，也是我的朋友谢里·舒马赫（Sheri Schumacher）。2000年夏天，她把露营装备借给了我，正是她让我不知不觉中开始了长达22年的露营生活，并最终写成了这本书。不过，我当时并没想到，她借给我的那些物品（帐篷、睡袋）和我在KOA营地第一次看到的（地图、露营地）最终占了本书4章的内容。

当然，这并不是说露营地没有水龙头、野餐桌和厕所，而是当时我尚未真正掌握本书所描述的整个露营设施系统。艺术家、冒险家、探险家、专家、发明家、修补匠和专利持有者设计出了支撑现代露营地的关键创新技术，本书对他们进行了简要介绍，读者很容易将他们的观点与我自己的观点和露营经历区别开来。如果说2000年6月第一次支起帐篷时，我还是一个只会将车停在偏僻地方的孤独露营者，那么现在，我已经从KOA这个众所周知的露营地走了出来，露营地周围的朋友、学者和爱好者越来越多，没有他们，本书的创作就不可能取得进展。我所拥有的一切，都要归功于我的好妻子和好搭档洛丽。她和我们的爱犬斯塔切（Stache）、伊基（Iggy）无论是在家里、在路上，还是在露营地，都是我最亲密、最重要的伙伴。2002年，我们一起在犹他州羚羊岛州立公园布里杰湾露营地BB04露营位度过了美好的露营时光，那是我们共同度过的第一年中最珍贵的回忆。亮蓝色野餐桌对面是另一个帐篷，是我亲爱的朋友勒内·法恩（René Fan）的帐篷，几年来，她一直在参与我们于纽约卡泽诺维亚承办的"在艺术公园露营"活动，活动中的露营地是我在2018年临时建造的。我非常感谢她的陪伴和支持。

很少有露营者能夸耀说他们设计了自己的露营地，我非常感谢采石山艺术公园（Stone Quarry Hill Art Park）执行董事埃米莉·扎恩格尔，感谢她主办了艺术公园露营活动，并给了我独特的机会，让我能够运用从个人经历和学术研究中获得的见解。我自己只是一个中级露营者，但我发现露营或许给我带来了最有意义的冒险体验和收获。新冠疫情期间，旅行受限，远程获取世界各地的研究资料是推进本书创作的有效手段。我尤其要感谢美国国家公园管理局，其图片集存放在两个主要网站上，即数字资产管理系统（https://npgallery.gov）和电子技术信息中心（ETIC, https://pubs.nps.gov）。如果网站上没有我想要的资料，我可以通过公园管理局的公园管理员、档案管理员和解说专家找到它们，如大峡谷的乔尔·贝尔德（Joelle Baird）、谢南多厄的坎迪丝·马勒（Kandace Muller）和克莱尔·科默（Claire Comer）、黄石公园的安妮·福斯特（Anne Foster）和琳达·韦赖什（Linda Veress）、约塞米蒂国家公园的弗吉尼亚·桑切斯（Virginia Sanchez）和保罗·罗杰斯（Paul Rogers）、宰恩国家公园的乔纳森·谢弗（Jonathan Shafer）、丹佛的萨曼莎·努恩（Samantha Noon）和利亚·韦拉（Lia Vella）、哈珀斯费里的南希·拉塞尔（Nancy Russell）和杰茜卡·斯科特（Jessica Scott）、华盛顿的约翰·斯普林克（John Sprinkle）等人。我还要感谢美国内政部图书馆（US Department of the Interior Library）馆长乔治·弗朗乔伊斯（George Franchois）、美国林务局首席历史学家林肯·布拉姆韦尔（Lincoln Bramwell）和美国陆军工程兵团策展人埃里克·赖纳特（Eric Reinert）。我还要特别感谢我所在的康奈尔大学图书馆的卢安娜·毕比（LuAnn Beebe）、凯特琳·霍尔顿（Caitlin Holton）、贝萨妮·狄克逊（Bethany Dixon）、米歇尔·奈尔（Michelle Nair）、乔伊·A. 托马斯（Joy A. Thomas）、温迪·汤普森（Wendy Thompson）和凯美·琼·威科夫（Cammie June Wyckoff）。康奈尔大学图书馆的大量馆藏不断引发我们的思考。贝萨妮和乔伊孜孜不倦，从海量藏书中找到了最鲜为人知的书目，这简直就是一个奇迹，这些藏书来自得克萨斯州阿尔派恩的苏尔罗斯州立大学、伊利诺伊州惠顿的康蒂尼美国陆军第一师军事博物馆等。最后，朋友珍妮·柴亚维特（Janny Chaiyavet）和斯蒂芬·西尔斯（Stephen Sears）为我提供了研究支持，帮助我找到非流通的关键资料。我对丹佛欧弗兰公园的所有了解，都要归功于珍妮的耐心研究。在伊利诺伊大学厄巴纳-香槟分校图书馆，斯蒂芬亲自找来并扫描了E. P. 迈内克《露营地政策》（1932）的原件，该书为本书奠定了基础。这实在是太酷了！

带着对迈内克、凯普、内斯穆克及其同代人的深深敬意，我想在此赞扬那些我有幸接触到的同行，不仅是阅读他们的著作，还与他们交流，如玛格丽特·阿普尔（《软房子》）、布赖恩·伯克哈特（Bryan Burkhart）（《气流：陆地游艇的历史》《拖车旅行：移动美国史》）、伊桑·卡尔（Ethan Carr）（《荒野设计》《66号任务》）、乔纳森·丘（Jonathan Chew）（《多利·科普与新罕布什尔州的皮博迪谷》）、约翰·克莱顿（John Clayton）（《奇景》）、拉谢尔·格罗斯（Rachel Gross）（《从鹿皮到戈尔特斯：美国历史上的户外产业》）、查利·黑利（《露营地：持续时间和空间的建筑》《营地：二十一世纪空间指南》）、彼得·希勒（Peter Hiller）（《乔·莫拉的生活和时代》《美国西部的标志性艺术家》）、凯蒂·艾夫斯（Katie Ives）（《想象中的山峰：Riesenstein 骗局和其他山峰之梦》）、珍妮弗·K. 曼（《露营之旅》）、吉勒斯·莫迪卡（Gilles Modica）（《登山运动：发明的传奇》）、玛丽莲·莫斯（Marilyn Moss）（《比尔·莫斯：织物艺术家与设计师》）、迈克·帕森斯（Mike Parsons）（《珠穆朗玛峰上的隐形人：创新与装备制造商》）、苏珊·斯奈德（《昔日的帐篷》）、阿比盖尔·范斯莱克（Abigail Van Slyck）（《人造荒野：夏令营与对美国青年的塑造》）、丹·怀特（《星空下：美国如何爱上露营》）和特里·杨（Terry Young）（《出发：美国露营史》）。他们耐心地回复了我的电子邮件，并在我写作过程中分享了真知灼见，请查阅他们的精彩著作！特别感谢法国著名登山家皮埃尔·艾伦之子保罗·艾伦（Paul Allain）、华盛顿州美洲狮登山队队员戴尔·W. 科尔（Dale W. Cole）、维护黄石国家公园历史网站的鲍勃·戈斯（Bob Goss）、美国露营地的吉姆·格拉夫（Jim Graff）和萨斯基亚·布格曼（Saskia Boogman）以及美国军事论坛的鲍勃·劳，他们都慷慨地提供了资料、见解和鼓励。

我还要对马克·瓦尔费利（Mark Warfel）深表谢意，感谢他提供的图形支持、专业知识和数字技术。从建立北面椭圆形帐篷数字模型以确定帐篷杆的长度，到对本书中 260 张图片进行色彩校正，再到开发脚本，对构成本书封底的 16 个图标进行网格化和随机化处理，可以说，马克全程参与了本书的制作。

我于 2010 年左右开始整理本书的第一批资料，当时，在线期刊《地点》（Places）的执行编辑南希·莱文森（Nancy Levinson）和前资深编辑乔希·瓦拉特（Josh Wallaert）对我的《露营地简史》（2011）《美国露营地连锁机构》（2012）和《野餐桌》（2018）很感兴趣，并发表了这三篇文章。尤其是在《野餐桌》一文发表后，本书的大纲开始逐渐成型。H. 詹姆斯·卢卡斯（H. James Lucas）和苏珊·布兰森（Susan Branson）审阅了书的初稿，我非常感谢他们的反馈意见，珍惜我们毕生的友谊。普林斯顿建筑出版社执行编辑珍妮弗·汤普森（Jennifer Thompson）及其团队，包括保罗·瓦格纳（Paul Wagner）、萨拉·斯泰门（Sara Stemen）和劳拉·迪迪克（Laura Didyk），从一开始就很支持本书的创作，并从各个方面对书进行了改进。特别感谢康奈尔大学和 Furthermore（J.M. 卡普兰基金的一个项目）的支持。

最后，我想将本书献给我的朋友、同事和导师布鲁斯、杰克和特里。是杰克·威廉斯（Jack Williams）激励我去享受写作的乐趣，去寻找自己的声音。特里·杨是露营领域的权威，他总是有特殊的本领，能给我转发完美的文章或图片，抓住我当时所探讨主题的精髓（野餐桌翻倒的滑稽场景？那是特里发现的！）。和我一样，已故的布鲁斯·韦德（Bruce Wade）也是一名建筑师，他教我画所有的东西，这样我就能设想并设计出一切，我相信如果韦德知道露营地本身也包含许多技术性工作，会很高兴。在韦德生命的最后几年，他和妻子伊莱恩（Elaine）买了一辆 Roadtrek 190 野营车，在全美各地旅行，我想我们可能去过一些相同的露营地。我们深切怀念他。

➲ **1967**
华盛顿州伯奇湾的沃利·拜厄姆（Wally Byam）清风房车，杰克·卡弗（Jack Carver）摄，1967 年 7 月。拜厄姆（1896—1962）于 1931 年创立了清风房车公司，并于 1951 年带领他的第一支房车队踏上了穿越墨西哥、危地马拉、萨尔瓦多、洪都拉斯和尼加拉瓜的旅程。如今，这一传统仍在延续，清风房车的车主们受邀加入沃利·拜厄姆国际房车俱乐部（WBCCI），参加北美各地的集会。

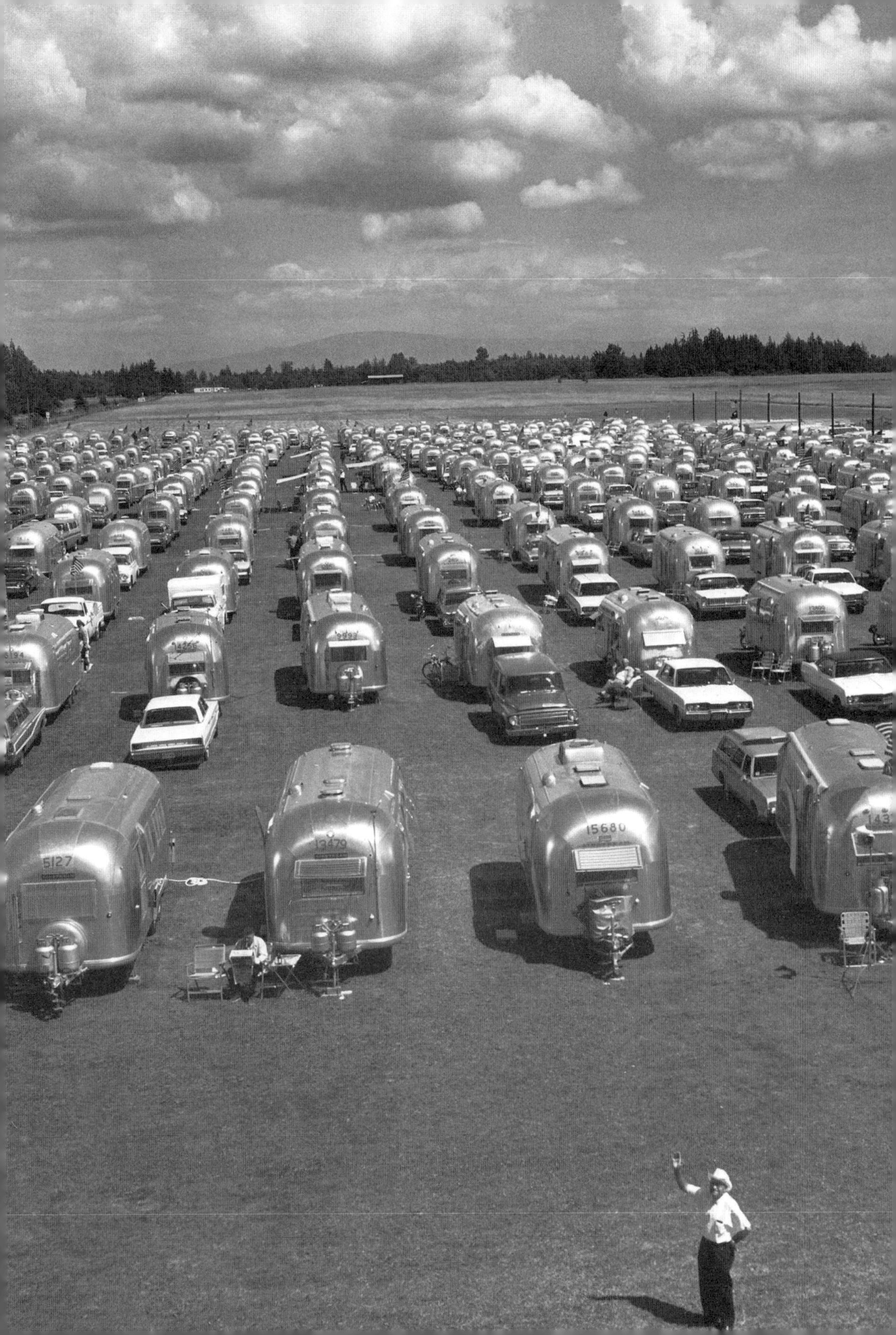
5127
13479
15680

注 释

引言

1 Ethan Carr, *Wilderness by Design: Landscape Architecture & the National Park Service* (Lincoln: University of Nebraska Press, 1999), 283.

2 "2017 American Camper Report," Outdoor Industry Association, accessed August 16, 2019, https://outdoorindustry.org/resource/2017—american –camper-report/.

3 Craig E. Colten and Lary M. Dilsaver, "The Hidden Landscape of Yosemite National Park," *Journal of Cultural Geography* 22, no. 2 (Spring/Summer 2005): 35.

4 Dan White, *Under the Stars: How America Fell in Love with Camping* (New York: Henry Holt, 2016), 273–95.

5 Horace Kephart, *Camping and Woodcraft* (New York: Macmillan, 1917), 77–82. Kephart's estimate for a two-person tent is twenty pounds, including poles and pins. In comparison, a similar modern nylon tent ranges from two to four pounds. "Best Backpacking Tents," Clever Hiker, accessed August 17, 2019, https:// www.cleverhiker.com/best-tents-backpacking.
Horace Kephart, *Camping and Woodcraft* (New York: Macmillan, 1917), 77–82.

6 Colten and Dilsaver, "The Hidden Landscape of Yosemite National Park," 30.

7 White, *Under the Stars*, 23

水

1 Edward Abbey, *Desert Solitaire: A Season in the Wilderness* (New York: Simon and Schuster, 1968), 115–16.

2 Mary Roberts Rinehart, *Tenting To-Night: A Chronicle of Sport and Adventure in Glacier Park and the Cascade Mountains* (Boston and New York: Houghton Mifflin, 1918), 64.

3 William Henry Harrison Murray, *Adventures in the Wilderness; Or, Camp Life in the Adirondacks* (Boston: Fields, Osgood, 1869), 53.

4 Ralph Waldo Emerson, "The Adirondacs," in *May-Day and Other Pieces* (Boston: Ticknor and Fields, 1867), 60.

5 Cindy S. Aron, *Working at Play: A History of Vacations in the United States* (Oxford and New York: Oxford University Press, 1999), 224.

6 Elon Jessup, *Roughing It Smoothly: How to Avoid Vacation Pitfalls* (New York: G. P. Putnam's Sons, 1923), 222.

7 Marshall O. Leighton, "Report of the Acting Superintendent of Yosemite National Park—Appendix B: Sanitary Conditions and Water Supply," in *Reports of the Department of the Interior* (Washington, DC: Government Printing Office, 1908), 43–442.

8 Ibid., 437.

9 Susan Snyder, *Past Tents: The Way We Camped* (Berkeley, CA: Heyday Books, 2006), 39.

10 Frank A. Waugh, *A Plan for the Development of the Village of Grand Canyon, Ariz.* (Washington, DC : Government Printing Office, 1918), 5.

11 Warren James Belasco, *Americans on the Road: From Autocamp to Motel, 1910–1945* (Baltimore: Johns Hopkins University Press, 1979), 89.

12 Frank E. Brimmer, *Coleman Motor Campers Manual* (Wichita, KS: Coleman Lamp Co., 1926), 37.

13 Craig E. Colten and Lary M. Dilsaver, "The Devil in the Cathedral: Sewage and Nature in Yosemite National Park," in *Cities and Nature in the American West*, ed. Char Miller (Reno: University of Nevada Press, 2010), 162.

14 Murray, *Adventures in the Wilderness*, 126.

15 Linda Flint McLelland, *Building the National Parks* (Baltimore: John Hopkins University Press, 1998), 263; Carr, *Wilderness by Design*, 285.

16 Albert H. Good, ed., *Park Structures and Facilities* (Washington , DC: Department of the Interior, National Park Service, 1935), 86.

17 Ibid., 85.

18 United States Forest Service Region Five, *Public Camp Manual* (San Francisco: US Forest Service, 1935), 17.

19 E. P. Meinecke, "The Trailer Menace," *Journal of Forestry* 70, no. 5 (May 1972): 280. This paper was originally written in 1935.

20 Ibid.

21 Belasco, *Americans on the Road*, 52.

22 John Steinbeck, *Travels with Charley: In Search of America* (London: Heinemann, 1962), 41.

23 Richard Long, *Continuum Walk*. © 2022 Richard Long. All Rights Reserved, DACS, London / ARS, NY.

24 Ethan Carr, *Mission 66: Modernism and the National Park Dilemma* (Amherst: University of Massachusetts Press, 2007), 328.

25 "About Us," Refillnotlandfill, accessed December 12, 2021, https://refillnotlandfill.org/about-us/.

26 Bob Myaing, "The 13 Best Nalgene Water Bottles: Limited Edition, Rare & Iconic," Field Mag, accessed December 22, 2021, https://www.fieldmag.com/ articles/cool-nalgene-water-bottles-limited-edition.

篝火

1 Daniel Carter Beard, *The American Boys' Handybook of Camp-Lore and Woodcraft* (Philadelphia and London: J. B. Lippincott, 1920), 37.

2 David Wescott, *Camping in the Old Style* (Layton, UT: Gibbs Smith, 2009), 121.

3 Richard Wrangham, *Catching Fire: How Cooking Made Us Human* (New York: Basic Books, 2010), 1–14.

4 Frank H. Cheley, *Camping Out* (New York: University Society, 1933), 5.
5 Horace Kephart, *Camp Cookery*, (New York: Outing Publishing Company, 1910), 35.
6 The original materials for this chapter were assembled during the Camp Fire (2018), at that time the most destructive wildfire in California history that claimed the lives of eighty civilians and five firefighters (including two prison inmate firefighters) and ravaged over 150,000 acres.
7 Brimmer, *Coleman Motor Campers Manual*, 1.
8 Kephart, *Camp Cookery*, 28.
9 A. Hyatt Verrill, *The Book of Camping* (New York: Alfred A. Knopf, 1917), 66.
10 "shirk," "quitter," "side-stepper": Beard, *The American Boys' Handybook of Camp-Lore*, 37; "arrant [sic], thoughtless, selfish Cheechako": Ibid., 49; "tenderfeet" and "blooming idiot": G. O. Shields, *Camping and Camp Outfits: A Manual of Instruction for Young and Old Sportsmen* (Chicago and New York: Rand, McNally, 1890), 94.
11 Shields, *Camping and Camp Outfits*, 93.
12 Daniel Carter Beard, *The Field and Forest Handy Book* (New York: Charles Scribner's Sons, 1906), 230-231.
13 Brimmer, *Coleman Motor Campers Manual*, 5.
14 Frank H. Cheley and Philip D. Fagans, eds., *Camping Out and Woodcraft: A Complete Guide to Outdoor Life* (New York: Halcyon House, 1933), 38.
15 Beard, *Field and Forest Handy Book*, 229.
16 Verrill, *Book of Camping*, 71.
17 Kephart, *Camping and Woodcraft*, 238.
18 Ibid., 237.
19 Ibid.
20 Frank H. Cheley, *Camping Out*, 106.
21 T. G. Taylor and W. L. Hansen, *Public Campground Planning* (Logan: Utah Agricultural Experiment Station, 1934), 24.
22 Cheley, *Camping Out*, 125.
23 Reyner Banham, *The Architecture of the WellTempered Environment*, 2nd ed. (Chicago: University of Chicago Press, 1984), 20.
24 Marc-Antoine Laugier, *Essai sur l'architecture*, 2nd ed. (Paris: Chez P. T. Barrois, 1755), frontispiece illustration.
25 Banham, *Architecture of the Well-Tempered Environment*, 20; Charlie Hailey, *Campsite: Architectures of Duration and Place* (Baton Rouge: Louisiana State University Press, 2008), 96.
26 Banham, *Architecture of the Well-Tempered Environment*, 20.

27 Taylor and Hansen, *Public Campground Planning*, 24.
28 Wylie Permanent Camping Company, *Yellowstone National Park*, 1910 ed. (Livingston, MT: Wylie Permanent Camping Company, 1910), 12.
29 Good, *Park Structures and Facilities*, 80.
30 Ibid., 79.
31 Ibid., 80.
32 Ibid., 81.
33 Brimmer, *Coleman Motor Campers Manual*, 10-11.
34 Good, *Park Structures and Facilities*, 80.
35 Wescott, *Camping in the Old Style*, 121.
36 Beard, *Field and Forest Handy Book*, 229. Beard notes that the matches appeared "somewhere around 1827."
37 Unlike the Lucifers, safety matches could be lit only by striking the plate on the side of the matchbox.
38 Terence Young, *Heading Out: A History of American Camping* (Ithaca, NY: Cornell University Press, 2017), 107-9. The author insightfully notes of the grate implement that it "could support multiple pans and pots at once but a few inches above a wood fire, allowing the camper to cook the whole meal at the same time."
39 Philip G. Terrie, *Forever Wild: Environmental Aesthetics and the Adirondack Preserve* (Philadelphia: Temple University Press, 1985), 50.
40 Beard, *American Boys' Handybook of Camp-Lore*, 36.
41 Ernest Thompson Seton, *The Book of Woodcraft* (New York: Doubleday, Page), 193-94.
42 Cheley, *Camping Out*, 271.
43 Ibid., p.252.
44 Warren H. Miller, *Camping Out* (New York: George H. Doran Company, 1918), 265.
45 Young, *Heading Out*, 112.
46 Ibid.
47 Ibid.
48 Ibid., 113.
49 Ibid., 115.
50 Brimmer, *Coleman Motor Campers Manual*, 13.
51 This promotional copy for the Coleman Company is cited in Young, *Heading Out*, 115.
52 Combining a taste for the vintage and the high tech, Coleman now sells a contemporary version of its early portable lamp (with LED lighting) under the aegis of its 1900 Collection.
53 "GoSun Stove Introduces Fuel-free Solar Grill at CES 2016," GoSun Press & Media, accessed July 2, 2022, https://gosun.co/pages/new-press-and-media.
54 Warren H. Miller, *Camp Craft: Modern Practice and Equipment* (New York: Charles Scribner's Sons, 1915), 80.

55 Wescott, *Camping in the Old Style*, 122.
56 Belasco, *Americans on the Road*, 89.
57 Sarah Perez, "Domino's Will Now Deliver to 150,000 Parks, Pools and Other Non-Traditional Locations," Tech Crunch, April 16, 2018, https://techcrunch.com /2018/04/16/dominos-will-now-deliver-to-150000-parks-pools-and-other-non-traditional-locations/.
58 John Schwartz, "Climate Change Is Making It Harder for Campers to Beat the Heat," *New York Times*, updated July 22, 2021, https://www.nytimes .com/2021/07/05/climate/global-warming –summer-camp.html.
59 Hailey, *Campsite*, 62.

露营地

1 Kephart, *Camping and Woodcraft*, 17.
2 John A. Jakle and Keith A. Sculle, *Motoring: The Highway Experience in America* (Athens: University of Georgia Press, 2008), 105.
3 A 2013 assessment conducted by my research assistant Liz Grades estimated the total number of campsites at 925,000 nationally, including 25,800 sites in national parks and 70,100 sites on lands managed by the US Forest Service.
4 "KOA Surpasses Record Year by Impressive 33 Percent in 2021," KOA Press Room, January 17, 2022, http://www.koapressroom.com/press/ koa-surpasses-record-year-by-impressive-33-in-2021/.
5 White, *Under the Stars*, 23. The author notes the "standoff between domesticity and the wild."
6 Susan Sessions Rugh, *Are We There Yet? The Golden Age of American Family Vacations* (Lawrence: University Press of Kansas, 2008), 10.
7 Recreational Equipment Incorporated and Eastern Mountain Sports.
8 Frank E. Brimmer, *Autocamping* (Cincinnati: Stewart Kidd, 1923), 240.
9 Snyder, *Past Tents*, 49.
10 Brimmer, *Coleman Motor Campers Manual*, 36.
11 Victor H. Green, *The Negro Motorist Green Book: An International Travel Guide,* (New York: Victor H. Green, 1949), 71.
12 Candacy Taylor, *Overground Railroad: The Green Book and the Roots of Black Travel in America* (New York: Abrams, 2020).
13 Cheley, *Camping Out*, 46.
14 Hailey, *Campsite*, 7.
15 "The Great Spring Drive," *Municipal Facts* 1, no. 2 (April 1918): 7.
16 Belasco, *Americans on the Road*, 71; J. C. and John D. Long, *Motor Camping* (New York: Dodd, Mead & Company, 1923), 198.

17 "Tourist Increase at Overland," *Municipal Facts Monthly* 3, no. 10 (October 1920): 14.
18 The series is also known as *Ugly Americans* or *Ugly America*.
19 Kephart, *Camping and Woodcraft*, 20.
20 Abigail Van Slyck, *A Manufactured Wilderness: Summer Camps and the Shaping of American Youth, 1890‒1960* (Minneapolis: University of Minnesota Press, 2006), 109.
21 McClelland, *Building the National Parks*, 277‒78.
22 E. P. Meinecke, *A Camp Ground Policy* (United States Department of Agriculture, Division of Forest Pathology, 1932), 10.
23 Steinbeck, *Travels with Charley*, 87.
24 Kephart, *Camping and Woodcraft*, 20.
25 "Two Week's Vagabonds," *New York Times*, July 20, 1922. Cited in Belasco, *Americans on the Road*, 8.
26 Kephart, *Camping and Woodcraft*, 20.
27 Long and Long, *Motor Camping*, 168.
28 Brimmer, *Coleman Motor Campers Manual*, 39‒40; Long and Long, *Motor Camping*, 197‒98.
29 KOA operates several franchises in Canada and Mexico, too. Over the years, the company has in fact never publicized campground closings in its directory. From one year to the next, when facilities disappear, they are simply left out of the next edition of the company's directory, leaving no means of comparison over time. Even during the significant downturn from the late 1970s to the present, when the number of franchises shrank by over 40 percent, KOA continues to advertise with great fanfare every new campground, as if its growth could not be stopped.
30 Brimmer, *Coleman Motor Campers Manual*, 9; "Now Campers Can Enjoy Confirmed Reservations At Any KOA, Free of Cost to You!," *KOA Kampground Directory: 1969 Winter Edition* (Billings, MT: Kampgrounds of America, 1969).
31 Rugh, *Are We There Yet?*, 131.
32 "Free Nationwide Reservations Service," *KOA Kampground Directory: 1970 Winter Edition* (Billings, MT: Kampgrounds of America, 1970), 8.
33 "Cody," *Kampgrounds of America, Inc. Directory 1964* (Billings, MT: Kampgrounds of America, 1964).
34 "Cody," *KOA Handbook and Directory for Campers* (Billings, MT: Kampgrounds of America, 1972), D-39.
35 "Cody," *KOA Kampground Directory, 1983 Edition* (Billings, MT: Kampgrounds of America, 1983), D-86.
36 "Cody," *KOA 2013 Campground Directory* (Billings, MT: Kampgrounds of America, 2013), 221.
37 *2010 KOA Kampground Directory: 2010 Edition* (Billings, MT: Kampgrounds of America, 2010), 4.

38 In 2009, IAC sold ReserveAmerica to ACTIVE Network. In 2017, the company's Outdoors division, including ReserveAmerica, became the independent company Aspira, now owned by Alpine Investors.
39 Conversation with Terence Young, March 22, 2010.
40 Michael Levy, "In the Scramble for a Campsite, Everyone Deserves an Equal Chance," *New York Times*, posted June 21, 2022, https://www.nytimes.com/2022/06/21/opinion/camping-parks-access.html.
41 William L. Rice, Jaclyn R. Rushing, Jennifer Thomsen, Peter Whitney, "Exclusionary Effects of Campsite Allocation through Reservations in U.S. National Parks: Evidence from Mobile Device Location Data," *Journal of Park and Recreation Administration*, March 18, 2022, https://js.sagamorepub.com/jpra/article/view/11392.
42 There is a growing range of camping blogs, focused on a number of specialized topics like gear and cooking. Interesting examples include Megan and Michael van Vliet's *Fresh Off the Grid*, https://www.freshoffthegrid.com/about/; Allison Boyle's *She Dreams of Alpine*, https://www.shedreamsofalpine.com; Dave Collins and Annie Hopfensperger's *Clever Hiker*, https://clever.hiker.com; Ryan Cunningham's *Beyond the Tent*, https://www.beyondthetent.com/; and Clint Carlson's *50 Campfires*, https://50campfires.com/.
43 Donald Wood, *RV's & Campers: 1900 – 2000* (Hudson, WI: Iconigrafix, 2002), 150.

地图

1 Constant Nieuwenhuys, "New Urbanism," cited in Hailey, *Campsite*, 62.
2 Lewis Stornoway, *Yosemite: Where to Go and What to Do: A Plain Guide to the Yosemite Valley* (San Francisco: C. A. Murdock, 1888), 25.
3 Ibid., 8.
4 Ibid., 24.
5 Ibid.
6 Stanford Demars, *The Tourist in Yosemite, 1855 – 1985* (Salt Lake City: University of Utah Press, 1991), 65.
7 Ibid.
8 Wylie Permanent Camping Company, *Yellowstone National Park*, 1910 ed., 4 – 5. The brochure notes that the company had been operating the "Wylie Way in Wonderland" for twenty-seven years.
9 Ibid., 11.
10 Ibid.
11 Ibid.
12 Ibid.
13 Young, *Heading Out*, 77. KOA was imitating their peers in the food service or hospitality industry, a process that Young, borrowing from George Ritzer's 1993 book,
referred to as the "McDonaldization" of services and "society's desire for greater efficiency, calculability, predictability, and control."
14 Wylie Camping Company, *Yellowstone Park*, 1910 ed., 11, 14.
15 This rough estimate is based on the 7,700 annual visitors over a three-month period of operation, June 15 to September 15. With arrivals daily, tours were on constant rotation across the camps, ensuring maximum occupation of its four-night camps. 7,700 visitors divided by 360 camp nights of operation = 21 campers per camp every night.
16 Demars, *Tourist in Yosemite*, 139.
17 Long and Long, *Motor Camping*. Some campgrounds offered free overnight stays.
18 Reau Campbell, *Campbell's Complete Guide and Descriptive Book of The Yellowstone Park* (Chicago: H. E. Klamer, 1909), 113; Frank Jay Haynes and Jack Ellis Haynes, *Haynes Official Guide: Yellowstone National Park*, 26th ed. (Saint-Paul: Pioneer Company, 1912), 59. The maps of the Upper Geyser contained in these two guidebooks are nearly identical from the standpoint of framing, linework, and labeling.
19 Charles Parker (C. P.) Halligan, *Tourist Camps— Rural Landscape Series No. 2* (East Lansing: Michigan State College Agricultural Experiment Station, 1925), 3.
20 Meinecke, *Camp Ground Policy*, 15.
21 Young, *Heading Out*, 166.
22 Good, *Park Structures and Facilities*; Albert H. Good, ed., *Park and Recreation Structures* (Washington, DC: United States Government Printing Office, 1938). The expanded 1938 edition featuring information on motor campgrounds including tent and trailer campsites, picnic tables, and firepits was reprinted by Princeton Architectural Press in 1999.
23 United States Forest Service Region Five, *Public Camp Manual*.
24 Loop C in this drawing would be completed later, but loop B was never implemented.
25 Jo Mora, Yosemite map, 1931, 1949.
26 Jonathan Chew, email message to author, December 17, 2018.
27 "Educator Describes 'Picture Esperanto,'" *New York Times*, January 10, 1933, 25.
28 The first commercial copier, the Xerox 914, was introduced on September 16, 1959. However, the patent on which the 914 is based was obtained by Chester Carlson in 1942.
29 Many KOA concessioners employ Southeast Publications of Deerfield Beach, FL, to develop colorful and slightly cartoonish campground maps.

30 Otto Neurath, "Isotype as a Helping Language," in *International Picture Language* (London: Kegan Paul, Trench, Trubner & Co., Ltd), 17–22.

31 Peter Hiller, *The Life and Times of Jo Mora, Iconic Artist of the American West* (Layton, UT: Gibbs Smith, 2021), 220–22. Hiller notes that the original 1931 version was published as a simple line drawing with no color. Color versions of Mora's map were later published in 1941 and 1949 by the Yosemite Park and Curry Company, with slight alterations.

32 Jo Mora, "Yosemite." The map was of limited use for campers, however: because he used a single white tent to represent each campground, there is no way of judging the size or capacity of these facilities.

33 "Join Now: Pick the perfect campsite every time," Campground Views, accessed December 21, 2022, https://www.campgroundviews.com/ best-camping-tool-ever/.

34 General campground rules and norms generally stipulate a maximum number of tents (2) and occupants (6).

野餐桌

1 Osbert Sitwell, *Sing High! Sing Low!* (London: Macmillan, 1944), 142.

2 The table was named after Rear Admiral Stephen W. Rochon, former Director of the Executive Residence and the first African American to act as White House Chief Usher.

3 "Home / Outdoors / Patio Furniture / Patio Tables / Picnic Tables," Home Depot, accessed June 20, 2022, https://www.homedepot.com. This search yields several items that may or may not be labeled as *picnic tables* in the most conventional sense.

4 Miller, *Camp Craft*, 236.

5 Walter Levy, *The Picnic: A History* (Lanham, MD: AltaMira, 2014), 45.

6 Mary Ellen W. Hern, "Picnicking in the Northern United States, 1840–1900," *Winterthur Portfolio* 24, no. 2/3 (Summer/Autumn 1989): 152.

7 Ibid., 147. Hern is citing from Susan Dunning Power, *Anna Maria's House-Keeping* (Boston: D. Lothrop, 1884), 331–32.

8 Deborah M. Gordon, *Ants at Work* (New York: Simon and Schuster, 1999), 46.

9 Levy, *The Picnic*, 19.

10 Hern, "Picnicking in the Northern United States, 1840–1900," 7.

11 Levy, *The Picnic*, 7.

12 Murray, *Adventures in the Wilderness*, 14–15. Note that the latter part of the quote was withheld because it is blatantly disrespectful of Indigenous Peoples of America.

13 Miller, *Camp Craft*, 237.

14 Verrill, *The Book of Camping*, 84.

15 Good, ed., *Park Structures and Facilities*, 60.

16 Charles H. Nielsen, Table, US Patent 769,354, filed September 28, 1903, and issued September 6, 1904.

17 There is no information in the patent regarding the materiality of the tabletop, the seats, or their respective weights.

18 Harold R. Basford. Folding Camp Table, US Patent 1,272,187, filed September 4, 1917, and issued July 9, 1918.

19 Young, *Heading Out*, 135.

20 E. P. Meinecke, "Camp Planning and Camp Reconstruction" report (US Forest Service, California Region, 1934), 11.

21 Good, ed., *Park Structures and Facilities*, 57.

22 This 1922 drawing was clearly widely reproduced, as it came up time and again in the archives of the National Park Service, in various states of clarity.

23 E. P. Meinecke, *Camp Ground Policy*, 12.

24 Good, ed., *Park Structures and Facilities*, 58.

25 Young, *Heading Out*, 166.

26 Levy, *The Picnic*, 48.

帐篷

1 S. H. Walker, *The Way to Camp* (London: Pilot, 1947), 39.

2 George Washington Sears, *Woodcraft*, 14th ed. (New York: Forest and Stream, 1920), 34.

3 Charles W. Moss and Henry Stribley, Folding Portable Shelter, US Patent 2,953,145, filed July 19, 1955, and issued September 20, 1960. Moss later commercialized the invention under the name Pop Tent. In the 1960s space race, similar claims to instantaneity were made about the Pop-Tart, first introduced by the Kellogg Company in 1964.

4 Gail Sheehy, *Passages: Predictable Crises of Adult Life* (New York: E. P. Dutton, 1974), 322.

5 Stephanie Bunn, *Nomadic Felts* (London: British Museum Press, 2010), 119.

6 Godfrey Rhodes, *Tents and Tent-Life from the Earliest Ages to the Present Time: To Which is Added the Practice of Encamping an Army in Ancient and Modern Times* (London: Smith, Elder, 1859), 23.

7 Charles W. Moss, Flexible Hyperbolic Paraboloid Shelter, US Patent 3,060,949, filed January 30, 1957, and issued October 30, 1962.

8 Ibid., xi.

9 Daniel Carter Beard, *Shelters, Shacks and Shanties* (New York: Charles Scribner's Sons, 1916), 2; Rhodes, *Tents and Tent-Life*, 147.

注 释

10 "The Sportsman's Bookshelf Volume II—Camp and Camp Cookery," in Elmer Kreps, Warren H. Miller, William Holt-Jackson, et al., *A Camper's Guide to Tents: A Collection of Historical Camping Articles on Types of Tent and How to Construct Them*, (Redditch, UK: Read Books, 2011), 279.

11 Ferdinand Eberhardt, Combined Tent and Ground Floor Cloth, US Patent 1,057,628, filed December 21, 1912, and issued April 1, 1913.

12 Reinhaldt Lönnqvist, An Improved Tent, GB Patent 377,831, and issued September 7, 1931, and issued August 4, 1932. Inexplicably, Lönnqvist's invention appears to only have been patented much later in his native country of Finland (1953) and in the United States (1957).

13 Francis Galton, *The Art of Travel Or, Shifts and Contrivances Available in Wild Countries*, 4th ed. (London: John Murray, 1867), 161; *Popular Mechanics Auto Tourist's Handbook No. 1* (Chicago: Popular Mechanics Press, 1924), 43. Similarly, an inspection of Bill Moss's 1955 *Pop Tent* reveals that the ends of each pole were pointed and could be poked into the ground for added stability.

14 Eugène Emmanuel Viollet-Le-Duc, *Histoire de l'habitation humaine depuis les temps préhistoriques jusqu'à nos jours* (Paris: Bilbiothèque d'éducation et de récreation, 1875), 38; E. M. Hatton, *The Tent Book* (Boston: Houghton Mifflin, 1979), 42.

15 Bryan Burkhart and David Hunt, *Airstream: The History of the Land Yacht* (San Francisco: Chronicle Books, 2000), 28.

16 William B. MacDonald Jr., Vehicle Trailer, US Patent 2,481,230, filed April 8, 1946, and issued September 6, 1949. The invention was commercialized as the Karriall Kamper.

17 Kephart, *Camp Cookery*, 12.

18 Henry Hopkins (H. H.) Sibley, Conical Tent, US Patent 14,740, issued April 22, 1856.

19 Hatton, *Tent Book*, 22.

20 Ibid.

21 Miller, *Camp Craft*, 37. Poles were initially not factored into the weight of the outfit since they were often sold separately.

22 Ibid., 35.

23 Kephart, *Camping and Woodcraft*, 97.

24 Ibid., 84.

25 Edward Whymper, *Scrambles Amongst the Alps in the Years 1860–'69* (Philadelphia: J. P. Lippincott & Co., 1872), 46–47.

26 A modest cheesemaker, Meynet faded into history after the Matterhorn climb.

27 Thomas Hiram (T. H.) Holding, *The Camper's Handbook* (London: Simpkin, Marshall, Hamilton, Kent, Ltd., 1908), 137. It is not clear whether the two poles were considered as part of this surprisingly lightweight design.

28 Ibid., 301.

29 Ibid., 280.

30 "Noepel's Steel Tent Poles," in *Abercrombie and Fitch Co.*, 1910 ed. (New York: Abercrombie & Fitch, 1910), 47.

31 James H. Blair. Rod For Cleaning Rifles and the Like, US Patent 933,285, filed November 21, 1908, and issued September 7, 1909.

32 Harry H. Harsted. Foldable Antenna, US Patent 2,379,577, filed January 25, 1943, and issued July 3, 1945.

33 *The Fall 1975 North Face Catalog* (Portland, OR: Northwest Publishing, 1975), 31. Note the presence of the word *tent* in Oval In*tention*. The shortest poles in the *OI* set are approximately 75 inches long and bent to an even higher, eye-popping height of 51 inches.

34 Susannah Handley, *Nylon: The Story of a Fashion Revolution* (Baltimore: Johns Hopkins University Press, 2000), 16.

35 This figure is based on visual observation and does not include the fly sheet.

36 R. Buckminster Fuller. Geodesic Tent, US Patent 2,914,074, filed March 1, 1957, and issued November 24, 1959.

37 Marylin Moss, *Bill Moss: Fabric Artist & Designer* (Rockport, ME: Chawezi, 2013), 25.

38 Mark Wilson, "Inflatable Geodesic Tent Makes Tent Poles Obsolete," *Fast Company*, accessed February 24, 2021, https://www.fastcompany.com/1670031/inflatable-geodesic-tent-makes-tent-poles-obsolete.

39 William S. Faulkner, Shelter-Tent Half and Poncho, US Patent 703,245, filed July 16, 1901, and issued June 24, 1902.

40 Isidor Mautner, Tent, US Patent 535,066, filed September 24, 1894, and issued March 5, 1895.

41 Frank H. Gotsche, Tent, US Patent 901,802, filed January 20, 1908, and issued October 20, 1908.

42 Banham, *Architecture of the Well-Tempered Environment*, 18.

43 Wallace Hume Carothers, Synthetic Fiber, US Patent 2,130,948, filed April 9, 1937, and issued September 20, 1938.

44 Handley, *Nylon*, 48.

45 Robert L. Blanchard, Explorer's Folding Tent, US Patent 2,543,684, filed February 20, 1948, and issued February 27, 1951.

46 "A Brief History of Tents," Fjällräven, accessed February 26, 2021, https://foxtrail.fjallraven.com/articles/

321

history-of-tents/.

47 Francis Galton, *The Art of Travel, OR, Shifts and Contrivances Available in Wild Countries* (London: John Murray, 1855), 39; *Abercrombie and Fitch Co.*, 1910 ed., 46; Claude P. Fordyce, *Trail Craft: An Aid In Getting the Greatest Good Out of Vacation Trips* (Cincinnati: Stewart Kidd, 1922), 95–96. Galton was perhaps the first to recommend using gauze to guard against "musquitoes" (sic). Later, Abercrombie & Fitch Co. offered bobbinet, mosquito-proof tent fronts, as well as insect-proof cheesecloth liners. For his part, Fordyce reported that Stewart Edward White had proposed suspending a second tent entirely made of cheesecloth inside of the cloth tent.
48 Handley, *Nylon*, 7

睡袋

1 Emerson Hough, *Out of Doors* (New York and London: Appleton and Company, 1915), 150.
2 Robert McClure, *The Discovery of the North-West Passage by HMS Investigator*, 2nd ed. (London: Longman, Brown, Green, Longmans & Roberts, 1857), 135; Sherard Osborn, *Stray Leaves From an Arctic Journal; Or, Eighteen Months in the Polar Regions, in Search of Sir John Franklin's Expedition, in the Years 1850–51* (New York: George P. Putnam, 1853), 117. Note that Osborn edited the McClure journals, so the term *sleeping bag* might have come from him.
3 "sleeping-sack": Elisha Kent Kane, *Arctic Explorations: The Second Grinnell Expedition* (Philadelphia: Childs & Peterson, 1856), 168, and Robert Louis Stevenson, *Travels with a Donkey in the Cévennes* (New York: Century Co., 1907), 118; "drugget bag": Galton, *Art of Travel*, 45; "blanket bag": Whymper, *Scrambles Amongst the Alps*, 20, and *Abercrombie & Fitch Co.*, 1916 ed. (New York: Abercrombie & Fitch, 1916), 15; "strong linen sack": Galton, *Art of Travel*, 3rd ed., 45; "knapsack bag": Galton, *Art of Travel*, 5th ed., 150; "peasant's sack": Ibid., 153; "traveling rug": *Pryce Jones, Royal Welsh Warehouse, North Wales. Newtown* (1888–89), 129; "sleeping valise": Harry Roberts, *The Tramp's Hand-book* (New York and London: John Lane, Bodley Head, 1903), 144; "sleeping-pocket": Edward Breck, *The Way of the Woods: A Manual for Sportsmen in Northeastern United States and Canada* (New York and London: G. P. Putnam's Sons, 1908), 57; "quilt bag": Miller, *Camp Craft*, 58.
4 John Steinbeck, "Camping is for the Birds," in *Popular Science* 90, no. 5 (May 1967): 204.
5 Frank A. Bates, "Comfort in Camp," in George S. Bryan, ed., *The Camper's Own Book: A Handy Volume for Devotees of Tent and Trail* (New York: Log Cabin Press,

1912), 22.
6 Kephart, *Camping and Woodcraft*, 125.
7 In choosing suitable bedding, Washington may have been tempted by the famed four-point wool blanket first introduced by the Hudson Bay Company in 1779, an item of such unimpeachable reputation that it was still advertised by outfitters like Abercrombie & Fitch Co. well into the twentieth century. However, it would have been his patriotic duty to refuse any such gift from the British-led trader.
8 Belasco, *Americans on the Road*, 129.
9 Sherard Osborn, *Stray Leaves from an Arctic Journal*, 117.
10 Bunn, *Nomadic Felts*, 90.
11 Ibid.
12 Jessup, *Roughing It Smoothly*, 73.
13 Raymond Gaché, "Le matériel de bivouac," *Alpinisme* 40, (1935): 163–66.
14 Fridtjof Nansen, *The First Crossing of Greenland* (London & New York: Longmans, Green, 1890), 43. Nansen had decided against a single six-man bag for the entire team in case they lost their only sled in a crevasse.
15 Claude P. Fordyce, *Touring Afoot* (New York: Macmillan, 1922), 107.
16 Apsley Cherry-Garrard, *The Worst Journey in the World: Antarctic 1910–1913* (New York: George H. Doran, 1922), 238.
17 Ibid., 293.
18 H. Hawthorne Manning, "Sleeping System Rather than Sleeping Bag?," *Summit* 5 no. 6 (July 1959): 28–29; Harvey Manning, *Backpacking: One Step at a Time*, 4th ed. (New York: Vintage Books, 1986), 268–69. Note that this is the same individual.
19 Murray, *Adventures in the Wilderness*, 23.
20 Dale W. Cole, email messages to author, November 26 and December 09, 2021. Cole, who, like Manning, was part of the Cougar Mountain group, confirms this fact.
21 Katie Ives, *Imaginary Peaks: The Riesenstein Hoax and Other Mountain Dreams* (Seattle: Mountaineer Books, 2021), 128.
22 The photograph is made even more poignant by the fact that Evans would die on the Beardmore Glacier less than a year later during their return journey from the South Pole, where Robert Falcon Scott and his men had arrived only to find the Norwegian flag planted there five weeks earlier by their competitor, Roald Amundsen.
23 Kephart, *Camping and Woodcraft*, 128.
24 Whitcomb L. Judson, Shoe Fastening, US Patent 504,037, filed November 7, 1891, and issued August 29, 1893; Robert Friedel, *Zipper: An Exploration in Novelty* (New York: W. W. Norton, 1994), 12–18.

25 Gideon Sundback, Separable Fastener, US Patent 1,219,881, filed August 27, 1914, and issued March 20, 1917.
26 *Motor Camper & Tourist* 2, no.2 (July 1925): 143.
27 *The Mountaineer* 20, no. 1 (December 1927): 79.
28 "NEMO Canon –40 Sleeping Bag, Long," Geartrade, accessed July 09, 2021, https://www.geartrade.com/item/719515/nemo-canon-40-sleeping-bag-long?g-clid=CjwKCAjw55-HBhAHEiwARMCszhKUjl4PvcLMOMu2miQJtktx0DUh2sTG8u6BzSuCyjCSjJTKa1zvbhoCQRgQAvD_BwE.
29 Galton, *Art of Travel*, 3rd ed., 41.
30 Francis Galton, *The Art of Travel; Or Shifts and Contrivances Available in Wild Countries*, 2nd ed. (London: John Murray, 1856), 38.
31 Kephart, *Camping and Woodcraft*, 124–25.
32 Galton, *Art of Travel*, 4th ed., 138.
33 Galton, *Art of Travel* 2nd ed., 38.
34 Mummery perished a few years later while attempting to climb Nanga Parbat, located in the Diamer District of Gilgit-Baltistan, Pakistan.
35 A turn-of-the-century Inughuit caribou skin sleeping bag from Cape York, Greenland (10.5 pounds), is 50 percent lighter than a Greely Expedition sleeping bag (18.5 pounds) from the same period.
36 Sears, *Woodcraft*, 14th ed., 24.
37 Galton, *Art of Travel*, 2nd ed., 36.
38 Jessup, *Roughing It Smoothly*, 68–69.
39 Flavius Vegetius Renatus, *De re militari* (Utrecht, NL: Nicolaus Ketelaer en Gherardus de Leempt, 1473).
40 "Perfection Mattress," *Harper's Weekly*, July 9, 1898, 680.
41 Fordyce, *Touring Afoot*, 111.
42 James M. Lea and Neil P. Anderson, Inflatable Foam Pad, US Patent 3,872,525, filed January 10, 1972, and issued March 25, 1975.
43 Manning, *Backpacking*, 4th ed., 242.
44 Susan Cosier, "Everything You Need to Know About Buying Ethically Sourced Down Products," National Aububon Society, December 18, 2020, https://www.audubon.org/news/everything-you-need-know-about-buying-ethically-sourced-down-products.
45 "Down Production: Birds Abused for Their Feathers," People for the Ethical Treatment of Animals, accessed June 29, 2021, https://www.peta.org/features/down-investigation/.
46 "Recycled Nylon," Patagonia, accessed July 12, 2021, https://www.patagonia.com/our-footprint/recycled-nylon.html. Today, 90 percent of the nylon used in Patagonia's gear contains recycled nylon.
47 "Genuine U.S. Military Issue ECW (Extreme Cold Weather) Sleeping Bag, Excellent Used Condition," B&M Military Surplus, accessed June 29, 2021, https://bandmmilitarysurplus.com/product/genuine-u-s-military-issue-ecw-extreme-cold-weather-sleeping-bag-excellent-used/.

垃圾

1 Brimmer, *Coleman Motor Campers Manual*, 62.
2 Colten and Dilsaver, "The Devil in the Cathedral," 157; John Clayton, "Bears in Yellowstone," *Big Sky Journal*, Summer 2018, https://bigskyjournal.com/ bears-in-yellowstone/.
3 Frank D. Carpenter, *The Wonders of Geyser Land* (Black Earth, WI: Burnett & Sons, 1878), 33. Note that the end of this quote was deliberately withheld because it is racist.
4 Ibid.
5 Cornelia James Cannon, "The Untidy Tourist," *Outing* 81, no. 3 (December 1922): 113.
6 John A. Jakle, *The Tourist: Travels in TwentiethCentury North America* (Lincoln: University of Nebraska Press, 1985), 158.
7 Halligan, *Tourist Camps*, 8.
8 Kathleen Meyer, *How to Shit in the Woods: An Environmentally Sound Approach to a Lost Art*, 4th ed. (Berkeley, CA: Ten Speed, 2020), 60–69; White, *Under the Stars*, 275.
9 Meyer, *How to Shit in the Woods*, 22.
10 John Brinckerhoff (J. B.) Jackson, *American Space: The Centennial Years, 1865–1876* (New York: W. W. Norton, 1972), 219–29.
11 Kephart, *Camping and Woodcraft*, 222.
12 United States Forest Service Region Five, *Public Camp Manual*, 20.
13 Steinbeck, *Travels with Charley*, 25.
14 Ibid.

后记

1 Franklin M. Reck and William Moss, *Ford Treasury of Station Wagon Living* (New York: Simon and Schuster, 1957), 21.
2 Though I can't be sure, my partner, Lori, and I did visit KOA Badlands on another trip to the region in September 2004 and camped in the same area.

参考文献与拓展阅读

作者注：在准备这份参考书目过程中，我十分认可本书中提到的书目，还想推荐一些拓展阅读书目。我的目标是广泛收集美国休闲露营 150 年的史料，史料的时间从威廉·亨利·哈里森·默里牧师的《荒野历险记》（1869）开始，到菲比·杨的《露营地》（2021）结束。丹尼尔·卡特·比尔德、弗兰克·E. 布里默、霍勒斯·凯普哈特、埃隆·杰瑟普、乔治·华盛顿·西尔斯、欧内斯特·汤普森·西顿、A. 海厄特·维里尔等作者在 19 世纪初期几十年间出版了一系列露营早期书籍，是露营 150 年间的重要史料。这些书籍有许多早已绝版，但许多都有再版，如下所述。标有 * 的书籍可从以下网站免费下载：Archive.org（https://archive.org）；美国国家公园管理局电子技术信息中心（https://pubs.nps.gov/）；森林史学会（https://foresthistory.org）。最后，标有 ** 的书籍为图文并茂的露营主题咖啡桌图书。

Abercrombie & Fitch Co., 1916 ed. New York: Abercrombie & Fitch Co., 1916. https://archive.org.

Aron, Cindy S. *Working at Play: A History of Vacations in the United States.* Oxford and New York: Oxford University Press, 1999.

Barringer, Mark Daniel. *Selling Yellowstone: Capitalism and the Construction of Nature.* Lawrence: University Press of Kansas, 2002.

*Beard, Daniel Carter. *The American Boys' Handybook of Camp-Lore and Woodcraft.* Philadelphia and London: J. B. Lippincott, 1920. Reprint, Jaffrey, NH: Nonpareil Books, 2008. https://archive.org.

*———. *The Field and Forest Handy Book.* New York: Charles Scribner's Sons, 1906. Reprint, Jaffrey, NH: Nonpareil Books, 2000. https://archive.org.

Belasco, Warren James. *Americans on the Road: From Autocamp to Motel, 1910–1945.* Baltimore: Johns Hopkins University Press, 1979.

Blanke, David. *Hell on Wheels: The Promise and Peril of America's Car Culture, 1900–1940.* Lawrence: University Press of Kansas, 2007.

Breck, Edward. *The Way of the Woods: A Manual for Sportsmen in Northeastern United States and Canada.* New York and London: G. P. Putnam's Sons, 1908.

Brimmer, Frank E. *Coleman Motor Campers Manual.* Wichita, KS: Coleman Lamp Co., 1926.

*———. *Autocamping.* Cincinnati: Stewart Kidd Company Publishers, 1923. https://archive.org.

**Brunkowski, John, and Michael Closen. *Pictorial Guide to RVing.* Atglen, PA: Schiffer, 2010.

*Bryan, George S., ed. *The Camper's Own Book: A Handy Volume for Devotees of Tent and Trail.* New York: The Log Cabin Press, 1912. Reprint, Scholar Select, 2016. https://archive.org.

**Burkhart, Bryan, and David Hunt. *Airstream: The History of the Land Yacht.* San Francisco: Chronicle Books, 2000.

**Burkhart, Bryan, Phil Noyes, and Allison Arieff. *Trailer Travel: A Visual History of Mobile America.* Layton, UT: Gibbs Smith, 2002. Carr, Ethan. *Mission 66: Modernism and the National Park Dilemma.* Amherst: University of Massachusetts Press, 2007.

———. *Wilderness by Design: Landscape Architecture & the National Park Service.* Lincoln: University of Nebraska Press, 1998.

Chamberlin, Silas. *On the Trail: A History of American Hiking.* New Haven: Yale University Press, 2016.

Cheley, Frank H. *Camping Out.* New York: The University Society, 1933. Reprint, Whitefish, MT: Kessinger, 2010.

Colten, Craig E., and Larry M. Dilsaver. "The Hidden Landscape of Yosemite National Park." *Journal of Cultural Geography* 22 (Spring/Summer 2005): 27–50.

Cunningham, Gerry, and Margaret Hansson. *Light Weight*

Camping Equipment and How to Make It. New York: Charles Scribner's Sons, 1976.

De Abaitua, Matthew. *The Art of Camping; The History and Practice of Sleeping Under the Stars*. New York and London: Penguin Books, 2011.

Demars, Stanford E. *The Tourist in Yosemite, 1855‐1985*. Salt Lake City: University of Utah Press, 1991.

Dilsaver, Lary. "Stemming the Flow: The Evolution of Controls on Visitor Numbers and Impact in National Parks." In *The American Environment: Interpretation of Past Geographies*, edited by Larry M. Dilsaver and Craig E. Colten, 235‐256. Lanham, MD: Rowman & Littlefield, 1992.

**Duncan, Dayton, and Ken Burns. *The National Parks: America's Best Idea*. New York: Alfred A. Knopf, 2009.

*Fordyce, Claude P. *Touring Afoot*. New York: Macmillan, 1922. Reprint, Scholar Select, 2019. https://archive.org.

*Fordyce, Claude P. *Trail Craft: An Aid in Getting the Greatest Good Out of Vacation Trips*. Cincinnati: Stewart Kidd Company, 1922. Reprint, London: Forgotten Books, 2017. https://archive.org.

Franz, Kathleen. *Tinkering: Consumers Reinvent the Early Automobile*. Philadelphia: University of Pennsylvania Press, 2005.

Frisch, Emma. *Feast by Firelight: Simple Recipes for Camping, Cabins, and the Great Outdoors*. Berkeley, CA: Ten Speed Press, 2017.

**Futterman, Steve, and Margot Apple. *Soft House*. New York: Harper & Row, 1976.

*Galton, Francis. *The Art of Travel; Or, Shifts and Contrivances Available in Wild Countries*, 5th ed. London: John Murray, 1872. Reprint, Scotts Valley, CA: CreateSpace, 2016. https://archive.org.

**Gellner, Arrol, and Douglas Keister. *Ready to Roll: A Celebration of the Classic American Travel Trailer*. New York: Viking Studio, 2003.

Gilborn, Craig A. *Adirondacks Camps: Home Away from Home, 1850‐1950*. Syracuse, NY: Syracuse University Press, 2000.

*, **Good, Albert H., ed. *Park and Recreation Structures*. Washington, DC: Department of the Interior, National Park Service, 1938. Reprint, New York: Princeton Architectural Press, 1999. https:// archive.org.

*, **———. *Park Structures and Facilities*. Washington, DC: Department of the Interior, National Park Service, 1935. https://archive.org.

Green, Victor H. *The Negro Motorist Green-Book: An International Travel Guide*. New York: Victor H. Green, 1940. Reprint, Camarillo, CA: About Comics, 2016.

———. *The Negro Motorist Green Book Compendium*. Camarillo, CA: About Comics, 2019.

Grusin, Richard. *Culture, Technology, and the Creation of America's National Parks*. Cambridge, UK: Cambridge University Press, 2004.

Hailey, Charlie. *Camps: A Guide to 21st-Century Space*. Cambridge, MA: MIT Press, 2009.

———. *Campsite: Architectures of Duration and Place*. Baton Rouge: Louisiana State University Press, 2008.

Halligan, C. P. *Tourist Camps‐Rural Landscape Series No. 2*. East Lansing: Michigan State College Agricultural Experiment Station, 1925.

Hart, John Fraser, Michelle J. Rhodes, and John T. Morgan. *The Unknown World of the Mobile Home*. Baltimore and London: Johns Hopkins University Press, 2002.

**Hatton, E. M. *The Tent Book*. Boston: Houghton Mifflin, 1979.

**Heister, Douglas. *Teardrops and Tiny Trailers*. Layton, UT: Gibbs Smith, 2008.

**Hillcourt, William. *The Golden Book of Camping*. New York: Golden Press, 1971.

**Hogue, Martin. *Thirtyfour Campgrounds*. Cambridge, MA: MIT Press, 2016.

*Holding, T. H. *The Campers' Handbook*. London: Simpkin, Marshall, Hamilton, Kent, Ltd., 1908. Reprint, Whitefish, MT: Kessinger, 2010. https:// archive.org.

*Hough, Emerson. *Out of Doors*. New York and London: Appleton and Company, 1915. Reprint, Scholar Select, 2015. https://archive.org.

Jakle, John A. *The Tourist: Travels in Twentieth-Century North America*. Lincoln: University of Nebraska Press, 1985.

Jakle, John A., and Keith A. Sculle. *Motoring: The Highway Experience in America*. Athens: University of Georgia Press, 2008.

Jessup, Elon. *Roughing It Smoothly: How to Avoid Vacation Pitfalls*. New York: G. P. Putnam's Sons, 1923.

*———. *The Motor Camping Book*. New York: G. P. Putnam's Sons, 1921. Reprint, Eugene, OR: Doublebit, 2021. https://archive.org.

* Kephart, Horace. *Camping and Woodcraft*. New York: Macmillan, 1917. Reprint, Eugene, OR: Doublebit, 2021. https://archive.org.

*Kimball, Winfield A., and Maurice H. Decker. *Touring With Tent and Trailer*. New York: Whittlesey House, 1937. https://archive.org.

Kreps, Elmer, Warren H. Miller, William Holt-Jackson, et al. *A Camper's Guide to Tents: A Collection of Historical Articles on Types of Tents and How to Construct Them*. Redditch, UK: Read Books, 2011.

Levy, Walter. *The Picnic: A History*. Lanham, MD: AltaMira, 2014.

*Long, J. C., and John D. Long. *Motor Camping*. New York: Dodd, Mead, 1923. Reprint, Charleston, SC: Bibliolife, 2009. https://archive.org.

Löfgren, Orvar. *On Holiday: A History of Vacationing*. Berkeley: University of California Press, 1999.

Louter, David. *Windshield Wilderness: Cars, Roads, and Nature in Washington's National Parks*. Seattle: Univer-

sity of Washington Press, 2006.
McLelland, Linda Flint. *Building the National Parks*. Baltimore: John Hopkins University Press, 1998.
Magoc, Chris J. *Yellowstone: The Creation and Selling of an American Landscape, 1870–1903*. Albuquerque: University of New Mexico Press, 1999.
Mann, Jennifer K. *The Camping Trip*. Somerville, MA: Candlewick, 2020.
Manning, Harvey. *Backpacking: One Step at a Time*, 4th ed. New York: Vintage Books, 1986.
*Meinecke, E. P. *A Camp Ground Policy*. Washington, DC: United States Department of Agriculture, Division of Forest Pathology, 1932. https://foresthistory.org.
Meyer, Kathleen. *How to Shit in the Woods: An Environmentally Sound Approach to a Lost Art*, 4th ed. Berkeley, CA: Ten Speed, 2020.
*Miller, Warren H. *Camp Craft: Modern Practice and Equipment*. New York: Charles Scribner's Sons, 1915. Reprint, London: Forgotten Books, 2017. https://archive.org.
*———. *Camping Out*. New York: George H. Doran, 1918. Reprint, London: Forgotten Books, 2018.
Moss, Marilyn. *Bill Moss: Fabric Artist & Designer*. Camden, ME: Chawezi, 2013.
*Murray, William Henry Harrison (H. H.). *Adventures in the Wilderness; Or, Camp-Life in the Adirondacks*. Boston: Fields, Osgood, 1869. Reprint, London: Forgotten Books, 2012. https://archive.org.
*Nansen, Fridtjof. *The First Crossing of Greenland*. London and New York: Longmans, Green, 1890. Reprint, London: Gibson Square Books, 2022. https://archive.org.
*National Park Service. *Campground Study: A Report of the Committee to Study Camping Policy and Standards—Region Four*. San Francisco: National Park Service, 1959. https://pubs.nps.gov.
Parsons, Mike, and Mary B. Rose. *Invisible on Everest: Innovation and the Gear Makers*. Philadelphia: Northern Liberties Press, 2003.
Popular Mechanics Auto Tourist's Handbook No. 1. Chicago: Popular Mechanics Press, 1924.
Ratay, Richard. *Don't Make Me Pull Over! An Informal History of the Family Road Trip*. New York: Scribner, 2018.
Reck, Franklin M., and William Moss. *Ford Treasury of Station Wagon Living*. New York: Simon and Schuster, 1957.
Rhodes, Godfrey. *Tents and Tent-Life from the Earliest Ages to the Present Time: To Which is Added the Practice of Encamping an Army in Ancient and Modern Times*. London: Smith, Elder, 1859.
Riviere, Bill. *The Camper's Bible*, revised ed. New York: Doubleday, 1970.
Roberts, Harry. *The Tramp's Hand-book*. New York and London: John Lane, Bodley Head, 1903.

Rugh, Susan Sessions. *Are We There Yet? The Golden Age of American Family Vacations*. Lawrence: University Press of Kansas, 2008.
Rustrum, Calvin. *The New Way of the Wilderness*. New York: Macmillan, 1958.
Shaffer, Marguerite S. *See America First: Tourism and National Identity, 1880–1940*. Washington and London: Smithsonian Institution Press, 2001.
*Sears, George Washington. *Woodcraft*, 14th ed. New York: Forest and Stream Publishing Co., 1920. Reprint, Eugene, OR: Doublebit, 2019. https://archive.org.
Sellars, Richard West. *Preserving Nature in the National Parks: A History*. New Haven: Yale University Press, 1997.
*Seton, Ernest Thompson. *The Book of Woodcraft*. New York: Doubleday Page, 1912. https://archive.org.
**Snyder, Susan. *Past Tents: The Way We Camped*. Berkeley, CA: Heyday Books, 2006.
**Standards Manual. *Parks*. Brooklyn, NY: Standards Manual, 2019.
*Steinbeck, John. *Travels with Charley: In Search of America*. London: Heinemann, 1962. Reprint, New York: Penguin Books, 1980. https://archive.org.
*Stevenson, Robert Louis. *Travels with a Donkey in the Cévennes*. New York: Century, 1907. Reprint, Mineola, NY: Dover Thrift Editions, 2019. https://archive.org.
Taylor, Candacy. *Overground Railroad: The Green Book and the Roots of Black Travel in America*. New York: Abrams, 2020.
Taylor, T. G., and W. L. Hansen. *Public Campground Planning*. Logan: Utah Agricultural Experiment Station, 1934.
*Terrie, Philip G. *Forever Wild: Environmental Aesthetics and the Adirondack Preserve*. Philadelphia: Temple University Press, 1985. https://archive.org.
United States Forest Service Region Five. *Public Camp Manual*. San Francisco: United States Forest Service, 1935.
**Van Slyck, Abigail. A. *A Manufactured Wilderness: Summer Camps and the Shaping of American Youth, 1890–1960*. Minneapolis: University of Minnesota Press, 2006.
*Verrill, A. Hyatt. *The Book of Camping*. New York: Alfred A. Knopf, 1917. Reprint, London: Forgotten Books, 2017. https://archive.org. Walker, S. H. *The Way to Camp*. London: Pilot, 1947.
**Wescott, David. *Camping in the Old Style*. Layton, UT: Gibbs Smith, 2009.
**———. *Camping in the Old Style*, revised ed. Layton, UT: Gibbs Smith, 2015.
White, Dan. *Under the Stars: How America Fell in Love with Camping*. New York: Henry Holt, 2016.
White, Robert B. *Home on the Road: The Motor Home in America*. Washington, DC: Smithsonian Institution

Scholarly Press, 2001.

*Whymper, Edward. *Scrambles Amongst the Alps in the Years 1860 – '69*. Philadelphia: J. P. Lippincott, 1872. Reprint, Washington, DC: National Geographic Adventure Classics, 2002. https://archive.org.

Wilder, James Austin. *Jack-Knife Cookery*. New York; E. P. Dutton, 1929.

**Wood, Donald F. *RVs & Campers, 1900 – 2000: An Illustrated History*. Hudson, WI: Iconografix, 2002.

Young, Phoebe S. K. *Camping Grounds: Public Nature in American Life from the Civil War to the Occupy Movement*. New York: Oxford University Press, 2021.

Young, Terence. *Heading Out: A History of American Camping*. Ithaca, NY: Cornell University Press, 2017.

索 引

（斜体页码表示插图或其说明）

A

A16（A16），224
Abbey, Edward（爱德华·阿比），26
Abercrombie and Fitch Co.（Abercrombie and Fitch 公司），214, 216, 228
Acadia National Park,（阿卡迪亚国家公园）84, *136 - 38*, 158, 160, *160 - 61*, 162, 307, *307*
Adventures in the Wilderness (Murray),[《荒野历险记》（默里）] 8, 188, 190, 254
air beds/mattresses（气垫床/充气床垫），274, 276
Airstream trailers（清风房车），94, 220, *314 - 15*
Ajungilak（Ajungilak），270
Albert Pike Recreation Area/ Campground（艾伯特·派克休闲区），100, *100 - 101*, 102
Albright, Horace（霍勒斯·奥尔布赖特），106
Ali, Mahershala（马赫沙拉·阿里），*180 - 81*
Allain, Pierre（皮埃尔·艾伦），250, *252 - 54*, 268, 272, *272 - 73*
Allen, Arthur Wigram（阿瑟·威格拉姆·艾伦），*186 - 87*
Alward–Anderson–Southard Company（奥尔沃德·安德森·索瑟德公司），*104*
American Gas Machine Company（美国燃气机公司），76
American Institute of Graphic Arts（AIGA）[美国平面设计协会（AIGA）]，168
Amistad National Recreation Area（阿米斯特德国家休闲区），110
amphitheaters（露天剧场），*20 - 21*, *86 - 87*
Anderson, Neil P.（尼尔·P. 安德森），*276 - 77*
Anderson, Ralph H.（拉尔夫·H. 安德森），*66 - 67*
Anderson, Victor（维克托·安德森），*188 - 89*
Anderson, Wes（韦斯·安德森），*176 - 78*
Antelope Island State Park（羚羊岛州立公园），307
Apple, Margot（马戈·阿普尔），212, *270 - 71*
automobiles. *see* motor vehicles axes（汽车），58
Ayres, Thomas（托马斯·艾尔斯），28

B

Badlands National Park（荒地国家公园），302
baffling（车缝格），272
Banham, Reyner（雷纳·班纳姆），62, 64, *64*, 236, *236 - 37*
bark drinking cup（树皮水杯），*40*
Basford, Harold R.（哈罗德·R. 贝斯福德），194, 196, *196*
Bates, Frank A.（弗兰克·A. 贝茨），246
Beard, Daniel Carter（丹尼尔·卡特·比尔德），26, 46, *52 - 53*, 54, 56, *56 - 57*, 58, 72, 74, *74 - 75*, 212 - 13
bears, food waste and（熊，食物垃圾，床），284, 288
beds
　air（气垫床），274
　mattresses and（床垫），272, 274, 276
　portable（便携床），246, 248, *248*, 276
　rustic（简易床），266, 268, 272, 274
　see also blankets; sleeping bags（见"毯子""睡袋"）
Belasco, Warren James（沃伦·詹姆斯·贝拉斯科），10, 32, 36, 84
Bierstadt, Albert（艾伯特·比兹塔特），28, 48, *48*
Birch Bay（伯奇湾），*314 - 15*
Bisphenol A (BPA) plastics [双酚A（BPA）塑料]，40
Blair, James H.（詹姆斯·H. 布莱尔），228
blankets
　picnic（野餐毯），182, 184
　wool（羊毛毯子），256, 258, 260
body waste（人体排泄物），294, 296, 298
bonfires（篝火），66
Bonham State Park（博纳姆州立公园），*200 - 201*
Book of Camping and Woodcraft, The (Kephart)[《露营与森林生活技能》（凯普哈特）]，48, 50
Book of Camping, The (Verrill) [《露营手册》（维里尔）]，*54 - 55*, 72, 190
bow and drill（弓箭和钻头），*54 - 55*, 74
boxing（车缝格），272
Boy Scouts of America（美国童子军），26
Brandreth Preserve（布兰德雷斯保护区），*6 - 7*
Breck, Edward（爱德华·布雷克），*40*
Bridges, Sheila（希拉·布里奇斯），*182 - 83*
Brimmer, Frank E.（弗兰克·E. 布里默），32, 50, 56, 70, 78, *78 - 79*, 80, 96, 98, 120, 284, 290
British Antarctic Expedition of 1910 - 1913（1910—1913年英国南极探险），*240*, 252, 256, *256*
Bunn, Stephanie（斯蒂芬妮·邦恩），210, 212, 248
Byam, Wally（沃利·拜厄姆），*314 - 15*

C

California Firewood Task Force（加利福尼亚州木柴工作组制），60
California Scenic Line collection（加州风景线作品集），*144*
Camp Ground Policy, A (Meinecke)[《露营地政策》（迈内克）]，156, *156 - 57*, 160, *202 - 3*
Campbell, Reau（雷奥·坎贝尔），170, *170 - 71*
campfires
　building/starting（生篝火），52, 54, 56, 74, 76
　centrality of（篝火的中心性），*64*, 66, 68, 70
　dangers of（篝火的危险性），50
　evolution of（篝火的演变），13
　firepits（火坑），66, 68, *70 -*

328

索引

72
fuel for（燃料），56, 58, 60
"gearing" of（齿轮），72, 74, 76
importance of（篝火的重要性），46, 48, 84
starting（生火），54‑55, 74‑75
campgrounds
　amenities at（露营地设施），120, 132
　commercial（商业露营地），38
　as commodity（露营地这种商品），118
　maps for（露营地地图），110, 112, 128
　typical layout for（露营地典型布局），26‑27
　unitization of（露营地单元化），108
Camping and Woodcraft (Kephart)（《露营与森林生活技能》（凯普哈特）），48, *224*, 296, *296*‑97
Campmor（Campmor），*94*‑*95*
campsites
　access and（进入营地），114
　amenities at（露营地设施），94, 100, 102
　assignment of（露营地分配），106, 108, 110
　as enclosure（露营地作为封闭空间），96‑102, *112*‑*13*
　evolution of（露营地的演变），13‑14
　importance of（露营地的重要性），90
　laying claim to（宣称拥有营地），206, 208
　number of（露营位数量），92
　numbering of（露营位编号），6‑7, 162
　proximity of（营地附近），56
　as roofless cabin（无顶小屋），200
　rusticity of（质朴的营地），106
　typical layout for（露营地典型布局），*10*‑*11*
Cannon, Cornelia James（科妮莉亚·詹姆斯·坎农），290, 292
Capitol Reef National Park（卡皮托尔礁石国家公园），*174*
Carey, Reuben（鲁本·凯里），6‑7
Carothers, Wallace Hume（华莱士·休姆·卡罗瑟斯），238
Carpenter, Frank（弗兰克·卡彭特），286
Carr, Ethan（伊桑·卡尔），34, 38
cars. *see* motor vehicles（汽车，见"汽车"）
Carver, Jack（杰克·卡弗），*314*‑*15*
Cascade Designs (Cascade Designs），276
Cedar Point（杉点），*178*‑*79*, 186
cell phone reception（信号），130
Cheley, Frank H.（弗兰克·H.切利），56, 58, 62, *62*, 72, 74, 102, *216*‑*17*
Cherry‑Garrard, Apsley（阿普斯利·谢里·加勒德），252, 254
Civil Rights Act (1964)［《民权法案》(1964)］，98, 188
Civilian Conservation Corps (CCC)［民间资源保护队（CCC)］，18, 20, 34, 104, 158, 198, *284*‑*85*
Clean Air Act (1970)［《清洁空气法》(1970)］，38
Cleanwaste（Cleanwaste），*294*‑*95*
Clinton, Hillary（希拉里·克林顿），178, 180, *180*‑*81*
clothing, layers for（衣服，多层衣服），236
Cole, Thomas（托马斯·科尔），180, *182*‑*83*, 184
Coleman, William Coffin（威廉·科芬·科尔曼），76
Coleman Company（科尔曼公司），*12*, 194, 224
Coleman Motor Campers Manual, The (Brimmer)［《科尔曼汽车露营者手册》（布里默)］，32, 78, *78*‑*79*
Coleman stoves（科尔曼炉），76, *76*‑*77*, 78, 80, *80*‑*81*, 82
Combined Tent and Ground Floor Cloth（帐篷与织物地板组合），216, *216*‑*17*

commercial campgrounds（商业露营地），38
Conestoga wagons（科内斯托加马车），220
Continuum Walk (Long)［连续行走（朗)］，38
Cook, Lawrence Farwell（劳伦斯·法韦尔·库克），*110*‑*11*, 158
Cook County Forest Preserve（库克县森林保护区），*70*‑*71*
cooking
　over fire（在火上烹饪），*72*‑*73*
　public kitchens（公共厨房），*84*‑*85*
　solar ovens（太阳能烤炉），82, *82*‑*83*, 84
　on stoves（在火炉上烹饪），76, *76*‑*77*, *78*‑*79*, 80, *80*‑*81*, 82, 84
coolers（冷藏箱），184
Cougar Mountaineers（美洲狮登山队），254
Crane, Walter（沃尔特·克兰），15
Crean, Tom（汤姆·克林），256
Croton Aqueduct（克罗顿引水渠），30
Cunningham, Gerry（格里·坎宁安），254, 256

D

Dalmais, P.（P.达尔迈），*252*‑*253*
Davidson, Bruce（布鲁斯·戴维森），16, *16*‑*17*, 18, 76, *76*‑*77*, 86, *92*‑*93*, 110, 112, *112*‑*13*, 116, *132*, *202*
Davis, Tim（蒂姆·戴维斯），*280*‑*281*
De Soto Park（德索托公园），290
Demars, Stanford E.（斯坦福·E.德马尔），144
Denali National Park and Preserve（迪纳利国家公园），*106*‑*7*
DesGrey, Arthur H.（阿瑟·H.德格雷），*28*‑*29*
destructive impacts of camping（露营的破坏性影响），8, 10
directories（名址录），118, 120, 122, 124, 126, 128
Dome tent（圆顶帐篷），*232*‑*33*
Dominos Hotspots（达美乐外送

329

点),84,86
down(羽绒),270,278,280
drawing, architectural(建筑图纸),20,22
Draw-Tite tent(Draw-Tite 帐篷),238
drinking fountains(喷水式饮水口,饮水口),22-23,34-35
Drum, Dave(戴夫·德拉姆),120
DuPont Company(杜邦公司),14,238,278
Dutch Elm disease(荷兰榆树病),62

E
Eagle Creek(鹰溪),194
Eames, Charles and Ray(查尔斯·埃姆斯和雷·埃姆斯),182,184,*184-85*
Eastern Mountain Sports(Eastern Mountain Sports),278
Eberhardt, Ferdinand(费迪南德·埃伯哈特),216,*216-17*
Eddie Bauer(埃迪·鲍尔),278
eiderdown (down)(羽绒),270,278,280
Eisen, Charles(查尔斯·艾森),62
Elkwallow (Shenandoah National Park)[Elkwallow(谢南多厄国家公园)],188
Ellesmere Island (Greenland)[埃尔斯米尔岛(格陵兰)],*242-44*
Elysian Park(极乐公园),*5-6*
Emerson, Ralph Waldo(拉尔夫·沃尔多·爱默生),28
Emerson, Wallace(华莱士·埃默森),*6-7*
Endangered Species Act (1973)[《濒危物种保护法》(1973年)],38
Enright, W. J.(W.J.恩赖特),*192-93*
environmental consciousness(环保),38
Ethical Down("道德羽绒"),280
Euklisia Rug(Euklisia 毯),15,*15*,258,278
Eureka(Eureka),238
Evans, Edgar(埃德加·埃文斯),

256
Everitt, Elias F.(埃利亚斯·F.埃弗里特),*13*
Expedia(Expedia),128

F
Farrelly, Peter(彼得·法雷利),*180-81*
Faulkner, William S.(威廉·S.福克纳),234,*234-35*
Federal Water Pollution Control Act (1948)[《联邦水污染控制法》(1948年)],38
Field Autokamp Tent(菲尔德 Autokamp 帐篷),260,262
Finch, George(乔治·芬奇),250,280
Firefall at Glacier Point(冰川点的火瀑布),66,*66*
firepits(火坑),66,68,70,*70-71*,72
fires. see campfires(火,见"篝火")
Fjällräven(北极狐),238
Fjällräven Thermo G66 tent(北极狐 Thermo G66 型帐篷),*240-41*
Flexible Hyperbolic Paraboloid Shelter(灵活双曲抛物面庇护所),214,*214-15*
flint and steel(打火石和钢),*54-55*
Foldable Antenna(可折叠天线),228,*228-29*
food waste(食物垃圾),284,288
Fordyce, Claude P.(克劳德·P.福代斯),252,276
Forest Service Table(美国林务局桌子),*198-99*
Forester Tent(森林人帐篷),214,216,224
friction matches(摩擦火柴),72
Friedel, Robert(罗伯特·弗里德尔),260
Fuller, R. Buckminster(R.巴克敏斯特·富勒),230,232,*232-34*
Futterman, Steve(史蒂夫·富特曼),212,*270-71*

G
Gaché, Raymond(雷蒙德·加谢),*252-253*

Galton, Francis(弗朗西斯·高尔顿),218,266,*266-67*,268,270,274
Gansevoort, Peter(彼得·甘斯沃尔特),246
garage spurs(停车支线),114,156
garbage bags(垃圾袋),294
gasoline-pressured portable lamps and stoves(汽油压力便携灯和火炉),76
gear envy(羡慕装备),92
Geodesic Shelter(测地线庇护所),232
Geodesic Tent(测地线帐篷),*232-34*
George Tent(乔治帐篷),224
Gerry(Gerry),278
Geyser Portable Shower System(间歇泉便携式淋浴系统),40,*42*
Glacier Point(冰川点),30,*32-33*
glamping(豪华露营),144,146
Goldberg, Emanuel(伊曼纽尔·戈德堡),40
Goldberg, Natalie Levey(纳塔莉·利维·戈尔德贝格),40
Good, Albert H.
 amphitheaters and(艾伯特·H.古德露天剧场),*20-21*
 campfires and(篝火),*64-65*,66,68,*68-69*,70,*70-71*,86
 on camping needs(露营必需品),6,102,104
 campsites and(露营地,露营位),*102-3*,106,*116-17*,*158-59*
 drinking fountains and(饮水口),*22-23*,*34-35*
 lakeside campground and(湖边露营地),*26-27*
 picnic tables and(野餐桌),*18-19*,192,196,200,*200-201*
 rustification of water tap and(水龙头),34,*34-35*
 work of(艾伯特·H.古德的作品),18,20,22,156,158,164
Goodrich, B. F.(B.F.古德里奇),262
Gordon, Deborah M.(德博拉·M.

330

索引

戈登),182
Gore-Tex(Gore-Tex),278
GoSun solar ovens(GoSun 太阳能烤炉),82, *82-83*, 84
Gotsche, Frank H.(弗兰克·H. 戈切),234
Grades, Liz(利兹·格拉德斯),308
Grand Canyon National Park(大峡谷国家公园),*164-65*
Greely Expedition(格里利探险队),*242-44*
Green, Victor H.(维克托·H. 格林),98, *98-99*
Guernsey Lake State Park(根西湖州立公园),*200-201*
guy lines(绷绳),214

H
Hailey, Charlie(查利·黑利),10, 12, 64, 86
Half Dome(半圆顶),*8-9*
Halligan, Charles Parker(查尔斯·帕克·哈利根),20, 152, *154-55*, 292
Hamilton, Bruce(布鲁斯·汉密尔顿),*230-31*, *232-33*
Handley, Susannah(苏珊娜·汉德利),238, 240
Hansen, Larry(拉里·汉森),294
Hansen, W. L.(W. L. 汉森),60, 66
Harsted, Harry H.(哈里·H. 哈斯泰德),228, *228-29*
Hatton, E. M.(E. M. 哈顿),222
Haynes, Frank Jay(弗兰克·杰伊·海恩斯),*146*, 150, 152
Haynes, Jack Ellis(杰克·埃利斯·海恩斯),150, *150-51*, *152-53*, 154, 166
Hearst, Phoebe Apperson(菲比·阿珀森·赫斯特),32
Henry Ford Museum of American Innovation(美国亨利·福特博物馆),*248*
Hern, Mary Ellen(玛丽·埃伦·赫恩),182, 186, 188
Hittell, Charles (Carlos) J.[查尔斯(卡洛斯)·J. 希特尔],210, *210-11*, 212
Holding, Thomas Hiram(托马斯·海勒姆·霍尔丁),226, 228, *228-29*, 230, *232-34*,

246-47
Holmes, Arthur(亚瑟·霍姆斯),32, *98-99*, *284-85*
Homer, Winslow(温斯洛·霍默),*44-46*
Hooke, Robert(罗伯特·胡克),230
Hookless Fastener Company(无钩式纽扣公司),260, 262
"hotel camp,"("旅馆营地")144
Hough, Emerson(埃默森·霍夫),244
How to Shit in the Woods (Meyer)[《如何在树林里排便》(迈耶)],288
human waste(人类排泄物),8, 10, 294, *294-95*, 296, 298
Hunt, J. Roy(J. 罗伊·亨特),220
Hunt House Cars(亨特房车),220
Hydro-Carbon Light Company(Hydro-Carbon Light 公司),76

I
IAC (InterActiveCorp)(IAC),128
Ideal Bedding Company(理想寝具公司),262, 264
Improved Tent, An (Lönnqvist)[改良帐篷(伦奎斯特)],*218-19*
inflatable mattresses(充气床垫),274
Ing, Dan(丹·英),*282-84*
Irving & Co. Inc.(欧文公司),*278-79*
Island Park Recreation Area(艾兰公园休闲区),*308-9*

J
Jackson, J. B.(J. B. 杰克逊),294
Jaeger, Gustav(古斯塔夫·耶格),250, 252, 260, *260-61*
Jakle, John A.(约翰·A. 雅克勒),90, 132, 290
James Field Company(詹姆斯·菲尔德公司),260, 262
Jansport(杰斯伯),224
Jessup, Elon(埃隆·杰瑟普),30, *30*, 72, *72-73*, *104-5*, *222-23*, 250, 260, *260-61*, 274
Judson, Whitcomb L.(贾德森),

260

K
Kaibab National Forest(凯巴布国家森林),*140-41*
Kamper Kitchen(Kamper 厨房),84
Kampgrounds of America. *see* KOA (Kampgrounds of America)[美国露营地连锁机构,见"KOA(美国露营地连锁机构)"]
kapok(木棉),270
kepeneks(kepenek,羊毛长斗篷,羊毛毡斗篷),248, 250
Kephart, Horace
　on blankets(霍勒斯·凯普哈特毯子),256, 258
　on campfires(篝火),48, 50, 52, 54, 58, 60, 64
　on campsites(营地),112, 116
　on freedom(自由),90
　on gear(装备),222
　on latrines(厕所),*296-297*
　on sleeping bags(睡袋),246
　on tents(帐篷),224, *224*
　on trash/waste(垃圾/排泄物),296
Kirk Park(柯克公园),118
Klamath stove[克拉马斯(Klamath)炉],68
KOA (Kampgrounds of America)
　accessibility and convenience at[KOA(美国露营地连锁机构)便利店],38, *120-21*, 222
　author at(作者),302, 304, *304-305*, 306, 308
　directories for(名录),122, *122-23*, 124, 126, *130-31*
　growth and success of(发展和成功),120, *124-25*, *126-27*, 128, *128-29*, 130
　Kamper Kitchen(Kamper 厨房),84, *84-85*
　maps for(地图),146
　trailer leases at(拖车租赁),94
　usage statistics from(使用统计),92
Konyali, Seyit(塞伊特·科尼亚利),*250-51*
Kozy Coach(Kozy Coach),220

331

Krebs Lithographing Company（克雷布斯石版印刷公司），*24–26*

L

LaBounty, Margaret（玛格丽特·拉邦蒂），*310–11*
Lake Guernsey State Park（根西湖州立公园），34, *34–35*
Lang, Marlene（玛琳·朗），248
Lassen Volcanic National Park（拉森火山国家公园），*32*, *64–65*, 98, *98–99*, *284–85*, *292–93*
latrines（营地厕所厕所），296, 298
Laugier, Marc-Antoine（马克·安托万·洛吉耶），62, *62*, 64
laundry（洗衣），286
Law, Bob（鲍勃·劳），*278–79*
Lea, James M.（詹姆斯·M. 利），*276–77*
Leave No Trace movement（"无痕山林"运动），38, 40, 288
Leighton, Marshall O.（马歇尔·O. 克莱顿），30
Letchworth State Park（莱奇沃思州立公园），*22–23*
Levy, Michael（迈克尔·利维），130
Levy, Walter（沃尔特·利维），180, 188, 202
Lewis Mountain (Shenandoah National Park)（谢南多厄国家公园刘易斯山），188
Lincoln Folding Furniture Company（林肯折叠家具公司），*186–87*, 194
Live Nation (Live Nation), 128
Long, J. C. and John D.（J. C. 朗和约翰·D. 朗），118, *118–19*, 120, 122, 154, *168–69*, 170
Long, Richard（理查德·朗），38
Long Peak Wilderness（长峰荒野），*294*
Lönnqvist, Jarl Reinhaldt（亚尔·莱因哈特·伦奎斯特），218, *218–19*, 220

M

MacDonald, William B., Jr.（小 W. B. 麦克唐纳），220, *220–21*
Macintosh, Charles（查尔斯·麦金托什），274
MacKenzie, George Gordon (Lewis Stornoway)[乔治·戈登·麦肯齐（刘易斯·斯托诺威）]，142, 144, *144–45*
Malone, Jim Bob（吉姆·鲍勃·马隆），*134–35*
Mann, Jennifer K.（珍妮弗·K. 曼），*72–73*
Manning, Harvey（哈维·曼宁），254, *254–55*, 256, 278
maps
  availability of online（线上地图），128
  clickable（点击地图），172, 174
  comparisons of（地图的对比），*160–64*
  description of（描述地图），138, 140
  designating campsites on（指定露营位），110, 112
  early use of（地图的早期应用），*142–48*
  ephemeral nature of（地图的使用时间很短），140
  evolution of（地图的演变），14
  importance in setting（地图的重要性）
    direction of the book（地图的指示作用），304, *304–5*
    role of（地图的作用），142
  spatial organization and（空间组织），*148–60*
  symbols and standardization of（标识和规范化），*164–72*
Marie, Henry Patrick, Count Russell-Killough（亨利·帕特里克·马里，罗素-基洛伯爵），*246*
Marston, George（乔治·马斯顿），218
matches（火柴），72, 74
mattresses（床垫），272, 274, 276. *see also* beds（见"床"）
Mautner, Isidor（伊西多·毛特纳），234, *234*
McCabe, Joseph O.（约瑟夫·O. 麦凯布），*114–15*
McCauley, James（詹姆斯·麦考利），66
McClure, Robert（罗伯特·麦克卢尔），244, 248, 268
McLelland, Linda Flint（琳达·弗林特·麦克莱兰），34
Mechanical Fabric Company（机械织物公司），274
Meinecke, Emilio Pepe (E. P.) campsites and［埃米利奥·佩佩（E. P.）·迈内克露营地］，196
  garage spurs and（停车支线），*102–3*, 114, 156
  infrastructural guidelines and（基础设施的准则），116, 154, 156, *156–57*, 158, 160, 164, 200, *202–3*
  proximity of campers to water and（露营者靠近水），30
  RVs and（房车），36
Merced River（默塞德河），30, *32–33*
Meteor Light CD tent (Meteor Light CD 帐篷)，*306*, 310
Method of Making a Self-Inflating Air Mattress (Lea and Anderson)［自动充气床垫制作方法（詹姆斯·M. 利）］，*276–77*
Meyer, Kathleen（凯瑟琳·迈耶），288, 294
Meynet, Luc（吕克·梅内特），226
Miller, Warren H.（沃伦·H. 米勒），76, 84, 180, 190, 214, 216, 224, 260, 264
Mohonk Mountain House（莫宏克山庄），188
Mora, Jo（乔·莫拉），*148–49*, 160, 170, 172, *172–73*
Morrison, James M.（詹姆斯·M. 莫里森），290
Mortensen, Viggo（维戈·莫滕森），*180–81*
Moss, Charles William (Bill)［查尔斯·威廉（比尔）·莫斯］，14, 208, 214, *214–15*, 232, 234, *238*, 302
Motor Camper & Tourist（《汽车露营与露营者》），*6–7*, *12*, 78, 80, *186–87*, *268–69*
Motor Camping Book, The (Jessup)［《汽车露营手册》（杰瑟普）］，72, *72–73*, *104–5*, *222–23*
Motor Camping (Long and Long)［《汽车露营》（朗氏父子）］，118, *118–19*, 122, 154, *168–69*, 170
motor vehicles
  campgrounds for（汽车营地），10

cargo capacity of（运输货物的能力），222
as extension of campsite（露营地的延伸），104
garage spurs for（停车支线），114, 156
hazards of（汽车的危害），154
mattresses and（汽车床垫），274
opening of parks to（对……开放），148
RVs（房车），36, 38, 114, 132, 220, 298
as sign of occupation（占领的标志），112, 114
trash and（垃圾），290
Mount Hood National Forest（胡德山国家森林），196-97
Mount Rainier National Park（芒特雷尼尔国家公园），156
mountain goose（山鹅），216
Mummery, Albert（艾伯特·马默里），270, 280
Murray, William Henry Harrison "Adirondack,"［威廉·亨利·哈里森（阿迪朗达克）·默里］8, 26, 28, 34, 188, 190, 254

N
Nalge Company（Nalge 公司），40
Nalgene（耐洁），40, 40-41, 42, 42-43
Nansen, Fridtjof（弗里乔夫·南森），250, 252, 254-55, 268
National Environmental Policy Act (1970)［《国家环境政策法》（1970）］，38
National Park Service
campfires and（国家公园管理局篝火），66, 68
Good and（古德），18, 20, 158
KOA and（KOA），120
Lewis Mountain and（刘易斯山），98
maps and（地图），160, 164-65, 166, 166-67, 168, 170
picnic tables and（野餐桌），198
reservations and（预订），130
Seawall Campground and（海堤露营地），136-38
water and（水），32, 34
Yellowstone National Park and（黄石国家公园），148
Yosemite National Park and（约塞米蒂国家公园），156, 158-59
National Recreation Reservation System (NRRS)［美国国家娱乐预订系统（NRRS）］，128
Negro Motorist Green Book, The (Green)［《黑人驾驶者绿皮书》（格林）］，98, 98-99
Negro Travelers' Green Book, The (Green)［《黑人旅行者绿皮书》（格林）］，98
Nemo-40 Canon sleeping bag（Nemo Canon-40 睡袋），264, 264, 270
Neurath, Otto（奥托·诺伊拉特），164, 168
New York State Department of Environmental Conservation（纽约州环境保护部），60
Nielsen, Charles H.（查尔斯·H. 尼尔森），192, 194, 194-95, 196
Nieuwenhuys, Constant（康斯坦特·纽文惠斯），138
Nordin, Åke（奥克·努丁），238, 240
North Face, The（北面），224, 230, 230-31, 232, 232-33, 234
Norton, Edward（爱德华·诺顿），176-78
Noyo River Tavern（诺约河旅店），144
nylon（尼龙），14, 15, 238, 278

O
Obama, Barack（贝拉克·奥巴马），178, 180, 180-81
off-grid technology（离网技术），40
Office of Public Buildings & Public Parks of the National Capitol（国家首都公共建筑和公园办公室），298-99
Old Faithful（老忠实泉），286
Osborn, Sherard（谢拉德·奥斯本），244, 248
Otto, Frei（弗赖·奥托），232

Ouachita Mountains National Forest（沃希托山脉国家森林），100, 102
Oval Intention tent（椭圆形帐篷），230, 232
Overland Park（欧弗兰公园），36, 108, 118, 118, 120, 120-21, 132, 194, 194

P
Pacific National Forest（太平洋国家森林），38-39
Parawing（伞翼机），214
Park and Recreation Structures (Good)［《公园与休闲设施》（古德）］，20, 34, 104, 158, 198
Park and Recreation Structures, vol. 2（《公园与休闲设施》第二卷），18-19, 20-21, 68-69, 70-71, 200-201
Park and Recreation Structures, vol. 3（《公园与休闲设施》第三卷），26-27, 102-3, 116-17, 158-59
Park Structures and Facilities (Good)［《公园结构与设施》（古德）］，18, 20, 34, 34-35, 64-65, 66, 102, 104, 196, 198, 200
Partridge, Rondal（龙达尔·帕特里奇），8, 8, 30-31
Parvin State Park（帕尔文州立公园），68-69
Pascoe, William（威廉·帕斯科），246-47
Patagonia（巴塔哥尼亚，巴塔哥尼亚公司），278, 280, 280-81
Peaco, Jim（吉姆·佩科），292
Peary, Robert E.（罗伯特·E. 皮尔里），256-57
Perfection Mattress（完美床垫），274, 276
PETA (People for the Ethical Treatment of Animals)［PETA（善待动物组织）］，278, 280
Phillips, James G.（詹姆斯·G. 菲利普斯），254-55
picnic groves（野餐园），186, 188
picnic tables
construction of（野餐桌的结构），178, 188, 190
design of（野餐桌的设计），

333

19, 192–96, 202
as destination（野餐桌是目的地）, 184, 186
dimensions of（野餐桌的尺寸）, 196
evolution of（野餐桌的演变）, 14
fixity of（野餐桌的固定性）, 200
portability of（野餐桌的便携性）, 194, 196
proliferation of（野餐桌的激增）, 196–200
supports for（野餐桌的支撑作用）, 192, 194, 198
pied d'éléphant（象脚）, 250, 272
piezoelectric ignition system（压电点火系统）, 80
Pine Flat Lake（派因弗拉特湖）, 308–9
plastics, Nalgene and（耐洁塑料）, 40
"plugging in,"（"接入"）36, 38
Pneumatic Mattress and Cushion Company（充气床垫和靠垫公司）, 276
Ponting, Herbert George（赫伯特·乔治·庞廷）, 256
Poo Powder（便便粉）, 294
Pop Tent（弹出式帐篷）, 14, 208, 232, 238
portable cots/beds（便携式折叠床/便携床）, 246, 248, 248, 276
Poubelle, Eugene（欧仁·普贝尔）, 292
Powers of Ten（Eames and Eames）[《十的次方》（查尔斯·埃姆斯和雷·埃姆斯）], 182, 184, 184–85
Prevett, Earl（厄尔·普雷维特）, 126–27
Primitive Hut（原始棚屋）, 62, 64
Primus（普里默斯）, 76
Pryce Jones Company（普赖斯·琼斯公司）, 258
Pryce–Jones, Pryce（普赖斯·普赖斯·琼斯）, 15, 278
public kitchens（公共厨房）, 84, 84–85
pull-off/garage spurs（停车支线）, 114, 156

Q
Quick-Lite lamp（Quick-Lite 台灯）, 76

R
racial prejudice（种族偏见）, 98, 188
Raes Lake（Raes Lake）, 290–91
railroad tours（铁路旅游）, 116
rain flies（防雨罩）, 240
Raven, Druce（德鲁斯·雷文）, 214
Reck, Franklin M.（富兰克林 M. 雷克）, 238, 302
recreational vehicles (RVs)（房车）, 36, 38, 114, 132, 220, 298
Recreation.gov（Recreation.gov）, 128, 172
REI（安伊艾）, 278
Renatus, Flavius Vegetius（弗莱维厄斯·维盖提乌斯·雷纳图斯）, 274–75
reservations（预订）, 8, 128, 130, 172, 174
ReserveAmerica（ReserveAmerica）, 128, 172
Rhodes, Godfrey（戈弗雷·罗兹）, 212, 214, 214–15, 216
Rinehart, Mary Roberts（玛丽·罗伯茨·莱因哈特）, 28, 30
Roberts, Harry（哈里·罗伯茨）, 246–47
Rocky Mountain National Park（落基山国家公园）, 70, 142–43, 166
rooftop camping tent（屋顶露营帐篷）, 220
Rough Canyon（拉夫峡谷）, 110
Roughing It Smoothly（Jessup）[《顺利度过假期》（杰瑟普）], 30, 260, 260–61

S
Sac Bivouac（Sac-Bivouac）, 272, 272–273
San Bernardino Mountains（圣贝纳迪诺山）, 13, 28–29
Sanitary Woolen System Company（卫生毛纺系统公司）, 250, 252
Sargent, John Singer（约翰·辛格·萨金特）, 50–51, 204–6, 224, 224–25, 236
Sax, David（戴维·萨克斯）, 82

Schmidt, Alex（亚历克斯·施密特）, 294
Scott, Gordon K.（戈登·K. 斯科特）, 254–55
Scott, Robert Falcon（罗伯特·福尔肯·斯科特）, 252, 256, 268
Scrambles Amongst the Alps in the Years 1860–'69 (Whymper)[《1860—1869年阿尔卑斯山间的攀登》（怀伯尔）], 226, 226–27, 244–45
Sculle, Keith A.（基思·A. 斯卡勒）, 90, 132
Sears, George Washington "Nessmuk,"（乔治·华盛顿·西尔斯，"内斯穆克"）206, 206–7, 266, 272
segregation（分开）, 98, 188
self-inflatable mattresses（自动充气床垫）, 276
Separable Fastener (Sundback)[可分式扣（桑德巴克）], 260, 262–63
Sequoia National Park（红杉国家公园）, 13, 158
Seton, Ernest Thompson（欧内斯特·汤普森·西顿）, 52–53, 274
Shackleton Antarctic expedition（沙克尔顿南极探险队）, 218
Shaw & Powell Company（肖鲍威尔公司）, 148
Sheehy, Gail（盖尔·希伊）, 210
Shelter-Tent Half and Poncho (Faulkner)[兼做披风的帐篷（福克纳）], 234–35
Shenandoah National Park（谢南多厄国家公园）, 98, 98–99, 138–39, 166, 166–67, 174–75, 188, 188
Shields, George Oliver（乔治·奥利弗·希尔兹）, 54
Sibley, Henry Hopkins（亨利·霍普金斯·西布利）, 222
Sibley tent（西布利帐篷）, 222, 234
Sierra Designs（山脊，山脊牌）, 224, 278, 306, 310
Sierra Zip（Sierra Zip）, 82
Sitwell, Osbert（奥斯伯特·西特韦尔）, 178, 184
Sleeping Bag with Snorkel Hood and Draft Curtain (Phillips and

Scott)［带呼吸管罩和防风盖的睡袋（菲利普斯和斯科特）］，*254 - 55*
sleeping bags（睡袋）
    breathing/air and（呼吸/空气），252, 254, 256
    construction of（睡袋的结构），278
    evolution of（睡袋的演变），*14 - 15*
    first commercial（睡袋首次商业化），*15*
    insulation for（睡袋的保暖性），270
    invention of（睡袋的发明），272
    precursor to（睡袋的前身），268, 270
    reindeer skin（驯鹿皮睡袋），*242 - 44*
    terms for（睡袋的名称），244
    weight of（睡袋的重量），270
    zippers and（配拉链的睡袋），262, 264
    see also beds（见"床"）
sliders（滑动器），214
Smithson, Robert（罗伯特·史密森），92, 312
Smithsonian Institution（史密森尼学会），*256 - 57*
Snyder, Susan（苏珊·斯奈德），96
sod cloths（草皮布），216
solar ovens（太阳能烤炉），82, *82 - 83*, 84
Sons of Daniel Boone（尼尔·布恩之子协会），26
Sopu tent（索普帐篷），218, *218*, 220, 222, 230, 232
Souza, Pete（皮特·索萨），178, 180, *180 - 181*
spatial enclosures（空间封闭，封闭空间，空间上的封闭，围栏），96 - 102
steel drum firepits（钢桶壁炉），70, *70 - 71*
Steinbeck, John（约翰·斯坦贝克），38, 114, 116, 246, 300
Stevenson, Robert Louis（罗伯特·路易斯·史蒂文森），15
Stoddard, Seneca Ray（塞尼卡·雷·斯托达德），*44 - 46*
Stoll Outing Equipment（斯托尔户外装备），*226*

Stone, Mike（迈克·斯通），*100 - 101*
Stoneman Meadow（斯通曼草地），*8 - 9*, *96 - 97*
Stornoway, Lewis (George Gordon MacKenzie)［刘易斯·斯托诺威（乔治·戈登·麦肯齐）］，142, 144, *144 - 45*
stoves（炉子），76, *76 - 77*, 78, 80, *80 - 81*, 82. *see also* cooking（见"烤炉"）
Stribley Park（斯特里布利公园），*188 - 189*
sulfur matches（硫黄火柴），72
Sundback, Gideon（吉迪恩·桑德巴克），260, 262, *262 - 63*
synthetic down（合成羽绒），280
synthetic fibers（合成纤维），234, 238, 240, 278
Système Intégral（完整系统），*252 - 54*, *272 - 73*

T
Tait, Arthur Fitzwilliam（阿瑟·菲茨威廉·泰特），74, *88 - 90*
"Tanalite" Waterproof Forester's Tents（"Tanalite"森林人防水帐篷），*216*
Taylor, T. G.（T. G. 泰勒），60, 66
Teller, H. S.（H.S. 特勒），*188*
tents
    attributes of（帐篷的特征），210
    design of（帐篷设计），212
    domed（圆顶帐篷），218, 220, 232
    erecting（立起帐篷），208
    evolution of（帐篷的演变），14, *222 - 30*
    fabric for（帐篷布），*230 - 240*
    fabric tension and（帐篷布张力），212, 214
    ground as floor for（帐篷底面），214, 216
    poles for（帐杆），226, 228, 230
    as symbol（帐篷是标志），170, 172
    waterproof groundcloth for（防水地布），276
    zippers and（配拉链的帐篷），262
Terra Nova Expedition（特拉诺瓦探险），240, 252, 256, *256*
Terrie, Philip G.（菲利普·G. 特里），72, 74
Therm-a-Rest（Therm-a-Rest），276, *276 - 77*
Thermo tent（Thermo 帐篷），240, *240 - 41*
Thompson, Jerome B.（杰尔姆·B. 汤普森），186, *186 - 87*
Tin Can Tourists (TCT)［锡罐露营者协会（TCT）］，290
trailers（拖车），114, 116
trash（垃圾），15, 290
trash cans（垃圾桶），292, 294
Trip West, The (Davidson)［《西部之旅》（戴维森）］，*16 - 17*, 18, *76 - 77*, *112 - 13*, 132
TripAdvisor（TripAdvisor），128
Tritan（Tritan），40

U
Uinta–Wasatch–Cache National Forest（乌因塔·瓦萨奇·卡什国家森林），307
United States Department of Agriculture（美国农业部），20
Upper Geyser Basin（上间歇泉盆地），150, 152, 170, *170 - 71*
US Army Corps of Engineers（美国陆军工程兵团），*308 - 9*
US Department of Transportation (DOT)［美国运输部（DOT）］，168
US Forest Service（美国林务局），20, *36 - 37*, *38 - 39*, 158, 194, *196 - 97*, 198
US Geological Survey（美国地质勘探局），30
USA Networks Inc.（美国网络公司），128

V
Vale, William Adams（威廉·亚当斯·韦尔），*28 - 29*
Van de Water, Frederick（弗雷德里克·范德沃特），192, *192 - 93*
Verrill, A. Hyatt（A. 海厄特·维里尔），52, 54, *54 - 55*, 56, 58, 72, 74, 190, *190*
Viollet-le-Duc, Eugène Emmanuel（欧仁·埃马纽埃尔·维奥莱–勒–杜克），220
Vitruvian primitive hut（维特鲁威

原始棚屋），62

W

WAG (Waste Alleviation and Gelling) bags（WAG 袋），8, 10, 294, *294 - 95*, 298

Waggoner, R. H.（R. H. 瓦戈纳），66

Wagner, Robin-Bliss（罗宾·布利斯·瓦格纳），266

Walker, John（约翰·沃克），72

Walker, S. H.（S.H. 沃克），206, *208, 258 - 59*

Wallace, Edwin R.（埃德温·R. 华莱士），274, 276

Wallace, Mink（明克·华莱士），*256 - 57*

Wally Byam Caravan（沃利·拜厄姆房车），*314 - 15*

Walmart（沃尔玛），132

Washington, George（乔治·华盛顿），246, *248*

waste

  human/body（人类排泄物/人体排泄物），8, 10, 294, *294 - 95*, 296, 298

  motor vehicles（汽车），290

  trash and trash cans（垃圾和垃圾桶），15, 290, 292, 294

Wasylyk, Harry（哈里·瓦西里克），294

water

  delivery systems for（输水系统），30, 32, 34

  evolution of（演变），13

  pollution of（水污染），28, 30

  rustification and（乡村化），34

  RVs and（房车），36

  technological developments and（技术改进），40, 42

  treating（水处理），30

  waterproofing fabric（防水织物），274, 276

Waugh, Frank A.（弗兰克·A. 沃），32

weather（天气），100, 102, 236

Wescott, David（戴维·韦斯科特），10, 46, 84

Westgard, Anthon L.（韦斯特加德），290

Westveer, C. E.（C.E. 韦斯特维尔），*86 - 87*

White, Dan（丹·怀特），8, 16, 92, *266*

White House（白宫），180, *180 - 81*

White Mountains National Forest（怀特山国家森林），*162 - 63*

Whitehead, Eric（埃丽卡·怀特黑德），*132 - 33*

Whymper, Edward（爱德华·怀伯尔），224, 226, *226 - 27*, 238, *244 - 45*, 256, 268

Wilson, Edward Adrian（爱德华·阿德里安·威尔逊），240

wind baffles（挡风板），80

wood

  for fires（柴火），56, 58, 60

  gathering of（拾柴火），60

  movement of（转移），60, 62

  sale of（销售），60

Wood, Donald（唐纳德·伍德），*104*

Wood, George Bacon（乔治·培根·伍德），190, *190*

Works Progress Administration (WPA)［美国公共事业振兴署（WPA）］，104

Worn Wear program（旧衣计划），280

Wylie Camp（怀利营地），170

Wylie Permanent Camping Company（怀利永久露营公司），66, 144, 146, *146 - 47*, 148, 216, 246

Wylie Way tent（怀利帐篷），*248 - 249*

X

Xerox machines（施乐机），164

Y

Yellowstone Firewood, Inc.（黄石国家公园木柴有限公司），*58 - 59*

Yellowstone National Park

  amphitheater at（黄石国家公园露天剧场），*20 - 21*

  author at（作者），*302 - 303*

  campfires and（篝火），*58 - 59*

  facilities at（设施，露营地，营地），144, 146, 216, 246, *248 - 49*

  food waste and（食物垃圾），284

  maps of（地图），*146 - 47*, 148 - 49, 150, *150 - 51*, *152 - 53*, 166, 170, *170 - 71*

Morning Glory Pool at（牵牛花池），*282 - 84*

motor vehicles and（汽车），148

size of（规模），110

waste and（垃圾），*286 - 87*, 288, *288 - 89*, *292*, *300 - 301*

Yellowstone Park Company（黄石公园公司），148

Yosemite (Mora)［《约塞米蒂》（莫拉）］，*172 - 73*

Yosemite Campers (Davidson)［《约塞米蒂露营者》（戴维森）］，16, *16 - 17*, 18, *92 - 93*, 110, 112, *112*, *116*, *202*

Yosemite National Park（约塞米蒂国家公园）

  beds and（床），246

  campfires and（篝火），*66*

  campsites and（营地），*76 - 77*, *96 - 97*

  maps for（地图），*158 - 159*, 162, 170

  Mora on（莫拉），172

  overcrowding at（拥挤不堪），8

  water and（水），*30 - 31*, *32 - 33*

  water in（取水），30, 32

Yosemite Park and Curry Company（约塞米蒂公园和柯里公司），*172 - 73*

Yosemite Valley（约塞米蒂谷），156

Young, Phoebe（菲比·杨），12

Young, Samuel Baldwin Marks（塞缪尔·鲍德温·马克斯·杨），8

Young, Terence（特伦斯·杨），8, 12, 76, 156, 200

yurt (term)（术语 "yurt"），210, 212

Z

Zaengle, Emily（埃米莉·扎恩格尔），310

Zardus, Maurice（莫里斯·萨杜斯），*13*

zippers（拉链），15, 260, 262, 264

图片来源

4–5: University of Southern California Libraries / California Historical Society. **7 top**: ADKX, Blue Mountain Lake, NY. **8 bottom**: *Motor Camper & Tourist* 1, no. 12 (May 1925): 708.
8: Rondal Partridge Archives, Lopez Island, WA.
9: Bancroft Library, University of California, Berkeley. **11**: National Park Service, *Campground Study: A Report of the Committee to Study Camping Policy and Standards—Region Four* (San Francisco: National Park Service, 1959), Plate no. 2.
National Park Service, Electronic Technical Information Center (ETIC). **12 top**: *Motor Camper & Tourist* 1, no. 7 (December 1924): 412.
12 bottom: The Coleman Company Inc. **13 top**: San Bernardino County Museum, Redlands, CA.
13 bottom: National Park Service, NPGallery Digital Asset Management System. **14**: Special Collections & Archives, Merrill–Cazier Library, Utah State University. **15 top**: Pryce Jones, *Royal Welsh Warehouse, North Wales, Newtown* (1888–89), 85. Powys Archives and Information Management, Llandrindod Wells, UK. **15 bottom**: Robert Louis Stevenson, *Travels with a Donkey in the Cévennes* (New York: Century, 1907), frontispiece. **16, 17 top and bottom**: © Bruce Davidson/Magnum Photos. **19**: Albert H. Good, ed., *Park and Recreation Structures*, vol. 2, *Recreational and Cultural Facilities* (Washington, DC: Department of the Interior, National Park Service, 1938), 18. **21**: Good, ed., *Park and Recreation Structures*, vol. 2, 210. **23**: Albert H. Good, ed., *Park Structures and Facilities* (Washington, DC: Department of the Interior, National Park Service, 1935), 87. **24–25**: Library of Congress, Washington, DC. **27**: Good, ed., *Park and Recreation Structures*, vol. 3, *Overnight and Organized Camp Facilities*, 116. **29**: San Bernardino County Museum, Redlands, CA. **30**: Elon Jessup, *Roughing It Smoothly: How to Avoid Vacation Pitfalls* (New York: G. P. Putnam's Sons, 1923), 205. **31**: Rondal Partridge Archives, Lopez Island, WA. **32**: National Park Service, NPGallery Digital Asset Management System. **33**: National Park Service, Electronic Technical Information Center (ETIC). **35**: Good, ed., *Park Structures and Facilities*, 86. **37**: United States Forest Service Region Five, *Public Camp Manual* (San Francisco: United States Forest Service, 1935), 18. **39**: United States Forest Service Region Five, *Public Camp Manual*, 7. **40**: Edward Breck, *The Way of the Woods: A Manual for Sportsmen in Northeastern United States and Canada* (New York and London: G. P. Putnam's Sons, 1908), 82. **41**: *Science* 131, no. 3416 (June 1960): 1824. Courtesy of Nalgene Outdoor. **42**: Geyser Systems. **43**: *Science* 216, no. 4546 (May 1982): Suppl. k. Courtesy of Nalgene Outdoor. **44–45**: Metropolitan Museum of Art, New York, NY. **47**: ADKX, Blue Mountain Lake, NY. **49**: Timken Museum, San Diego, CA.
51: Wadsworth Atheneum Museum of Art, Hartford, CT, the Ella Gallup Sumner and Mary Catlin Sumner Collection Fund, 1944.57.
53 top: Daniel Carter Beard, *The American Boys' Handybook of Camp–Lore and Woodcraft* (Philadelphia and London: J. B. Lippincott, 1920), 36. **53 bottom**: Ernest Thompson Seton, *The Book of Woodcraft* (New York: Doubleday Page, 1912), 275. **55**: A. Hyatt Verrill, *The Book of Camping* (New York: Alfred A. Knopf, 1917), 75.
57: Daniel Carter Beard, *The Field and Forest Handy Book* (New York: Charles Scribner's Sons, 1906), 231. **59**: Photograph by the author.
60: California Firewood Task Force. **61**: New York State Department of Environmental Conservation. **62**: Marc–Antoine Laugier, *Essai sur l'architecture*, 2nd ed. (Paris: Chez P. T. Barrois, 1755), frontispiece. **63**: Frank H. Cheley, *Camping Out* (New York: University Society, 1933), 254. **64**: Reyner Banham, *The Architecture of the Well-Tempered Environment*, 2nd ed. (Chicago: University of Chicago Press, 1984), 20. University of Chicago Press. **65**: Good, ed., *Park Structures and Facilities*, 173. **66**: Wikimedia Commons. **67**: National Park Service, Harpers Ferry Center for Media Services. **68**: *Parks & Recreation* 8, no. 5 (May–June 1925), 432. **69 top**: Good, ed., *Park and Recreation Structures*, vol. 2, 34. **69 bottom**: Good, ed., *Park and Recreation Structures*, vol. 2, 30. **70**: National Park Service, Electronic Technical Information Center (ETIC). **71**: Good, ed., *Park and Recreation Structures*, vol. 2, 36. **72 top**: Cheley, *Camping Out*, 143. **72 bottom**: Elon Jessup, *The Motor Camping Book* (New York: G. P. Putnam's Sons, 1921), 71. **73**: Jennifer K. Mann, *The Camping Trip* (Somerville, MA: Candlewick Press, 2020).
75: Beard, *The Field and Forest Handy Book*, 230.
77: © Bruce Davidson/Magnum Photos. **78**: *Motor Camper & Tourist* 1, no. 11 (April 1925): cover.
79: Frank E. Brimmer, *Coleman Motor Campers Manual* (Wichita, KS: The Coleman Lamp Co., 1926), 51. **80**: *Motor Camper & Tourist* 1, no. 2 (July 1924): cover. **81**: The Coleman Company, Inc., *Catalog Outing Products, Parts Catalog 32B* (Wichita, KS: The Coleman Company, Inc., 1958), Burners 1. **83**: GoSun. **85**: Kampgrounds of America, Inc. **87**: National Park Service, NPGallery Digital Asset Management System. **88–89**: Arthur Fitzwilliams Tait, *Camping in the Woods—"A Good Time Coming"* (New York: Currier and Ives, 1863). ADKX, Blue Mountain Lake, NY. **91**: ADKX, Blue Mountain Lake, NY. **93**: © Bruce Davidson/Magnum Photos. **95**: Montage by the author using artwork from A. F. Tait, *Camping in the Woods*; *Campmor Spring 2011*, illustrations by Richard Heisse, © Campmor, Inc.; *Kampgrounds of America Kampground Directory, 1970—1971*, courtesy of Kampgrounds of America, Inc. **97**: Yosemite National Park Archives. **98**: Victor H. Green, *The Negro Motorist Green Book: An International Travel Guide* (New York: Victor H. Green & Co., 1949), cover. **99 top**: National Park Service, NPGallery Digital Asset Management System. **99 bottom**: National Park Service, NPGallery Digital Asset Management System; Green, *Negro Motorist Green Book*, 1949 ed., 71.
101: © REUTERS / Alamy Stock Photo. **103**: Good, ed., *Park and Recreation Structures*, vol. 3, 9. **105**: Donald F. Wood, *RVs & Campers, 1900—2000: An Illustrated History* (Hudson, WI: Iconografix, 2002), 42. **105**: Jessup, *Motor Camping Book*, 79. **107**: National Park Service, NPGallery Digital Asset Management System.
109: *Municipal Facts Bi–Monthly* 5, nos. 3–4 (March–April 1922), 6. **111**: Courtesy of Terence Young. **112, 113**: © Bruce Davidson/Magnum Photos. **115**: National Park Service, NPGallery Digital Asset Management System. **116**: © Bruce Davidson/Magnum Photos. **117**: Good, ed., *Park and Recreation Structures*, vol. 3, 14. **118**: Denver Public Library Digital Collections. **119**: J. C. and John D. Long, *Motor Camping* (New York: Dodd, Mead, 1923), 269. **121 top**: Denver Public Library Digital Collections. **121 bottom**: Kampgrounds of America, Inc. **122, 123**: KOA, *June, 1967 Directory* (Billings, MT: Kampgrounds of America, 1967), cover. **124, 125, 127 top**
and bottom: Kampgrounds of America, Inc. **129**: Created by the author. **131 top**: *KOA Kampground Directory, 1970—1971 Edition* (Billings, MT: Kampgrounds of America, 1970).
131 bottom: *Directory, 2017 KOA Campgrounds* (Billings, MT: Kampgrounds of America, 2017), 16. **132**: © Bruce Davidson/Magnum Photos.
133: Eric Whitehead (Flickr). **135**: jimbob_malone (flickr). **136–37**: National Park Service, Electronic Technical Information Center (ETIC).
139: National Park Service, NPGallery Digital Asset Management System. **141**: © Campground Views, Inc. **143**: "Campground Maps," National Park Service, accessed January 31, 2010, https://www.nps.gov/romo/planyourvisit/maps.htm.
144: Bancroft Library, University of California, Berkeley. **145**: Lewis Stornoway, *Yosemite: Where to Go and What to Do: A Plain Guide to the Yosemite Valley* (San Francisco: C. A. Murdock & Co., Printers, 1888), 8. **146**: Author's postcard collection. **147**: Wylie Permanent Camping Company, *Yellowstone National Park*, 1910 ed. (Livingston, MT: Wylie Permanent Camping Company, 1910), 1–2. **148**: "Browse All: Pictorial Map of Yellowstone National Park," David Rumsey Historical Map Collection, accessed December 4, 2021, https://www.davidrumsey.com/luna/servlet/view/all/what/Pictorial%2Bmap/where/Yellowstone%2BNational%2BPark?sort=Pub_List_No_InitialSort%2C-Pub_Date%2CPub_List_No%2CSeries_No&os=0&pgs=50&cic=RUMSEY%7E8%7E1.
151: Jack Ellis Haynes, *Haynes New Guide: The Complete Handbook of Yellowstone National Park*, 1936 ed. (Saint Paul, MN: Haynes Picture Shops, 1936), 61. Courtesy of Bob Goss. **152**: *Popular Mechanics Auto Tourist's Handbook No. 1* (Chicago: Popular Mechanics Press, 1924), 74. **153**: Haynes, *Haynes New Guide*, 1936 ed., 76.
Courtesy of Bob Goss. **155**: Charles Parker (C. P.) Halligan, *Tourist Camps: Rural Landscape Series No. 2* (East Lansing: Michigan State College Agricultural Experiment Station), 5. **156**: Ethan Carr, *Wilderness by Design: Landscape Architecture & the National Park Service* (Lincoln: University of Nebraska Press, 1999), 245. **157**: E. P. Meinecke, *A Camp Ground Policy* (United States Department of Agriculture, Division of Forest Pathology, 1932), 10. **159 top**: National Park Service, Electronic Technical Information Center (ETIC).
159 bottom: Good, ed., *Park and Recreation Structures*, vol. 3, 15. **161**: National Park Service, Electronic Technical Information Center (ETIC).
163: Jonathan Chew, "Dolly Copp," accessed October 10, 2018, http://www.dollycopp.com.
165: "Mather Campground—South Rim," National Park Service, accessed April 23, 2019, https://www.nps.gov/grca/planyourvisit/mather-campground-south-rim.htm. **167**: "Campground Maps," National Park Service, accessed July 9, 2013, https://www.nps.gov/shen/planyourvisit/maps.htm. **169**: Long and Long, *Motor Camping*, 216. **170**: "Map Symbols & Patterns for NPS Maps," National Park Service, accessed January 8, 2022, https://www.nps.gov/carto/app/#!/maps/symbols. **171**: Reau Campbell, *Campbell's Complete Guide and Descriptive Book of The Yellowstone Park* (Chicago: H. E. Klamer, 1909), 113. **173**: Yosemite Conservancy. **174**: Campground Views. https://www.campgroundviews.com. **175**: "Big Meadows Campground, Shenandoah (VA)," Recreation.gov, accessed December 1, 2015, https://www.recreation.gov/camping/camp-

337

百年营地——看得见的露营文化

grounds/232459. **176–77**: Focus Features/Alamy Stock Photos. **179**: Author's postcard collection. **181 top**: Barack Obama Presidential Library. **181 bottom**: Universal Pictures/Alamy Stock Photos. **183 top**: Sheila Bridges. **183 bottom**: Brooklyn Museum, Healy Purchase Fund. **185**: © Eames Office, LLC (www.eamesoffice.com). All rights reserved. **186 top**: "Albums of photographs of the Allen family, taken between 1890–1934 / Arthur Wigram Allen," Mitchell Library, State Library of New South Wales. **186 bottom**: *Motor Camper & Tourist* 1, no. 10 (March 1925): 637. **187**: Museum of Fine Arts, Boston. **188**: Shenandoah National Park. **189**: *Parks & Recreation* 11, no. 3 (January–February 1928), 166. Emphasis on the picnic grounds by the author. **190**: Verrill, *Book of Camping*, 81. **191**: ADKX, Blue Mountain Lake, NY. **193**: Frederick Van de Water, *The Family Flivvers to Frisco* (New York: D. Appleton, 1927), 65. **194**: Denver Public Library Digital Collections. **195**: Charles H. Nielsen, Table. US Patent 769,354, figs. 1–2. Google Patents. **196**: Harold R. Basford, Folding Camp Table. US Patent 1,272,187, figs. 1–5. Google Patents. **197**: Wikimedia Commons. **199**: National Park Service, Electronic Technical Information Center (ETIC). This drawing was lightly edited by the author. **201 top**: Good, ed., *Park and Recreation Structures*, vol. 2, 12. **201 bottom**: Good, ed., *Park and Recreation Structures*, vol. 2, 10. **202**: © Bruce Davidson/Magnum Photos. **203**: Meinecke, *A Camp Ground Policy*, 13. **204–5**: Bridgeman Images USA. **207**: George Washington Sears, *Woodcraft*, 14th ed. (New York: Forest and Stream Publishing Co., 1920), 35. **208**: S. H. Walker, *The Way to Camp* (London: Pilot Press, 1947), 47. **209**: The Moss Tents Family Archive and Moss Adventures. Inc. **211**: Bancroft Library, University of California Berkeley, Robert B. Honeyman, Jr. Collection of Early Californian and Western American Pictorial Material. **212**: Steve Futterman and Margot Apple, *Soft House* (New York: Harper & Row, 1976), 44. **213**: Beard, *American Boys' Handybook*, 205, 209. **214**: Druce Raven, *Let's Go Camping*, in Elmer H. Kreps, Warren H. Miller, William Holt-Jackson, et al., *A Camper's Guide to Tents: A Collection of Historical Articles on Types of Tents and How to Construct Them* (Redditch, UK: Read Books, 2011), 152. **215 top**: Godfrey Rhodes, *Tents and Tent–Life from the Earliest Ages to the Present Time: To Which is Added the Practice of Encamping an Army in Ancient and Modern Times* (London: Smith, Elder and Co., 1858), 82–83. **215 bottom**: Charles W. (Bill) Moss, Flexible Hyperbolic Paraboloid Shelter. US Patent 3,060,949, filed January 30, 1957, and issued October 30, 1962, fig. 2. Google Patents. **216**: *Abercrombie and Fitch Co.* catalog, 1910 ed. (New York: Abercrombie & Fitch Co., 1910), 37. **217 top**: Cheley, *Camping Out*, 64. **217 bottom**: Ferdinand Eberhardt, Combined Tent and Ground Floor Cloth. US Patent 1,057,628, filed December 21, 1912, and issued April 1, 1913, fig. 3. Google Patents. **218**: *Sopu* (Helsinki: Kirjapaino Aa osakeyhtiö, 1957), 7, 11, 12. **219**: Reinhaldt Lönnqvist. An Improved Tent. GB Patent 377,831, filed September 7, 1931, and issued August 4, 1932, figs. 1–3. Espacenet. **220**: Wood, *RVs & Campers: 1900–2000*, 76. **221**: William B. MacDonald Jr., Vehicle Trailer. US Patent 2,481,230, filed April 8, 1946, and issued September 6, 1949, figs. 3–4. Google Patents. **223**: Elon Jessup, *Motor Camping Book*, 134.

224: Horace Kephart, *Camping and Woodcraft*, 18th ed. (New York: Macmillan, 1957), 84. **225**: © The Metropolitan Museum of Art. Art Resource, NY. **226 top**: Whymper, *Scrambles Amongst the Alps in the Years 1860–'69* (Philadelphia: J. P. Lippincott & Co., 1872), 125. **226 middle**: *Practical Camp Equipment* (Denver: Stoll Manufacturing Company, 1926), 6. **226 bottom**: *Sierra Designs 69/70* (Berkeley, CA: Sierra Designs, 1969), cover. **227**: Edward Whymper, *Scrambles Amongst the Alps*, 47. **228**: Thomas Hiram (T. H.) Holding, *The Camper's Handbook* (London: Simpkin, Marshall, Hamilton, Kent & Co., Ltd., 1908), 5. **229 top**: Holding, *Camper's Handbook*, 304. **229 middle**: Holding, *Camper's Handbook*, 280. **229 bottom**: Harry H. Harsted, Foldable Antenna, US Patent 2,379,571, filed January 25, 1943, and issued July 3, 1945, figs. 1–5. Google Patents. **231** and **232**: The North Face. **233 top**: Holding, *Camper's Handbook*, 290. **233 bottom**: R. Buckminster Fuller, Geodesic Tent, US Patent 2,914,074, filed March 1, 1957, and issued November 24, 1959, figs. 5–6. Google Patents. **234**: Isidor Mautner, Tent, US Patent 535,066, filed September 24, 1894, and issued March 5, 1895, figs. 1–2. Google Patents. **235**: William S. Faulkner, Shelter-Tent Half and Poncho, US Patent 703,245, filed July 16, 1901, and issued June 24, 1902, figs. 1–3. Google Patents. **237**: Banham, *Architecture of the Well-Tempered Environment*, 18. University of Chicago Press. **238**: *The DuPont Magazine* 37, no. 2 (April–May 1943), 6. **239**: Franklin M. Reck and William Moss, *Ford Treasury of Station Wagon Living* (New York: Simon and Schuster, 1957), endpapers. **240 top**: Gilles Modica et Jacky Godoffe, *Fontainebleau—100 ans d'escalade* (Les Houches, FR: Les Editions to Mont Blanc, 2017), 109. **240 bottom**: Scott Polar Research Institute, University of Cambridge. **241**: ©Fjällräven. **242–43**: Photograph by Paul Mutino. Barnum Museum, Bridgeport, CT. **245**: Whymper, *Scrambles Amongst the Alps*, 37. **246**: Roger Frison-Roche and Sylvain Jouty, *A History of Mountain Climbing* (Paris and New York: Flammarion, 1996), 310. **247 top**: Holding, *Camper's Handbook*, 169. **247 bottom**: Harry Roberts, *The Tramp's Hand-book* (New York and London: John Lane, Bodley Head, 1903), 144. **248 top and bottom**: Photographs by Rudy Ruzicska. The Henry Ford, Dearborn, MI. **249**: Museum of the Rockies, Bozeman, MT. **250**: Seyit Konyali. **252**: Raymond Gaché, "Le matériel de bivouac," *Alpinisme* 10, no. 40 (1935), 164. **253**: Courtesy of Paul Allain. **255 top**: Fridtjof Nansen, *The First Crossing of Greenland* (London and New York: Longmans, Green, and Co., 1890), 42. **255 bottom**: James G. Phillips & Gordon K. Scott, Sleeping Bag With Snorkel Hood and Draft Curtain, US Patent 4,787,105, filed February 10, 1987, and issued November 29, 1988, figs. 1, 2, 5, 6. Google Patents. **256**: Scott Polar Research Institute, University of Cambridge. **257**: Smithsonian Institution, National Museum of the American Indian, Washington, DC. **259**: S. H. Walker, *The Way to Camp*, 25. **261 top**: Gustav Jaeger, *Health–Culture* (Montreal: John Lovell & Son, Limited, 1907), 101. **261 bottom**: Jessup, *Roughing It Smoothly*, 75. **263**: Gideon Sundback, Separable Fastener, US Patent 1,219,881, filed August 27, 1914, and issued March 20, 1917, figs. 1–8. Google Patents. **264 top and bottom**: NEMO. **265**: *The Mountaineer* 20, no. 1 (December 1927), 79. **266**: Courtesy of Dan White. **267**: Francis Galton, *The Art of Travel;*

Or, Shifts and Contrivances Available in Wild Countries, 3rd ed. (London: John Murray, 1860), 48. **269 top**: *Summit* 6, no. 6 (June 1960), 11. **269 bottom**: *Motor Camper & Tourist* 1, no. 12 (May 1925): 761. **271**: Futterman and Apple, *Soft House*, 61. **272**: Modica et Godoffe, *Fontainebleau—100 ans d'escalade*, 106. **273**: "Pierre Allain (1904—2000)," Outdoor Gear Coach, accessed September 1, 2021. http://www.outdoorgearcoach.co.uk/innovation-history/pierre-allain-innovator-extraordinaire/#.U7Q6AvldXHk. **274 top**: Seton, *Book of Woodcraft*, 269. **274 bottom**: Edwin R. Wallace, *Descriptive Guide to the Adirondacks and Handbook of Travel to Saratoga Springs; Schroon Lake; Lakes Luzerne, George, and Champlain; The Ausable Chasm; The Thousand Islands; Massena Springs; and Trenton Falls* (New York: American News Company, 1875), 253. **275**: Flavius Vegetius Renatus, *De re militari* (Erfurt, DE: Knappe, c. 1512), 34. **276**: *Backpacker* 17, no. 2 (March 1989), 89. **277**: James M. Lea and Neil P. Anderson, Method of Making a Self-Inflating Air Mattress, US Patent 4,149,919, filed May 25, 1977, and issued April 17, 1979, figs. 1–6, 16. Google Patents. **278**: *Quartermaster Supply Catalog, Section I—Enlisted Men's Clothing and Equipment* (Quartermaster General—ASF, 1943), 31. **279**: Courtesy of Bob Law. **281**: Tim Davis / Patagonia. **282–83**: Yellowstone National Park Heritage & Research Center. **285, 287**: National Park Service, NPGallery Digital Asset Management System. **288**: Yellowstone National Park Heritage & Research Center. **291**: National Park Service, NPGallery Digital Asset Management System. **292**: Yellowstone National Park Heritage & Research Center. **293**: National Park Service, NPGallery Digital Asset Management System. **294**: Save Our Canyons. **295**: Cleanwaste. **297**: Horace Kephart, *Camping and Woodcraft*, 4th ed. (New York: Macmillan Company, 1930), 223. **298**: *Popular Mechanics Auto Tourist's Handbook No. 1*, 73. **299**: National Park Service, Electronic Technical Information Center (ETIC). **301**: Yellowstone National Park Heritage & Research Center. **303**: Lori Brown. **305**: KOA Badlands / Kampgrounds of America, Inc. **306**: Sierra Designs. **307**: Photograph by the author. **309**: Martin Hogue, *Thirtyfour Campgrounds* (Cambridge, MA: MIT Press, 2016), 246. **310 top**: Drawing by the author. **310 bottom**: Photograph by the author. **311**: Photograph by the author. **315** and back cover: Photograph by Jack Carver. Whatcom Museum, Bellingham, Washington.

338

图书在版编目（CIP）数据

百年营地：看得见的露营文化/（美）马丁·霍格著；崔凤娟，谢琳，刘仙丽译. -- 北京：中国科学技术出版社，2024.12. -- ISBN 978-7-5236-1139-5

Ⅰ. G873

中国国家版本馆CIP数据核字第2024XG0086号

著作权登记号：01-2024-5388

Copyright©2023 Martin Hogue.
All rights reserved. No part of this book may be reproduced in any form without written permission from the publisher.
First published in English by Princeton Architectural Press, a division of Chronicle Books LLC, New York NY.
This Simplified Chinese edition arranged through Gending Rights Agency

策划编辑	徐世新	责任编辑	向仁军
封面设计	麦莫瑞文化	版式设计	麦莫瑞文化
责任校对	邓雪梅	责任印制	李晓霖

出　　版	中国科学技术出版社
发　　行	中国科学技术出版社有限公司
地　　址	北京市海淀区中关村南大街16号
邮　　编	100081
发行电话	010-62173865
传　　真	010-62173081
网　　址	http://www.cspbooks.com.cn
开　　本	710mm×1000mm　1/16
字　　数	234千字
印　　张	21.25
版　　次	2024年12月第1版
印　　次	2024年12月第1次印刷
印　　刷	河北鑫兆源印刷有限公司
书　　号	ISBN 978-7-5236-1139-5/G·1073
定　　价	128.00元

（凡购买本社图书，如有缺页、倒页、脱页者，本社销售中心负责调换）